中国语音学报

第 1 辑

《中国语音学报》编委会 编

商务印书馆
2008年·北京

图书在版编目(CIP)数据

中国语音学报.第1辑/《中国语音学报》编委会编.—北京:商务印书馆,2008
ISBN 978-7-100-05804-9

Ⅰ.中… Ⅱ.中… Ⅲ.汉语-语音学-文集 Ⅳ.H11-53

中国版本图书馆 CIP 数据核字(2008)第 033188 号

所有权利保留。
未经许可,不得以任何方式使用。

ZHŌNGGUÓ YǓYĪN XUÉBÀO
中国语音学报
第 1 辑
《中国语音学报》编委会 编

商 务 印 书 馆 出 版
(北京王府井大街36号 邮政编码 100710)
商 务 印 书 馆 发 行
北京瑞古冠中印刷厂印刷
ISBN 978-7-100-05804-9

2008 年 4 月第 1 版　　开本 787×1092　1/16
2008 年 4 月北京第 1 次印刷　　印张 19
定价:34.00元

《中国语音学报》编辑委员会

主　　编：鲍怀翘
编　　委：蔡莲红　曹剑芬　孔江平　李爱军
　　　　　梁满贵　郑秋豫　徐云扬
本期执行主编：孔江平

奉贺
中国语音学报创刊

明音辨韵
北斗南针

二零零五年七月
吴宗济于补听缺斋
时年九十有八

秋风清
秋月明
落叶聚还散
寒鸦栖复惊
相思相见知何日
此时此夜难为情

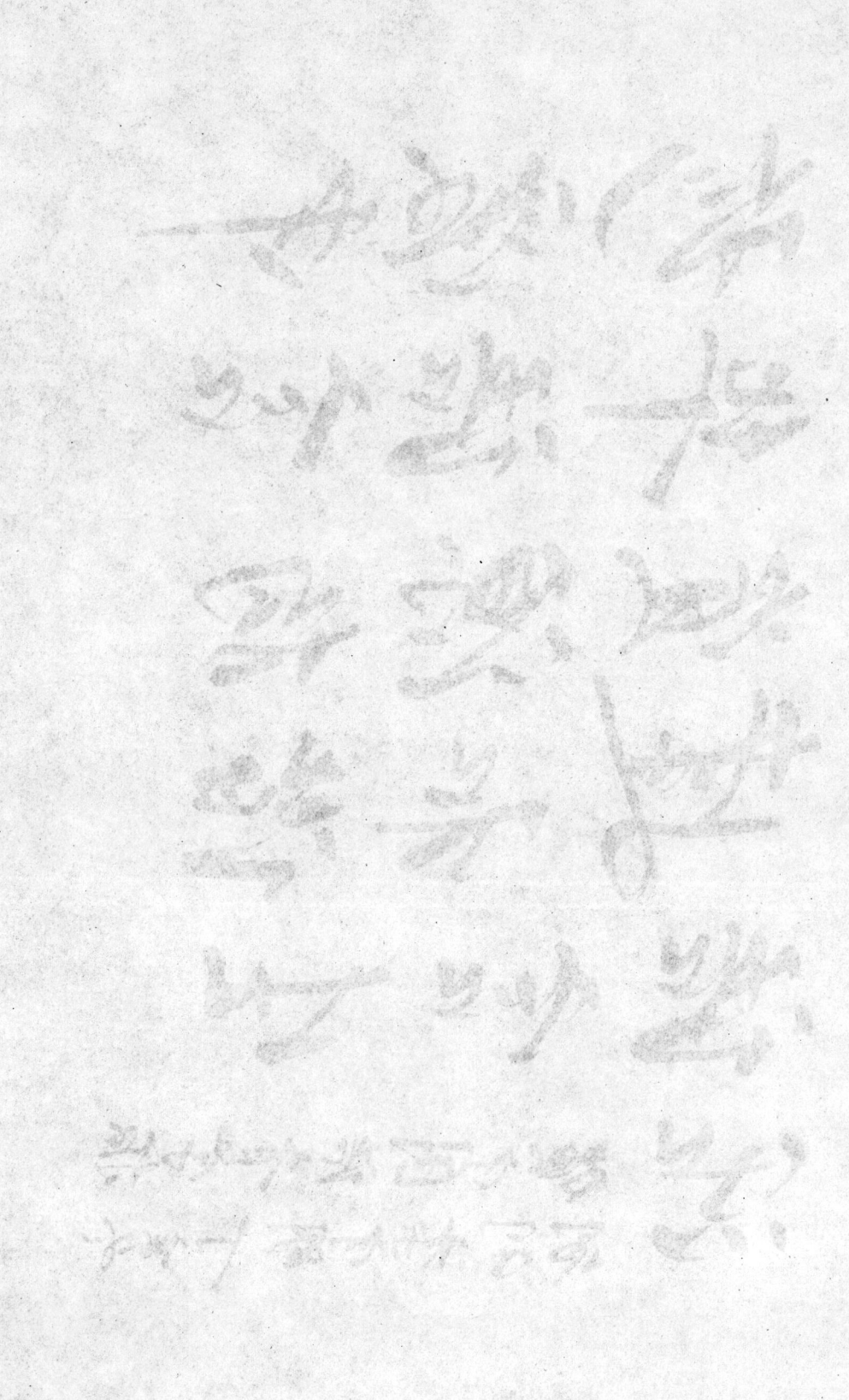

开创语音学研究的新局面
——祝贺《中国语音学报》创刊

鲍怀翘

语音学是一门研究言语过程的学科,因此它是一门涉及语言学、医学生理、声学、计算机科学、心理学的边缘性科学。语音学主要借助各类仪器(包括计算机)来研究语音的产生、语音信号的自然属性,所以早期称它为"仪器语音学"和"实验语音学"。由于语音学的本质是实验的,因此上个世纪70年代后就逐渐以"语音学"取代"仪器语音学"或"实验语音学"的名称了。语音学主要研究语音的产生、传递和接收过程中的特性及其变化规律。语音学有三个主要的分支,即生理(发音)语音学、声学语音学和感知语音学。

生理(发音)语音学研究语音产生过程中各个环节的生理属性和相应的理论,它包括大脑语言中枢的编码过程、神经-肌肉转换、语音产生过程各环节的空气动力学特性、声带振动的理论、共鸣器管(咽腔、口腔、鼻腔)的动作特性等方面的研究。

声学语音学研究语音产生过程中各个环节的声学属性和相应的理论,它涉及声门波特性的提取和分析、发声模型的建立,元音和辅音的声学特征的提取以及韵律变化模型的研究。另外,语音声学参数数据库汇集了特定语言或方言的全部声学特征,便于对该语音系统作全面而深入的研究,成为现代声学语音学研究的一个重要部分。

感知语音学又称听觉语音学,研究语音听觉过程中各环节的感知特性和编解码方式。它涉及音段的语音感知和韵律重音的感知研究等方面。在方法上有自然语音样本和合成语音样本。随着科学技术的进步,新的科学仪器不断发展,特别是涉及脑电研究的仪器的发展,使人们有可能从语音感知的研究领域逐步转向语音的认知领域,从而对语音感知和认知的大脑活动进行分析和建模,从而更深入地探索语音产生的本质。

由于语音学是一门边缘性的实验科学,因此决定了它的任务也是多样性的,从这个角度看主要有以下几个方面:

1)面向语言学的语音研究称为"语言学的语音学",它深入和微观地在各语音层次上分析和描述音段和韵律的各种特征及其规则,如同化、异化、弱化、增音、减音、音节脱落、换位、代替、转换等,为各类应用,特别为语言学研究(包括方言研究)和语言教学(普通话教学、第二语言教学、残障人语训)建立科学的基础,并在此基础上不断探索新的语音(包括嗓音)特征。

2)面向语音工程技术的语音学研究主要是利用"声学语音学"的研究为言语工程开发服务,它涉及语音合成、语音识别和语音翻译。另外,现代言语工程中一个重要的研究内容就是建立各类语音数据库,并进行相应的标注和各项特征分析,从而为言语工程服务。

3)面向公安司法声纹鉴定的语音学称之为"司法语音学"(Forensic Phonetics),它主要是以语音学的知识和分析方法对有关语音样品进行声纹的鉴定,作为刑侦技术的一种新方法,目前已广泛应用于公检法及军事部门。

4)语音学还广泛介入语音医学研究,诸如与失语症相关的语言大脑功能、嗓音发音机理及保护、腭裂语言研究、聋儿语言康复训练研究等病理言语及矫治研究等。

当前我国语音研究进入了一个空前的繁荣时期,已不再是关在实验室中搞纯理论的研究,而是与现实的需要紧密结合,通过"中国语言学会语音学分会"、"中国声学学会语言、听觉和音乐声学会"和"中国信息学会语音信息专业委员会"联合举办的"中国语音学学术会议"(已举办了七届)和"全国人机语音通讯学术会议"(已举办了九届)极大地促进语音理论和语音技术的相互学习、借鉴和提高。通过参加国际各类语音学讨论会及与国外同行相互访问、进修交流,使我国的语音学研究日益接近国际水平,有中国特色的、原创性的理论与技术也使国外同行刮目相看。

在大好形势下,我们也应该看到不足和差距,如由于生理语音学研究的难度较大,限制了语音产生及言语器官的动作特性的研究,从而影响我国语音产生理论的发展。语音产生理论是将语音产生各种生理机制与相应的声学特征建立起可逆的联系与模型,在这一理论指导下使我们有可能更深入地探索语音的奥妙,揭示更新的、更本质的特征,为语音应用技术创新服务。又如,韵律是语言的神态之所在,赋予语言的特定功能及说话人的感情,这个领域虽得到广泛深入的研究,但一个完整而有效的系统或模型尚未真正建立起来。另外,语音感知涉及大脑的认知机制问题。由于神经系统及大脑固有的封闭性,使得这方面的探索更加困难。国际上对此进行了较广泛研究,特别是近年来利用脑电仪(EEG)和功能性核磁共振(FMRI)对语音的认知进行科学的研究,并取得了可喜的成绩;在这方面我们还很薄弱,需要迎头赶上,才能更有成效地揭示语音认知理论及感知特征,更好地为语音技术、语言康复训练服务。

长久以来,语音学界缺少自己的交流园地,极大地限制了国内和国际间的学术交流和争鸣。相信《中国语音学报》的创刊,必将极大鼓舞国内语音学同仁的工作热情和创新精神,推动我国语音学向更新更高的境地发展,使其以翘楚之貌立于世界语音学之林。

目 录

宏观语音学 ……………………………………………………… 王士元 1
Speech Production and its Modeling …………………… Jianwu Dang 10
Towards Computing Phonetics …………………… Yoshinori SAGISAKA 23
台湾语音学及相关研究近况 ……………………………………… 郑秋豫 38
走向整合的语音学 ………………………………………………… 李爱军 47
语音多模态研究和多元化语音学研究 …………………………… 孔江平 55
赵元任汉语语调思想与疑问语调和陈述语调 …………………… 林茂灿 64
关于中文语音学术语的几点看法 ………………………………… 朱晓农 71
汉语方言元音的类型学研究 ……………………………… 徐云扬 李蕙心 77
辅音声学特征简议 ………………………………………………… 鲍怀翘 83
发音增强与减缩 …………………………………………………… 曹剑芬 90
普通话元音过渡与辅音腭位关系解析 …………………… 哈斯其木格 郑玉玲 97
北京话一级元音的统计分析 ……………………………… 王 萍 石 锋 104
普通话双音节韵律词时长特性研究 ……………………… 邓丹 石锋 吕士楠 111
普通话焦点重音对语句音高的作用 ……………………… 贾 媛 熊子瑜 李爱军 118
连上变调在不同韵律层级上的声学表现 ………………… 邝剑菁 王洪君 125
情感句重音模式 …………………………………………………… 李爱军 132
关于普通话词重音的若干问题 …………………………… 王韫佳 初敏 141
论元音产生中的舌运动机制 ……………………………………… 胡 方 148
新闻朗读的呼吸节奏研究 ………………………………………… 谭晶晶 156
从声道形状推导普通话元音共振峰 …………………… 汪高武 孔江平 鲍怀翘 164
普通话辅音发音部位及约束研究 ………………………… 郑玉玲 刘 佳 171
情感语音计算性研究的基本问题 ………………………… 蔡莲红 崔丹丹 179
汉语韵律结构 …………………………………………… 顾文涛 藤崎博也 188
基于情感矢量的情感语音自动感知模型 ……………… 陶建华 黄力行 于 剑 196

上海话广用式变调的优选论分析	王嘉龄	205
Perceptual Cues for Identifying the Vowels in Cantonese	Wai-Sum Lee	212
基频归一和调系归整的方言实验	刘俐李	221
汉语表情话语中的调值改变及其感知	朱春跃	228
蒙古语单词自然节奏模式	呼和 陶建华 格根塔娜 张淑芹	236
安顺仡佬语声调的实验研究	杨若晓	241
越南学生汉语单字调习得的实验研究	关英伟 李波	248
利用鼻韵母共振峰特征进行声纹鉴定的研究	王英利	254
听障儿童普通话声调获得研究	李洪彦 黎明 孔江平	261
民歌男高音共鸣的实验研究	钱一凡	268
Abstract		275
编后记		290

宏观语音学*

王 士 元

提要：语音研究源于敬神。后又用于诗词格律及语言教学。19世纪随着印欧语言学的发展，语音研究渐成为历史语言学内的学科。20世纪藉着声学及生理学的工具和方法，更能深入观察发声及听觉的机制，进而了解语音演化的原则。21世纪依靠核磁共振等科技的发展，测量大脑的运作，让语音研究更上一层楼。

关键词：宏观语音学　生理语音学　神经语音学

20世纪初，索绪尔有个很出名的比喻，说明语言的抽象性如同一盘西洋棋赛，棋子是用什么材质做的，跟比赛本身并无关系。这个比喻常使语言学家误以为，语音学对语言研究并不重要，因为语言符号可以由任何物质所组成[①]。与此相对的，是跟索绪尔约略同时代的英国著名语音学家司维特（Henry Sweet 1845 - 1912），他曾经生动地说过："语音学是研究语言不可缺少的基础（indispensable foundation）[②]。"

语音学是一门重要的学问。人类对语音很早就感兴趣。在这方面最早的成就，应当归于印度的巴尼尼（Panini）。远在两千五百多年前，他已能够把古印度语里非常复杂的语音系统，很有条理地分析出来，包括个别语音的发音部位、在语流里这些语音的相互影响以及同化和异化。直到今日，来自印度语的 sandhi 这个词还是经常为语音学所用。

中国人发明汉字。虽然大多数的字可借着相同的偏旁表达同音的功能，可是这只说明 X 跟 Y 这两个字因为共有 Z 这个成分，所以有同音关系，并无法进一步分析字内部的语音结构。一直到东汉时，印度的音学随着佛教传进中国，标音的方法从 X 读若 Y，转变成反切，即 X 反切为 AB。换言之，X 与 A 同声母，与 B 则同韵母同声调。反切的好处是，A 字比 Y 字多，而 B 字也比 Y 字多，字多就更容易找到大家都认得的字，所以相对来说，我们藉此方式来读字就会容易

---

* 当孔江平教授报告诉我，国内的学者要为语音学出版一个专门的学报时，我非常兴奋。虽然我本人已经多年没有从事语音实验，但是对语音学的一些基本问题，始终保有浓厚的兴趣，因此很乐意在这儿从一个宏观的角度写几句话，祝贺这个学报的诞生。

本文写作得到台北中研院、香港中文大学以及香港研资局 CUHK RGC 1227/04H 的资助，蔡雅菁、汪锋、黄英伟的协助，在此一并致谢。

① 请见 Wang 2006a。
② Sweet 1971. Asher and Henderson 1981 是一本很有用的语音学历史书，可是偏于欧洲的研究。Aborcomlie 1948, Allan 1981 也值得参考。

得多①。更详细的汉字教学发展史,可参考 Wang F et al., in press。

众所皆知,汉字很早就传入日本及朝鲜,以便书写日文及韩文。可是后来日本发明了假名(kana),朝鲜也发明了 hangul②。这两种文字虽然在字形上跟汉字关系密切,可是在语音排列顺序上,还是受了印度音学的影响。

大约三千年以前,亚洲西部的腓尼基人发明了一种拼音字母。这种字母传入古希腊后经过改良。由于原来的字母中没有符号代表元音,而有些字母所代表的咽辅音(pharyngeal)在希腊话里没有,希腊人便以这些字母来代表元音;原本表示咽辅音的字母,在希腊字母里则代表 alpha、epsilon 与 omikron 这三个希腊元音。希腊字母又经罗马人修改,就成了现在我们所使用的拉丁字母 a、e、o 的来源。

语音研究的第一阶段是把话写下来。语音会受时间及空间限制;但用文字记载下来之后,无论是汉字或是拉丁字母,就能超越这两方面的限制。意大利的科学家伽利略(Galileo)曾经说过,创造文字是人类最伟大的发明。基于不同的理由,世上还有许多语言没有文字,这些语言恐怕很快会失传而绝种。这对人类的文化史而言,是一件很可惜的事。

语言研究的第二阶段,是把个别语言里的语音理出一个系统。虽然表面上看来,语言中的差别好像繁多又复杂;可是一旦理出系统来,就会觉得世界上几千个不同语言的语音系统其实都大同小异。每一个系统都有其超音段部分,包括语调、节奏、声调、重音等等。它的音段部分也有相当固定的结构,少则十几个音段,多则几十个音段,其中包括不同类的元音与辅音。如果再进一步用区别特征来分析,那么这几千个语音系统的共同性就会更明显,因为区别特征的种类本来就少,而绝大部分在所有的语言中都用到了。

有了这些系统性的工具,语音学家就可以研究语音系统中的变化,了解一个音 X 如何变成另一个音 Y,而且也能反方向推论,从 Y 这样一个系统,推知它的前身会是如何。19世纪末叶的索绪尔,就是这样推论出原始印欧语里该有的喉音。这个喉音在所有印欧语中都已经消失,在索绪尔过世几十年后,才从出土的赫梯语里辨认出来。能够从"无"大胆地推论到"有",是十九岁的索绪尔一项惊人的成就,也是语音学可以贡献给科学史的一段佳话。语音结构有这么强的系统性,使索绪尔得以假设一个既听不到也看不见的音段应该存在,这就好像孟德雷耶夫(Mendeleyev)从原子结构的系统性,推论出几个尚未被发现的原子一样(Wang, 2006b)。

语音是个活的系统,无时无刻不在变化。没有两个人所说的话会完全一样,只是彼此间的差异有大小不同之别而已。同一个词,A 可能说 X,B 可能说 Y,这种差异正是演化的基本动力。明朝末年的陈第在 1606 年就说得很清楚。他把空间和时间并列:时有古今,地有南北,字有更革,音有转移。他的《毛诗古音考》,就是建立在这音变理论的基础上。能够从诗的押韵跟汉字的声符开始,推论出三千年前的语音系统,这也是一件伟大的学术成就。

---

① Hsu 1995 说反切是受印度文化影响而发明的,而 Lu 1963 说反切是中国独自发明的。
② 한글,或称为谚文(*Eonmun*,언문,"vernacular script")。

西方在这方面的研究,可以琼斯(William Jones)1786年在印度的讲演作起点。之后很多构拟印欧语言的学者,投入了许多心力,于19世纪累积成不少了不起的成就。比方说,一般读语言学的学生,都知道格林定律。格林·雅可布(Jacob Grimm,1785-1863)是一位才华洋溢的学者,不但对语言学作了不朽的贡献,同时他和弟弟维尔海姆也是很杰出的童话作家。他的定律把古日耳曼语里的塞辅音系统,跟原始印欧语的塞辅音系统规律地对应起来。

格林定律既然是分析这些辅音系统的创始点,便难免存在许多例外,故而引发了后续半个世纪诸多的学术工作来解答这些例外。这些研究一直到1875年的维尔纳①定律才算告一段落。这段语言学的历史,我在(Wang,2005)一文里简短地介绍过。

格林的贡献是毫无疑问的。可是19世纪初期,语音学尚处于萌芽阶段,甚至连格林都往往会把文字和语音混淆。Pedersen(1931:30)曾指出,如Schrift这个五音段的德语词,格林却误认为是八个音段s、c、h、r、i、p、h、t。他把[f]当作p跟h两个音。现在修过基础语音学的学生,大概都不会犯这样的错了。

从格林的时代到现在这将近两百年内,语音学的确有过很重大的进展。19世纪及20世纪初的语音学,着重于用相当主观的方法,来观察与记录发音器官的动作。语音如何产生,当然是我们一定要了解清楚的事。

20世纪中叶,语图仪渐渐被普遍使用。电脑工业发达之后,用软件来做信号处理很快就替代了硬件分析。(Peng and Wang, 2004,2005)同时由于语音数据资料库的发展,我们研究的语音不只是在实验室里朗读的句子,而是大量生活中的日常语料。这些发展,彭刚2006年在跟我合写的书里(王士元、彭刚,2006)有所介绍,他也把大量的声调数据,画成一目了然的球形图。

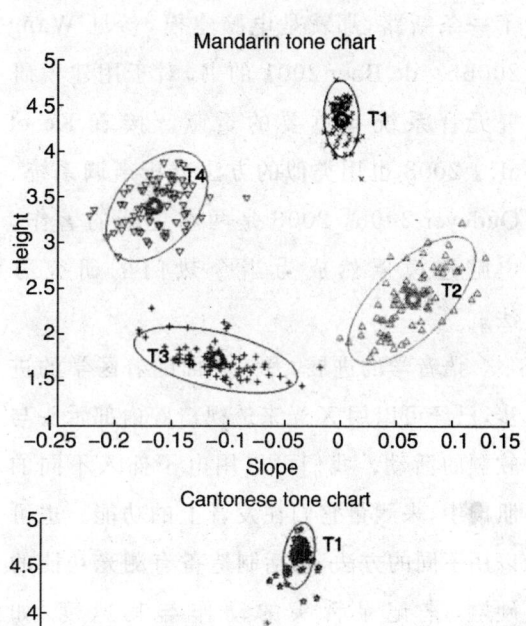

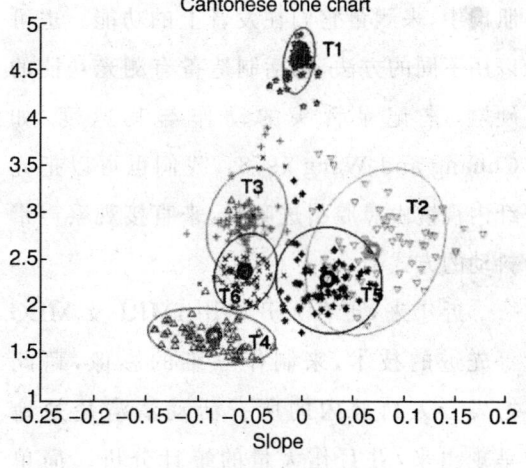

图1 from Peng 2006

---

① 维尔纳·卡尔(1846-1896)是位丹麦语言学家,他1875年的文章得到高度评价。Lehmann(1967:132)说过这可能是语言学里最有影响的一篇文章(Verner's may be the single most influential publication in linguistics)。

图1让我们很清楚地看到，普通话里的四个声调分布相当均匀，每个声调都有它充分的空间。而香港话的声调却多挤在低音域的空间T2跟T5，也就是阴上调与阳上调几乎分不开，好似快要合并了。借由这样的分析，我们便可以从一张共时的图片，看到一个系统的演化趋向。

近几年来，电脑的运作还给我们开了一条新路，那就是电脑建模，参见Wang 2006b。de Boer 2001的书，对于用建模研究元音系统有重要的贡献。接着Ke et al.，2003也用类似的方法分析声调系统。Oudeyer 2005, 2006是两本更新的著作。电脑建模俨然成为当今热门的研究方法。

语音学的进展，另一方面随着医学的进步，已经可以用X光来透视口腔内部舌头与软颚的活动。我们可以用电子插入不同的肌肉中，来测量它们在发音上的功能。也可以用不同的方法，包括制造备有测光功能的硬颚，来记录舌头的动作与其速度，如Chuang and Wang 1978。我们也可以把光纤内视镜由鼻腔引进咽喉，来直接观察声带抖动的方式。

近年来，更有人开始用fMRI及MEG等先进的技术，来制作三维的影像，藉此把发音人口腔内的所有活动清清楚楚地呈现出来，并且作大量的统计分析。简单来说，语音学上研究发音的学问已经迈入新的境界，这一点我们从文末的参考书目中可以看到，例如Bohland and Guenther 2006；Hwang et al.，2006；Liu et al.，2006；Friederici et al.，2007；Takano and Honda 2007。有些此类的语音学研究已经在不同的神经学报中出现，包括 *Neuron*、*NeuroImage*、*Nature Neuroscience* 等，以及 *Nature* 和美国国家科学院的学报 *PNAS*，如 Caramazza et al.，2000；Luo et al.，2006 和 Pulvermüller et al.，2006。此类的进展都说明语音学的领域正在扩大，吸引很多不同的专家，把他们的方法也带进语音学，这是值得振奋的。

发语音的器官，是语音学家经常注意的课题，例如在Lieberman 1977年的书里，就可以看到口腔及喉咙里的一些主要肌肉，见图2。在Stevens 1999年的书中，他把口腔的肌肉画得更清楚，见图3。不过要了解这些肌肉的功能，以及它们彼此间的协调，就不得不研究控制肌肉的神经系统，这就是目前语音学家最有兴趣的课题。

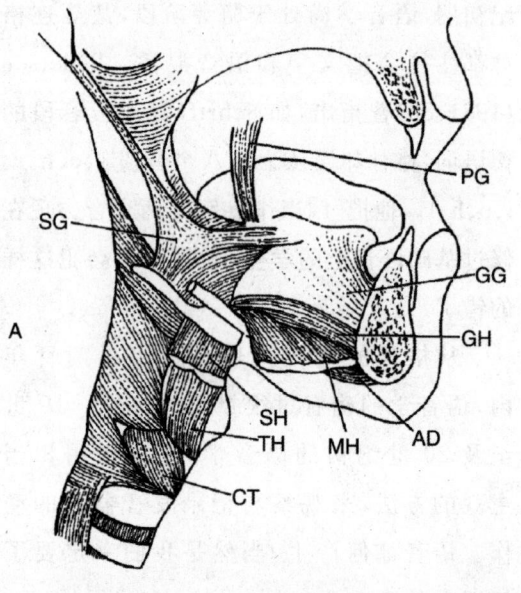

图2 from Lieberman, P. 1977: 98

宏观语音学

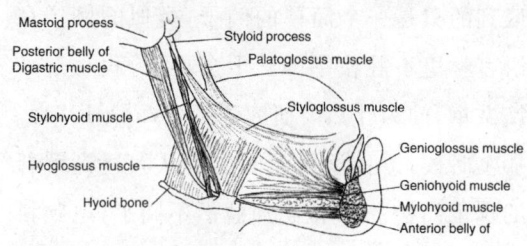

图3 from Stevens, K.N. 1999：22

多年前 Eric Lenneberg 告诉我，控制喉咙的神经线，从大脑一直往下延伸到心脏上面的血管下方绕了个弯，才又朝上走一段路插入喉咙的肌肉。多走的这条路从设计看来，当然很不合理，这就好像从北京到上海，却得取道香港一样，参考图4。我当时听到后的反应非常惊讶。这显然是由于人演化的过程中，从四条腿爬行演变到两条腿步行，而人的上半身都因此受到改造。那时候我就感觉到神经系统协调与发音动作间密切的关系。到软腭的神经线不及到喉咙的神经线四分之一长，说话时这些神经控制究竟是怎么形成的呢？

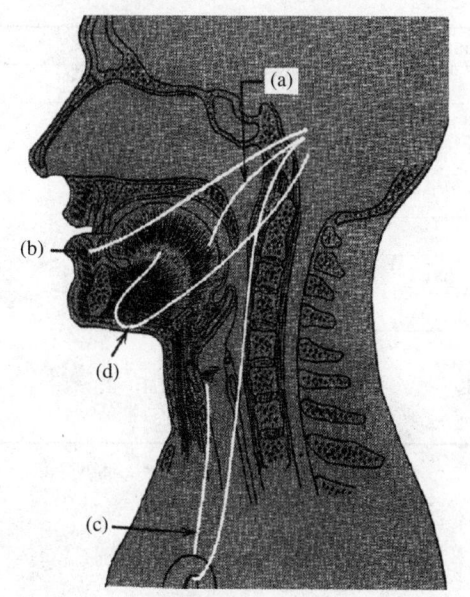

图4 from Lenneberg, E.H. 1967：95

我们知道说话的三部曲是：(1) 呼吸（respiration），(2) 发声（phonation）及 (3) 发音（articulation）。最近 Jürgens 2002 把这三个步骤的神经系统列了出来。我把他文章里的材料略微修改，制成以下的三个表（见下页），以供同行参考使用。希望很快有中国的语音学家把这些相关术语译成中文发表，以便更深入地研究说话的生理基础。

这三个表的第二栏里，列出了40个不同的肌肉，控制说话所需要的呼吸、发声与发音。Kong 2001, 2006, 2007 也很值得参考。第三栏所列是神经线，而第四栏是相关神经系统。图2跟图3里所画的肌肉，我们可以从表3查到掌管它们的神经系统。图4里 Lenneberg 画的(c)线，也正是表2里的 recurrens 神经线。

Lenneberg 图4里 recurens 的长短，引起不少医学界的注意。以下是曾经发表过的一些文章：Harrison 1981、Morgon 1988、Perlman and Alipour-Haghighi 1988、Peters 1992、Watson et al., 1992、Walker 1994。

喉咙与口腔里的肌肉，虽然牵涉到数十条肌肉，但一般说来彼此间的配合非常顺利。若配合得不好，严重时可能导致口吃。要是配合得稍有不当，发声与发音的时间关系就会有所更改，发声很可能就会比发音慢。如此一代代地累积下去，久而久之声调或语调就可能系统性地演化。

例如，依 Xu 1997, 2001, 2005 及 Wong 2006 的分析，普通话跟香港话的声调目标，往往会延迟才达到，因而影响下一个声调的调形。如果类似的有趣现象,在很多语言里都找得到,那么这个现象的生理解释很可能就在 Lenneberg 的图 4 里。也许上海话里向右的声调扩伸,也是同一类的现象,参见 Zhu 2006。

语音学是一门科学,大概是研究语言的各个部门中最科学的一门,因为语音比语法、语义、语用要清楚、具体得多。而科学的目标,是要探索一个现象的所以然。上面所谈到的只是一个简单的例子,类似的例子在语言学里不胜枚举。三十多年前,我写过一篇文章,问为什么要研究语音(Wang 1974)。那个时候,语音学还没能越过从叙述到解释的这个门槛。21 世纪却截然不同了,电脑科学、神经认知科学、信号处理科技等等,都有日新月异的革命性进展,语音学也正并驾齐驱地迈步向前。

		Table I. Respiration	
abdominal	transversus abd obliquus int. abd obliquus ext. abd rectus abd	intercostales subcostalis iliohypogastricus ilioinguinalis plexus lumbalis	Ventral horn T2 – L3
thoracic	intercostales int. intercostales ext. intercartilaginei thoracis transversi	intercostales subcostales	Ventral horn C8 – T12

表 1

		Table II. Phonation	
larynx intrinsic	thyroarytaenoid interarytaenoid cricoarytaenoid lateral cricoarytaenoid posterior cricothyroid	recurrens laryng. super. ext.	Nucl. ambiguus
larynx extrinsic	thyrohyoideus sternothyriodeus sternohyiodeus	ansa cervicalis	Ventral horn C1 – 2

表 2

	Table III. Articulation		
lips	orbicularis oris	facialis	Nucl. facialis
	zygomaticus		
	buccinator		
	levator labii super		
	depressor labii infer		
	levator anguli oris		
	depressor anguli oris		
	mentalis		
jaw open	digastricus	facialis	Nucl. facialis
	mylohyoid	mandibularis	Nucl. motor n. trigem.
	pterygoid lat		
	geniohyoid	hypoglossus	Ventral horn C1 − 2
jaw close	temporalis	mandibularis	Nucl. motor n. trigem.
	masseter		
	pterygoid med		
velum	levator veli palatini	plexus pharyngeus	Nucl. ambiguus
	tensor veli palatini	mandibularis	Nucl. motor n. trigem.
tongue intrinsic	long. super. linguae	hypoglossus	Nucl.
	long. infer. linguae		
	transverse linguae		
	vertical. linguae		
tongue extrinsic	hypoglossus		hypoglossus
	genioglossus		
	styloglossus		

表 3

参考文献

Abercrombie, D. 1948 Forgotten phoneticians, *Transactions of the Philological Society*, 1 − 34.

Allen, W. S. 1981 The Greek contribution to the history of phonetics, 115 − 22, in Asher and Henderson, eds.

R. E. Asher and E. J. A. Henderson eds. 1981 *Toward a History of Phonetics*, Edinburgh University Press.

de Boer, Bart. 2001 *The Origins of Vowel Systems*, Oxford University Press.

Bohland, J. W. and F. H. Guenther 2006 An fMRI investigation of syllable sequence production, *NeuroImage*, 32, 821-41.

Caramazza, A., et al., 2000 Separable processing of consonants and vowels, *Nature*, 403, 428-430.

Chuang, C. K. (庄秋广) and W. S-Y Wang 1978 Use of optical distance sensing to track tongue position, *Journal of Speech and Hearing Research*, 21, 482-96.

Friederici, A. D. et al., 2007 Role of the corpus callosum in speech comprehension: interfacing syntax and prosody, *Neuron*, 53, 135-45.

Harrison, D. F. N. 1981 Fiber size frequency in the recurrent laryngeal nerves of man and giraffe, *Acta Otolaryngol*, 91, 383-9.

Hsu, Wen (徐雯) 1995 The first step toward phonological analysis in Chinese: fanqie, *Journal of Chinese Linguistics*, 23, 1, 137-58.

Hwang, J. H. et al., 2006 The effects of masking on the activation of auditory-associated cortex during speech listening in white noise, *Acta Oto-Laryngologica*, 126, 916-20.

Jürgens, Uwe. 2002 Neural pathways underlying vocal control, *Neuroscience and Biobehavioral Reviews*, 26, 235-58.

Ke, J. Y. (柯津云), M. Ogura and W. S-Y. Wang 2003 Optimization models of sound systems using genetic algorithms, *Computational Linguistics*, 29, 1, 1-18.

Kong (孔江平) 2001《论语言发声》,中央民族大学出版社。

Kong (孔江平) 2006《现代语音学研究与历史语言学》,《北京大学学报(哲学社会科学版)》,43, 2, 34-42。

Kong Jiangping 2007 Laryngeal Dynamics and Physiological Models, Peking University Press.

Lehmann, W. P. ed. 1967 *A Reader in Nineteenth Century Historical Indo-European Linguistics*, Indiana University Press.

Lenneberg, E. H. 1967 *The Biological Foundations of Language*, Wiley.

Lieberman, P. 1977 *Speech Physiology and Acoustic Phonetics*, MacMillan.

Liu, L. et al., 2006 Dissociation in the neural basis underlying Chinese tone and vowel production, *NeuroImage*, 29, 515-23.

Lu (陆志韦) 1963《古反切是怎样构造的》,《中国语文》第5期,349-80。

Luo, Hao et al., 2006 Opposite patterns of hemisphere dominance for early auditory processing of lexical tones and consonants, *PNAS*, 103, 51, 19558-63.

Morgon, A. 1988 Anatomical parameters of the voice, *Acta Otolaryngol (Stockh)*, 105, 420-4.

Oudeyer, Pierre-Yves 2005 The self-organization of speech sounds, *Journal of Theoretical Biology*, 233, 435-49.

Oudeyer, Pierre-Yves 2006 *Self-Organization in the Evolution of Speech*, Oxford University Press.

Pedersen, H. 1924 *The Discovery of Language* (original in Danish), Translated by V. W. Spargo in 1931, Harvard University Press.

Peng, Gang (彭刚) 2006 Temporal and tonal aspects of Chinese syllables: a corpus-based comparative study of Mandarin and Cantonese, *Journal of Chinese Linguistics*, 34, 1, 134-54.

Peng, G. and W. S-Y. Wang 2004 An innovative prosody modeling method for Chinese speech recognition, *International Journal of Speech Technology*, 7, 129-40.

Peng, G. and W. S-Y. Wang 2005 Tone recognition of continuous Cantonese speech based on support vector machines, *Speech Communication*, 45, 1, 49-62.

Perlman, A. L. and F. Alipour-Haghighi 1988 Comparative study of the physiological properties of the vocalis and cricothyroid muscles, *Acta Otolaryngol (Stockh)*, 105, 372-8.

Peters, M. 1992 Cerebral asymmetry for speech and the asymmetry in path lengths for the right and left recurrent nerves, *Brain and Language*, 43, 349 – 52.

Pulvermüller, F. et al., 2006 Motor cortex maps articulatory features of speech sounds, *PNAS*, 103, 20, 7865 – 70.

Stevens, K. N. 1999 *Acoustic Phonetics*, M. I. T. Press.

Sweet, H. 1971 *The Indispensable Foundation: A Selection from the Writings of Henry Sweet*, E. J. A. Henderson ed., Oxford University Press.

Takano, S. and K. Honda 2007 An MRI analysis of the extrinsic tongue muscles during vowel production, *Speech Communication*, 49 – 58.

Walker, S. F. 1994 The possible role of asymmetric laryngeal innovation in language lateralization: points for and against, *Brain and Language*, 46, 482 – 9.

Wang, Feng（汪锋）Yaching Tsai（蔡雅菁）and W. S-Y. Wang（In press）Chinese literacy, In *Handbook of Literacy*, Cambridge University Press.

Wang, W. S.-Y. 1974 How and why do we study the sounds of speech, 39 – 53, in J. L. Mitchell ed. *Computers in the Humanities*, Edinburgh University Press.

Wang（王士元）2005 语言学的回顾与前瞻,台北:《辅仁外语学报》2. 1 – 18。

Wang（王士元）2006a 索绪尔与雅柯布森:现代语言学历史略谈,《四分溪论学集:李远哲先生七十寿辰论文集》(刘翠溶主编),台北:允晨文化, 669 – 86。

Wang（王士元）2006b 演化语言学中的电脑建模,《北京大学学报（哲学社会科学版）》2, 43, 17 – 22。

Wang and Peng（王士元、彭刚）2006《语言、语音与技术》,上海教育出版社。

Watson, B. C. et al., 1992 Brain blood flow related to acoustic laryngeal reaction time in adult developmental stutterers, *Journal of Speech and Hearing Research*, 35, 555 – 61.

Wong, Y. W.（黄英伟）2006 Contextual tonal variations and pitch targets in Cantonese, Paper presented at the International Conference on Speech Prosody, Dresden, Germany.

Xu, Y（许毅）1997 Contextual tonal variations in Mandarin, *Journal of Phonetics*, 25, 61 – 83.

Xu, Yi 2001 Fundamental frequency peak delay in Mandarin, *Phonetica*, 58, 26 – 52.

Xu, Yi 2005 Speech melody as articulatorily implemented communicative functions, *Speech Communication*, 46, 220 – 51.

Zhu, Xiaonong（朱晓农）2006 *A Grammar of Shanghai Wu*, Lincom Europa.

（王士元 香港中文大学电子工程系、
中研院语言学研究所（台北）
及国际高等研究所（京都 2006 - 2007））

Speech Production and its Modeling

Jianwu Dang

Abstract: In this paper we dealt with three basic problems with speech production and its modeling. The normal description as the vowel triangle is useful to demonstrate the fundamental relation between the articulation and acoustics, but it is not available in continuous speech. For this reason, we introduced a similarity measure to figure out an intrinsic structure for the vowels from whole vocal tract shapes. It is found that the intrinsic structure of vowels consists of low-high of the tongue, lip rounding, and constriction location. To describe the dynamic characteristics, we constructed a physiological articulatory model and used it to synthesis speech sounds. In order to improve the naturalness of the synthetic sound, a model based learning process was proposed to refine a coarticulation model and to learn the typical phonetic target from observation data. The listening test showed that use of the learned phonetic target and the optimized coarticulation model improves the performance of the human mechanism based speech synthesizer.

Key words: Speech production, Speech synthesis, Articulatory model, Coarticulation, Intrinsic structure of vowels.

1. Introduction

It is a long-standing dream to create an intelligent machine who can communicate with human using natural speech. Development of speech synthesis and recognition technologies aims to realize such a dream. As a common realization, it is difficult to replicate such human capability with a machine if we do not really understand human mechanisms since human is the only one possessing the capability to generate and perceive such philosophic speech sounds.

In terms of speech information processing, a speaker can be considered as an encoder in a speech production system and a listener as a decoder to accomplish speech perception, which is an inverse process of speech production. In this analogy, speech information is exchanged not only among people but also internally, within the human brain, because humans play the role of listeners when they take the part of speakers. In this paper, the topic is focused on the speech production and its modeling.

2. Intrinsic structure in speech

Since the first mechanical speech synthesizer constructed by Kratzenstein in 1779 (Kratzenstein, 1782), researchers have studied speech production in a scientific way. Although the theory of speech production was completed by Fant in 1960's (Fant, 1960), clarification of the intrinsic and robust relation between articulation and acoustics is still a challenging topic.

Speech is often represented and perceived with reference to its production process, especially gestures of the speech organs (Liberman, et al., 1985; Stevens, 2000). For vowel representation, the tongue height or backness is often used to categorize vocalic properties because of the correspondence of the tongue position and formants. In continuous speech, such a correspondence is not robust because of co-articulation effects. It is possible for different vowels to correspond with the same tongue height or backness.

2.1 Measurement of articulatory data

To clarify this situation, we first investigate the distribution of the vowels in an articulatory space consisting of tongue height and backness. Note that since the parameters of tongue height and backness are not independent the use of those terms is not distinguished strictly. The articulatory data were recorded for read speech using Electromagnetic Midsagittal Articulographic (EMMA), and the speech signals were recorded simultaneously. The data were collected by NTT communication science laboratories (Okadome, et al., 2001).

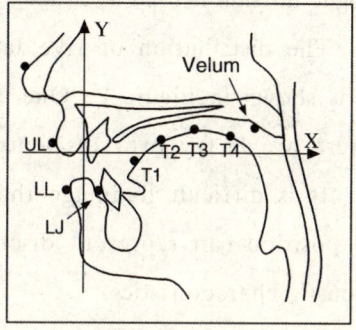

Figure 1 Placement of the sensors used in obtaining the articulatory data

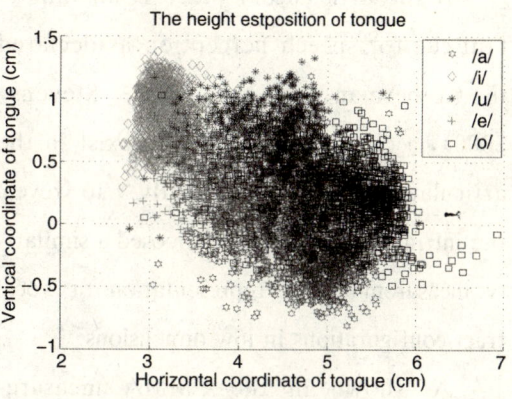

Figure 2 Distribution of five vowels using the tongue height and backness parameters

The observation points in the EMMA experiment are shown in Fig. 1. The observation points are: the Upper Lip (UL), Low Lip (LL), Low Jaw (LJ), four points on the tongue surface (T1 to T4 from the tongue tip to tongue dorsum) and the velum (Vm). Each point is recorded with a position coordinate of (x, y). The sampling frequency was 250Hz for articulatory data and 16kHz for speech signal. Using the four points (T1 - T4), the tongue contour is constructed by a third-order polynomial interpolation. The highest point of the tongue dorsum is used as tongue articulations. The distribution of five Japanese vowels is shown in Figure 2. One can see that there are heavy overlaps among the vowels. It is difficult to image that such tongue position can represent discriminative acoustic characteristics.

2.2 Intrinsic structure based on similarity

If the articulatory place is an important cue for speech perception as declared in (Liberman, et al., 1985; Stevens, 2000), a clear category should exist in the articulatory space intrinsically. To reveal the intrinsic structure, we proposed a similarity measurement for representation of vocal tract configurations in low dimensions.

As shown in the EMMA measurement, the vocal tract shapes is described by eight observation points of UL, LL, LJ, T1 to T4, and the velum (Vm). Each point consists of x and y. Altogether, the initial vowel space consists of the vocal tract with the eight points, 16 dimensions.

A similarity is measured among the vowels in 16 dimensional space, and then a similarity graph is constructed for the vowels (Lu, et al., 2006).

Based on the eigenvectors decomposition of the Laplacian matrix of the graph (Belkin, et al., 2003), we can embed the graph in a two or three dimensional space without any changes in their similarity relationship. The two dimensional distribution of the vocal tract shapes is shown in Figure 3, where the symbols are the same as those in Figure 2. Comparing with Figures 2, one can see that the distribution in Fig. 3 shows distinguishing clustering properties for the five vowels.

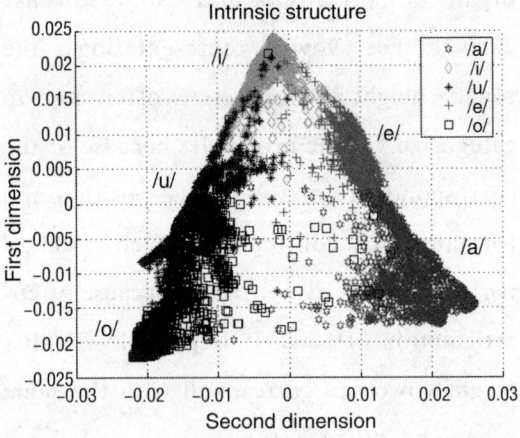

Figure 3 Intrinsic structure of five Japanese vowels in two dimensions

Reference with to articulation of the speech, we can figure out what the structure tells us. The first dimension (vertical axis) corresponds to the tongue in low-high dimension. Vowel /i/ has the highest tongue position, /e/ and /u/ are located in the middle position, and the lowest ones are /a/ and /o/. For the second dimension, it seems to correspond to the ratio of the mouth opening to the cross-sectional area of the oral tract. For convenience, this feature is referred to as lip rounding. The feature of the lip rounding separates /a/ and /o/ clearly.

When the space is extended to three dimensions, structure becomes a curved surface as shown in Figure 4. If considering the curved surface to be a tongue surface, one can see that the distribution of the vowels in the posterior-anterior direction corresponds to the constriction location of the vowels, /a/ and /o/ in the posterior region and /i/ in the anterior region. The two wings are derived from the difference in the lip rounding.

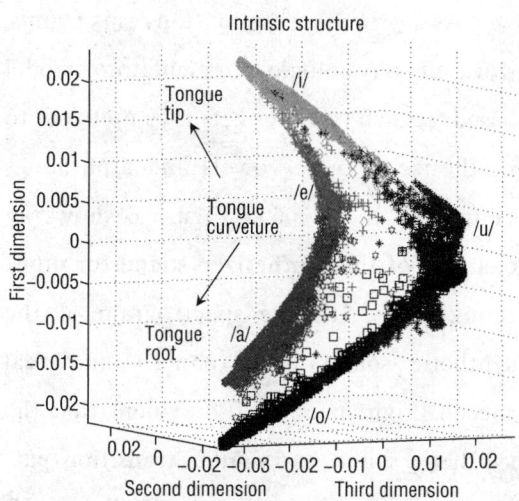

Figure 4 Intrinsic structure of five Japanese vowels in three dimensions

3. Modeling of speech production

The preceding section showed the static structure of the vowels based the vocal tract. According to Fant, speech production system of human can be simplified as a time-varying vocal tract and a source including voiced and voiceless ones, so-called source-filter model. To model the dynamics of speech production, we have constructed a physiological articulatory model. This section gives a brief description of the physiological articulatory model and speech synthesizer using the articulatory model.

3.1 Configuration of the articulatory model

A partially 3D physiological articulatory model has been constructed based on volumetric magnetic resonance imaging (MRI) data obtained from a male Japanese speaker, which consists of the tongue, jaw, hyoid bone, and vocal tract wall. The initial shape of the model adopts the tongue shape of a Japanese vowel [e]. To determine the mesh segmentation, the tongue tissue was roughly divided into ten radial sections that fan out from the mandible attachment to the tongue surface. In the perpendicular direction, the tongue tissue was divided into six sections concentrically. As a result, the model represents the principal region of the tongue by a 2-cm-thick layer bounded with three sagittal planes. Based on the same MRI data set, the vocal tract wall and the jaw were constructed in 3D with a width of 2.8 cm in the left-right dimension (see Dang, et al. (2004) for details).

3.2 Sound generation using the articulatory model

A flowchart of the proposed articulatory model based speech synthesizer is shown in Figure 5. For driving the articulatory model, a series of articulatory targets is given for the control points. According to the given targets, static forces are estimated using the EP-map (Dang, et al., 2004), while dynamic forces are calculated stepwise during the articulatory movement in the muscle workspace (Dang, et al., 2002). Since the lips and the velum have not been modeled in physiological way, the parameters for the lip tube and nasopharyngeal area are given according to the properties of phonemes to obtain the cross-sectional area function, where the area function is calculated by transforming the vocal tract width to the area (Dang, et al., 2002). As a result, a time-varying area function of the vocal tract is obtained based on the articulatory movement and the given parameters of the lips and nasopharyngeal area. The transmission line model is applied in the area function. Sound sources for fricative and stop consonants were automatically generated according to the aerodynamic principle and the voiced sound source was produced by a glottal waveform model (Maeda, 1996).

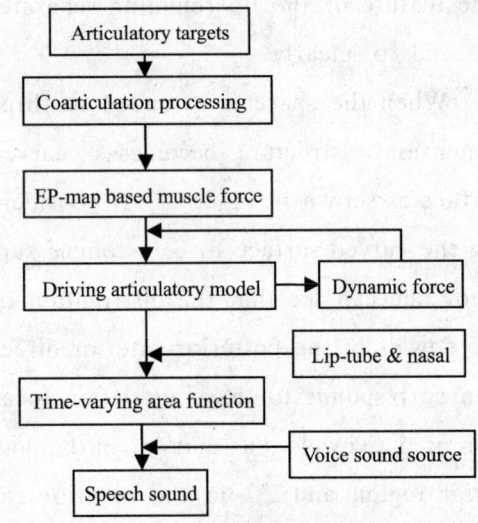

Figure 5 Flowchart for speech synthesis by applying the physiological acoustic model

As a primary examination, this framework of physiological articulatory model based speech synthesizer is employed to synthesize Chinese vowels and diphthongs (Fang, et al., 2006). Figure 6 shows an example of the synthesized sound for diphthong [ia]. It's the spectrogram of the synthetic sound (left panel) and real speech (right panel). It's evident that the synthetic sound has similar transition patterns to the real speech, especially for F1 and F2.

Speech Production and its Modeling

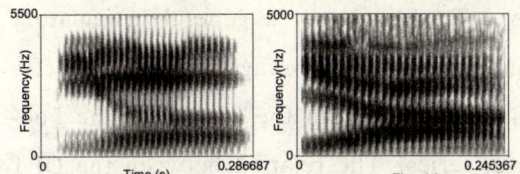

Figure 6 Spectra of synthetic sound (left panel) and real speech (right panel) for diphthong [ia]

The results showed that for the single vowels the synthetic sounds have good consistency with real speech. For the diphthongs, most of them showed proper features in spectrogram. However, for some diphthongs, there seems to be some problems with both transitions and duration, especially, where coarticulation should be taken into account.

4. Coarticulation in speech production

Coarticulation is a natural phenomenon in human speech. Two types of coarticulation, carryover and anticipation, can be identified during speech. Dang *et al.* proposed a computable model for coarticulation, namely "carrier model", which provides a feasible framework to account for coarticulation in the planning stage (Dang, et al., 2005). The basic idea for the model is that an utterance in general can be considered as a stream consisting of consonants and vowels. In the stream, the vocalic "component" has strong and sustaining effects, and a consonantal "component" is relative weak. By treating the vocalic component as "carrier wave" and the consonantal part as a "modulation signal", the coarticulation can be considered as a modulation process.

4.1 Verification of Principal-Subordinate Structure

The principal-subordinate speculation of the carrier model is similar to that used in Öhman's model (Ohman, 1967), which was proposed based on spectrogram analyses in acoustic domain. This section attempts to verify whether the carrier-modulation structure exists or not in the articulatory domain. However, it is not so easy to verify the principle-subordinate structure speculated in the carrier model by using a specific phoneme sequence or contextual environment since it is context-dependent. For this reason, we analyze movement components of speech organs in frequency domain, and reconstruct a mean articulatory movement for the speech organs by averaging their frequency components. Such mean characteristics are expected to reflect the inherent property of the speech organs in a general contextual environment.

The articulatory data used in this study were the EMMA data (Okadome, 2001). Speech materials were about 360 Japanese sentences, and three adult male speakers read the sentences at a normal speech rate. Although eight points were measured in EMMA database, four pints on the tongue (T1 to T4) were used for describing tongue movement.

In this analysis, the 352 sentences were selected from the EMMA database, and used to generate text-independent articulatory movement. A two-second segment of speech was extracted from each sentence. The short-term DFT with 256 samples (about 1 sec.) was applied on the extracted segments, and frame shift was about 0.25 sec (64 samples). Complex spectra for T1, T2, and T3 were obtained respectively by averaging on all the frames of the short-term DFT. Figure 7 shows the average amplitude spectra of T1 and T3 for vertical (Y) dimension. The results indicate that the generalized movement of the tongue tip has stronger components in higher frequency region than the tongue dorsum.

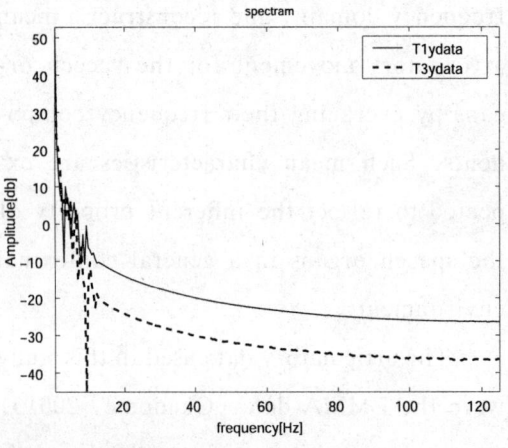

Figure 7 Average spectra of articulatory movements of the tongue tip and tongue dorsum

To reconstruct a general articulatory movement, the average complex spectra are represented in the format of the Fourier series. The relation between the DFT and Fourier series is described by the following equation.

$$\hat{T}(t) = a_0 + \sum_{i=1}^{N/2} [a_i \cos(2\pi f_0 it) + b_i \sin(2\pi f_0 it)]$$

$$a_0 = C_0/N;\ a_i = 2\mathrm{Re}(C_i)/N;\ b_i = -2\mathrm{Im}(C_i)/N \quad (1)$$

where C_n are the coefficients of DFT, N is the point number of the DFT, f_0 is the frequency resolution.

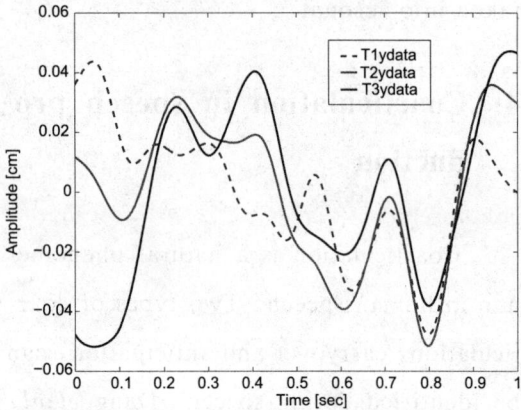

Figure 8 Reconstructed articulatory movement of T1, T2 and T3 using the Fourier series

Figure 8 shows the reconstructed articulatory movements of T1, T2 and T3 using the above equations for Y dimension. One can see that the movement waveform of the tongue tip (T1y) shows more peaks than that of the dorsum (T3y). It implies that the tongue tip varies more in articulatory movement than the dorsum. The tongue blade (T2) shows a movement in the middle way of T1 and T3, where T2 can be roughly considered as a pivot of the T1 and T3.

To clarify the relation of the tongue tip and tongue dorsum, T2 was subtracted from T1 and T3 respectively. The results show that the tongue tip and tongue dorsum have opposite phases one another. This implies that when the tongue tip rising to form an apical target, the tongue dorsum generally lowers its position for a synergic movement, and vice versa. Such an interaction is also a kind of coarticulation, which may concerned with the physiological constraints of the volume.

Generally speaking, vowel production has a strong and relatively slow movement that governs the whole tongue, while a consonantal movement is relative weak and rapid, which usually shows a local effect comparing with vowels. Since the constriction for the majority of the consonants is shaped by the tongue tip, here, T1 is roughly considered as a representative point for consonants (C), while T3 represents vowels (V). Because CV syllable is the basic unit in Japanese, we can reasonably suppose that the reconstructed articulatory movement corresponds to a phoneme sequence of CVCVCVCV for the one-second generalized utterance. According to the above analysis, the tongue dorsum (T3) mainly concerns with vocalic stream of V_V_V_V excluding the consonants,

while the tongue tip (T1) corresponds to CVCVCVCV. If this speculation is correct, the movement of the tongue tip should have about twice maximum (or minimum) peaks as that of the tongue dorsum in the same period. To verify this hypothesis, velocities of T1 and T3 were calculated and are shown in Figure 9.

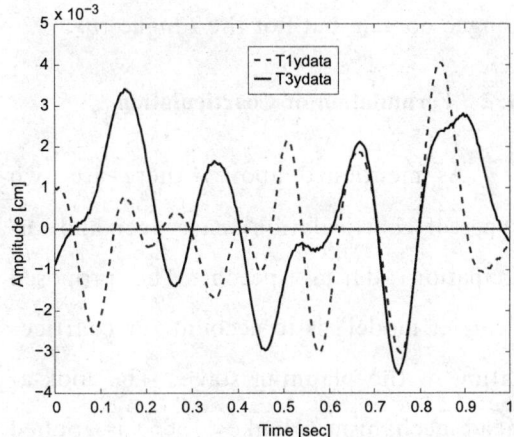

Figure 9 Velocity of reconstructed waveforms for T1, and T3

In the central point of a phoneme, the articulators are in a steady-state position, and their velocity is equal to zero. In this figure, there are 14 zeros for T1 and 8 zeros for T3. The number of the tongue tip is about twice of that of the dorsum. The result indicates that articulation can be separated into consonantal movement and vocalic movement, and the former is superposed on the latter. Note that the "vocalic component" here indicates the phoneme whose articulation constriction is formed with the tongue dorsum, so that the palatal consonants are classified into the vocalic component in this description. As may be noticed, the number of the tongue is slightly less than twice of the dorsum. There are two factors responsible for this phenomenon. One is that some vowel-to-vowel sequences exist in the utterances. The other is that the palatal consonant contributes to the constriction of the tongue dorsum but not the tongue tip.

4.2 Formulation of Coarticulation

As mentioned above, there are two types of coarticulation, carryover and anticipation, during speech. The proposed "carrier model" is to account for coarticulation in the planning stage. The look-ahead mechanism (Henke, 1966) is applied to realize the anticipation coarticulation, the interaction of adjacent phonemes of inner- and inter- components, while the carryover effect is supposed to be realized by the physiological articulatory model.

According to the above analysis, an utterance can be illustrated as a principal-subordinate structure. Therefore, a given utterance can be separated into two phoneme sequences as (2), where i and j are the indices of the consonants and vowels. In the processing, if the first and/or the last phonemes in the utterance are not a vowel, the target vector of the neutral vowel is added for constructing vowel-vowel movement.

$$V_1(\partial) \rightarrow V_2 \cdots V_j \xrightarrow{C_i} V_{j+1} \cdots V_{n-1} \xrightarrow{C_m} V_n(\partial)$$
with C_1 over V_2.

(2)

In the formulation, the first step is to construct the carrier wave, vocalic movement. Articulatory movement is considered as a continuous movement from one vowel to another, where effects of one vowel on the other depend on a degree of articulatory constraint (DAC). The DAC is denoted by d_{vj} depending on V_j. The resultant target of consonant C_i is dependent on a "tug-of-war" of the adjacent vocalic targets, and thus a virtual target G_i is generated in the position of C_i as described in (3).

$$G_i = (\alpha d_{vj} V_j + \beta d_{vj+1} V_{j+1})/(\alpha d_{vj} + \beta d_{vj+1})$$

(3)

where i and j are the indices of the consonants and vowels respectively, and α and β are the weight coefficients concerned with the tug-of-war in the look-ahead process.

The second process is to construct a resultant consonantal target C_i' according to the phonetic target C_i and virtual target G_i according to the following formula (4). Note that at this step only the specified feature is reconstructed, where no change happens in unspecified features since they depend on the coarticulation caused by the adjacent vowels.

$$C'_i = (r_{ci} C_i + G_i)/(r_{ci} + 1) \qquad (4)$$

where r_{ci} is a coefficient of articulatory resistance for the specified feature of C_i. When r_{ci} is sufficiently large, the context environment would not affect the crucial target of the consonant. In other words, this coefficient is inverse proportional to the extent that the consonantal target is affected by the virtual target.

The effects of consonants on vowels are taken into account by means of the look-ahead mechanism.

$$V_j' = (d_{ci}C_i' + d_{vj}V_j)/(d_{ci} + d_{vj}) \quad (5)$$

where i and j are the same as those of (3), d_{ci} is the DAC of consonant C_i. Finally, the planned target sequence is obtained by the summation set of the principal and subordinate components of V_j' and C_i'.

In formulas (3)-(5), there are mainly two kinds of undecided coefficients in the carrier model. The initial value of DAC is determined using the phoneme sequences of $V_{j-1} CV_j CV_{j+1}$ for vowels and using $V_j C_i$ sequence for consonants. α and β for the look-ahead mechanism is estimated by using the displacement of the central consonant caused by the preceding and following vowels. (see Dang (2005) for the details)

4.3 Optimization of the carrier model and phonetic targets

After figure out of the coarticulation model, the important issues are how to refine the parameters of the carrier model and how to obtain the typical phonetic targets for driving the articulatory model. Actually, the observed articulatory data is resultant movements generated from the typical phonetic targets involved with both the effects of the anticipatory and carryover coarticulations. To optimize the parameter of the carrier model and learn the typical phonetic target from the articulation complex, we proposed a physiological articulatory model based optimization framework by analogizing human speech production processing (Wei, 2006). The model based processing is shown in Figure 9.

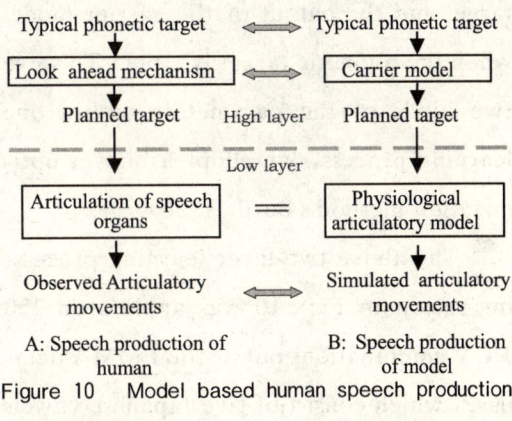

A: Speech production of human
B: Speech production of model

Figure 10 Model based human speech production process analog

The optimization in the low layer is leaning the planned targets from articulatory observations (Okadome, 2001) using the physiological articulatory model. In this learning process, "true" planned targets can be obtained when the differences between the simulations and observations reaches the minimum, where the physiological articulatory model is supposed to do not introduce any significant error because it imitates human articulation with a good accuracy. A mesh adaptive direct search algorithm (MADS) is adopted as the optimizer (Audet, 2004) to solve the problem that no analytic formula can describe the relation between the FEM-based articulatory model and the planned target.

In the high level, the learned planned target is the original resource for the optimization processing. The parameters of the carrier model and the "true" phonetic target are learned by minimizing the difference between the learned planned target and the output of the carrier model when the phonetic target is input. To solve two kinds of the parameters within one learning process, we adopt a bilevel optimization method (Bard, 1998).

The above two-layer learning processing shown in Fig. 10 was applied on 153 VCV combinations out of the EMMA database, which consist of five Japanese vowels and eight consonants (Okadome, 2001). The phonetic target and the parameter of the carrier model are optimized based on the learned planned targets obtained in the low layer learning processing. Figure 11 shows the learned phonetic targets (letters) and the model simulation (circles) for consonants, and Figure 12 is for vowels, where the observations (stars) are plotted for a reference. The simulation involved both the anticipatory coarticulation via the carrier model and the carryover coarticulation within the physiological model. The average error between the simulations and observations was 0.15cm. One can see that the learned phonetic targets for the apical consonants with a closure such as /d/, /g/, /k/, /t/, /n/, and /r/ were beyond the hard palate, while fricative /s/ and semivowel /w/ were located inside the vocal tract. This implies that to form closure the virtual targets of those consonants should be beyond the hard palate.

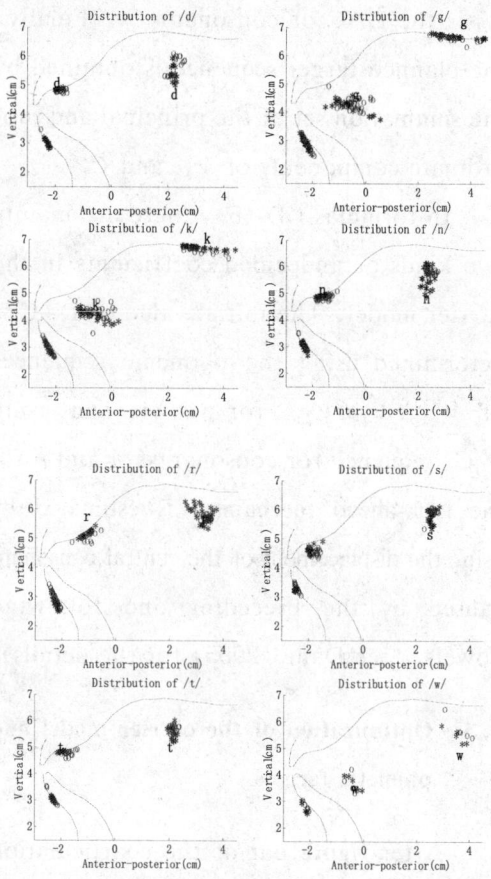

Figure 11 Learned typical phonetic target (the letters), simulation (circles) and observation (stars) for eight consonants

To evaluate the leaned phonetic target and optimized coarticulation model, a listening test was conducted on the synthetic sounds which were generated by the processing in Fig. 10 with three conditions: using the learned typical phonetic targets with and without the carrier model, and from the average target over the observation. As a result, use of the leaned phonetic with the carrier model showed the best performance, while directly using of the average target showed the poorest performance. The result indicates both the learned phonetic target and the carrier model can improve the articulatory based speech synthesis.

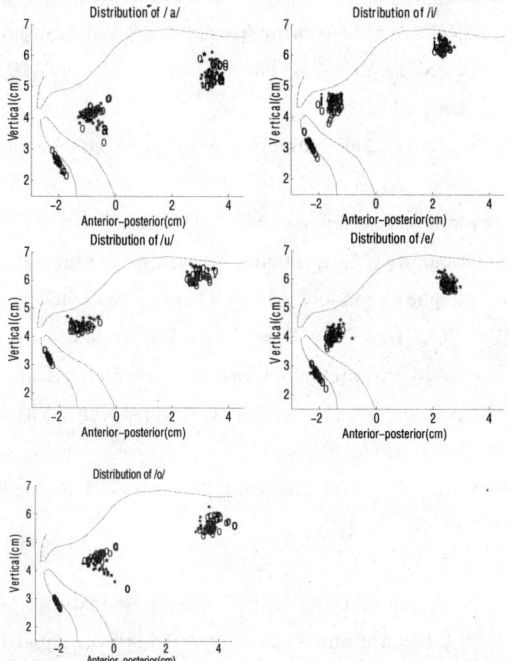

Figure 12 Learned typical phonetic target (the letters), simulation (circles) and observation (stars) for five vowels

5. Conclusions and discussions

For the isolated vowels, a normal description with the vowel triangle using the tongue height points is useful but is not robust for continuous speech. In continuous speech, the movement of the tongue height is reduced to nearly straightforward movement from front-high to low-back (Dang, et al., 2004). We used a similarity measure to extract the intrinsic structure of the vowels from a 16-dimension vocal tract shape. The structure showed that the discriminatively intrinsic features of the vowels are the low-high position of the tongue, lip rounding, and constriction location.

For describing the dynamic characteristics, a physiological articulatory model has been construction based on human mechanism. This model is realized speech production process from articulatory targets to synthesized sounds. To improve the naturalness of the sound, coarticulation must be taken into account in the articulatory based synthesis. A model based learning process was proposed to refine a coarticulation model and to learn the typical phonetic target using observation data. The listening test showed the learned phonetic target and the optimized coarticulation model could improve the performance of the human mechanism based speech synthesizer.

Acknowledgement: We would like to thank NTT communication science laboratories for permitting us to share the articulatory data. This study is supported in part by Grant-in-Aid for Scientific Research of Japan (No. 17300182) and in part by grant of young scientist B of Japan (No. 18700172).

References

Audet, C., Orban, D. 2004 Finding optimal algorithmic parameters using a mesh adaptive direct search. Presented at Les Cahiers du GERAD G-2004-98, Montreal.

Bard, J. 1998 *Practical Bilevel Optimization: Algorithms and Applications*. Kluwer Academic Publishers.

Belkin, M., Niyogi, P. 2003 Laplacian eigenmaps for dimensionality reduction and data representation, *Neural computation*, 15, 1373-1396.

Dang, J., Honda, K. 2002 Estimation of vocal tract shape from sounds via a physiological articulatory model, *JOP*, 30, 511-532.

Dang, J., Honda, M., Honda, K. 2004 Investigation of coarticulation in continue speech in Japanese, *Acoustical Science and Technology*, 25, 318-329.

Dang, J., Honda, K. 2004 Construction and control of a physiological articulatory model, *JASA* 115, 853-870.

Dang, J., Wei, J., Suzuki, T., Perrier, P. 2005 Investigation and modeling of coarticulation during speech, Presented at Interspeech, Lisbon, Portugal.

Fang, Q., Dang, J. 2006 Synthesis of Chinese vowels based on a physiological articulatory model, Presented at ASJ Fall Meeting, Kanazawa, Japan.

Fant, G. 1960 *Acoustic theory of speech production*, Mouton, The Hague.

Henke, L. 1966 Dynamic articulatory model of speech production using computer simulation. MIT.

Kratzenstein, C. G. 1782 Sur la formation et la naissance des voyelles, *Journal de Physique*, 21, 358-380.

Liberman, A., Mattingly, G. 1985 The motor theory of speech perception revised, *Cognition*, 21, 1-36.

Lu, X., Dang, J. 2006 A low dimensional representation of vocal tract shapes, presented at ASJ Fall Meeting, Kanazawa, Japan.

Maeda, S. 1996 Phonemes as concatenable units: VCV synthesis using a vocal-tract synthesizer, in Simpson, A., Patzod, M. (Eds.), *AIP-UK*, 31, 227-232.

Ohman, S. 1967 Numerical models of coarticulation, *JASA*, 40, 310-320.

Okadome, T., Honda, M. 2001 Generation of articulatory movements by using a kinematic triphone model, *JASA*, 110(1), 453-463.

Wei, J., Lu, X., Dang, J. 2006 A simulation based parameter optimization for a coarticulation model, presented at Interspeech, Pittsburg, USA.

Stevens, K. 2000 *Acoustic phonetics*, The MIT Press.

(Jianwu Dang, Japan Advanced Institute of Science and Technology, Ishikawa, Japan)

Towards Computing Phonetics

Yoshinori SAGISAKA

Abstract: Three research efforts are introduced aiming at computational modeling of human's capabilities in spoken language processing. They are (1) temporal characteristics analyses on speech generation and perception, (2) statistical language modeling to enable speech recognition of unregistered expressions and (3) prosody modeling for communicative speech generation. Through the introduction of these studies, the importance of scientifically motivated quantitative modeling in traditional linguistics and phonetics is shown. The need of a *transdisciplinary* academic field *computing phonetics* to support traditional phonetics is discussed to study human language and speech capabilities from transdisciplinary global viewpoints.

Key words: segmental duration, grammar, para-linguistic information, timing, rhythm, language modeling, communicative prosody, speech synthesis, temporal organization, timing perception, speech recognition, conversational speech.

1. Introduction

Same as other scientific studies, a study of phonetics started from the description of its target, speech. As precise description of speech waveforms and spectrograms were enabled by using technologies developed in other fields, phonetics has been developed with them. Acoustics made it possible to deeply understand speech from production viewpoints and gave the basis of mechanical modeling. Electronics provided quantitative simulation and detailed speech analysis tools such as equivalent electric circuits. These fields themselves have also been developed with other fields such as computer technology and information science. Computer science enabled the simulation of speech synthesis and recognition which will be served as cognitive modeling of human speech processing models.

Through this developing process, the other scientific studies have not merely supported phonetics as research methods but also contributed to cover *transdisciplinary* research field of human science. In this presentation, three research topics are presented in different fields that the author has been involved in. In Section 2, temporal characteristics of speech generation and perception are analyzed quantitatively. Statistical language modeling to enable the speech recognition of unregistered expressions and prosody modeling of communicative speech generation are introduced in Section 3 and 4 respectively. Though these studies have been carried out mainly for speech technology, they clearly show the necessity and usefulness of a new field *computing phonetics*, which is discussed in Section 5.

2. Temporal characteristics of speech generation and perception

2.1 Segmental duration control factors

We have measured segmental duration of Japanese using controlled, multiple, large speech databases and confirmed the existence of many control factors (Sagisaka, et al., 1984; Takeda, et al., 1989; Kaiki, et al., 1992a, 1992b). As shown in Table 1, these control factors range from local phonetic unit level to global sentence level. The difference arising from the vowel and consonant categories appear to be dominant in average phoneme duration control. Vowels, /i/ and /u/ are inherently shorter than /a/, /e/, and /o/. For consonants, unvoiced sounds tend to be longer than voiced ones. Fricatives tend to be longer than an plosives.

Segmental duration is not characterized only by these phonemic attributes but also by moraic constraints. A negative correlation is found between vowel durations and adjacent consonant durations. The temporal compensation of vowel duration is more influenced by the preceding consonant duration than the following one, and this is considered to be an acoustic manifestation of mora-timing. It has also been observed that not only segmental durations but pause length is under moraic control (Kaiki, et al., 1992c).

At the phrase level, segmental durations change much more than in moraic units. The most remarkable phrase-level temporal control of scgmental duration is local reset of speech tempo. Generally, the higher the mora count of a phrase, the shorter the average mora durations are in that phrase. The local tempo seems to be decided simply by phrasing. Moraic regularities are maintained within each phrase level unit. In each phrasal unit, the tempo is kept constant and there is no more local speech rate change.

The above mentioned moraic constraints and local phrasal tempo reset determine most of the variation in segmental durations of Japanese read speech. Fine statistical analysis showed consistent lengthening in content words and shortening in function words. However, these duration changes are typically less than ten milliseconds, and are almost always hidden by the bigger differences caused from moraic compensation and local phrasal tempo changes of more than a few tens of milliseconds.

Shortening of phrase initial mora and lengthening of phrase final mora are quite marked. Remarkable shortening of sentence final mora has also been observed in declarative sentences. However, these temporal controls are restricted to only the single mora at the phrase boundary, which is in contrast to the continuous power decrease over multiple moras at phrase endings (Mimura, et al., 1991).

2.2 Segmental duration control modeling

For the control of duration, we have used the following linear regression model (Kaiki, et al., 1992a, b, c; Mimura, et al., 1991; Sagisaka, 1991).

$$DUR = \mu(/\ast/) + \sum_f \sum_c X_{fc} \delta_{fc}$$

In this equation, $\mu(/\ast/)$ denotes the mean duration of the current phoneme $/\ast/$, X_{fc} corresponds to the contribution coefficient of each category c of control factor f and δ_{fc} stands for the characteristic function of category c (i.e. δ_{fc} is 1 iff the current context corresponds to category c of f, otherwise 0) The control factors $\{f\}$ correspond to e.g. current and neighboring phoneme categories, mora counts of the phrase containing the current phoneme, and the current phoneme position, whose contribution is confirmed through statistical analyses, as shown in Table 1. In this formulation, $\{X_{fc}\}$ values are predetermined by the linear regression through

Table 1 Control factors of Japanese segmental durations

Range	Observed acoustic manifestations	Factor
Current phoneme	Intrinsic durations with very different deviations	Constraints in production
Neighboring phonemes Mora	Temporal compensation of neiboring phonemes Bi-moraic rhythm	Mora timing
Word	Content word lengthening Function word shortening	Markedness
Phrase endings	Moraic phrase final lengthening & initial shortening	Boundary making
Phrase	Uniform shortening inversely propotional to phrase mora counts	Local phrase tempo preset
Sentence	Total utterance length	Overall tempo

a minimization of prediction error $\Sigma(\mathrm{OBSERVED\_DUR - DUR})^2$ using a contextually balanced data set. This minimization is carried out simply by solving a normal equation which is gained by partially differentiating this error function as is standard in linear regressive analysis.

The duration prediction experiments using the speech data of 500 Japanese sentences showed that the root mean square errors were about 15 ms for both vowels and consonants (Kaiki, et al., 1992c). Tests with both open and closed data showed error values that were comparable. It has also been quantitatively confirmed that this control can be applied to speech with different speaking rates or different speaking styles (Sagisaka, 1991).

2.3 Perceptual characteristics on segmental duration with temporal errors

As seen in the previous sections, segmental duration is predicted in order to replicate the durations of natural speech in corpus-based speech synthesis. In this modeling, we commonly adopt the sum or average of errors between the calculated durations and the observed ones as the measure of evaluation. Though it looks quite natural to adopt this measure from engineering viewpoint, we have to notice that the use of this measure implies the following assumptions.

(1) A single duration distortion linearly correlates with the perceived distortion regardless of the attributes of the segment in question.

(2) Multiple duration distortions affect the perceived distortion independently of each other.

Concerning to the first assumption, we have observed that perceptual effect of duration distortion is context dependent through a series of studies (Kato, et al., 1994, 1997, 1998, 1999, 2002; Muto, et al., 2005a, b). We have shown that listeners' rating scores of acceptability against changes in segmental duration can be accurately approximated by a parabolic curve and that the absolute value of the second-order coefficient of this approximation curve, the vulnerability index, is generally larger for vowel segments than for consonant segments. Moreover, we found

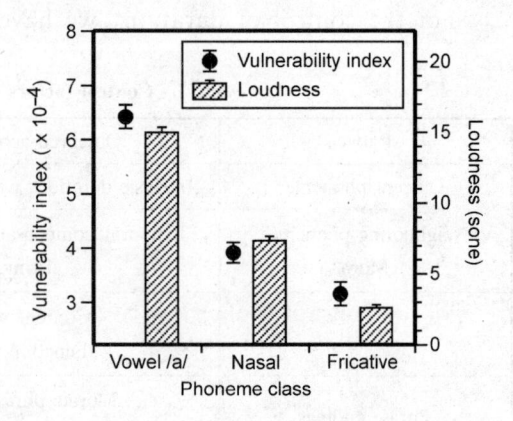

Figure 1 The correlation between the vulnerability index (change of subjective score in relation to duration modification) and the intrinsic loudness of the segments

the high correlation between the vulnerability index and the intrinsic loudness of the segments as shown in Figure 1.

A non-speech study on temporal discrimination capability, on the other hand, showed that an auditory duration with large loudness is more accurately discriminated than a softer duration, if the target duration is temporally flanked by other sounds (Kato, et al., 1994). This tendency in temporal discrimination capability agrees with that of the acceptability measure found in Figure 1. All of these results suggest that the correlation observed between the vulnerability index (a sensitivity measure for acceptability) and the segment loudness can be accounted for as a reflection of the general characteristics of auditory perception. To take into account these perceptual characteristics, i.e., the dependency of duration sensitivity on segment quality, for distortion evaluation, the loudness characteristics should be added to approximate human subjective judgment more precisely.

For the second assumption, the perceptual compensation effect between consecutive vowel and consonant durations has been reported for both detectability of the modification and acceptability rating (Sagisaka, et al., 1984). The compensation effect of this sort indicates that the influence of a duration distortion is not limited within a segment but may extend beyond segmental boundaries, and also suggests that an evaluation criterion regarding each segmental distortion as independent is not perceptually valid.

Furthermore, it has been confirmed that the degree of perceptual compensation effect between two consecutive segments inversely correlates with the loudness difference or jump at the segmental boundary, in both detectability and acceptability tasks (Kato, et al., 1997). The amount of compensation decreased with increasing loudness.

A non-speech study also showed that the detectability of a compensatory temporal modification correlates with the loudness jump at the displaced boundary (Kato, et al., 1997). This suggests that the correlation observed between the perceptual compensation effect of speech and the loudness jump could be accounted for as a reflection of the general characteristics of the auditory perception.

Conventionally, while segmental distortions have been regarded as *changes in a segmental duration*, all of the above notions suggest that they can also be regarded as *the displacement of segmental boundaries*. For describing the relationship among multiple distortions, the latter view appears to be useful.

3. Linguistic constraints for speech recognition of unregistered expressions

3.1 Statistical representation of linguistic constraints

In statistical continuous speech recognition, a word sequence $W = (w1, w2, \cdots, wl)$ that gives maximum probability $P(W|A)$ for given acoustic observation A is selected as a recognition result W. By applying statistical calculus, it can be expressed using $P(A|W)$ and $P(W)$ as follows:

$$W = \underset{W \in \text{all candidates}}{\operatorname{argmax}} P(W|A)$$

$$= \underset{W \in \text{all candidates}}{\operatorname{argmax}} P(A|W) \cdot P(W)$$

This expression means that speech recognition is carried out by finding a word sequence that maximizes the product of the probability $P(A|W)$ of the corresponding word sequence W for a given acoustic observation A and the probability of word sequence by itself $P(W)$. This $P(W)$ is referred as a language model. It gives linguistic constraints on the constituting word sequence to correctly identify the word sequence.

Word N-grams are widely used for this probabilistic linguistic constraint. It approximates $P(W)$ by the restricted number of word successions as shown in the following equation:

$$P(W) \approx \prod_i P(wi|wi-N+1, wi-N+2, \cdots, wi-N+1)$$

From purely statistical theoretic viewpoints, many ideas have been tested to provide precise constraints without losing statistical accuracy. We have proposed variable order N-grams to attain reliable statistical constraints from a given language corpus with fewer parameters than conventional N-grams (Masataki, et al., 1996). Recognition experiments have shown the superiority of this model. In this model, word classes have been employed to increase the reliability of N-gram probabilities by clustering words having similar context characteristics. Multi-dimensional word-class assignment has also reduced the number of word classes structurally and drastically (Yamamoto, et al., 1999).

Though all these advances can be understood as improvements simply in probability theoretic framework, they can also be interpreted as a new form of language modeling by fitting already existing linguistic knowledge to the statistical framework. More interestingly, this new modeling gives new definitions of conventional linguistic units. The generation schemes for variable order N-grams can be interpreted as schemes for word chunk generation in which the redefinition of word entries is given by resultant chunks consisting of original word sequences.

Automatic word class generation gives finer word categories than we can get from conventional grammatically-derived word categories. Multi-dimensional word classification generalizes word categories given by the classification of inflectional types and forms. These new definitions of word clusters and word classes can provide a structure that explains linguistic constraints more precisely than the constraints given by conventional linguistically-derived classes.

By reducing original word N-gram size without damaging embedded word neighboring characteristics, using the above ideas, the resultant extended word N-gram by itself can be regarded as a kind of cognitive expression of word neighboring characteristics, though it has been derived purely from statistical approximation framework. This extended word N-gram can also be interpreted as compiled results of grammars like an executive program code compiled from structurally well written source programs.

3.2 Language model representing hierarchical constraints

As a human, we sometimes find that we can recognize speech even though we cannot correctly identify partial phone sequences. For example, we can specify the part of a foreigner's name embedded in our native language speech even if we have never heard it before. Though the extended word N-gram shown in previous subsection is an efficient language model, we need more general modeling to simulate this human capability. In particular, we need a model where not only inter-word class linguistic constraints but also intra-word class constraints are properly imposed. The modeling of this human function is indispensable to recognize unregistered expressions.

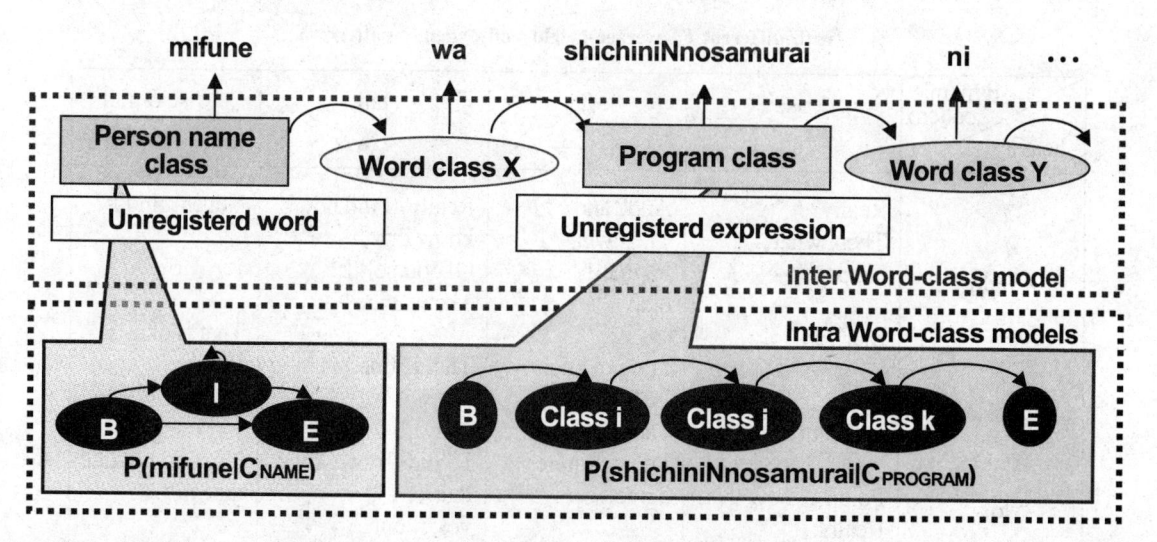

Figure 2 A hierarchical language model consisting of an inter word-class model and intra word-class models

Table 2 Recognition rates for speech including unregistered words and expressions

model	word correct (%)	word accuracy (%)
proposed	97.07	94.91
upper bound	98.60	97.97
conventional	87.12	83.72

We have proposed a hierarchical language model to realize this function (Tanigaki, et al., 2000; Onishi, et al., 2001). As Figure 2 shows, this model consists of a word class model and individual word class models. The word class model corresponds to the extended word N-gram that gives inter-word class constraints. The other word class model gives intra-word class constraints.

It has been confirmed that this model structure enables the recognition of names and places that are not in a word dictionary without damaging the recognition performance of registered words (Tanigaki, et al., 2000; Onishi, et al., 2001). In these recognition experiments, there is no confusion between different word categories. Furthermore, this hierarchical modeling has been successfully applied to more general named-entities consisting of multiple words as often seen in movie titles or book names (Tomita, et al., 2005).

As shown in Table 2 shows, our experiments showed high performance of the proposed method for speech recognition with movie titles and personal names as unregistered expressions. The proposed model showed quite similar performance as the upper-bound model where all titles and names are listed as known ones. These results are quite encouraging for us to consider more general language model for task-free speech recognition by integrating

Table 3 Possible subsequent utterance expressions for a single utterance of "n" with different F_0 average height and dynamic pattern

dynamic pattern / height	rise ↗	flat →	fall ↘	rise & fall ⋀
high ↑ ↓ low	Really?♪ Then, what happen??♪ Liar!!♪ Really? Is that true? I didn't know that. Really↓	And? and?♪♪ Then what?♪ I agree!! okay I do not know… Is that okay? I am not sure… I do not quite agree…	Really? I did not know that♪ Of course!!♪ That is nice♪ That is fine. okay…↓ I did not know that…↓ yes… but…↓↓	Never mind♪ That is okay No, I do not like that↓

different independent statistics. This modeling can provide not merely a fine statistic language model but also a model design where independent statistical characteristics are harmoniously integrated.

4. Prosody modeling of communicative speech generation

4.1 The specification of input and output for communicative speech generation

In speech synthesis, reading-style speech generation has been studied. As the prosody of reading-style speech is mostly characterized by linguistic information extracted from the input text, e.g., phrase dependency structure, phrase length, phrase position and phrase accent type, reasonable quality of prosody can be obtained for text-to-speech (tts) output. A corpus-based approach is quite effective for problems where the control mechanism is known and factors can be listed up. However, as synthetic speech becomes popular, it is starting to be used in other applications where reading-style speech is no longer adequate.

The better the output speech quality becomes, the more demands grow for communicative speech. In particular, reading-style prosody is far from satisfactory in most of outputs from man-machine communication systems. Inadequate prosody of an output speech fails to convey communicative information expressing speaker's attitude and prevents smooth conversational interactions. Up to now, we have neither a good methodology of how to describe or to characterize communicative prosody, nor any good principles to control it. To start its modeling, we have to specify the input and output for communicative speech generation.

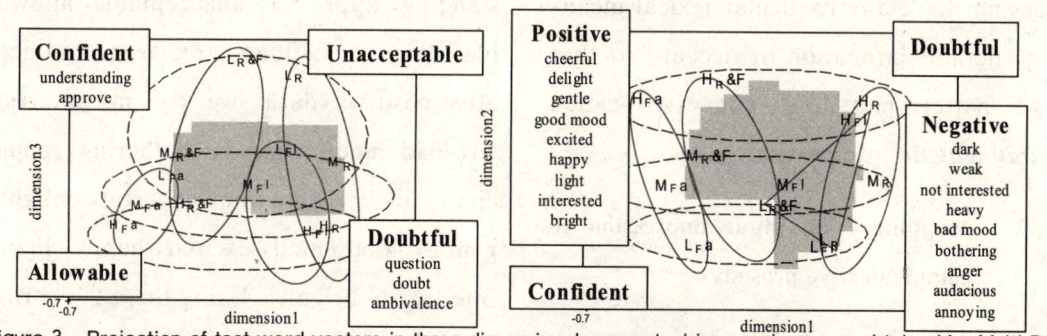

Figure 3 Projection of test word vectors in three dimensional perceptual impression space obtained by Multi-Dimensional Scaling (Clusters of F_0 height (H, M, L) and F_0 dynamic patterns (R, Fl, Fa, R&F) are circled with dash line and full line respectively)

As communicative speech is usually generated spontaneously, we need modeling of a human-like mechanism to understand or to generate it. Considering current findings and existing formulations, it is far from modeling a human-like mechanism. We need more knowledge on how human generate communicative speech fluently and human perceives what from communicative speech.

At this stage, what we can best do is to describe its characteristics using our subjective judgments such as perceptual impressions and to link them to its acoustic manifestation such as prosodic characteristics, we decided to analyze prosodic features of single utterance "n" as a first step (Kokenawa, et al., 2005). A single utterance "n" is, acoustic-phonetically, a sustained utterance of either [m], [n], or [eng]. In Japanese, it can be an interjection, rejoinder or filler depending on the context or situation. Most importantly, it does not have any particular lexical meaning, default intonation or accent, so that its F_0 pattern most likely conveys so-called *paralinguistic* information.

4.2 Mapping from input impression to communicative prosody

Through the analyses on prosodic variations of "n", we found that its F_0 characteristics can be classified by its height and dynamics and nicely correlate with communicative functions perceived by their prosody. Table 3 shows the classification of speaking attitudes of "n" using the subsequent utterance expressions. As shown in Table 3, they were classified by average height and dynamics of F_0. To specify speaking attitudes in these samples more precisely and quantitatively, we have conducted a perceptual experiment to get quantitative expression of speaking attitudes in multidimensional space.

After subjective listening exercises using 12 prototypical patterns showing 4 dynamic patterns (rise flat fall, rise + fall) and 3 heights (high, mid, low), we obtained sixty-seven impression words to indicate speaking attitudes. More than two subjects chose twenty-six identical words. These impression words could be classified into the following three groups, doubtful-confident (doubt, ambivalence, understanding, approve), unacceptable- allowable (deny, objection, agreement) and negative-positive (dark, weakly, not interested, bad mood, heavy, bothering, audacious, anger, annoying, cheerful, delight, gentle, good mood, excited, happy, light, interested, bright). Using these 26 words, we re-evaluated the utterances by subjective listening test.

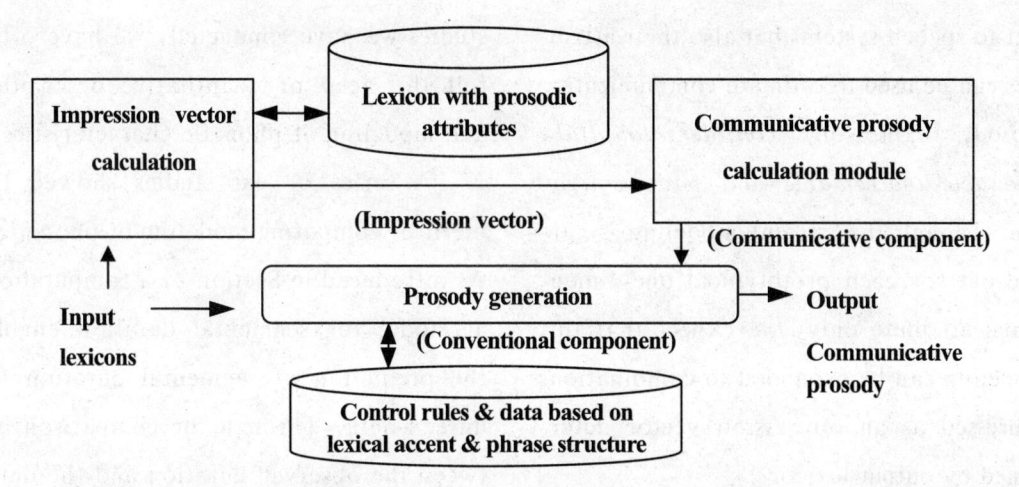

Figure 4 Communicative prosody generation using impression prediction by input lexicons

We found that 26-dimensional space can be reduced to three-dimensional impression space through MDS (INDSCAL) analysis (Kokenawa, et al., 2005). As shown in Figure 3, we plotted the impression words that showed high correlation between these three dimension axes. We can approximate a set of words in three dimensions expressing *positive-negative*, *confident-doubtful* and *allowable-unacceptable* impressions. The axes of *confident-doubtful* and *positive-negative* can be projected on the plane spanned by the first and second dimensions. The axes of *allowable- unacceptable* and *confident-doubtful* can be interpreted in the plane spanned by the first and third dimensions. The axes of *allowable-unacceptable* and *positive- negative* are interpreted in the plane of the second and third dimensions. Interestingly enough, as shown in the Figure, clusters of F_0 height (H, M, L) and F_0 dynamic patterns (R, Fl, Fa, R&F) are systematically ordered in three dimensional space. This fact suggests the possibility of prosody control by multi-dimensional impressions as input information.

4.3 Modeling communicative prosody generation

We have confirmed the possibility of communicative prosody control using impression estimated from input lexicon (Sagisaka, et al., 2005; Greenberg, et al., 2006). As we could have observed that the words directly expressing perceptual impressions had the same prosodic characteristics of one word utterance "n" with the same impressions (Greenberg, et al., 2006), we can think of communicative prosody generation scheme shown in Figure 4. As shown in the Figure, input words are not used to compute conventional prosody control characteristics used in text-to-speech systems but also their attributes can be used to estimate communicative prosody expressing *confident-doubtful*, *allowable-unacceptable* and *positive-negative*. Though the current modeling is carried out for each prototypical one-dimensional attribute only, we expect that this modeling can be expanded to combinations expressed as an impression vector determined by output lexicons.

These prosodic variations are newly generated in communicative prosody module using perceptual impression vectors. These perceptual impression vectors are obtained for each lexicon from the dictionary where multi-dimensional subjective impression scores are given to each lexicon. The communicative F_0 dynamic patterns, durations and F_0 average height are calculated from the input impression vectors.

5. Towards computing phonetics

As introduced in the preceding three sections, we can find the studies needed for speech technologies are of use as one of future research topics in phonetics. Though the research topics explained in this article themselves may not be regarded as topics of traditional phonetics, they indicate the necessity of fundamental scientific understanding of phonetically related speech characteristics. Throughout the studies we have conducted, we have often felt the need of quantitative description and modeling of phonetic characteristics.

A series of our studies showed the merit of computing modeling of phonetics. As introduced in Section 2, a computational model for segmental duration enables the prediction of segmental duration for unseen data. Through the comparison between the observed duration and the duration calculated by the proposed model, we can understand the contribution of unknown factors. Computational modeling provides a good tool in the study of phonetics based on *Analysis by Synthesis* (AbS) approach. In addition to computational modeling, the understanding of perceptual characteristics in temporal control in speech production brings us the need for more precise definition of already existing phonetic notions. They are to be reconsidered as scientific description models.

The current speech recognition technologies have been proposing a lot of questions that phonetics are expected to answer. As shown by the examples in Section 3, the description of lexicons by phonetic units is one of the crucial cues to explain human's lexical access capabilities. Lexicon search models proposed by psycholinguists are to be critically checked their realization possibilities through computational modeling. Through this process, computational mechanisms used in current statistical speech recognition will play an important role as an existing working model.

Finally, as introduced in Section 4, engineering for communicative synthesis has just begun to be studied. We cannot find systematic analysis on non reading-style speech only in engineering studies but also in phonetics. By contrasting prosodic studies up to now and studies needed to characterize and generate communicative prosody, we notice that most of our phonetic studies have been devoted to explain speech phenomena observed in read speech only. We neither have any description symbols nor theoretical framework to treat communicative speech in phonetics. As shown in synthesis approach, high correlation between lexicons and communicative prosody clearly show the necessity of global linguistic and phonetic framework where both verbal information and nonverbal information can be treated simultaneously. It does not seem adequate to treat communicative prosody as *para* linguistic information. Communicative prosody itself should be the main theme of phonetics and linguistics.

Looking back the history of phonetics from this standpoint, we notice that it has been highly constrained by written language. Though the restriction to written language has revealed many interesting aspects in linguistics and phonetics, it has inherently concealed some important aspects where language is used. In written language, information flow is unidirectional, i.e. from a writer to readers. On the other hand, in human communications, information flow is bidirectional. Furthermore, in human communications, not only linguistic forms but also other speech features such as prosody or voice qualities are playing crucial roles. To cover human communication, we need much wider framework where phonetics can cover linguistics. As there is no language without speech with written symbols in live world, it seems quite natural to set up a new research paradigm to look speech more directly. I am quite sure that *computing phonetics* where scientific computational models are studied would play an important role in that global framework of phonetics in future.

Acknowledgements

As shown in reference papers, this article is a partial summary of the three works (Sagisaka, 2003, 2004; Sagisaga, et al., 2005) assembling related works. The author would like to express his sincere thanks to many colleagues who conducted these works together and advisers who gave us precious comments while carrying out these works. This work was in part conducted under the Waseda University RISE research project of "Analysis and modeling of human mechanism in speech and language processing" and supported in part by the Grant-in-Aid for Scientific Research (B)(2), No. 18300063, Japan Society of Promotion of Science.

References

Greenberg, Y., Shibuya N., Tsuzaki, M., Kato, K., and Sagisaka, Y. 2006 A trial of communicative prosody generation based on control characteristic of one word utterance observed in real conversational speech, *Proc. Speech Prosody*.

Kaiki N., Takeda K and Sagisaka Y. 1992a Linguistic properties in the control of segmental duration for speech synthesis, In G. Bailly et al. (Eds.), *Talking Machines*, 255 – 264, North-Holland.

Kaiki N. and Sagisaka Y. 1992b The control of segmental duration in speech synthesis using statistical models, In Y. Tohkura et al. Ohmsha (Eds.), *Speech perception, production and linguistic structure*, 391 – 402, IOS press.

Kaiki N. and Sagisaka Y. 1992c Pause characteristics and local phrase-dependency structure in Japanese, *Proc. ICSLP 92*, 357 – 360.

Kato H. and Tsuzaki M. 1994 Intensity effect on discrimination of auditory duration flanked by preceding and succeeding tones, *JASJ (E)*, 15, 349 – 351.

Kato H., Tsuzaki M. and Sagisaka Y. 1997 Acceptability for temporal modification of consecutive segments in isolated words, *JASA*, 101, 2311 – 2322.

Kato H., Tsuzaki M. and Sagisaka Y. 1998 Acceptability for temporal modification of single vowel segments in isolated words, *JASA*, 104, 540 – 549.

Kato H., Tsuzaki M. and Sagisaka Y. 1999 A modeling of the objective evaluation of durational rules based on auditory perceptual characteristics, *Proc. ICPhS*, 1835 – 1838.

Kato H., Tsuzaki M. and Sagisaka Y. 2002 Effects of phoneme class and duration on the acceptability of modifications in speech, *JASA*, 111, 387 – 400.

Kokenawa, Y., Tsuzaki, M., Kato, K., and Sagisaka, Y. 2005 F_0 control characterization by perceptual impressions on speaking attitudes using Multiple Dimensional Scaling analysis, *Proc. IEEE ICASSP*, I, 273 – 276.

Masataki H. and Sagisaka Y. 1996 Variable order N-gram generated by word-class splitting and consecutive word grouping, *Proc. ICASSP '96*, 188 – 191.

Mimura K., Kaiki N. and Sagisaka Y. 1991 Statistically derived rules for amplitude and duration control in Japanese speech synthesis, *Proc. Korea-Japan joint workshop on advanced technology of speech recognition and synthesis*, 151 – 156.

Muto, M., Kato, H., Tsuzaki, M., Sagisaka, Y. 2005a Effect of intra-phrase position on acceptability of change in segment duration in sentence speech, *Speech Communication*, 45 (4), 361 – 72.

Muto, M., Kato, H., Tsuzaki, M., Sagisaka, Y. 2005b Effect of speaking rate on the acceptability of change in segment duration. *Speech Communication*, 47 (3), 277 – 89.

Onishi S., Yamamoto H., and Sagisaka Y. 2001 Structured language model for class identification of out-of-vocabulary words arising from multiple word-classes, *Proceedings of EUROSPEECH*, 1, 693 – 696.

Sagisaka Y. and Tohkura Y. 1984 Phoneme duration control for speech synthesis by rule (in Japanese), *Trans. IEICE J67-A*, No.7, 629 – 636.

Sagisaka Y. 1991 Prosody control for spontaneous speech synthesis, *Proc. ICPhS*, 506–509.

Sagisaka Y. 2003 Modeling and perception of temporal characteristics in speech, *Proc. ICPhS 2003*, 1–6.

Sagisaka Y. 2004 Spoken language processing as computational human modeling, *Proc. ISSTPS O-COCOSDA*, Vol. 2, 161–166.

Sagisaka, Y. Greenberg, M. Tsuzaki and H. Kato 2005 Prosody generation for communicative speech synthesis, *Proc. SNLP*, 23–28.

Sagisaka Y., Yamashita T. and Kokenawa Y. 2005 Generation and perception of F_0 markedness for communicative speech synthesis, *Speech Communication*, 46 (3-4), 376–384.

Takeda K, Sagisaka Y and Kuwabara H. 1989 On sentential effects in the control of segmental duration in Japanese, *JASA*, 86 (6), 2081–2087.

Tanigaki K., Yamamoto H. and Sagisaka Y. 2000 A hierarchical language model incorporating class-dependent word models for OOV words recognition, *Proc. ICSLP 2000*, Vol. 3, 123–126.

Tomita T., Okimoto Y., Yamamoto H., Sagisaka Y. 2005 Speech recognition of a named entity, *Proc. ICASSP*, Vol. I, 1057–1060.

Yamamoto H. and Sagisaka Y. 1999 Multi-class composite N-gram based on connection direction, *Proc. ICASSP '99*, 533–536.

(Yoshinori SAGISAKA, GITI Waseda University)

台湾语音学及相关研究近况

郑秋豫

提要：近年来台湾的语音学及相关研究,大致可分为：1.语音学基础研究,2.音系学导向语音学研究,3.语音感知研究,4.数据库语音学研究,5.语音科技开发研究。传统语音学基础研究课题,包括从产制和感知看语意焦点、界限(含词、词组、音节、变调)对音段、声调和超音段的影响；从产制看塞音、鼻元音元音鼻化的跨语言现象,研究汉语声调及变调的处理；韵律与语音讯号处理；塞音听辨感知、声调的范畴感知、构音与听觉感知等。音系学导向的研究则以连读变调、幼儿母语习得过程中的声调习得的语音参数为主。数据库语音学研究,则有朗读、自发性二种语料的数据库设计、语料收集、标注系统、语料释出的数据库建置的前置研究以及语料的量化研究。研究课题包括语流韵律、自然口语的词语更正等。比较完整并具开创性的研究,当属口语语流韵律的研究。特点是在课题上不再只局限于声调、句调,直接走向大单位口语篇章的韵律研究；在方法上不再是语料观察描述,而采用建置语音数据库及量化语料的研究；在研究角度上由上而下,进而厘清宏观与由下而上微观语音单位间的关系。并以统计方法提取大批语料的声学参数,如：基频轨迹、音节长度在时程上的相对分布,响度分布的单位、语流中停顿的边界效应与停延长段,具体证明上层单位"多短语韵律语段"与下层单位短句、韵律词、音节间的分层韵律关连性以及对整体韵律输出的贡献度。此外并提出包裹式的多短语基型,解释口语篇章的整体韵律输出的规范,有系统地找到并解释了声调、句调和多短语语段间层层关系的具体证据。除提取语流韵律的阶层式特征外,并提出"阶层式多短语语段的韵律组织结构"一说；更进一步提出对应数学模型,以为语音科技开发的应用。总的来说,口语韵律研究的课题、方法、规模及说法皆具有开创性,并将学说直接应用于语音科技开发。与语音学相关的应用研究,则以语音科技开发为主轴,包括语音合成与语音识别,研究课题包括韵律、声调的TTS开发、语音识别的强健性相关课题、新一代口语系统与多媒体接口等研究等。

关键词：产制 感知 焦点 界限 音段 声调 变调 超音段 口语语流韵律 词语更正 数据库语音学 量化 韵律组织 语音科技开发

近年来台湾的语音学及相关研究,大致可分为：1.语音学基础研究,2.音系学导向语音学研究,3.语音感知研究,4.数据库语音学研究,5.语音科技开发研究。其中音系学导向、语音学研究和语音感知研究,其实也在基础研究之列；数据库语音学研究则为跨学科研究；语音科技开发研究以工科研究人员为主,是跨学科研究里的应用研究。

1. 台湾地区语音学研究简介——基础研究

综观台湾近年的语音学门的研究方向,

还是不脱传统语音学之研究课题,包括:

1.1 从产制和感知看语意焦点、界限(含词、词组、音节、变调)对音段、声调和超音段的影响,研究者是交通大学外文系副教授潘荷仙。

1.1.1 观察台闽语鼻音尾及鼻化现象如何受语调词、音节影响而产生变化,结果发现:(1)台闽语鼻音尾及有声塞音首之鼻化作用主要表现于时长上,界线强度越强,鼻气流长度越长。(2)鼻气流整体形状亦受界限强度影响,如跨语调界限常有二呼出鼻气流峰及鼻气流谷。而跨词界限常出现平坦无起伏之鼻气流。(3)各界限有其独特标记,如语调界限易造成二呼出鼻气流峰及气流谷,词界限后元音最长,跨音节界限之鼻气流最短(Pan, 2002)。

1.1.2 台闽语高降调、低降调、入声高降调、入声低降调在语调、变调、词、音节界限前后之基频及长度变化。结果发现界限强度越强界限后音节之降调基频范围越大(Pan, in press a)。

1.2 从产制观点看塞音、鼻元音与元音鼻化的跨语言现象,探讨英语、法语、国语、闽南语塞音的声学特征,研究者是清华大学语言学研究所教授张月琴。研究结果发现:英语的无声送气和不送气塞音的VOT长度和国语、闽南语的相似,但和法语的无声不送气塞音不同(张, 2000)。

1.3 汉语声调及变调的处理;研究主题包括声调产制与感知,研究者是台湾大学语言学研究所助理教授冯怡蓁。研究重点是两种汉语官话方言之异同比较,即台湾地区的国语与中国大陆的普通话。结果显示,

与普通话相较,国语调阈较窄,调值也多集中于中低音阈,且国语二声之调型并非一纯扬调,而是一近似抑扬调之调型。此一调型于单字、单词及承载句中,皆相当稳定。感知相关研究亦发现,抑扬调型与扬调型,皆可诱发国语使用者二声之判定。而三声之判定只能由纯抑调型诱发(Fon, 2006)。

1.4 自发性语料中韵律与语音讯号的处理;针对言谈段落、韵律段落、音阈及音长之间的对应关系,进行跨语言之比较,研究者是台湾大学语言学研究所助理教授冯怡蓁。结果显示,韵律段落、音阈与音长皆为国语、普通话、英语与日语之共通的言谈段落讯号成分。不同的是,各个语言使用成分的比例与程度皆不甚相同。有趣的是,感知实验亦发现,对以国语为母语者而言,要判定言谈段落,听辨语音讯号组合较强健之语言(如英日语),较语音讯组合号较弱之语言(如汉语官话)来得容易。

2. 音系学导向的研究

2.1 由 Autosegmental-Metric(AM)角度出发,设计一连串实验,探讨音节凸显性与词组界限(Phrase Boundary)如何影响音段(Segment)及超音段(Supra-Segment)之变化,研究者是交通大学外文系副教授潘荷仙。主要是研究台闽语入声音节在窄、宽焦点、不具焦点情况下的声学差异,结果发现具窄焦点音节其基频范围虽扩大,但长度之增长才是台闽语焦点语气之最稳定表征(Pan, in press b)。此外,研究结果亦发现台闽语入声音节具 creaky 音质,但焦点能使

入声音节之音质产生 breathy 现象,而较不具 creaky 特质,主因为基频与音质均受声带振动控制,焦点使入声音节之基频上升,因此音质从 creaky 变为 breathy。

2.2 以连读变调、幼儿母语习得过程中的声调习得的语音参数为主,为音韵规律寻求声学证据,使形式音韵学的论述更为有力,研究者是中正大学语言学研究所教授蔡素娟。研究结果包括:(1)台湾话入声在边界位置的完全中化(complete neutralization,Tsay,1996);(2)台湾话声调(包括入声)在语境位置的中化(Tsay, Charles-Luce and Guo, 1999;Tsay and Myers, 2001);(3)台湾话变调的结构保存(structure preserving, Tsay, Charles-Luce & Guo, 1999)等,都是证明台湾话变调的词汇性声学证据。此外她的研究还包括(4)国语三声的变调(Myers and Tsay, 2003)及(5)得到数据证明音节时长在声调习得中所扮演的角色(Tsay and Huang, 1998;Tsay, 2001)。

3. 语音感知研究

3.1 塞音听辨感知研究,研究者是清华大学语言学研究所教授张月琴。结果发现英语、法语和国语语者在感知闽南语的塞音时,均受母语的语音—构音的影响,均认为闽南语送气/不送气、不送气/浊声、送气/浊声三种对立中,不送气/浊声较难区辨,且英语语者的听辨结果比法语、国语语者还差。研究结果亦指出,母语音韵系统的区辨特征为送气/不送气(国语)时,语者区听辨闽南语塞音对立,比母语区辨特征为不送气/浊声(英语)的语者还容易(Chang, 2004)。

3.2 声调的范畴感知,研究课题有:(1)探讨不同类型非声调语言语者其声调范畴感知特性是否相同。(2)探讨声调语言语者听辨非母语的声调范畴感知特性。(3)厘清 amplitude(振幅)在声调范畴感知中的角色。研究者是清华大学语言学研究所教授张月琴。针对课题(1)与(2),以日语和中国香港粤语的语者进行国语声调(一声—二声、二声—四声、三声—四声)的听辨实验。结果发现:粤语语者听辨率较日语语者佳,但较国语语者差,支持声调感知是范畴性的,会受到母语影响。针对课题(3),则是国语语者听辨由不同音高曲线,配上固定的振幅曲线所制成的声调刺激项。结果发现,振幅会影响声调范畴的界线点(Chang, 2006)。

3.3 构音与听觉感知,研究课题包括:(1)台湾语者英语辅音串构音的构音与听觉感知(张,2004),(2)苏州话的舌尖元音是否有标?(张,2005)为清华大学语言学研究所教授张月琴之研究。第二项研究拟使用美国 Haskins Laboratories 的 the Perkell EMMA system、HOCUS 以及 palatograph、linguagraph 等设备,从构音、语音知觉、声学等角度来分析苏州话的舌尖元音构音特性,其元音特性的厘清有助于对汉语方言之舌尖元音(卷舌、非卷舌、圆唇)音韵角色的了解。

4. 数据库语音学研究——跨学科研究

数据库语音学研究,以中央研究院语言

学研究所首开先河,并已有相当成果。研究课题包括:(1)口语语料库方法论研究,研究者是研究员郑秋豫和副研究员曾淑娟。(2)口语语流韵律研究,研究者是研究员郑秋豫。(3)现代汉语自然口语的词语更正及语音研究,研究者是副研究员曾淑娟。

4.1 口语语料库方法论研究,为数据库语言学之基础。先有研究员郑秋豫自1994年起,开始建构以朗读语料为主的国语语音数据库;2006年,又有副研究员曾淑娟开始搜集自发性语音数据库,近五年来有重要的研究成果,所建置的语音数据库也在陆续完成授权程序后释出。郑秋豫于2006年1月授权民间公司释出收集十余年的多种语料及所发展的工作平台,正式对外发行《中央研究院口语韵律语料库暨工具平台》(Sinica Continuous Speech Prosody Corpora & Toolkit,简称 COSPRO & Toolkit,网址:http://www.myet.com/COSPRO)。COSPRO 包含九个子语料库(共10.5GB),短至孤立词组(1－4字词),长至段落语篇(85－996音节)。语料大部分是朗读语音(COSPRO 编号 01－08),小部分为自发性语音(COSPRO 09,76MB)。111位发音人(61女,50男),因不同阶段的口语语流韵律研究课题,在录音室透过麦克风录制。释出的语料大部分(7.7GB)含音段及各级韵律停顿标注。平台则结合了 Adobe® Audition® 与 Praat©等常用语音分析标注软件之特点,并整合语音分析、语音再合成的功能,使用者亦可自行定义标注文件名称,与原有的各类标注音档一并使用。COSPRO 可供进行语音教学、基础研究、语音科技开发(语音合成、识

别与语者辨识)等多方面应用。曾淑娟于2005年11月授权中华民国计算语言学学会发行《现代汉语口语语音对话语料库》(http://www.aclclp.org.tw/use_mat.php#mcdc),释出的语料包括文字转写,可为语言学与语音科学研究提供高价值的研究素材。另外,数字典藏计划下建立的《多媒体语料库》也将为言谈分析创造更佳的研究工具。综合而言,以上二种语料的数据库设计、语料收集、标注系统、语料释出的数据库建置的前置研究,以及以语料的量化研究,除将传统的语音学研究的研究方法推向新的面向,在口语语流韵律研究方面,也透过量化分析,提出新的说法。

4.2 口语语流韵律研究,透过语料库语音学的研究,提出一系列证据与说法。整体而言,与一般语音学研究相异之处主要如下:

1. 厘清连续口语语流韵律现象的规范制约来源。语流韵律的规范制约来自语段或语篇,最大的韵律特征则是韵律短语间的相对关连性(relative association)。口语沟通时,凡涉及叙述、讨论或表达较复杂的概念时,单一孤立短语无法完整表达语意,而须以连续短语组成语意相关、口气相连的语段。

2. 提出口语韵律语流即语篇韵律(Discourse Prosody)的说法,及"阶层式多短语韵律句群(Prosodic Phrase Grouping PG)"及架构(图1)。研究结果发现,通过大批语料的量化分析,证明语流韵律实际来自语篇语意的关连性所造成的各级韵律单位的制约与互动,而非仅是字调与句调的互动;强调语篇范围大于句调的韵律单位,与边界效

应均具系统性；语流中的停顿是边界效应停延后的必须成分，在语流中也承载韵律讯息。传统语音分析一向采"由下到上"的研究观点，研究韵律的重点多偏重字调和短语句调。其实，字调的规范制约单位只包括单字，字调之间关连性单位多半只达词（如连读变调）；句法结构只规范孤立句的句型，句调单位仅达简单句（intonation unit，简称 IU）。赵元任先生（1968）曾以"大波浪小波浪"比喻，厘清了字调与语调之间的互动关系。然而，复杂句的调型或短语群的调型则付之阙如，语篇中句调间如何的互动也一向未受重视，实为传统语音研究之局限。事实上，语篇中的多短语语段也是韵律单位；口语语流韵律，其实就是语篇韵律。语篇韵律的来源是篇章语意的连贯性，其规范制约范围与单位远大于句法，强调语段中各短语间的韵律相关性，表现在听感上最显著的特征是：(1) 多短语语段如何起首、延续直到终了；(2) 各短语句调如何受制于上层韵律讯息而调整。通过大量语料的量化分析结果，郑秋豫证明多短语韵律语段 PG 是韵律短语的上层单位，找到 PG 的管辖制约证据。亦即在小波浪、大波浪之上，找到范围更大的浪潮，与其所管辖的各级下属单位层层相扣，"自涟由波、推波助澜、逐浪到潮"，各个层次分层贡献不同范围及比例的韵律成分，叠加后构成对整体韵律输出。语流中各短语句调多变的调型，其实是由于上层韵律单位系统性的规范制约而致。

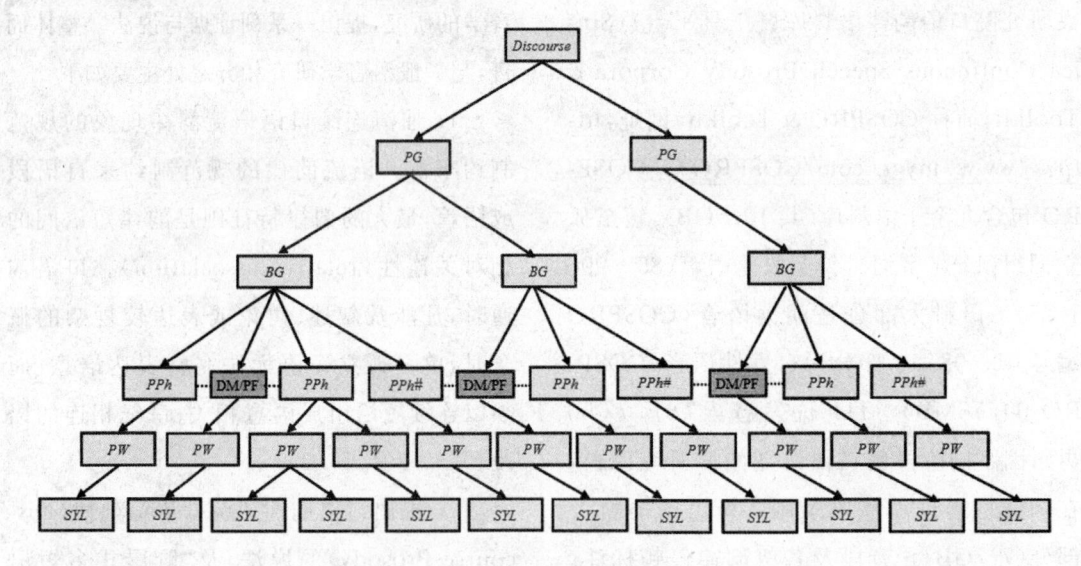

图 1

3. 提出语音学研究韵律，必须在语音单位、研究角度和研究重点上更新的看法。韵律语音单位方面，不能只局限于字调、词而止于句型，必须有大于简单句的语流韵律单位。研究角度方面，不能只采"由下而上"着重小单位的微观研究角度；必须兼容"由上而下"，进行较大单位的宏观研究。研究重点不能只采取孤立语音或韵律单位的研究，必须放大语音讯号中的语境，检视语音单位间的关连性，在复杂的表面变异中，找出大单位的基型。语流韵律的研究,说明句调单位(Intonation Unit 即 IU)是韵律语流的次级韵律单位,各短语是姊妹关系,对即使同为叙述短句,成为 PG 的次级单位后,就必须依照 PG 指派的位置修正调整,以产生大语段的韵律语流。这也是语流中短语句调变化多端的原因。在这个跨短语的基型(图2)之上,可以在附加焦点、强调、语气等其他语音现象。

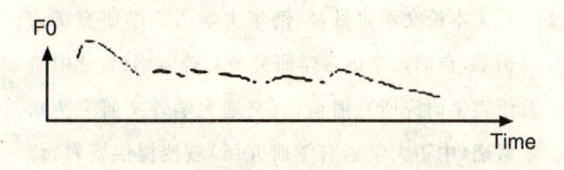

图 2

4. 提出对应 PG 的跨短语调型、节拍、响度和停顿停延的模板,并提出数学模型作为语音科技开发应用。简单地说,PG 将短语句调、词组韵律、字调视为规范不同层级的下级韵律单位,只需在韵律短语加上一层 PG 和三个韵律句群单位 PG - I、PG - M、PG - F,亦即"PG 起首、中段与结束",便可系统性的解释并预估多短语语段中短语句调、节奏、响度的调整,并同时规范语流中的停顿与停延段,也就是语流中的停顿边界效应。

整体来说,口语语流韵律研究通过语音数据库的建置,弥补了语料量不足的问题;透过处理大批语料的量化程序,提取特征与模板,解决了处理语音现象量稍大则无法概括出操作基型的问题。口语韵律的研究,从此也可以由上而下、从宏观的角度整合微观的观察,强调了各个语音单位在口语中的关连性,使语音学的研究不再是原子或分子式见树不见林的研究。

4.3 汉语自然口语词语更正研究。曾淑娟以语法与声韵特征分析探讨现代汉语口语层次里词语更正的使用是否具语言学上的规律性。从语法角度进行汉语词语更正类型分析、词类分布以及回溯距离分析。声韵分析则主要是基频、强度与音长三项声学特征在词语更正序列中所有的字的测量,特别是语误与更正中个别字的比较。分析结果显示现代汉语口语词语更正具有特定形式,而非任意随机现象;并不直接与语法或词类相关,而与词组的音节数较为相关(Tseng,2006)。

4.4 自然口语语音量化研究。曾淑娟检视与分析自然语音中的缩读现象,发现:自然语流包含不同程度的语音缩读。而量化分析与声学测量的结果,更进一步证实:语音缩读原应是一个连续过程,并且所指引到的最终缩读形式是可预期的。除了汉语音韵学里提到的规律,可以在语料研究里观察到之外;语料分析更显示出词汇意义与词频对缩读时音韵改变的影响。在所有缩读音节组合中,连并的双字词与三字词则多半为高频词。高频词出现音节缩读的比例比高频词在整个语料库出现的比例还来得高。这说明了语音的弱化与常用语是虚词,其携带的语意讯息通常不是新的讯息有直接的关系。由此一研究结果证明,语料库语言学并不仅是一个空洞的方法而已,而是一项科学工具,对语言学理论与现象能够提出有力的量化分析与证明(Tseng,2005a,2005b,2005c)。

5. 语音科技开发研究——语音学相关研究

语音科学整合研究。语音科学与科技将是未来信息科学与数字内容无线时代技术之重要关键之一。同时,中文会是未来网络世界中仅次于英文的第二重要语言,其本质的特殊性,在语音处理上需要专门的知识。因此,绩优团队国际合作计划"New Generation Speech Science and Technologies — from Fundamentals to Applications"(NGSST),主要针对中文语音诸多相关领域,拓展新一代的理论及技术。集合台湾各大学与中研院众多顶尖的研究学者,带领年青一代的学者形成一整合性研究团队,有着清楚明确的研究方向与任务:将成立一核心实验室(Core Laboratory),整合各单位在语音相关领域现有的语料、工具及模型等资源,提供台湾学术界与研究机构使用,让更多学者及研究单位参与语音辨识与合成的研究,以提升台湾的语音相关研究水平及在国际学术界的影响力。

整个计划有两大主轴,一是台湾各研究机构的语音相关学者之间的学术交流,包括中央研究院与七所大学,以期加强合作、整合研究成果;另一主轴则是推动与日本之语音相关领域的研究机构的交流互访,其中以日本的 ATR(Advanced Telecommunication Research Institute)为交流的最主要窗口,另外也包含了五个重点大学。除了短期的互邀参访之外,更具体的交流方式为台湾方面的学者赴日进行较长时间的访问,以达到更深入交流的目的。关于本计划之更详尽之介绍,可参考下列网址:http://sovideo.iis.sinica.edu.tw/NeGSST/Index.htm

6. 结语

本文以研究课题为出发点,简要地介绍近五年来,台湾的语音学与相关的研究的近况及研究成果,并提供相关的参考资料。

﹡本论文承张月琴(清华大学语言学研究所)、冯怡蓁(台湾大学语言学研究所)、曾淑娟(台北中研院语言学研究所)、潘荷仙(交通大学外文研究所)、蔡素娟(中正大学语言学研究所)教授提供资料,特此致谢。

参考文献

李琳山等 2006 《新一代语音科学与技术——由基础到应用》,《国科会专题计划期中报告》。

张月琴 2000 《塞音、鼻元音和元音鼻化的跨语言研究》,《国科会专题计划成果报告》。

张月琴 2004 《台湾语者英语辅音串构音的构音与听觉感知研究》,《国科会专题计划成果报告》。

张月琴 2005 《苏州话的舌尖元音是否有标的?》,《国科会专题计划》。

郑秋豫 李岳凌 蔡莲红 郑云卿 《两岸口语语流韵律初探——以音强及音节时程分布为例》,《首届海峡两岸现代汉语问题学术研讨会论文集》(排印中),上海商务印书馆。

李琳山等 2006 《新一代语音科学与技术——由基础到应用》,《国科会专题计划期中报告》。

Chang, Yueh-Chin 1998 Taiwan Mandarin Vowels: an acoustic investigation, *Tsing Hua Journal of Chinese Studies*, New series, 28(3), 255–274.

Chang, Yueh-chin 2001 Phonetic realization of ambiguous phrases, In Hana Trísková (Eds.),

Journal of Chinese Linguistics Monograph series number 17: Tone, Stress and Rhythm in spoken Chinese, 168–192.

Chang, Y.-C., C. Best & P. Hallé 2004 A cross-language study on the perception of Taiwanese stops by non-native speakers, Paper presented at *147th Meeting of the Acoustical Society of America*, May 24–28, New York, U.S.A.

Chang, Yueh-chin, Pierre Hallé, Catherine Best, T. 2006 The perception of Mandarin tone contrasts: A cross-linguistic study, Paper presented at *151st Meeting of the Acoustical Society of America*, June 5–9, Providence, Rhode Island.

Fon, J.*, Chiang, W.-Y., Cheung, C. 2004 Production and perception of two dipping tones (T2 and T3) in Taiwan Mandarin, *Journal of Chinese Linguistics*, 32(2), 249–280.

Lin, H.-Y.*, Tse, K. P. J., Fon, J. 2006 An acoustic study on the paralinguistic prosody in the politeness talk in Taiwan Mandarin, *Proceedings of the International Speech Communication Association Tutorial and Research Workshop on Experimental Linguistics*, Athens, Greece.

Myers, James, Jane Tsay 2003 Investigating the phonetics of mandarin tone Sandhi, *Taiwan Journal of Linguistics*, 1(1), 29–68.

Pan, Ho-hsien 2002 Prosodic hierarchy and nasalization in Taiwanese, In *LabPhon 8*.

Pan, Ho-hsien (in press a) Initial strengthening of lexical tones in Taiwanese Min, To appear in C. Gussenhoven & T. Riad (Eds.), *Tones and tunes: studies in word and sentence prosody*. Berlin: Mouton.

Pan, Ho-hsien. (in press b). Effect of focus on Taiwanese unchecked tones. To appear in Lee, Chungmin; Gordon, Matthew & Büring, Daniel (Eds.) *Topic and Focus: Intonational and Meaning from a Cross-Linguistic Perspective*. Springer Publisher.

Tsay, Jane 1996 Neutralization of short tones in Taiwanese, *Proceedings of the First International Seoul Conference on Phonetic Sciences*, 136–141, Seoul, Korea.

Tsay, Jane, Jan Charles-Luce, and Guo, Yung-Song 1999 The syntax-phonology interface in Taiwanese: acoustic evidence, *Proceedings of the XIVth International Congress of Phonetic Sciences*, 2407–2410, Berkeley: University of California.

Tsay, Jane and James Myers 2001 Processes in the production of Taiwanese tone sandhi: an acoustic phonetic study, *The Proceedings of 5th National Conference on Modern Phonetics*, 233–237, Beijing: Tsing Hua University Press.

Tsay, Jane and Ting-Yu Huang 1998 Phonetic Parameters in the Acquisition of Entering Tones in Taiwanese. *The Proceedings of the Conference on Phonetics of the Languages in China*. 109–112. Hong Kong: City University of Hong Kong.

Tsay, Jane 2001 Phonetic parameters of tone acquisition in Taiwanese, In Minehru Nakayama (Eds.) *Issues in East Asian Language Acquisition*, 205–226, Tokyo: Kuroshio Publishers.

Tseng, Chiu-yu, Pin, Shao-Huang, Lee, Yeh-lin, Wang, Hsin-min, Chen, Yong-cheng 2005a Fluent speech prosody: framework and modeling, *Speech Communication*, 46(3–4), 284–309.

Tseng, Chiu-yu and Fu, Bau-Ling 2005b Duration, intensity and pause predictions in relation to prosody organization. *Interspeech 2005*, September 4-8, Lisbon, Portugal, 1405–1408.

Tseng, Chiu-yu, Cheng, Yun-Ching, Chang, Chun-Hsiang 2005c Sinica COSPRO and toolkit—corpora and platform of Mandarin Chinese fluent speech, *Oriental COCOSDA 2005*, Dec. 6–8, Jakarata, Indonesia.

Tseng, Chiu-yu, Chang, Chun-Hsiang and Su, Zhao-yu 2005c Investigation F_0 reset and range in relation to fluent speech prosody hierarchy, *Technical Acoustics* 24, 279 – 284.

Tseng, Chiu-yu 2006a Higher level organization and discourse prosody. Invited keynote talk, *TAL 2006 (The Second International Symposium on Tonal Aspects of Languages)*, April 27 – 29, La Rochelle, France. 23 – 34.

Tseng, Chiu-yu, Su, Zhao-Yu, Chang, Chun-Hsiang. Tai, Chia-Hung 2006c Prosodic fillers and discourse markers—discourse prosody and text prediction. *TAL 2006 (The Second International Symposium on Tonal Aspects of Languages)*, April 27 – 29, La Rochelle, France. 109 – 114.

Tseng, Chiu-yu 2006d Fluent speech prosody and discourse organization: evidence of top-down governing and implications to speech technology. Invited plenary talk, *The 3rd International Conference on Speech Prosody*, 2006, May 2 – 5, Dresden, Germany.

Tseng, Chiu-yu (in press) Prosody analysis. To appear in Chin-Hui Lee, Haizhou Li, Lin-shan Lee, Ren-Hua Wang, Qiang Huo (Eds.), *Advances in Chinese Spoken Language Processing*, World Scientific Publishing Co., Singpore.

Tseng, S.-C. 2006 Repairs in Mandarin conversation. *Journal of Chinese Linguistics*, 34(1): 80 – 120.

Tseng, S.-C. 2005a Monosyllabic word merger in Mandarin, *Language Variation and Change*, 17(3), 231 – 256.

Tseng, S.-C. 2005b Contracted syllables in Mandarin, *Language and Linguistics*, 6(1), 153 – 180.

Tseng, S.-C. 2005c Syllable contractions in a Mandarin conversational dialogue corpus. *International Journal of Corpus Linguistics*, 10(1), 63 – 83.

（郑秋豫　台北中研院语言学研究所）

走向整合的语音学
——中国社会科学院语言所语音研究简介

李爱军

提要：我们已经对语音进行了大量的"支离破碎"的研究和认识。随着语音研究手段提高，言语工程应用领域不断扩大，语音学研究在理论和应用层面都有了新的发展，并逐渐走向整合。这里通过介绍中国社会科学院语言所语音与自然话语处理学科的研究工作，说明我们的"整合"研究方向。

关键词：语音学　整合　音段　韵律　生理

1. 引言

1950年，中国科学院语言研究所建所时，就设立了语音实验小组，这是现在的中国社会科学院语言研究所语音实验室的前身，当时属第二研究组。它是在原北京大学文科研究所语音乐律实验室的基础上组建的。"语音与自然话语重点学科"则成立于2002年，主要依托于语音研究室和当代语言学研究室，该学科以自然话语处理中的语音问题为主要研究对象，还包括与语音问题相关的句法、语义和语用等方面的问题。

近年来，围绕自然话语处理和言语工程应用中的语音问题，我们承担了国家863项目、国家社科基金项目、国家社科基金项目以及一些横向合作项目，有针对性地设计并建立起了一些大规模的语音语料库，如863项目支持的10大方言点普通话大型地方普通话语音语料库，中国社会科学院重大项目支持的普通话口语对话库，社科基金项目支持的语篇语音语料库。并在此基础上开展了以下几个方面的研究工作：(1)自然话语的语调韵律特征研究；(2)情感语音研究；(3)方言口音问题研究；(4)音段与音段音变的研究；(5)关于音段的语音实现与超音段的韵律结构的关系的探索；(6)语音的生理研究。下面先对这些已经或正在开展的研究工作进行简要介绍，然后谈谈我们今后的研究思路。

2. 近期研究工作介绍

2.1 语音库收集和标注

语音库的建设是语音研究的基础，通过承担国家863语音合成和识别语音库的建设工作，提出了汉语韵律和音段标注系统C-TOBI和SAMPA-C，在中文语音交互技术标准工作组领导下，我们承担了汉语语音库收集与标注通用规范的标准制定工作。

近期收集的语音库有：10 大方言区普通话语音库 RASC863（2000 人），自然情感语音库 CASSESC，厦门普通话的对话和独白以及厦门方言库，普通话基础语音语料库（60 人，每人 6 小时语音），现场即席话语多模态语料库（1000 小时）等。

2.2 自然话语语调以及相关韵律特征

语音科学目前正处于从处理孤立话语向处理连续话语过渡的重要时期，许多新的问题会不断涌现出来。当前最重要的就是自然口语的韵律问题。过去的韵律研究大多是基于朗读语料和小语料库基础上的研究，无法真实全面地反映人们实际语言的韵律特点。有研究表明，自然话语与朗读语料之间存在着很大的差异。要想真正弄清自然话语的韵律特征和规律，就应该以自然话语材料作为研究对象。

（1）汉语句调及疑问句研究。这一研究利用 973 电话对话库，研究疑问语气和陈述语气的表达问题。通过知觉实验的辨认测验方法证实，在脱离语境的条件下，人们对疑问强度的感知有可能被弱化；并通过合成实验证明疑问和陈述的区分只能来自于边界调。

（2）关于汉语口语语调结构的探索。以声学-语音学的实验分析为基础，探索汉语声调和语调生成的过程，客观地揭示汉语语调的深层本质及内部结构。

（3）普通话声调与边界调音高特征及实现规则。这一研究基于 10240 个句子的音高数据分析了普通话声调与边界调的音高特征及其音高实现规则，确定普通话各类声调、轻声与边界调的音高特征点，然后以此为基础，概括出非轻声与非轻声、非轻声与轻声、轻声与轻声以及非轻声与边界调、轻声与边界调的音高特征及其结合实现方式，得到的音高特征点、六条规则以及边界调的功能，在描写连接音高模式时，成为有效的根据。

（4）对清辅音后接元音 F_0 的扰动及该扰动对感知的影响进行了分析。发现不同的清辅音对相同元音产生的扰动不同，相同的清辅音对不同的后接元音的扰动也有区别，具有一定的规律性。扰动对语句的自然度产生影响很小，通过听辨实验验证了 F_0 的扰动对感知没有影响。

（5）两字组音高下倾现象研究。采用了国外语调分析理论（AM）中处理音高曲拱的方法，把普通话语流中的音高曲拱分解为音高目标段和音高过渡段，并采用国外音系学理论中的一条"音高降阶"原则简明而精确地解释了普通话两字组连调模式中存在的 4 类有规则的音高异常现象。这一研究表明，在复杂的语音现象背后起作用的往往是一些简明的音系规则，这为我们认识和解释语音现象提供了一条比较好的思路。

（6）"吗"字是非问句的语调韵律特征研究。采取声学语音学的实验手段细致地考察了普通话中"吗"字是非问句的句末音高特征。其研究结果表明，在朗读条件下，不管是否带有句末语气词"吗"，是非问句都具有同一类型的句末边界调，音高表现为{H}或{Raised}；句中焦点位置的改变不会对句末边界调的音高表现产生本质的影响，句中声调的改变也不会对句末边界调的音高表现产生本质的影响。普通话里的句末边界调是一个相对独立于焦点重音和声调的语调音高特征,有着相对稳定的音高表现。

(7)结构轻音音节的声学分析和考察。轻音音节在语音上的表现具有时长缩短、能量减弱、清声母浊化、元音央化、音高随前音节变化等声学表现。在连续话语中,结构轻音音节表现出各音自身的特点,这表现在每个音节振幅曲线有一致的模式,时长比较一致。不同人之间差异不明显,不同音节间的差异更大。

(8)语调研究中心理和声学等价单位。对人耳听觉特性的研究目前仅限于在心理声学和语言声学,人们对语调的特性研究目前也只能从心理感知和声学分析方面来揭示。语调研究的物理实体一般是基频曲线F_0,不同发音人的基频变化范围有很大的差异。本研究总结了国内外关于这个问题的研究,说明半音是最好的反应心理－声学的语调研究单位。

(9)普通话疑问词韵律的语音学分析。从语音学的角度考察普通话疑问词在特殊问句、是非问句、回声问中的韵律表现。疑问词与相应的动词结构在不同类型的句子中有韵律上的区别。在特殊问句中,疑问词是句子的焦点;而在是非问句中,动词结构是句子的焦点。句子的焦点成分在语音上实现为语调重音,因此,其词调拱度得以保留,有时得以加强;然而,相应的非焦点成分的词调拱度会被压缩,有时就被简化成平调。说话人通常会拉高整个回声问的调域以及扩张句中疑问词的频率范围,来表达惊讶的意义。然而,材料并不支持音长和音强与焦点、非焦点之区分相关联。

(10)汉语普通话重音结构研究。考察了汉语重音的层次结构及其与其他韵律特性的关系。语句中的重音分布受节奏层次和语调结构的制约,也具有一定的层次和等级结构。而这种结构又跟语法层次存在一定的相关关系:首先,常规的重音等级取决于它所处的句法层次的高低;其次,在同一韵律单元内部,重音的分布又主要取决于该单元的语法结构特点。同时,还跟它在韵律单元中的位置前后具有一定关系。事实上,句法上的层次是底层语义结构的外部表现,所以,从这个意义上来说,语句中的重音分布本质上是受语义结构的制约的。

(11)普通话两音节词焦点重音的语音学和音系学研究。针对普通话不同结构不同声调组合的两音节焦点词所传达的焦点重音的语音实现和音系表征进行了系统的分析和研究。在对焦点重音的语音表现和音系表征进行描述时,把音节底层的音调目标值作为描写的基本单元。焦点重音的分布是由一组等级排列的制约条件决定的。具体地说,当焦点词两个音节底层具有的H音调数量不同时,H调多的音节负载焦点重音;当焦点词的两个音节底层具有的H调数量相同时,后重制约条件决定焦点重音的分布;对于重叠结构,轻声永远为轻,焦点重音必须落在其前面的非轻声音节上;当焦点词的结构为"前缀＋词根"且后重时,与同样声调环境的"修饰语＋中心词"结构相比,前缀要轻于修饰语,这是形态句法制约条件决定的。

(12)韵律词的组构规则研究。根据对相关语料库的文本信息和语音信息的实验分析发现,在实际的话语中,为了满足韵律上的需要,单音节的语法词都会或者通过延长该音节,或者前附或者后附到另一个标准音步上,或者跟前后其他的单音节词组合,设法凑足一个音步,从而构成一个韵律词。不过,这种韵律词的组词并不是任意的,而是遵循一定的原则,具有一定的规律的。我们在对ASCCD朗读语料库进行手工分词和词性标注的基础上,对比分析了韵律词和文本词之间的区别,发现绝大部分单字词不能独立构成韵律词,需要跟与其相邻的词语进行合并,这是导致韵律词和文本词不一致和很难对齐的重要原因。单字词跟相邻词语合并时,是选择向左合并还是向右合并,在很大程度上受控于其自身的词类;此外,单字词的合并方向还可能会受到相邻词语的词类和词长等因素的影响。通过规则把某些单字词跟其相邻词语进行合并之后,能够在一定程度上提高韵律词的识别正确率。

(13)篇章语速调整策略。比较不同话者的语速时,必须计算出他们的实际音速,才能真正反映听觉上感知到的语速差异。话语中通过音节的时长伸缩而实现的语速变化及其调节方式,跟音节在语句中的位置密切相关,并且显示出一定的层次和规律。总体语速的改变并不是均匀地分布在整个语句上,而是一种非线性分布。探索篇章级语速变化策略,使合成系统在篇章范围的语速/节奏变化更趋于自然。

(14)朗读语篇中重音与词类的关系。考察了重音在不同词类中的分布情况以及与词类的关系;两音节词结构中,构词结构对重音的影响情况;焦点与重音的关系;不同发音人重音处理的异同问题。

2.3 情感语音和口语中副语言学现象

我们收集了电台和电视台情感类节目语音作为情感语音库 CASS_ESC 的口语部分,开展情感语音表达和情感词关系的研究。对基本情绪库,开展了情感重音的研究、音质(Voice Quality)声学分析等。

(1)普通话高兴语音的基频曲拱分析。利用基本情绪库,对普通话"高兴"语音与相应的"中性"语音进行"基频曲拱"对比分析。(2)情感句重音模式研究。发现相对中性句,字面不含情绪的情感句重音有向句末转移的趋势,不同的情感转移程度有所区别。(3)情感语音合成基频抖动的分析与建模。基频抖动特性是情感语音音质的特性之一。我们研究了高兴、愤怒、悲伤、难过以及对应的中性语音的极品抖动特性,用两种方法对 jitter 进行了建模。(4)口语中的副语言和非语言现象与情感和态度表达的关系。口语中的非语言现象和非语言现象非常重要。表达说话人的风格以及传达说话人的情感、情绪和态度等,这些都被称为非书面语信息,如喘息、拖音、句间沉默、笑声、哭声等等。我们以常见的喘息段和沉默为例,研究韵律结构和情绪唤醒度(valence)、情绪活跃度(activation)等跟喘息段和沉默段声学特性的关系。

2.4 口音问题研究

关于口音问题的研究,国内过去主要是

以方言自身的研究及普通话推广教学为目的，在此基础上编写大量的汉语方言大词典及各地学习普通话指南。语音上的对比研究做得相对较少，即便有也是某方言与普通话或方言与方言之间的对比，且大多只是方言学定性研究。近期虽然有人试图应用实验语音学的方法，从声学表现出发进行定量研究，但也只是局限于方言或普通话内部，未见标准普通话与地方普通话的对比研究。我们的定量研究以方言与普通话的自身研究为基础，目标是为普通话学习和普通话客观评测提供语音学方面的指导。

言语工程在语音评测和教学上的应用，渐渐明朗。除了地方普通话，我们还开展了以英语为第二语言的中国人英语语音分析。

(1)武汉、厦门、上海普通话与标准普通话的语音对比研究。(2)台湾国语与普通话的单字调对比研究。(3)四个地区普通话的声调研究。对上海、厦门、武汉普通话、台湾国语的单字调和两字连读变调模式进行分析，并与标准普通话进行对比研究。(4)中国的英语学习者英语语句的韵律特征差异分析。

2.5 音段与音段音变的研究

对减音问题进行深入考察，并对语音变化的稳定性问题进行分析。研究语料包括朗读语料和口语对话语料，研究范围包括对个体发音与不同个体发音之间的比较。声学分析包括对出现减音的词语进行基频、能量、时长、共振峰的测量。精细实验包括考察语速的影响问题，个体发音的稳定性问题等。通过实验发现，连续话语中出现的减音有一定的规律性，轻读和在韵律词内位置、语速及音节内部结构都会引起减音的出现。减音所表现的稳定性是个体发音比较一致，不同人所表现的趋势比较稳定。

对语音不变量问题的考察与研究。语音不变量理论是 Stevens 和 Blumstein 在 1978 年提出的，其中心内容是在语音音段自身存在反映语音特征的声学不变量。我们在这个理论框架下研究了普通话塞音爆破段本身和擦音的微观特征即谱峰的分布和频率位置的特点，以及塞音与擦音谱的整体特征即谱的参数。

我们还考察了音段因素、韵律因素以及这两种因素之间相互作用对鼻尾丢失的影响。发现带鼻尾音节的后继音节的声母的发音方式，带鼻尾音节自身的声调以及带鼻尾音节之后的韵律边界对鼻尾的丢失有显著影响。带鼻尾音节自身的声调与带携重音的类型之间的相互作用、带鼻尾音节自身的声调与带鼻尾音节之后的韵律边界的类型、带鼻尾音节自身的声调与带鼻尾音节的后继音节的声母的发音方式对鼻尾的丢失也有显著影响。

2.6 关于音段的语音实现与超音段的韵律结构的关系的探索

这部分涉及两方面主要内容：第一，通过分析音节的时长结构，研究各种韵律延长的类型及其不同特点。研究和讨论的基础主要是对连续话语语料库语音的测量和分析。第二，采用声学分析与动态电子腭位测量相结合的方法，通过基于普通话语料库语音的分析考察，研究自然话语中音段的语音实现跟韵律结构的关系，并在此基础上探索音段发音的增强与减缩的语言学动因及语音学机理。

2.7 语音的生理研究

语音室在吴宗济先生的带领下，较早地在国内开展了生理语音学研究。近年来，我们补充了生理分析设备，如动态腭位仪器（EPG）、喉头仪（EGG）、电磁发音仪（Electromagnetic Articulograph，EMA）、口鼻气流气压计等，将声学分析和生理分析结合起来探索发音机理。

（1）元音、双元音产生的机制研究。以汉语宁波方言为例，检视了元音、双元音产生的发音和声学特性。研究使用电磁发音仪采集了七位发音人的发音器官运动数据，结合声学数据，对元音、双元音产生的静态发音位置、发音器官运动学（主要是舌运动学）等内容进行了考察。

（2）不同发音器官之间的协同关系研究。语音产生的过程中，不同的发音器官之间存在着协同关系，发音、发声器官之间也会有一定程度的相互影响，有时，甚至非发音器官（如头部运动）与语音也有某种关联。运用电磁发音仪所采集的材料，我们检视了宁波元音产生过程中舌和下腭之间的协同关系。高元音伴随高声调，低元音低声调，这被称为元音的固有声调。运用电磁发音仪所采集的材料，我们检视了普通话、宁波方言中声调与元音发音之间的关系。

（3）汉语方言部分鼻化辅音研究。晋语、广东中山附近的粤语、闽南话、广东清新县的客家话等汉语方言都有历史上来源于纯鼻音声母的后口化鼻音。本研究分析了来自这四个方言区的共64位发音人的口、鼻气流、口腔间气压和声学语料。对这些方言中的部分鼻化辅音进行了细致的语音学分析。

3. 研究与发展思路

我们的研究与发展思路要围绕当前国际上语音领域的热点问题开展，为言语工程和言语教学服务，将生理、声学以及心理语音学三个方面的研究进行整合，最终揭示语音产生的机理。

（1）加强语调韵律方面的研究。音段特征与语音的可懂度密切相关，韵律特征与语音的自然度密切相关。语句的语调韵律特征还可以用来表达语气类型、篇章结构和语义焦点等言语信息，以及交际者的情绪状态等情感信息。因此要识别和合成出抑扬顿挫的充满感情色彩的能够满足各种交际需要的言语来，需要加强语调韵律方面的研究工作。

（2）焦点与重音，缺省焦点句和有标记的焦点句，焦点位置及其语音实现的关系的研究。同时探索，汉语口语中信息结构，是否跟西方语言一样有语音上的表现。

（3）集中精力解决好功能语调问题，并为情感语调的研究打好基础。语调是作用于语句层面上的具有区别语句意义（理性意义、情感意义）的韵律变化模式，从功能上讲可以分为功能语调和情感语调两个层面。功能语调在结构上由两个主要成分组成：边界调和句重音，通过这两个成分来表达语句的语气类型、篇章结构以及语义焦点等理性意义。情感语调主要用来表达说话人的情绪、态度和感情等情感意义。就当前的语音学研究和言语工程应用来看,最迫切需要解决的是功能语调,以实现这四类基本功能的表达和理解,满足基本的言语交际需要,同时还要为情感语调的研究打好基础,如情感的分类,情感语料的搜集、分类和标注等等,以逐步推进自然语句的语调韵律特征研究。

(4)大力研究句间和超句的语调韵律特征。过去汉语语音学研究主要考察语句内部的韵律特征,而对超句和句间的语调韵律特征考察较少,这不利于全面地了解韵律特征及其功能。一方面,只有掌握了语句之间的语调韵律特征,考虑句子之间在韵律上的衔接与过渡,才能生成出连贯自然的段落篇章来。另一方面,句子是最基本的言语表达和理解单元,要理解一段话语,首先必须将句子从语流中切分出来。要将句子组织成段落篇章或者从段落篇章中将句子切分出来,都必须充分掌握自然话语中语句边界的韵律特征,因此开展语句边界的语调韵律特征研究无疑是必要的。

(5)考察语调韵律特征和话语交际功能(语用)之间的关联。过去汉语语音学研究主要考察韵律和句法之间的关系,而很少探讨韵律和语用交际等因素之间的关系,这不利于深入地认识韵律特征及其功能。从言语交际的角度研究语调韵律特征,考察其分界功能、言语行为功能、篇章结构功能和突显焦点功能等,一方面可以揭示不同韵律表现的背后成因,从而可以透过现象看本质,通过话语的韵律表现了解说话人的交际意图;另一方面可以通过有效地运用韵律手段来实现不同的交际功能。

(6)定量研究话语的语调韵律特征,建立精确的语调韵律模型。过去对语调韵律特征的研究大多是定性的,如轻重、高低、升降、长短等,而这些定性描述比较适合于语言教学,而对于言语识别和合成等工程应用领域来说是远远不够的。研究语调韵律特征的定量模型,采用一些学习模型,如NN模型生成基频曲线,这无疑有助于推动言语识别的自然度和言语合成的精确性。

(7)汉语普通话学习和评测中的语音学问题研究。这个课题涉及了两个方面的研究内容:一个是中国方言区的人讲的地方普通话的语音特性研究,另外一个是外国人讲的普通话的语音特性研究。前者是针对地方普通话的语音研究,后者是对外汉教学中国外汉语学习者的语音研究。我们将以个人语音教练IPC功能为核心,在中介语语音库基础上系统研究音段和韵律发音偏误;并且结合生理发音仪提供的数据,给学习者提供可视化的学习助理。

(8)生理分析方面。近期正在大规模采集汉语普通话及相关方言的发音数据,建立数据库,并在此基础上探索语音的发音机制及与声学之间的关系,探索语音产生中的前沿性理论课题;同时,加强基于生理的语言和音系模型研究,推动本身学科内的理论建设,加强与言语工程学的合作,为建立语音产生的精确生理模型做出自身的贡献。

(9)加强自然口语中语音特征分析和会话言语行为分析。利用现有的多媒体技术(包括视频的和音频的)记录真实场景下的自然口语会话活动,然后对这些连续的视频和音频信号进行切分和标注,并在此基础上研究人类的会话策略。我们将继续研究自然口语中表达个人风格、情绪和情感的语音特征;同时在面向任务的对话中,如会议和网络心理咨询这两种应用,针对通用言语行为标注进行一些探索性研究,确定言语行为基本分类,研究言语行为与语音和其他模态如姿势之间的关系。

致谢:感谢参加本综述撰写的各位老师和同学,他们是林茂灿、曹剑芬、顾曰国、蔡德和、熊子瑜、胡方、陈肖霞、华武和贾媛。

参考文献

《语音研究报告》,http://ling.cass.cn/yuyin/index.htm

(李爱军 中国社会科学院语言所语音研究室 100732)

语音多模态研究和多元化语音学研究*
——北大语音乐律研究的进展与理念

孔 江 平

摘要：语音学是一门既古老又现代的学科。说它古老是因为我们至今还在沿用其口耳之学的基本方法研究语音,说它现代是因为语音学已采用了大量现代科学技术,其研究也已进入了各个相关的科学领域。1925年,刘复先生在北京大学建立了第一个语音实验室——语音乐律实验室,它标志着中国语音学进入了科学的领域。经过了八十多年的发展,北大的语音乐律研究也进入了一个更广阔的领域。本文将依据北大语音学研究的现状,从"语音多模态研究"和"多元化语音学研究"两个方面和广大同仁一起探讨我国语音学研究的学科范畴和发展方向。

关键词：语音多模态研究 多元化语音学研究 语音学 语音乐律 语音科学

1. 引言

语音学最初作为语言学的一个分支有着悠久的历史,在早期的语言学研究中起了重要的作用。西方的传教士在传教过程中将语音学带到了世界各地,在语音学的研究普及上起了很重要的作用。随着科学技术的发展,语音学采用了大量科学的研究方法使其发展成为了一门和许多学科相关的现代科学。因此,我们说:语音学是一门既古老又现代的科学。说它古老是因为我们至今仍在用口耳之学的基本方法研究语音,说它现代是因为它已采用了大量现代科学技术,其研究已进入了各个相关的科学领域。本文将依据北大语音乐律研究的现状,从"语音多模态研究"和"多元化语音学研究"两个方面和广大同仁一起探讨我国语音学研究的学科范畴和发展方向。

1.1 北大语音乐律研究

刘复先生1925年在北京大学建立了第一个语音实验室——语音乐律实验室[①],它标志着中国的语音学进入了科学的研究领域。刘复先生的《四声实验录》(1924)是我国语音学领域最早的语音学研究成果,首次科学地揭示了声调的物理特性,这是中国语音学对世界语音学理论的重要贡献。经过了八十多年的发展,北大的语音乐律研究已进入了一个更广阔的领域。

1.2 语音多模态研究

若从刘复先生1924年《四声实验录》开

---

* 本项研究由北京大学985子项目"汉语普通话语音多模态研究"及自然科学基金项目"汉语普通话发声模型研究(项目批准号：10674031)"资助。

① 在罗常培时期,北大语音乐律实验室部分并入中国科学院,后来转入中国社会科学院。

始算起,利用物理的方法研究语音在中国已有八十多年的历史。后来又采用了生理的方法研究语音(周殿福、吴宗济 1963)。随着科学技术的发展,许多新的科学方法用于语音学研究,特别是电子计算机和生理设备的应用,使得语音学的学科范畴有了很大变化。语音学研究最初只是为语言学服务,研究的目的比较单一;而现代语音学研究在方法和基础理论范畴方面已进入了物理学、生理学、心理学、病理学等科学领域(William J. Hardcastle et al., 1997; G. Fant et al., 2004),研究的目的和范畴已经大大超出了语言学,单纯面向语言学的语音学已不能满足当今科学研究和社会的需求。为了探讨和明确语音学的基础理论范畴,我们提出了"语音多模态研究"的理念,并根据近几年我们在"汉语语音多模态研究[①]"方面的实践,希望与大家共同探讨语音学的理论范畴。

1.3 多元化语音学研究

除了面向语言学的语音学研究领域外,我国的现代语音学研究已经进入了许多相关的科学领域,例如:语音工程、语音病理、司法语音、声乐教学、播音教学等。语音学在和相关学科结合后,研究对象有了很大的扩展。语音学研究对象的扩展,一方面反映了社会发展的需求,同时,也对语音学的研究范畴提出了新的要求。为了更好地划分和明确语音学的研究范畴,我们在语音学研究的对象方面提出了"多元化语音学研究"的思路,以期能够和大家一同探讨。

2. 北大语音乐律研究

北大语音乐律研究经过八十多年的发展已有了一定的规模,本节主要从:1)实验室基础设备,2)语音乐律研究分析平台,3)语音多模态数据库三个方面简单介绍一下我们的研究条件和研究基础。

2.1 实验室基础设备

在北大 985 项目的支持下,从 2003 年开始逐步购买了一些先进的仪器,主要有:1)美国 KAY 公司的计算机语音工作站 3700,其选件有:语音合成分析选件 ASL、多维嗓音分析选件 MDVP、实时声门阻抗分析选件 EGG、音域分析软件、语音教学选件等;2)澳大利亚 ADI 公司的肌电脑电仪,其硬件包括肌电脑电采集器和生物电放大器;3)美国 KAY 公司的声门阻抗信号采集器;4)美国 UCLA 的气流气压计;5)英国产电子腭位仪;6)高质量的录音室、录音设备和录像设备。设备基本能够满足语音学基本的研究。

2.2 语音乐律信号分析平台

国外的语音学仪器一般是只随机带有信号的采集软件和简单的分析软件,无法进行信号的参数提取和深入研究。为了使这些语音仪器能用于研究,我们逐步建立了自己的语音乐律分析平台,它主要有:1)语音声学信号分析系统,该系统具有自己的文件

[①] "汉语普通话语音多模态研究"项目是北京大学 985 项目"建设世界一流大学工程"的子项目。

格式和用于语音学及言语工程目的的标注方法;2)X光动态声道分析系统,具有图像处理、声道截面积计算和共振峰推算功能;3)动态声门分析系统,具有处理高速数字图像、声门参数提取和嗓音生理合成的功能;4)基于呼吸信号的韵律分析系统,具有提取呼吸重置、基频和嗓音参数的功能;5)电子腭位信号分析系统,能将电子腭位参数和声学参数结合起来分析;6)语音唇形分析系统,主要提取唇的外轮廓和内轮廓的参数功能,并能和语音声学参数结合起来进行分析;7)语音共振峰参数合成系统,主要是模拟声道进行语音合成;8)气流气压信号分析系统,提取气流、气压、鼻流等参数。这些分析系统的逐步建立和完善,从软件上为语音乐律的研究提供了基本的条件。

2.3 语音多模态数据库

根据现有的仪器设备,我们围绕语音多模态研究建立了汉语普通话多模态数据库和相关语音数据库,主要用于语音学的科研和教学。这些数据主要包括:1)汉语普通话单音节库;2)汉语普通话嗓音库;3)汉语普通话EGG信号库;4)汉语普通话词汇视频库;5)汉语普通话动态声道库①;6)汉语普通话电子腭位数据库;7)基于呼吸信号的汉语普通话韵律数据库;8)汉语普通病理语音库,目前只有听障儿童语音库;9)声乐音库,包括民族唱法头部和胸部共鸣信号库、标准元音头部共鸣信号库、呼麦声乐样本和日本"能乐"样本;10)特殊音库,主要有腹语样本和藏传佛教密宗诵经样本。

3. 语音多模态研究

语音多模态研究主要是指对某种语音进行语言学、语音学、语音声学和语音生理学的全方位研究。在理论上,注重语音产生理论的研究和语音共性的研究;在方法上,尽可能采用声学、生理、心理学的研究方法采集各种声学和生理信号,如语音声学信号、生理信号和心理信号等。下面从1)汉语普通话动态声道研究,2)动态声门研究,3)声学与电子腭位图谱研究,4)汉语普通话发声模型研究,5)基于呼吸信号的韵律研究,6)基于声门阻抗信号的嗓音模型研究等几个方面,介绍我们有关语音多模态研究的基本理念。

3.1 汉语普通话动态声道研究

在语音学研究中,动态声道研究是一项最有价值的研究。在早期的语音学研究中,人们就开始了基于X光的声道研究,但由于X光对人体有一定的伤害,因此,样本采集非常慎重,X光的动态声道研究也局限在较小的范围内。虽然研究规模小,但由于涉及到言语产生的最根本问题,其研究的成果具有很高的学术价值。随着技术的进步,CT和核磁共振技术都有了很大的发展,声道图像信号已经从二维图像发展到了三维立体图像,大大促进了声道的语音学研究。

目前我们利用汉语普通话的X光动态声道资料对汉语语音产生的各个方面进行

---

① 汉语X光声道资料由鲍怀翘研究员提供。

初步的研究①。研究主要分为：动态声道检测、声道截面积到共振峰的推算和动态声道的生理模型研究三个方面（汪高武等，2007）。另外，我们正在利用核磁共振采集汉语普通话基本元音的三维立体声道样本。同时，也正在和日本尖端科技大学党建武教授合作，采集动态核磁共振的声道数据，深入进行汉语普通话语音产生的生理模型研究。动态声道的研究除了可以解释语音学的许多理论问题外，其研究成果会大大促进言语工程和言语病理的研究和实际应用。另外，动态声道的基本资料可以用来制作语音多媒体教学系统，用于汉语普通话的语音教学，特别是聋哑儿童的语音康复训练。

3.2 动态声门研究

语音学将语音的产生分为调音和发声两个部分。调音的生理活动是通过动态声道来研究的，但对于语音声源的生理活动一直研究得很少。现在除了通过声学信号外，研究声带振动最先进的方法是声带高速数字成像技术。通过与东京大学言语生理系和香港大学言语听觉科学研究部的合作，我们对常见的发声类型和汉语普通话四声的声带振动方式进行了研究（孔江平，2001），在研究过程中建立了高速数字成像的分析系统。研究主要是先对声门录像进行图像处理，然后提取出动态声门的各项参数，研究这些参数和语音声学参数之间的关系，最终利用生理参数建立一个嗓音生理模型，合成出不同发声类型的声源。动态声门研究使我们能够更好地认识语音发声的生理机制、语音发声的微观运动、各种发声类型的

特性以及和语音声学信号的关系，使我们更好地认识语音发声的原理和在语言交际中的作用。

3.3 声学与电子腭位图谱研究

《可视语言》（Ralph K. Potter et al., 1947）一书是在出现了语图仪以后第一本全面反映英语声学特性的研究性专著和图谱，从此，语言图谱研究就成为了语音学研究的一个重要方面。汉语普通话也出版了一本语图（吴宗济主编，1986），由于当时的技术所限，只出了宽带和窄带语图。现在信号处理技术已经有了很大的发展，提取的参数在数量上和精度上都有了很大提高。因此，语图的研究已经和声学及生理参数数据库结合在了一起，研究的内容和目的都有了很大的变化，其重要性也越来越凸显。

现在研究声学图谱和数据库，首先要考虑研究的目的。众所周知，语音学研究现在和其他学科的交叉已经越来越大，因此，语音学的研究也要考虑其他学科的用途。在图谱和数据库的设计上不仅仅要满足语音学研究的需要，也要满足语音工程、语音病理等各个学科的需要。我们在汉语普通话的图谱制作和数据库建立方面主要考虑了一个原则，即声学数据的集合是否能够合成回语音波形。如果能较好地合成语音，则表明主要信息完全保留，没有太多的损失，这样就可以满足不同学科的研究需求。

---

① 这套汉语普通话 X 光的资料，是鲍怀翘研究员拍摄的，有两女一男，共三百多个音节，十分珍贵。

3.4 汉语普通话发声模型研究

汉语普通话发声的声学模型研究一直是我们研究的重点。通过国家自然科学基金的多个项目支持,实验室建立起了一个由八个年龄段共800人的汉语普通话嗓音数据库,并对这800人的嗓音进行了声学研究。研究主要是提取常用的声学参数,如基频、基频抖动、振幅抖动、开商、速度商、嗓音的谱倾斜率等,然后利用这些参数建立汉语普通话嗓音的统计模型。例如,高中年龄段的平均基频要低于大学年龄段的基频;又如,幼儿园年龄段的基频男女已经开始有了微小的差别等。根据这些基本的特性,我们最近的研究主要集中在建立汉语普通话单音节声调和双音节声调的嗓音声学模型上(Kong Jiangping,1998,2004),这些研究主要是为嗓音感知和嗓音的参数合成奠定基础。

3.5 基于呼吸信号的韵律研究

汉语是声调语言,同时又有很丰富和多变的韵律特征。目前国内大部分的研究主要是利用基频、音长和振幅等几个声学参数进行研究,并取得了很好的成果。然而,韵律是复杂的言语活动,对汉语韵律的研究采用新的生理信号和利用新的方法是非常必要的。为从这个角度来考虑语音韵律研究的发展,我们购置了能够采集呼吸信号的仪器,结合呼吸、嗓音和声学三种基本信号来研究汉语普通话的韵律规律。

目前我们建立了一个基于呼吸信号的汉语普通话韵律数据库。数据库包括了不同的汉语文体,如五言七言诗、宋词、散文、小说和新闻。同步采集的信号有语音信号、呼吸信号和嗓音信号(EGG)。从这些信号中可以提取出基频、音长、振幅、开商、速度商、语音重置最大值和最小值、重置时间、重置覆盖时长等参数。研究表明汉语普通话呼吸重置有许多类型,在呼吸信号的强度上至少有三级重置,它们和韵律都有密切关系。另外,还可以确定,在言语交际过程中,呼吸和不同的文体、说话人的风格以及情感都有密切的关系。从呼吸信号本身来看,它对汉语普通话的语音教学和朗读等都有实际应用价值。

3.6 基于声门阻抗信号的嗓音模型研究

嗓音的声学研究包括许多方面。多维嗓音分析主要是面向语音病理的研究。在自然科学基金的资助下,我们对汉语、藏语、彝语和蒙语做了多维嗓音分析(Kong Jiangping,1999;Kong Jiangping et al.,2000;Kong Jiangping,2001)。研究结果表明,不同语言的嗓音特性有较大差异。这说明了嗓音发声对语言的重要性,也说明了不同语言在使用自己特有的发声类型。

目前,我们正在使用KAY的多维嗓音分析软件,分析汉语普通话800人的嗓音样本。这项研究的主要目的是按年龄段和性别建立汉语普通话发音人的基本声学和生理参数数据库。多维嗓音参数共有三十二个。根据这些参数,希望最终能建立标准汉语音声学模型和嗓音生理模型。

4. 多元化语音学研究

多元化语音学研究主要是指对各个不同科学领域中的语音学问题进行的研究。下面从 1)侗台语声调的声学研究,2)藏语声调起源的研究,3)语音病理研究,4)声乐音学研究,5)腹语的语音学研究,6)诵经的发声研究等几个方面,介绍一下我们有关多元化语音学研究和教学的思路。希望在语音学研究对象的范畴上进行一些探讨。

4.1 侗台语声调声学研究

面向语言学的语音学研究是语音学基础理论的来源,对汉语、汉语方言和民族语言的语音进行研究是我们的基础。除了汉语语音多模态研究外,目前我们正在进行的一项研究是侗台语声调的声学研究①。研究主要是从调类出发,研究我国境内主要侗台语单音节和双音节声调的声学性质。

我们研究的侗台语包括:武鸣壮语、龙洲壮语(李洪彦等,2006)、德宏傣语、西双版纳傣语、莫语、临高语、榕江侗语、拉珈语、毛南语、仫佬语、水语、标语(谭晶晶等,2006)、仡佬语、佯黄语、加茂黎语。从这些侗台语声调声学研究的结果看,侗台语声调有很多自己的特点,如:单音节声调数量较多,调类之间有明确的对应关系,声调和声母及韵母有互补分布关系,声调分舒声和促声。侗台语的双音节声调组合数量一般都很大,但个别组合不一定就能找到实际的词。这些组合中,有的会产生变调现象。由于侗台语声调和音节结构有复杂的关系,同时具有大量的双音节组合形式,因此,侗台语声调的音位负担在汉藏语声调中有极其特殊的性质,是汉藏语声调理论研究的一个重要方面。

4.2 藏语声调起源的研究

历史语言学主要研究不同语言和方言之间的语音对应规律,包括历史文献的资料和活的语言及方言的资料,这些资料实际上也包括了语言接触对音变的影响。因此,怎样从语音学的角度来看待历史语言学的研究是语音学研究的一个非常重要的方面(孔江平,2006)。在这个方向上,我们主要开展了针对藏语声调起源的语音学研究②。

藏语是汉藏语系中一个重要的语言,也是我国一个使用人口较多和分布较广的民族语言。藏语有自己的传统文字,大约创立于公元七世纪。从藏文上看,历史上的藏语有 200 多个声母,其中大部分是复辅音声母。从现代藏语方言的语音上看,安多藏语保留有几十个到一百多个不等的声母,没有声调,只有所谓的"习惯调";同时,康方言和卫藏方言都有声调,但数量不同。研究表明,安多藏语的音调根据声母的清浊有一定的分化。藏语康方言中,有些单音节和双音节声调不是很稳定。另外,藏语音节和声调在整个音位系统的分布上也都有明显的特点。藏语语音方言上的这种分布,为研究藏语声调的产生和发展提供了活的资料,也使我们从语音学的角度研究藏语声调的产生

---

① 这项研究是由中国社会科学院立项资助的重点项目"汉藏语声调的声学研究"的"侗台语卷"。

② 同上。这项研究是该项目的"藏语卷"。

和起源过程成为可能。

4.3 语音病理研究

在我国约有听力残疾者 2004 万,每年有 3 万新生听障儿童。因此,从语音学的角度研究听障儿童的语音习得和言语康复有重要的学术价值和实际应用意义。近几年我们研究了北京中国儿童康复中心部分听障儿童单音节声调和双音节声调的获得情况,研究包括佩戴助听器的听障儿童和植入人工耳蜗听障儿童的声调获得。研究结果表明,佩戴助听器儿童的声调获得要好于植入人工耳蜗儿童的声调获得(李洪彦,2007)。系统的研究不仅解释了语音获得的一些语音学问题,而且为听障儿童的语音康复提供了教学上的依据。同时,也对人工耳蜗在技术上的改进提出了新的要求。

4.4 声乐语音学研究

歌唱是人们言语交际的一种特殊方式。在我国许多民族都有对歌的习俗,它除了具有言语交际的功能外,在情感的表达上更为丰富。从声学的角度看,唱歌时声音可以很大,这样可以传得更远,延长了交际的距离。由于歌唱更注重情感的表达,因此,在歌唱时会用更为复杂的发声方式和调音方法,这为语音学研究提供了更为丰富的研究内容。

我国从声学和语音学的角度研究声乐的人比较少,而需要研究的声乐领域却十分广阔。我国有大量的戏曲,如昆曲、京剧以及各种地方戏等,同时还有大量的不同民族的民歌,这些戏曲和民歌具有丰富多变的发声方法。近几年,我们主要进行了民族唱法头部共鸣和胸部共鸣的研究(钱一凡,2007)。同时,也对标准元音头部共鸣进行了研究,找出了不同元音在头部不同部位共鸣的强弱程度(孔江平,2007)。另外,我们还正在研究蒙古族的"呼麦"和日本的"能乐"。呼麦是蒙古族一种独特的演唱形式。根据我们的研究,"呼麦"至少有九种基本的演唱方法:有的是运用不同的发声方式,有的是运用不同的调音方式,或者两者结合。它是一种具有奇特表现力的艺术形式。"能乐"是从中国传入日本的一种戏剧,在日本得到了发展。它使用一种低音调发声类型演唱,具有很独特的艺术风格。

4.5 腹语的语音学研究

腹语是一种独特的舞台言语表演艺术。表演者在操纵木偶的同时,唇型不动,同时能模仿出不同人的发音。腹语研究的意义在于,它完全采用代偿性发音来表演。代偿性发音主要是言语有残疾的儿童,如腭裂儿童,在言语学习过程中形成的发音方法。而腹语是一整套系统的代偿性发音。研究腹语不仅能使我们更好地了解这种言语艺术,而且还能充分认识人类发音器官的潜在能力,为言语儿童康复提供训练的方法。

我们对一名特殊的腹语者的语音进行了研究[①]。这名腹语者是闭着嘴说话,从初步的研究看,气流是从嘴角挤出,元音共振峰的模式大多能区分,整个舌的运动靠后,辅音主要靠舌尖调节。由于闭着嘴,整个音

[①] 见《肚子会说话》,中央电视台《走进科学》栏目,2007 年。

调比正常说话要高,声调模式和正常没有区别。

4.6 诵经的发声研究

在我国,佛教和藏传佛教的诵经都会使用特别的发声类型来营造虔诚的气氛和达到震撼心灵的效果。根据我们的调查,在藏传佛教中,这种诵经要从小经历严格训练才能学会。我们调查研究了一些藏传佛教的诵经。声学分析表明,诵经样本的基频并不是很低,大约在80赫兹左右,但在听感上却很低;从共振峰上看,诵经在高频段有很强的峰值,类似于歌唱共振峰。因此,诵经的发声类型和共振峰结构都很复杂,这些现象还需要进一步研究。另外,诵经时往往会采用两三个人和声的方式。和声能造成基频的差频,从而出现一个更低的基频,这种高能量的低频声音往往能造成人们心灵上的共鸣和震撼。近几年情感语音的研究越来越受到重视,诵经在发声和调音方面的技巧很值得研究。

5. 结语

中国的现代语音学研究从刘复先生在北大建立语音乐律实验室起已走过了80多年的历程。随着技术的进步和研究的深入,语音学和其他学科在研究方法和内容上越来越交叉,研究的领域也在不断融合。在这种情况下我们有必要从理论上、方法上和研究对象上对语音学的学科范畴进行讨论和界定。这种讨论和界定将会十分有利于现代语音学的发展和进步,从而推动我国的语音学理论和应用的研究。

"语音多模态研究"是随着科学的发展,在语音学采用了大量其他相关科学研究方法和基础理论的情况下发展出来的。另一方面,语音多模态研究的发展也反映出了社会对语音学提出了新的要求。虽然许多不同学科的学者都在进行语音多模态的研究,但研究目的不尽相同。语音学的学科范畴应该限定在研究语音的交际功能及内在规律方面。因此,我们认为"语音多模态研究"主要是从研究方法和基础理论上探讨语音学的学科范畴。虽然现在很难将语音学的学科范畴界定得很清楚,但大的范畴应该明确,这将有利于学科的发展。

"多元化语音学研究"是从研究对象和研究领域上来探讨和扩展语音学的研究及应用范畴。从我国具体的情况看,许多领域十分需要语音学的研究。如,聋哑儿童的语音研究和语音康复研究、民族声乐中的语音研究、特殊语音的研究等。目前,我国语音的多元化研究还十分薄弱,有许多空白,需要大力发展。这对我们的研究生教育也提出了新的要求。总之,我们希望通过讨论,能更加明确语音学的学科范畴和研究领域,推动中国语音学的发展。

参考文献

孔江平 2001 《论语言发声》,民族大学出版社。
孔江平 2006 《现代语音学研究与历史语言学》,《北京大学学报》(哲学社会科学版)第2期。
孔江平 2007 《标准元音头部共鸣声学研究》,《第七届中国语音学学术会议论文集》(电子版)。
李洪彦 蓝庆元 孔江平 2006 《壮语龙州话声调的声学分析》,《民族语文》第6期。

李洪彦 2007 《听障儿童普通话声调获得研究》,北大研究生论文。

刘复 1924 《四声实验录》,上海群益书店。

钱一凡 2007 《民歌男高音共鸣的实验研究》,《第七届中国语音学学术会议论文集》(电子版)。

谭晶晶 孔江平 2006 《广东诗洞标话双音节连字调的音系研究》,《语言学论丛》第三十四辑,商务印书馆。

汪高武 孔江平 鲍怀翘 2007 《从声道形状推导普通话元音共振峰》,《第七届中国语音学学术会议论文集》(电子版)。

周殿福 吴宗济 1963 《普通话发音图谱》,商务印书馆。

吴济宗(主编) 1986 《汉语普通话单音节语图册》,中国社会科学出版社。

G. Fant, H. Fujisaki, J. Cao, Y. Xu, 2004 *From Traditional Phonology to Modern Speech Processing*(《语音学与言语处理前沿》),外语教学与研究出版社。

Kong Jiangping 1998 EGG Model of Diatones in Mandarin, *Proceedings of 5th International Conference on Spoken Language Processing*. Tu5P16, Sydney, Australia.

Kong Jiangping 1999 Correlation and Classification Study on EGG Parameters of Mongolian, *Proceedings of 4th National Conference on Modern Phonetics*, Jincheng Publishing House.

Kong Jiangping 2001 *Study on Dynamic Glottis through High-Speed Digital Imaging*, PhD. Dissertation at the Department of Electronic Engineering, City University of Hong Kong.

Kong Jiangping 2004 Phonation Patterns of Tone and Diatone in Mandarin, *From Traditional Phonology to Modern Speech Processing*, edited by G. Fant, H. Fujisaki, J. Cao, Y. Xu, 外语教学与研究出版社。

Kong Jiangping, Shen Mixia, Chen Jiayou and Caodao Bater, 2000 Correlation and Classification Study on EGG Parameters of Tibetan, *A collected Essays for the Technology of Man-Machine Speech Communication*, Tsinghua University Publishing House.

Ralph K. Potter, George A. Kopp, Harriet C. Green, 1947 *Visible Speech*, D. Van Nostrand Company, INC. New York.

William J. Hardcastle, John Laver, 1997 *The Handbook of Phonetic Sciences*, Blackwell Publishers.

(孔江平 北京大学中文系,汉语语言学研究中心 100871)

赵元任汉语语调思想与疑问语调和陈述语调
——兼谈语调教学*

林 茂 灿

摘要：本文首先介绍马大猷先生对赵元任汉语语调思想的高度评价，接着论述赵元任先生关于汉语语调的"代数和"思想："代数"指语调作用于中性语调上，其"和数"(他以先扬后抑语调的句子为例)指子句末音节音高发生了变化，但仍保持第四声的降调和第二声的升调。

本文提出：汉语疑问语调与陈述语调的区分依靠句末一两个重读音节的 F_0 扰动和时长；边界调的 F_0 扰动对疑问信息是最最重要的；边界调的 F_0 扰动是该音节 F_0 拱度斜率或起讫点音阶的变化；普通话的疑问边界调 F_0 拱度，无论阴平、阳平、上声还是去声，都保持其本调调型；疑问语调由于句末声调 F_0 拱度斜率的适度加大或起讫点音阶的适度抬高而引起，陈述语调由于句末声调 F_0 拱度斜率的适度减少或起讫点音阶的适度降低而引起。本文用赵元任汉语语调的"代数和"思想说明：边界调音高模式是疑问语调和陈述语调作用于句末音节四声的结果。我们认为，使用边界调进行对外教学能克服洋腔洋调。

关键词：赵元任 汉语 疑问语调 陈述语调 边界调 基频 斜率 音阶

1. 赵元任语调思想

马大猷先生以"Chao's viewpoint of Chinese intonation"为题，在庆贺吴宗济先生95岁华诞举办的国际音调研讨会上，对赵元任语调思想作了高度评价，指出赵先生是最彻底研究汉语语调的第一位语言学家，在上世纪20年代和30年代初以他灵敏的耳朵、聪颖的思维，对汉语语调作了最透彻描述，他的成果至今仍辉煌无比。(马大猷，2004)

赵元任在《北平语调的研究》(1929)提出"耳朵所听见的总语调是那一处地方特别的中性语调加上比较的普遍一点的口气语调的代数和"。赵先生把"极平淡没有特别口气的时候，语句里的字调也因地位的不同而经种种的变化"，称为"中性语调"。中性语调的句子是一列字调串，但有轻声，上上相连变的阳平，以及"一"、"七"、"不"变化等。他以中国话的暂停口气跟结束口气的"我姓叶，你姓王"为例说，人们听到的"是不很降的去声叶字，不很升的阳平王字，这就是两种因子的代数和"。从他举的例子看到，赵先生说的中性语调和口气语调的代数和是：叶字成为不很降的去声，王字变成不很升的阳平。

---

* 本研究得到国家自然科学基金(编号：60075011)和国家社会科学基金(编号：03BYY026)支持。

赵元任在《汉语的字调跟语调》(1933)说,"一个西方学生错误地说一个句子:'这个东西↗坏,那个东西↘好。'"是因为"他仅仅在使用句调,而排斥字调。改正他语调的最基本的办法是告诉他,即使'坏'出现在悬念子句末尾,也应该保持下降的声调,即使'好'出现在结论子句的末尾,也应该保持上升的声调。"赵先生接着指出,"如果我们更密切地观察这样一列子句的语调,即使不借任何仪器的帮助,我们也会注意到,悬念子句中的下降声调降的并不是那样的低,结论子句中的上升声调升的也不是那样的高。"赵元任先生在《汉语口语语法》(1979)更加明确地说,"在'我姓陆','你姓王'中,'陆'字语调整个提高,但仍保持第四声的降调;'王'字的语调整个降低,但仍保持第二声的升调。"

从赵先生用先扬后抑语调作用于中性语调上的例子看到,两者代数和的"和数"(作用结果)是:前后子句的末音节音高发生变化,但不涉及末字之前音节的音高;末音节音高虽然发生了变化,但仍保持第四声的降调和仍保持第二声的升调。我认为,赵元任先生这儿谈的涉及以"同时叠加"方式与声调共存的疑问语调和陈述语调问题。至于句子重音,赵先生明确指出,"汉语重音首先是扩大音域和持续时间"(1979)。这是赵先生语调思想的精髓和核心。

我们认为,汉语语调有两个独立变量:音高重音和边界调。下面论述汉语学界认识边界调的发展进程。

2. 句末调问题

2.1 汉语有句末调

Chang(1958)对成都话做实验看到,句末音节的F_0扰动,才给听话人以疑问还是陈述感觉的线索;胡明扬(1987)凭语感主张:"表达全句的语气是句终语调","北京话语调的音高问题不是'音高变化,即升和降的问题,而是字调的起点高低问题,或者说是调阈的高低问题'。"劲松(1992)和贺阳、劲松(1992)通过实验看到,疑问语气主要由最后一个句法单位中的重音节承担。

2.2 句末调的调形保持不变

吴宗济(1982)谈到疑问句时说:"如果字句和平叙句完全相同,而是用来提问,则句尾调阈可以提高。即使句尾的本调为降调(去声)时,调尾的频率也会提高一些,但拱度(调型)不变。"林焘、王理嘉(1991)指出:"我们听到'他写诗?''三小时?''刚开始?'和'你有事?'这些问句时,并没有因为语调的要求就分不清这四句问话最后四个音节的声调,可见语调……并没有对声调原有的高低升降模式产生严重影响。"这几位语音学家在赵元任之后,或凭语感或用实验明确指出,汉语疑问信息存在于句末(重读)音节,疑问的句末调阈提高但拱度(调型)不变。

3. 汉语边界调声学表现[①]

本文用声学分析和知觉实验两种手段，研究疑问语调和陈述语调：疑问信息为什么由句末音节携带，疑问句的句末音节音高为什么会保持其本调不变，疑问和陈述的句末调音高模式等。

3.1 疑问信息由边界调携带

表1是发音人C和S念的回声问句子中各成分由10位受试者判断为疑问的平均百分数。从表1看到，句子末了一两个音节对疑问信息是极其重要的，句首音节也可能携带疑问信息。我们说的边界调是：短语最后韵律词的最后一两个重读音节，或其首音节。汉语也有边界调。边界调是疑问信息携带者。

3.2 边界调的声学表现

本文用两个参量描述边界调的 F_0 拱度特点：F_0 拱度的斜率和 F_0 拱度的起点音阶。F_0 拱度的斜率表示 F_0 拱度的倾斜程度，F_0 拱度的终点音阶比起点的高，使得 F_0 拱度发生倾斜；F_0 拱度的起点音阶表示 F_0 拱度位置的高低。

主语 （某先生）	谓语 （要去）	宾语（某城市）	
		第一音节	第二音节
21%			
	9.5%		
		27%	
			90%

表1 C和S回声问短语中各成分由10位受试者判断为疑问的百分数

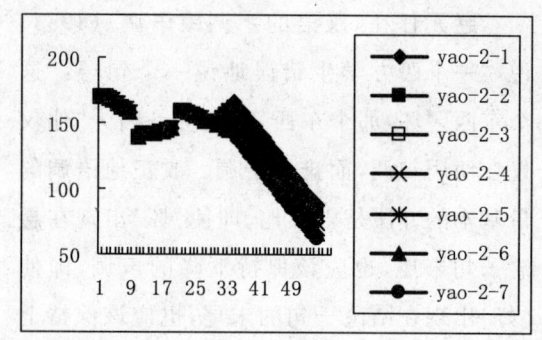

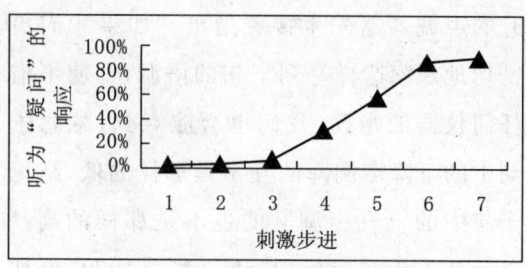

图1-1 "特别重要"(2)的7条 F_0 曲线（上）和其辨认函数（下）

从声学分析结果看到，汉语疑问语调与陈述语调的区分靠边界调音节 F_0 拱度的斜率或起讫点音阶。人们听到疑问句的句末声调保持不变，是下面两个因素在起作用：句末音节的声调 F_0 拱度斜率的适度加大（F_0 拱度的终点音阶比起点音阶的高），和其起点音阶的适度抬高。

我们对普通话"有房间"（改变"间" F_0 拱度的音阶），"餐厅吃饭可以打折"（改变"折" F_0 拱斜率，和改变"折" F_0 拱度音阶），"去青岛"（改变"岛" F_0 拱度的斜率，和改变 F_0 拱度的斜率和音阶）和"客人特别重要"（改变"要" F_0 拱度的斜率，和改变"要" F_0 拱度的斜率和音阶）作了辨认测验，以验证这两个参数对疑问等语气的效果。下面举一例说明。

[①] 参见林茂灿（2004、2006），Lin（2004）。

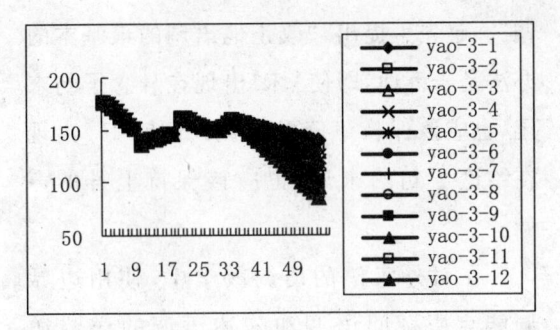

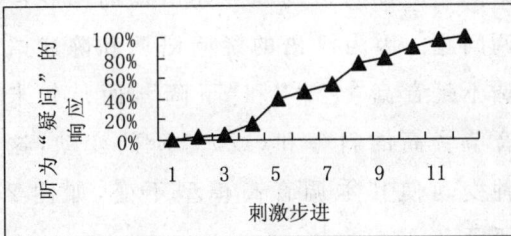

图 1-2 "特别重要"(2)的 12 条 F_0 曲线(上)和其辨认函数(下)

图 1-1 是改变"特别重要"的"要"F_0曲线下降部分斜率,得到"特别重要"的 7 条 F_0 曲线(上)。7 条 F_0 曲线中,最上面曲线(第 1 条)的最后音节来自疑问句,最下面曲线(第 7 条)的最后音节来自陈述句。第 1 条和第 7 条之间 6 等分,产生 7 条 F_0 曲线。由这 7 条 F_0 曲线制备的语音声"特别重要",其音质基本不变,但音高随 F_0 曲线而变化。这 7 个声音分别重复 4 次,然后打乱,存于计算机用做听辨刺激。5 位听音人对听到的各个声音,作是疑问还是陈述的强迫判断。图 1-1(下)是其辨认函数。从图 1-1 辨认函数看到,改变"特别重要"的"要"F_0曲线下降部分的斜率,不仅会产生强疑问、弱疑问和陈述语气,还能产生续说语气和过渡调。

图 1-2 是改变"特别重要"的"要"F_0曲线斜率和音阶,得到"特别重要"12 条 F_0 曲线(上)和辨认函数(下)。从图 1-2 辨认函数看到,改变"特别重要"的"要"F_0曲线斜率

和音阶,不仅能得到强疑问、弱疑问和陈述语气,还能产生续说语气。

辨认测验结果有力地说明,末音节 F_0 拱度的斜率(终点音阶比起点的高)或起讫点音阶是边界调的声学关联物,因为它不仅能给出疑问语气和陈述语气,而且还能给出其中间的续说等语气。

3.3 边界调的音高模式

图 2 普通话边界调的音高 F_0 拱度(F_0)模式

图 2 给出普通话疑问和陈述的边界调的音高模式,各小图中疑问的在上,陈述的在下。

在图 2 的三种方式中,第一种占多数。疑问的边界调音节 F_0 拱度的终点和起点音阶都比陈述的抬高,而且其终点音阶比起点音阶抬得更高,使得其斜率加大。从图 2 看到,普通话的疑问边界调 F_0 拱度,无论阴平、阳平、上声还是去声,都保持其本调调型,也就是说,其 F_0 拱度没有因为疑问而改变其特征:这是汉语边界调的特点。

4. 语调对声调的作用

赵元任在《北平语调的研究》(1929)中,提出的"耳朵所听见的总语调是那一处地方特别的中性语调加上比较的普遍一点的口气语调的代数和"思想,适合于解释图 2 的音高模式,因为图 2 的边界调音高模式是人们耳朵听到的疑问和陈述的句末音节音高模式,也就是说,它是疑问语调和陈述语调作用于句末音节声调的结果:把句末音节 F_0 拱度的斜率适度加大和或起讫点音阶适度抬高,生成疑问的音高模式;把 F_0 拱度的斜率适度减少和(或)音阶适度降低后,生成陈述的音高模式。

5. 汉语语调教学

赵元任先生认为,"一个西方学生错误地说一个句子:'这个东西↗坏,那个东西↘好。'"是因为"他仅仅在使用句调,而排斥字调"。赵先生提出,"改正他语调的最基本的办法是告诉他,即使'坏'出现在悬念子句末尾,也应该保持下降的声调,即使'好'出现在结论子句的末尾,也应该保持上升的声调。"

在对外汉语的语调教学中,使用边界调能克服疑问语调和陈述语调的洋腔洋调问题。因为汉语的疑问语调和陈述语调不是音高"上升"和"下降",而是句末音节音高的斜率和(或)音阶的变动,这种变动使其本调音高模型不变,如图 2 所示。

汉语语调学习,还得正确使用重音。汉语节奏是汉语语调教学的重要问题。

赵先生在七八十年前以其超人的耳力和睿智的思维,提出汉语语调的"代数和"思想,又指出如何克服洋腔洋调!吴先生在《赵元任语言学论文集》(2002)"序"中写到,"前人评价孔子的学说是'圣之时者',赵先生的著述亦复如是。所以说他的著作不但是划时代的文献,而且是承先启后的语学津梁,当不为过誉。"

6. 结论和讨论

6.1 汉语语调是什么?

汉语疑问语调与陈述语调的区分依靠句末一两个重读音节的 F_0 扰动和时长,汉语也有边界调。边界调的 F_0 扰动对疑问信息是最最重要的,边界调音节是疑问信息的携带者;边界调的 F_0 扰动是该音节 F_0 拱度斜率(终点音阶比起点的高)或起讫点音阶的变化;普通话的疑问边界调 F_0 拱度,无论阴平、阳平、上声还是去声,都保持其本调调型,也就是说,其 F_0 拱度没有因为疑问而改变其特征。疑问语气由于句末声调 F_0 拱度斜率的适度加大或起讫点音阶的适度抬高而引起,陈述语气由于句末声调 F_0 拱度斜率的适度减少或起讫点音阶的适度降低而引起。这是本研究关于汉语疑问语调和陈述语调的基本看法。

陈虎(2006)"支持林茂灿(2004)中的观点:汉语语调的表现方式与 AM 理论的基本假设十分吻合,适合于在该框架下进行描写"。江海燕(2004)也看到,"句末语调在只有语音手段起作用时,对于判断陈述和疑问语气有决定性作用",也就是说,句末语调对判断无任何语法标志的是非问语调和陈述语调,具有决定性作用。

6.2 句末轻声音节问题

孙湳昊(2006)用大量语料,研究疑问和陈述两个边界调的音高特征。他看到:句末的轻声音节,如遇到疑问语气的作用,轻声音节重读了。

因而,本文的边界调指句末重读一两个音节的 F_0 扰动。

6.3 F_0 曲线里的本质和多余成分

图 3 是发音人 Z2 以陈述语调(前部)和疑问语调(后部)念的"一张单程票二百四十四"声学表现图,从上到下分别为波形,宽带语图,基频曲线和相对时长。本研究用的这种声学图程序都由熊子瑜同志编写。这种图是本研究数据来源的基础。

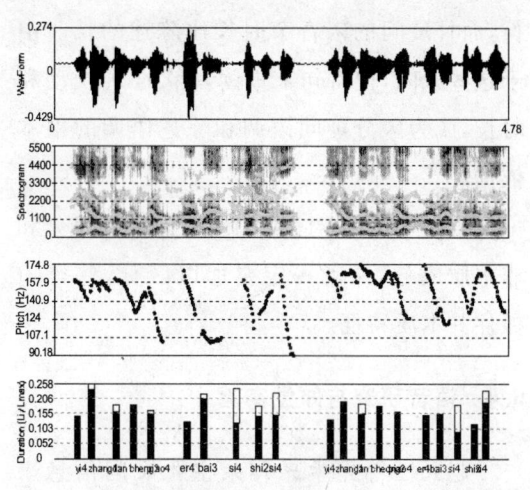

图 3 发音人 Z2 以陈述语调(前部)和疑问语调(后部)念的"一张单程票二百四十四"声学表现

这两句话中,"一张单程票"和"二百四十四"之间有一个间断,使它们成为韵律短语;"一张"、"单程票"、"二百"和"四十四"分别为韵律词;"张"、"单"、"二"和后一个"四"分别是韵律词重音;"单"和"二"分别是韵律短语重音;而"二"是语调短语(这儿是句子)重音。(林茂灿,2002)从图 3 的基频曲线看到,疑问基频曲线的音阶比陈述的高(后半部尤其明显),这是由于疑问句中后面韵律短语重音比陈述的重一些。疑问句中后面韵律短语重音比陈述的重一些,但是疑问的末音节起点音阶比陈述的高一点,疑问的末音节终点音阶比陈述的更高。我们认为,与其前面各音节的相比,疑问句的末音节起点音阶比陈述的高一点,和其终点音阶比陈述的更高,是语调 F_0 曲线的本质特征,是形成边界调的根本动因;其前面基频曲线音阶的抬高则是由于重音以及末音节基频抬高的逆向协同发音等作用而引起,对疑问来说,它是非本质成分,是多余成分。从相对时长看,疑问末音节时长比其前面一两个音节的长,而且疑问的末音节时长比陈述的长。由于这些原因,使得句末重读音节的 F_0 扰动和时长,成为区分疑问语调和陈述语调的根本依据。

语句中的 F_0 对语调来说,有本质成分和非本质成分,两者一定要加以区分,并努力抓住其本质特征。

6.4 语音研究与知觉实验

赵元任等先生靠耳朵主张疑问信息来自句末音节;Chang(1958)用实验发现,只有句末音节的 F_0 扰动,才给听话人以疑问还是陈述感觉的线索;人们听一句话也会觉察到疑问信息来自句末。一句话的语气是疑问还是陈述,是这句话的声学表现作用于人听觉器官的听辨效果。语调等语音研究应该在声学分析基础上,再进行知觉试验;运用辨认试验等的知觉实验,可以找到语音声学表现的本质特征。

参考文献

陈虎 2006 English and Chinese Intonational Phonology：A Contrastive Study（《英汉语调音系对比研究》）,河南大学出版社。

贺阳、劲松 1992 《北京话语调的实验探索》,载《北京话研究》(胡明扬等),北京燕山出版社;又见《语言教学与研究》1992年第2期。

胡明扬 1987 《关于北京话的语调问题》,载《北京话初探》,商务印书馆。

劲松 1992 《北京话语气和语调》,《中国语文》第2期。

江海燕 2004 《汉语语调实验研究》,《南开大学博士研究生学位论文》。

林茂灿 2002 《普通话语句的韵律结构和基频（F_0）高低线的构建》,《当代语言学》第4期。

林茂灿 2004 《汉语语调与声调》,《语言文字应用》第3期。

林茂灿 2006 《疑问和陈述语气与边界调》,《中国语文》第4期。

林焘、王理嘉 1991 《语音学教程》,北京大学出版社。

马大猷 2004 Chao's viewpoint of Chinese intonation, International Symposium on Tonal Aspect of Languages with Emphasis on Tone Languages,北京。

孙浦昊 2006 《普通话声调与边界调的音高特征及其实现规则》,《中国社会科学院研究生院博士学位论文》。

吴宗济 1982 《普通话语句中的声调变化》,《中国语文》第6期。

赵元任 1929 《北平语调的研究》,载《最后五分钟》附录(中华书局);又载《赵元任语言学论文集》(吴宗济、赵新那编),253－271,商务印书馆,2002。

赵元任 1933 《汉语的字调跟语调》,《中研院史语所集刊》第4本第3分;又载《赵元任语言学论文集》(吴宗济、赵新那编),734－749,商务印书馆,2002。

赵元任 1979 《汉语口语语法》,吕叔湘译,商务印书馆。

Chang, Nien－chang 1958 Tone and intonation in the Chengdu dialect（Szechuan, China）, Phonetica, 2:59－85.

Lin, Maocan 2004 Boundary tone of Chinese intonation and its pitch（F_0）pattern,载《语音学与言语处理前沿》(G. 方特和 H. 藤奇博也等主编),外语教学与研究出版社。

(林茂灿 中国社会科学院语言研究所 100732)

关于中文语音学术语的几点看法*

朱 晓 农

提要:本文讨论确定中文语音学术语的标准问题,并以辅音调音部位的命名为例,揭示传统以主动器官来命名的问题所在。它未能符合构建一个概念系统所需达到的三个"性":一致性、明确性和充分性。结果造成矛盾,所指不明,概念交叉模糊。

关键词: 术语 命名 调音部位 主动器官 被动器官

1. 引言

本文讨论语音学的中文术语问题。在辅音的命名上,如调音部位、调音方式、气流机制和发声诸多方面,其命名存在着一些问题。最近,语音学会修订审定了一批术语,这有利于我们认识的推进,有利于田野调查、教学等多方面的工作。这样的工作需要每隔若干年进行一次,以适应发展迅速的语音学。以下谈一些有关的标准问题,并以"舌尖音、舌根音"为例来看问题所在。这种术语的"正名",不是名分之争,也不仅仅是好不好的问题;而是旨在推进认识,严格定义,筛选译名。假如老名字引起矛盾、导致误解曲解、不利于推进认识的话,就应该考虑重新命名。

2. 确定语音学术语的原则

语音学术语反映的是系统的语音学知识。因此,命名要符合知识系统的要求。

(1) 明确性:不同的音/符号有不同的术语,相同的术语不表示不同的音/符号。即"一音一名",音和名之间存在对应性。这在传统名称中问题极严重,往往不同的音/符号用相同的名称,如同一个名称"吸气音"或"紧喉/喉化"表示多个甚至多达十六种不同的音;同一个 creak 音有不少于十六种不同的名称。本项原则可以扩展到语音和符号(所指和能指)之间的对应关系,本文暂时不谈。

(2) 一致性:所用术语不产生矛盾、不混淆概念、不张冠李戴。如传统名称把不是舌根部位发的音,叫成"舌根音",结果真正由舌根所发的音就没法标准一致地表达出来了。

(3) 充分性:能把有细微差别的概念明确表达出来。如传统名称把 dental, alveolar, palatal 不充分地叫做"舌尖前音""舌尖

---

* 本项研究得到香港研究拨款局竞标专项研究拨款 CERG(HKUST 6426/06H)资助。

前/中音""舌面中音",那么碰到如 laminal denti-alveolar,laminal palato-alveolar 这样的概念,就难以表达了。

（4）不采用非标准名称（如"舌尖前音"）。辅音命名应以国际语音学会确立的、以被动器官为依据,而不是以从传统等韵学中开始使用的、无明确定义的、主－被动器官不定的方式为依据。

（5）不采用废弃的术语（如"通音"）。科学是个概念兴替的过程,而不是把正确的、错误的、当用的、过时的概念集大成为一个矛盾体。

对应性是最重要的原则,一致性和充分性可以部分地从对应性中推出,第（4）和第（5）两条是辅助性的注意事项。

3. 确定中文对应术语的方式

国际音标及其标准名称已使用了一百多年,现在我们所要做的是确定相应的中文术语。出于知识系统的要求,中文对应译名必须做得有章法。如果只是根据传统用法随语调整（让人想起随句审音"叶音"）,所订中文术语会显得凌乱还在其次,更重要的是会破坏知识系统,造成矛盾。移译科学名词,是一个重新命名的过程。确定译名有六种基本方式：

（1）直译,即按字面义。

（2）音译,如字面无义或原义曲折晦涩。

（3）典型命名,以同类中最典型的成员的名称命名。

（4）拟像命名,如原名有像似性,则译名亦可考虑拟似名称。

（5）意译,如 telephone～电话,violin～小提琴。

（6）联想捎带音译,如 lotto～乐透,Benz～奔驰,Coco Cola～可口可乐。

此外尚有不少复合方式,如音译兼意译、音译兼拟像、音译兼典型、典型兼拟像,甚至三合方式如音译兼拟像兼典型,等等。

在学术－科学范围内取译名,遵循的准则应该以前两种方式（直译和音译）为主,直译加音译最佳。第（3）、第（4）种（典型和拟像）为辅。使用第（5）种"意译"要特别谨慎,一般需在整个系统都明了以后,即重新命名时再用比较保险。第（6）种"联想捎带音译"最不可取。第（5）、第（6）两种以己意参之的翻译方式在俗文化中固然有趣,但在科学术语的订名中却是弊大利无,因此要避免。否则,个人的误解会误导整个学界。使用直译、音译是防错保险措施。

4. 调音部位命名的标准

辅音调音部位的命名问题,比起发声和气流机制的命名来,还不算严重。但因为大家比较熟悉,所以下文以此为例进行讨论。关于调音部位的命名,语音学界的做法是一级术语用被动器官即"调音目标"来定义,比如 t 的标准术语为"齿/龈音"（见表1第1行）。如果需进一步分类,再用主动器官来辅助定义二级术语,如"舌尖齿音""舌叶龈音"等。即使"卷舌音"也是明确定义了被动部位：龈后至前腭。只是因为在这个部位音素太多有冲突,才不得已叫卷舌音。传统名称以主动器官即舌头部位来定义（第3行）,

比如 t 是"舌尖前音"，tɕ 是"舌面前音"，tʂ 是"舌尖后音"，这不但不符译名的一般通则，更严重的是跟一般语音学脱轨了，结果造成很多后续困难。

表1

1	标准术语/被动器官命名	齿/龈	龈腭	龈后	卷舌	硬腭	软腭
2	音标	t ts	tɕ ɕ	tʃ ʃ	t̺ tʂ	c ɟ	k g
3	传统名称/主动器官命名	舌尖前/中	舌面前	舌叶	舌尖后	舌面中	舌根

(1)齿音（dental）和龈音（alveolar）是有调音部位区别的，不能都叫做"舌尖前音"。英语里的 t 是龈音，汉语普通话中的 t 是齿音。即使在汉语内部，上海话、北京话里的 ts 是齿音，广州话的 ts 是龈音，不能只用一个"舌尖前音"。

(2)当然，使用进一步限定，如以"舌尖前音"指称齿音，以"舌尖中音"指称龈音，可以加以区别。但这么曲折迂回以"前"暗示被动器官较前的"齿"背后与龈交接处、以"后"暗示被动器官较后的"龈"部位，为什么不直接叫 dental 的原义"齿音"、alveolar 的原义"龈音"呢？

(3)造成教学上的困惑，刚教完国际音标"齿/龈音"t，又要教汉语的"舌尖前音"t。

(4)语音学中辅音的一级定义用被动器官定义大类，二级定义再用主动器官来定义次类。表2中是存在于世界语言中的齿音、龈音、卷舌音、腭音种类。

表2

	英文术语	被 动	主 动	中文术语
1	apical dental	齿	舌尖	舌尖齿音
2	laminal (denti-)alveolar	齿-龈	舌叶	舌叶齿音
3	apical alveolar	龈	舌尖	舌尖龈音
4	laminal alveolar	龈	舌叶	舌叶龈音
5	(apical/laminal) retroflex	龈后	舌尖/舌叶	舌尖/舌叶卷舌音；翘舌音
6	sub-apical retroflex	硬腭	舌下部	舌下部卷舌音
7	(laminal) palato-alveolar	龈后	舌叶	龈后音
8	alveolo-palatal	龈后	舌叶	龈腭音
9	palatal	硬腭	前舌面	硬腭音
10	velar	软腭	后舌面	软腭音

"舌尖/舌叶卷舌音"即"翘舌音"。"舌下部卷舌音"是真正的"卷"舌头的音。"龈后音"即英语语音学著作中常用的"腭龈音"。龈脊后坡到硬腭前端叫"龈后"（post-alveolar，也有叫"后龈"（posterior alveolar）的，看怎么定义 alveolar 了），"龈腭"、"腭龈"，是"舌尖"、"舌叶"的调音目标区，也是"翘舌"、"卷舌"的调音目标区。这是个调音富矿区，也是术语尚未分化定当的有待开发区。

5. 已有的处理

以上所论不是什么新看法，只是较为系统地阐述已有的看法。《方言》上有过几次国际音标辅音名称的转载、中译或说明（以下1~5），加上两本词典（6~7），最新版的语音学教材（8），对 alveolar 的处理，共有三种情况：

A. 转载仅用英文原名：

（1）《国际音标（修改至1951年）》，《方言》1980，84。

（2）《国际音标（修改至1989年）》，《方言》1991，277。

B. 直译"齿/龈音"：

（3）《国际音标（修改至1979年）》，《方言》1979，315-319。

（4）李荣（译）《国际语音学会关于国际音标的说明》，《方言》1987，1-14。

（5）麦耘《对国际音标理解和使用的几个问题》，《方言》2005，168-174。

（6）《语音学和音系学词典》，R.L.特拉斯克著，沈炯、陈肖霞、李爱军、林茂灿、曹剑芬、鲍怀翘、吕士楠等译，语文出版社，2000。

（7）《语言与语言学词典》R.R.K.哈特曼、F.C.斯托克著，黄长著等译，上海辞书出版社，1981。

（8）《语音学教程》，林焘、王理嘉著，北京大学出版社，1993。

C. 意译"舌尖前音"：《语音学教程》（林焘、王理嘉著）中的"又称"。

可见"舌尖前音"一类俗名尽管一直在用，但在正式订名时仍用"齿/龈音"，或用英文原名。这的确是语音学家审慎的科学态度。

6. 图解调音部位

本节内来看调音动作。调音动作包含两义：一为发某个音时的连串过程；一为这过程中的某个（关键）点，是静止的、类似照相摆甫士（pose）的"调音甫士"（articulatory posture）或调音态势（gesture）。这后一义明明是"不动作"。图1是发音器官剖面图，注明主动器官和硬腭及其后的被动部位，龈腭一带的被动部位见图3。主动器官包括下唇（也有认为包括上唇）和舌。发唇齿音时下唇是主动部位，发舌唇音时舌叶是主动部位，发双唇音时主要是下唇活动。舌头在传统名称中没有严格定义。根据 Ladefoged & Maddieson（1996），舌头分四部分：舌尖、舌叶、舌面或舌体、舌根。以下定义大体根据此书。

舌尖定义为从舌沿（舌头最前的边缘带）开始，往上往后2-3个毫米的一小片地方。舌尖后面是舌叶。舌叶的定义较为复杂。当我们合上嘴巴，舌尖顶到下齿背时，从上面齿龈脊的中点往下投影，在舌头上留下一个投影点。通过此点画一条横线，然后从这横线往前、往后都拓展2-3毫米，这样一条大约5毫米的横带就是舌叶。舌面是舌叶往后的水平部位，与硬腭、软腭、小舌走向一致。舌面分前后两部分，再细点可把舌面后部分为"中舌面"和"后舌面"。舌根则是垂直的部位，大体与咽壁平行。此外，在舌沿的下面是舌下部。

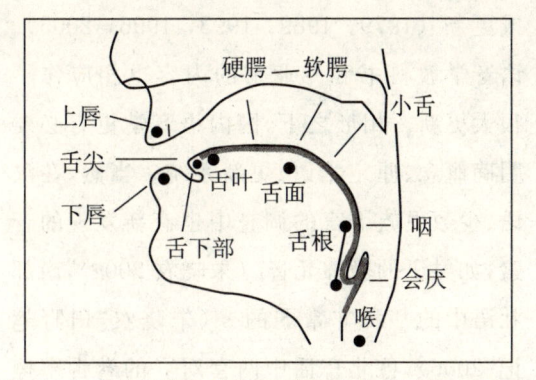

图1 主动调音器官,据 Ladefoged & Maddieson 1996

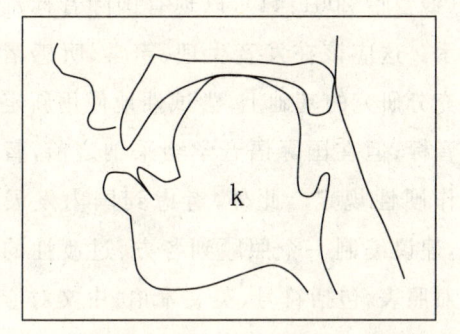

图2 普通话软腭音调音态势,据周殿福、吴宗济 1963

明白了口腔解剖,再来看图1中用线条连接上下部位的发音动作。前舌面抬起接触硬腭,发出硬腭音 c。中舌面抬起接触软腭,发出软腭音 k（见图2普通话例子）。后舌面接触小舌发出小舌音 q。舌根作为主动器官只能发两个音:咽音和会厌音。传统名称把 k 叫做"舌面后音"还可行,但叫"舌根音"就需重新定义解剖学名词"舌根"（把舌头后三分之二都叫舌根）,因此不如重新命名"舌根音"。

舌面加舌根占据了舌头表面的绝大部分面积,但用作主动器官能发的音却很有限。在这一大片区域,只有"中舌面软腭音"比较常见,用前舌面发出的音较少见（除非作为软腭音的音位变体）,后舌面发的音很少见,至于舌根音就更少了。

与此相反,舌尖、舌叶、舌下部只占舌前端极小一部分区域,但由于灵活可以发出非常多的音。这就是为什么前辅音和前元音多的原因。这个"多"包含两个意思:一是类型学上种类多,二是具体语言中个数多。图3画出用舌前端调制的音。左图中的调音态势有:3号舌唇音以舌叶接触上唇,4号齿间音,5号、7号分别为舌尖齿音和舌尖龈音,9号舌尖卷舌音（翘舌音）,11号舌下部卷舌音。再看右图:6号舌叶齿-龈音,8号舌叶龈音,10号舌叶龈后音包括颚龈音如 ʃ,还包括龈腭音如 ɕ。

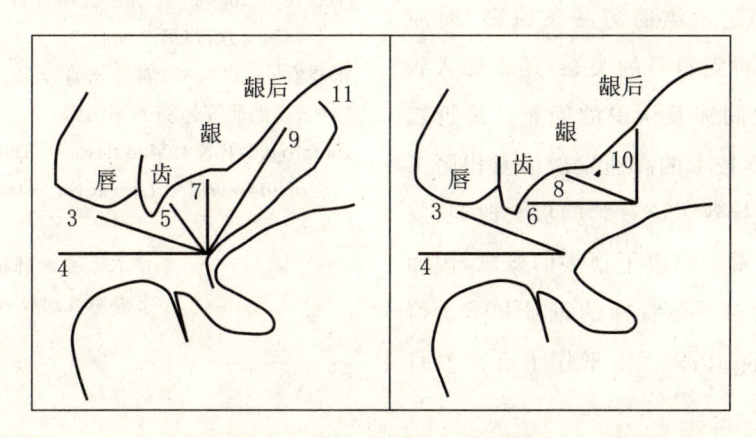

图3 舌冠音调音动作,据 Ladefoged & Maddieson (1996:14)

7. 结语

上文讨论了调音部位的定义标准，这不是说不能从主动器官来定义部位。作为音系学研究，从主动器官角度来观察主要部位特征和单个调音部位的关系是可以，也应该的。但不管什么样的分类，关键在于文章开头所说的三个"性"：明确性、一致性、充分性。在传统名称中，"舌尖"、"舌面"、"舌叶"等界限不明；在同级定义中既有按舌部定义的如"舌尖音"，又有按被动器官定义的如"小舌音"，是自乱其例；该分清的概念（如齿音和龈音）无法离析。本文所讨论的调音部位的术语，其实还不是问题最严重的，跟发声态和气流机制有关的概念和名称更是莫衷一是。例如"紧喉/喉化"这个名称指16种不同的音（朱晓农 2005），creak这个音则有不少于16种不同的叫法（朱晓农 2004a）。这些情况都需加以整理。

本文所论中文术语问题，其实只涉及相对简单的译名标准化的学习过程，而不是远为复杂的涉及认识进步的术语订名的创造过程。例如确定术语的第一条原则"对应性"，只讲了名称对符号的关系，还未深入到所指和能指之间涉及认识的问题。最近二三十年来，科学技术的高速发展以及田野工作的广泛深入导致了语音学的极大改观，发现了很多新音素，修改了很多旧概念，因而国际语音学会对国际音标的符号和术语修订工作频仍，自1979年以来作了五次修订或更新（1979，1989，1993，1996，2005）。语音学教科书和专业书的内容也相应作了很大更新。相形之下，国内语音学更有必要明确概念、厘定术语、更新系统。当然，在汉语、少数民族语言的调查中也有新发现的音素，如吴语的微擦元音ᵢ（朱晓农 2004），南部壮语中的一种非常弱的 s（朱晓农"田野笔记"2006），鲁北官话中两套对立的卷舌塞擦音（钱曾怡 2001：41），以现有国际音标难以标示。这应该在发音生理、声学、听感诸方面充分研究的基础上，尝试性地使用新定义的音标；但在国际语音学会采纳之前，暂时不作硬性规定。此外，考虑到国内发展现状，建议编制一个照顾到各方、过渡性的术语对照表，包括符号、英文术语、中文对应术语、传统名称。

参考文献

钱曾怡（主编） 2001 《山东方言研究》，齐鲁书社。
周殿福、吴宗济 1963 《普通话发音图谱》，商务印书馆。
朱晓农 2004 《汉语元音的高顶出位》，《中国语文》第5期。
朱晓农 2004a 《浙江台州方言中的嘎裂声中折调》，《方言》第3期。
朱晓农 2005 《实验语音学和汉语语音研究》，《音韵研究》，商务印书馆。
Ladefoged, P. & I. Maddieson 1996 *The Sounds of the World's Languages*. Oxford: Blackwell.

（朱晓农 香港科技大学人文学部，
上海高校比较语言学 E 研究院）

汉语方言元音的类型学研究

徐云扬　李蕙心

摘要：本文是关于汉语方言元音、元音系统和鼻元音的类型学研究。我们选取了 86 个方言点作为研究对象。从包含元音的数量来看，这些方言点的元音系统可以分成 9 种类，从 3 个元音到 11 个元音不等。其中 7 元音系统最多，然后依递减次序为 6、8、9 和 5 元音系统。3、4、10 和 11 元音系统比较少出现。出现次数最多的元音音位是 /i u a y/，然后依递减次序为 /o e ɛ ɣ ɿ œ a ø ʅ ɜ ɔ ɵ iθ ɤ/。研究的结果还在最大元音分布原则以及有欠缺元音系统等相关理论框架中作了讨论。在鼻元音中 /ã/ 出现频率最高，然后依递减次序是 /ɒ̃ ẽ ɑ̃ œ̃ ɔ̃ ĩ ũ ə̃ œ̃ ɤ̃ ỹ ø̃ ɵ̃/。汉语各方言的元音系统基本上是符合元音分布原则的。而高频出现的 /y/、比较少见的 /ɿ ʅ/ 和普遍存在的 /ɿ/ 则是汉语元音系统的几个特点。

关键词：元音类型　元音系统类型　鼻元音　汉语方言

1. 引言

　　Crother（1978）和 Maddieson（1984）是两项著名的关于世界各语言元音系统普遍性和类型学的研究。Crother（1978）以斯坦福大学音系归档研究计划中整理出来的 209 种代表性语言作为研究基础；而 Maddieson（1984）则是基于加州大学洛杉矶分校音系学音段编目数据库（UPSID，= UCLA, Phonological Segment Inventory Database），这个数据库包含了 317 种语言的语音系统。这两项研究都发现 5 元音系统是世界语言最常见的元音系统，最小的元音系统是 3 元音系统。两者不同的地方在于最大元音系统包含的元音数目：Crother（1978）认为是 12，而 Maddieson（1984）则认为是 24。

　　我们的研究是一项关于汉语方言元音、元音系统以及鼻元音的类型学研究。汉语方言的音位系统当然不会有像世界语言之间的差别那么大的差异。但是由于长时间的分离和地理因素造成的相互隔绝，汉语各方言语音系统之间的差别仍然是相当可观的（Norman, 1988）。事实上，这个亿万中国人使用的"汉语"已经被认为是一个概括的总称，其中包含了一大群互相之间无法对话的方言及土语（DeFrancis, 1984）。要是让一个上海人和一个厦门人用各自的方言来和对方交流，他们就根本无法明白彼此在说什么。

2. 研究方法

在本研究中,我们根据地域及历史来源综合平衡原则,一共选择了86个方言点作为代表。我们在官话(北方话)(MC)、闽语(M)、吴语(W)、客家(K)、粤语(Y)、赣语(G)和湘语(X)这7个汉语大方言区中分别各选择10个地理距离比较远的方言点;在晋语(J)、徽语(H)、平话(P)和土话(T)这几个小方言区中,则分别各选了3到5个方言点作为代表。《中国语言地图集》(Wurm, et al., 1987)对中国境内汉语方言的分布和分区的描述是本研究方言点选择的依据。这86个方言点在各方言区内的分布列在表1中。

表1 86个方言点在各方言区中的分布

MC	M	W	K	Y	X	G	J	H	P	T
10	10	10	10	10	10	10	5	5	3	3

代表官话的10个方言点是在官话区的7个次方言区中选出的。其中北京官话、西北官话、江淮官话和胶辽官话这4个次方言各选了1个方言点;而东北官话、西南官话和中原官话则分别选了2个方言点。

主要资料来源是中国社科院主办的《方言》杂志,同时还参考了其他方言调查报告和论著。由于这些资料大多用的是音素标音而非音位标音,我们对这86个方言的语音系统分别作了统一的音位分析。因为我们研究的所有元音和鼻元音都出现在CV或者CṼ结构的单音节词中,音位分析比较简单。在汉语中,有所谓"舌尖元音"。

这些元音其实就是以舌尖放置到齿龈或者齿龈后部位下面而发出成音节的通音。从音系学角度来看,它们的功能相当于CV音节的元音核心。在汉语方言中共有4个舌尖元音(这里将用4个非国际音标符号[ɿ ʅ ʮ ʯ]来代表它们),分别是舌尖前不圆唇元音[ɿ]、舌尖后不圆唇元音[ʅ]、舌尖前圆唇元音[ʮ]、舌尖后圆唇元音[ʯ]。舌尖元音可以是一个音位或者是一个音位变体。比如说在梅县客家话中,/i/和/ɿ/都是音位,因为它们都可以出现在/s tsʰ tsʰ/开头的CV音节里。在北京话里舌尖元音[ɿ ʅ]则都可以被分析为/i/的音位变体,其中/i/不出现在/s ts tsʰ ʂ tʂ tʂʰ/辅音后面,而/ɿ/只出现在/s ts tsʰ/后面,/ʅ/只出现在/ʂ tʂ tʂʰ/后面。

3. 结果与讨论

如表2所示,根据元音的数目,86个方言的音位元音系统可以分成9种种类。最少的一种类只有3个元音,最多的一种类有11个元音。7元音系统出现次数最多,共有22个,占总数的25.6%。其他也比较常见的系统依递减次序为6、8、9和5元音系统,它们的数量分别为17、16、12和9,合起来占总数的62.8%。不常见的元音系统为3、4、10和11元音系统,合起来占总数的11.6%。3元音系统是最罕见的,只有一个方言是这样的元音系统。因此,少于5个或者多于9个元音的系统是汉语中较少出现。

表2 九个音位元音系统及各自对应的数量

元音系统	3	4	5	6	7	8	9	10	11
方言点数量	1	2	9	17	22	16	12	3	4
百分比	1.2	2.3	10.5	19.8	25.6	18.6	14.0	3.5	4.7

表3 86个方言点元音系统的类型

(括号内是方言点的数量和其所属的大方言区)

元音系统	(C)V音节中的元音音位
3元音 (1类型; 1个方言点)	/iaɿ/ (1; K)
4元音 (1类型; 2个方言点)	/iaua/ (2; Y, K)
5元音 (6类型; 9个方言点)	/ieau/ (4; K, M, M, MC) /ieaɿ/ (1; Y) /ieau/ (1; Y) /ieauε/ (1; Y)	/iuaɿ/ (1; Y) /iauɤ/ (1; K) /iauyə/ (1; J)
6元音 (12类型; 17个方言点)	/ieaou/ (3; X, M, G) /ieauɤ/ (1; K) /ieauɔ/ (1; M) /ieauε/ (1; M) /ieauɯ/ (1; G) /ieaɿʅ/ (2; G, K)	/yuεaɿ/ (1; K) /iauœ/ (1; G) /iaouæ/ (1; G) /iauɤ/ (2; T, K) /iauœ/ (1; K) /iauyə/ (2; MC, J)
7元音 (20类型; 22个方言点)	/ieouyə/ (1; X) /ieouyə/ (1; X) /ieouyə/ (2; W, M) /ieouyɤ/ (1; X) /ieouyœ/ (1; X) /ieouyθ/ (1; G) /ieauæ/ (1; P) /ieauyœ/ (1; J) /ieauyθ/ (1; P) /ieauɤæ/ (1; M)	/ieaouθ/ (1; G) /ieaouə/ (1; W) /ieaouɿ/ (1; X) /ieaouy/ (1; W) /ieaouɿ/ (1; MC) /ieauœ/ (2; Y, Y) /muaui/ (1; MC) /iaouyɛ/ (1; G) /iaouyyə/ (1; MC)
8元音 (16类; 16个方言点)	/ieouyɵə/ (1; M) /ieaouwə/ (1; M) /ieaouwə/ (1; X) /ieouɛə/ (1; X) /ieaouyə/ (1; X) /ieaouœ/ (1; Y) /ieaouyɤ/ (1; T) /ieaouyœ/ (1; Y)	/ieaouæɤ/ (1; T) /ieauyəɿ/ (1; G) /ieauyɤ/ (1; G) /muɯaɿ/ (1; MC) /ieɤyuai/ (1; W) /iauɿʅ/ (1; K) /iaouyɤ/ (1; MC) /eeauai/ (1; M)
9元音 (12类型; 12个方言点)	/ieaouɛœ/ (1; M) /ieaouɛɵ/ (1; W) /ieaouyɤ/ (1; H) /ieaouæœ/ (1; P) /iæauyɛœ/ (1; MC)	/iaɤyuouɿ/ (1; M) /iaɤyuɔə/ (1; G) /iaɤyuæɤ/ (1; H) /iaɤyuɔɤ/ (1; H)
10元音 (3类型; 3个方言点)	/ieaouyəɛɤ/ (1; W) /ieaouɛɔɤ/ (1; M) /ieaouɵɤɛɤ/ (1; W)	

元音系统	(C)V音节中的元音音位
11元音 (4类型; 4个方言点)	/ieaouyɤɛɤɤ/ (1; W) /ieaouyɤɛɤɤ/ (1; H) /ieaouyɤæɤɤ/ (1; W) /ieaouyɵɤɛɤ/ (1; H)

如表格3所示,86个方言点的元音系统包含元音数目从3个元音到11个元音不等,共有9种类及75类型。3元音系统只有一个方言,即永定客家话,所以只有一类型 /iaɿ/。这个元音系统一般被认为是一种"欠缺元音系统",因为其中少了一个重要的定点元音/u/,没有把元音空间拓展到最大,从而违反了最大元音分布原则(Disner,1984)。/iaɿ/这样的元音系统不光汉语中很罕见,在Crother(1978)里记载的世界各语言中也没有发现相同的元音系统,而且这也不符合 Liljencrants、Lindblom(1972)和 Lindblom(1986)的预测。永定客家话中的/ɿ/相信来源于历史上的/u/。从一个完美平衡的元音系统/iau/变化成一个有欠缺的系统/iaɿ/,以至于主要外围元音的数目从三减少到二,违背了最大元音分布原则(Disner,1984)。不过/iaɿ/这样的元音系统倒是支持这样的观测结果,那就是一个欠缺元音系统所缺少的元音"往往是/e/、/o/ 或者/u/,而从不会是/i/"(Crother 1978:108),并且"……比起/i/或者/a/ 来说,元音/u/ 更容易缺位"(Maddieson,1984:134)。

在全部86个方言点中,除了一个例外,其他都包含了/iau/、/iɑu/ 或者/iɒu/。这一点和过去研究得到的元音系统普遍特点是一致的。这个普遍特点是"所有语言都有/iau/"(Crother,1978:115)或"/ia u/分布最广泛"(Maddieson, 1984:125)。

四元音系统的两个方言点台山粤语和连江客家话只有一种元音系统类型 /i a u ɔ/。这样的元音系统同样被认为是有欠缺的,因为元音空间外围的一个主要区域,即前中元音区,出现左空缺。Lindblom (1986) 和 Liljencrants 及 Lindblom (1972) 都没有预测有这样的元音系统。不过它倒是和 Lindblom (1986) 发现的 /i u a o/ 以及 Crother(1978) 发现的 /i a ɯ o/ 这样两个系统很相似。Disner (1984) 也报告过一个空缺前中元音的四元音系统,那就是四元音的 Bardi 语,其中唯一的中元音是 /o/。

在四以及四以上的元音系统中共有 15 个方言点包含了 /i a u ɔ/、/i a u o/、/i a u ɔ/ 或者 /i a u o/,而没有 /e/ 或者 /ɛ/;只有一个方言点的元音系统包含了 /i a u ɛ/,而没有 /o/ 或者 /ɔ/。所以在汉语方言中,如果元音系统中缺少一个主要外围中元音,那么往往缺少的就是前中不圆唇元音 /e/ 或者 /ɛ/,而非后中圆唇元音 /o/ 或者 /ɔ/。

九个方言点的五元音系统共有六个类型。其中四个类型,也就是 /i e a o u/、/i e a ɔ i/、/u ɔ a i/ 和 /i ɛ a ɔ u/,都是三角形元音系统中的主要外围元音。这样的三角形模式在元音最大分布理论看来就是元音空间外围的五个主要区域都填充了一个元音。另外两类型元音系统 /i a u y ɿ/ 和 /i a u y ə/ 尽管也有主要外围中元音的空缺,但不被认为是欠缺的元音系统,这是因为只要系统中所有外围元音的元音高度都不与空缺的高度相近,即使有一个空缺的高或者中元音区也不算是一个空格(Disner, 1984:142)。

对表 3 中五或者五以上元音系统的检查还发现,86 个方言点中有 64 个方言点(74.4%)的元音系统符合外围元音最大分布模式中的有四种类型,那就是 /i e a o u/、/i e a ɔ i/、/u o a ɔ i/ 和 /i ɛ a ɔ u/。这些元音可以被看做是五或者五以上元音系统中的基础元音。只要在这些基础元音中再加入一个或者更多的主要外围中元音 /e ɛ o ɔ/ 就可以构建出大于 5 个元音的元音系统。通过加入一个舌尖元音 /ɿ/ 或 /ʅ/,或再加入一个或者更多的次要外围元音 /y ø œ ɯ ɤ/ 和内层元音 /ə ɨ θ e/,元音系统就可以进一步扩展。

尽管前高圆唇 /y/ 不是主要外围元音,但是仍然有很高的出现频率。如表 3 所示,86 个方言点中 66 个(76.7%)方言点的元音系统都有 /y/,这些系统的元音数都超过四。/y/ 在不同大小的元音系统中的分布情况如下:五元音系统九个类型中的两个(22.2%),六元音系统 17 个类型中的 11 个(64.7%),7 元音系统 22 个类型中的 19 个(86.4%),8、9、10、11 元音系统 35 个类型中的 34 个(97.1%)都有 /y/ 的出现。/y/ 在方言中的出现频率是随着元音系统变大而增加。

表 4 展示了不同大小的元音系统在各个方言区内的分布。客家话的元音系统平均只有 5.5 个元音,相比其他方言其元音数目是最少的。而徽语则是最多的,有 9.8 个元音。元音平均数目处在它们两者之间的方言按递升次序排分别是粤语(6.3)、赣语(6.8)、晋语(7.0)、闽语(7.1)、土话(7.3)、官话(7.3)、湘语(7.4)、平话(7.7)和吴语

(8.9)。相比而言,粤语的元音系统比较小而吴语的比较大。

表4　不同大小的元音系统在各方言区的分布
（括号里的是平均数）

方言区	元音系统的大小和频率
客家	3, 4, 5, 5, 6, 6, 6, 6, 6, 8 (5.5)
粤语	4, 5, 5, 5, 6, 7, 7, 8, 8, 8 (6.3)
赣语	6, 6, 6, 6, 6, 7, 7, 7, 8, 9 (6.8)
晋语	5, 6, 7, 8, 9 (7.0)
闽语	5, 5, 6, 6, 7, 7, 8, 8, 9, 10 (7.1)
土话	6, 8, 8 (7.3)
官话	5, 6, 7, 7, 7, 7, 8, 8, 9, 9 (7.3)
湘语	6, 7, 7, 7, 7, 8, 8, 8, 9 (7.4)
平话	7, 7, 9 (7.7)
吴语	7, 7, 7, 8, 9, 9, 10, 10, 11, 11 (8.9)
徽语	9, 9, 9, 11, 11 (9.8)

表5　在86个方言点的元音系统中22个元音音位的出现频率

元音	/i/	/u/	/a/	/y/	/o/	/e/	/ɔ/
出现频率	86	85	76	66	57	41	41
百分比	100	98.8	88.4	76.7	66.3	47.7	47.7

元音	/ɛ/	/ɿ/	/ɤ/	/ɚ/	/œ/	/ɑ/	/ø/
出现频率	38	23	18	15	13	11	11
百分比	44.2	26.7	20.9	17.4	15.1	12.8	12.8

元音	/æ/	/ə/	/ɯ/	/ɒ/	/ʮ/	/θ/	/ɨ/	/ʏ/
出现频率	10	10	9	4	3	3	1	1
百分比	11.6	11.6	10.5	4.7	3.5	3.5	1.2	1.2

表5显示了在86个方言点元音系统中22个元音音位的出现频率。出现频率最高的元音音位是定位元音/i/（100%）、/u/（98.8%）和/a/（88.4%）；/y/（76.7%）的出现频率同样很高。然后依递减次序是/o/（66.3%）、/e/（47.7%）、/ɔ/（47.7%）、/ɛ/（44.2%）、/ɿ/（26.7%）、/ɤ/（20.9%）、/ɚ/（17.4%）、/œ/（15.1%）、/ø/（12.8%）、/ɑ/（12.8%）、/æ/（11.6%）、/ə/（11.6%）、/ɯ/（10.5%）、/ɒ/（4.7%）、/ʮ/（3.5%）、/θ/

(3.5%)、/ɨ/（1.2%）和 /ʏ/（1.2%）。所以常见的元音包括 /i a u y/ 和那些出现在中元音区域的 /o e ɔ ɛ/。剩余的元音相对少见（/ɿ ɤ ɚ œ ø ɯ/）或者比较罕见（/ɒ ʮ θ ɨ ʏ/）。

表6　鼻元音音位和(口)元音系统(括号内是方言区)

	(口)元音系统(大小:5-11)	鼻元音音位
5	/i e a o u/ (M)	/ĩ ẽ ã õ ũ/
6	/i e a o u a i/ (M)	/ĩ ã õ/
	/i e a ɛ y u ɔ æ/ (K)	/ɛ̃ ã õ/
	/i a u y ɤ ɚ/ (J)	/æ̃ õ/
	/i e a ɛ u ɔ y/ (X)	/ã/
7	/i e a o u æ ə/ (P)	/ẽ ã õ ũ/
	/i e a ɛ u ɔ y/ (W)	/ẽ æ̃ ã/
	/i e a u y ɤ/ (X)	/ẽ ã/
	/i e a ɛ u ɔ ɤ/ (M)	/ẽ ã õ/
	/i e a o u y ɯ/ (MC)	/ã õ/
	/i e a o u y ɑ/ (W)	/ã õ/
	/i e a o u y ɛ/ (J)	/ã ɤ̃/
	/i e a o u y ə/ (X)	/ẽ/
	/i e a ɛ ɑ u y ø/ (W)	/õ/
	/i e a u y ɔ/ (MC)	/æ̃/
8	/i ɛ a o u y œ ɿ/ (T)	/ĩ ẽ ã õ/
	/i ɛ a u ʮ œ ɛ i/ (G)	/ẽ ã õ/
	/i ɛ a o u y ɤ ɯ/ (MC)	/ẽ ã õ/
	/i ɛ a o u y ɤ ɚ/ (X)	/ã/
	/i ɛ a u y ɤ ɯ ɿ/ (K)	/ã/
9	/i e a o u y œ ø/ (P)	/ĩ ẽ ã õ ũ ø̃/
	/i a o u y ɤ c θ ɿ/ (H)	/ẽ ã õ/
	/i e a u y a ɿ/ (H)	/ã õ/
	/i e a o u y ɛ ɿ/ (MC)	/ẽ ã/
	/i a o u y ɤ œ ɿ/ (X)	/ã ã/
	/i e a o u y œ ɿ/ (G)	/œ̃ æ̃/
	/i e a o u y ɯ ɤ/ (W)	/ã/
	/i e a o u y ɛ ɿ/ (H)	/ə̃/
10	/i e a o u y ø ɛ y c/ (W)	/ã ũ õ/
	/i e a o u y ø ɛ ɔ ɿ/ (W)	
11	/i e a o u y ø y c ɿ/ (H)	/ĩ ã õ ỹ ɤ̃/
	/i e ɒ o u y ɯ œ æ ə/ (W)	/ã õ æ̃/
	/i e a u y ɯ œ ɤ ɿ/ (W)	/ã õ/

本文报告的元音情况和对包含世界317种语言的UPSID的研究结果（Maddieson, 1984）很相似,如/i/（91.5%）、/a/（88.3%）、/u/

(83.9%)、/"o"/（43.8%）、/"e"/（37.3%）、/ɛ/（37.2%）、/o/（34.4%）、/e/（31.5%）、/ɔ/（31.2%）（其中/"o"/ 和 /"e"/ 表示中元音,/o/ 和/e/ 则表示半高元音）。

表 6 列出了在各（口）元音系统类型中的鼻元音音位。我们可以得到如下一系列的观察结果：(i) 86 方言点中有 33 个 (38.4%) 存在口元音和鼻元音的对立；(ii) 在各方言中,鼻元音的数目从 1 到 7 都有；(iii) 三元音或者四元音系统中没有鼻元音音位；(iv) 所有元音系统中的鼻元音音位都少于口元音音位；(v) 鼻元音音位的出现频率小于对应的口元音音位；(vi) 除了 /ə̃/ 以外所有鼻元音都是外围元音,而且也没有舌尖鼻元音；(vii) 和口元音不同的是鼻元音没有明显的模式出现。这说明鼻元音系统或者是不存在结构或者是以一种完全不同于口元音的原则组织起来的。

表 7 显示了在 33 个方言点中的 15 个鼻元音音位出现频率,这些方言点占全部 86 个方言点的 38.4%。最常见的鼻元音是 /ã/。然后依递减次序是 /ɔ̃ ẽ ɑ̃ æ̃ õ ɛ̃ ĩ ũ ə̃/。/œ̃ ɤ̃ ỹ ø̃ ɒ̃/ 出现的频率很低,都在四以下。所以,最常见的鼻元音是非高元音。比较表 5 和表 7 可以发现鼻元音的出现频率与对应口元音的出现频率没什么关系。

表 7 有鼻元音音位的 33 个方言点中 15 个鼻元音音位的出现频率

鼻元音	/ã/	/ɔ̃/	/ẽ/	/ɑ̃/	/æ̃/	/õ/	/ɛ̃/	/ĩ/
出现频率	22	11	8	8	7	7	6	5
百分比	66.7	33.3	24.2	24.2	21.2	21.2	18.2	15.2

鼻元音	/ũ/	/ə̃/	/œ̃/	/ɤ̃/	/ỹ/	/ø̃/	/ɒ̃/
出现频率	4	4	2	2	1	1	1
百分比	12.1	12.1	6.1	6.1	3.0	3.0	3.0

4. 结论

这项类型学研究结果表明,汉语方言的元音系统基本上是符合元音分布的原则的。/y/ 的出现频率比 /ɛ ɔ ɒ/ 高,/ĩ ũ/ 比 /ẽ ɛ̃ õ ɔ̃/ 出现的要少,以及普遍存在 /ɿ/,是汉语元音系统的一些特征。

参考文献

Crothers, J. 1978 Typology and universals of vowel systems. In: Greenberg, J.H.（ed.）, *Universals of Human Language II: Phonology*. Stanford: Stanford University Press, 93 – 152.

DeFrancis, J. 1984 *The Chinese Language*. Hawaii: University of Hawaii Press.

Disner, S. F. 1984 Insights on vowel spacing. In: Maddieson, I. (1984), 136 – 155.

Liljencrants, J., Lindblom, B. 1972 Numerical stimulation of vowel quality systems: the role of perceptual contrast. *Language*, 48. 839 – 962.

Lindblom, B. 1986 Phonetic universals in vowel systems. In: Ohala, J. J. and J. J. Jaeger (eds.), *Experimental Phonology*. New York: Academic Press, 13 – 44.

Maddieson, I. 1984 *Patterns of Sounds*. Cambridge: Cambridge University Press.

Norman, J. 1988 *Chinese*. Cambridge: Cambridge University Press.

Pullum, G. K., Ladusaw, W. A. 1996 *Phonetic Symbol Guide*（2nd ed.）. Chicago: Chicago University Press.

Wurm, S. A. et al., ed. 1987 *Language Atlas of China*. Hong Kong: Longman (on behalf of the Australian Academy of Humanities, the Chinese Academy of Social Sciences, and UNESCO).

（徐云扬　李蕙心　香港城市大学　中文、翻译及语言学系语音实验室
香港九龙达之路八十三号）

辅音声学特征简议

鲍 怀 翘

摘要：本文简要介绍了当前辅音分析中多个声学特征，如无声间隙（Silence，Gap）、嗓音起始时间（VOT）、辅音共振峰或强频集中区（Concentrated Frequency Area，CFA）、塞音共振峰、过渡音征（Transition）、音轨（Locus）和音轨方程（Locus Equation）、擦音谱能量的重心（Center of Gravity）和分散（Dispersion）程度的定义及其功能，提出了在研制"中国少数民族语言语音声学参数数据库"中怎样根据"少而精"的原则选择某些声学特征来描述辅音发音部位和发音方法。

关键词：辅音 声学特征 数据库

在当今的辅音声学分析中以及我们已完成的蒙古语、哈萨克语、藏语语音声学参数数据库研究中，采用了很多声学特征来表征辅音的性质（陈嘉猷，鲍怀翘，郑玉玲，2001），如无声间隙（Silence，Gap）、嗓音起始时间（VOT）、辅音共振峰或强频集中区（Concentrated Frequency Area，CFA）、塞音共振峰、过渡音征（Transition）、音轨（Locus）和音轨方程（Locus Equation）、擦音谱能量的重心（Center of Gravity）和分散（Dispersion）程度。这些特征在表征和区别不同发音部位、发音方法的辅音中都起到了很好的作用。

最近我们在承担"中国少数民族语言语音声学参数数据库"特定任务中[①]，考虑怎样在一个数据库表格中（如 EXCEL），选择哪些基本的、尽可能少的特征去有效地表征和区分民族语言中所有的辅音。为此，本文首先将对辅音各声学特征进行评述，并对测量点的选择发表看法，因为这直接关系到数据的代表性和准确性；然后再确定进入数据库的声学特征。

1. 辅音声学特征

Gap 是所有塞音、塞擦音特有的特征，它是塞音成阻、持阻时段在声学层面上的表现，一般占 60－100ms，处于词首的无声段会相对长一些。在感知上，这一无声时段对塞音、塞擦音极为重要；但在连续语流中，也可观察到极短的 Gap，约 10－20ms。通过 EPG 的研究我们发现，出现极短时段 Gap 是因为塞音或塞擦音存在不完全阻塞状态，从而产生了漏气，口腔中建立不起来足够的气压，因而在语图上看不到明显的冲直条。我们对这种发音

[①] 教育部语信司语音信息资助项目：民族语言语音声学特征数据库（MZ115－037）。

称之为"塞音不塞",见图1。

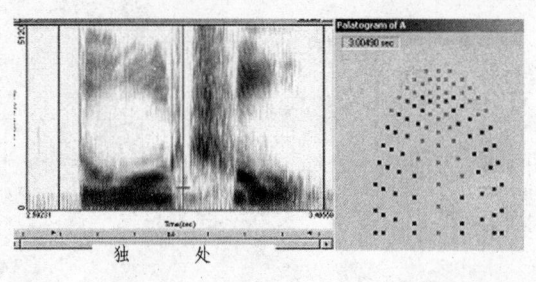

图 1 "处"之前 Gap 很短,右图腭位显示中缝没有完全闭塞

嗓音起始时间(Voice-Onset Time, VOT)。Lisker 和 Abramson(1964)首先提出了这个概念。他们的定义是塞音闭塞的释放到后继元音嗓音开始振动之间的时间间距(Lisker,Abramson,1964)。利用这一特征,他们区分了英语中浊塞音、不送气清塞音和送气清塞音三类。简言之,VOT 的定义应该是"嗓音起始相对塞音破裂的时间",是区分塞音/塞擦音、不送气/送气、清/浊等发音方法的有效手段,如浊辅音,则必是负的 VOT,若是清辅音,VOT 是正的。由此,辅音的时长 CD 应该是 Gap + VOT。下表是普通话 CD、Gap 和 VOT 数据(陈嘉猷,鲍怀翘,2003)。由表中的 VOT 数据可以依次区分出:清塞音(最短)、清塞擦音(次短)、清塞送气音(次长)、清塞擦送气音(最长)。当然这仅仅是一种均值,个体之间都会出现差异并存在相互交叠现象。

普通话塞音、塞擦音的 Gap、VOT 和 CD 数据   引自陈嘉猷、鲍怀翘(2003)

特征	d	g	t	k	z	zh	j	c	ch	q
Gap	105	108	74	96	72	81	76	68	59	64
VOT	11	27	113	118	67	54	63	135	149	147
CD	115	135	1877	214	139	135	139	203	204	211

各语言和方言中都有塞音、塞擦音及清/浊、不送气/送气等辅音音位,但是实际音质可能是不一样的,这些差异都可通过 VOT 表现出来。VOT 测量中的误差往往产生在测量点的选择上。语图上嗓音的低频部分(包括基频)、第一共振峰以及更高次共振峰在时间轴上有一个依次延时现象,这种现象在塞擦音中比较多见。若测量点不统一,VOT 将会出现 20—30ms 的误差。我们认为选择在低频嗓音(基频)出现时刻较妥,因为这时刻实际反映了声带开始振动(见图 2 左图箭头所示)。

CFA 是清擦音和一切摩擦噪声(塞擦音中的摩擦段和送气音)经声腔共鸣形成的共振峰。对擦音而言,测量应选择能量最大时刻,这一时刻反映了舌腭接触(RCA)最大处,因而质点速率最高,能量也最大。在塞擦音中,冲直条之后的摩擦段下限频率迅速降低,但仍维持着阻碍状态,EPG 反映舌腭接触是逐渐打开的。在语图上冲直条之后的摩擦噪声谱测量点应选择在能量较强的地方,见图 2 左图细标线,它的频率响应曲线见右图能量较强的曲线。此条响应曲线有 5 个峰,最强峰为 4078Hz,最低峰为 2273Hz;在送气音中,送气段的舌腭接触面积已较小,此时口腔中积存的气流已不足以产生摩擦,一般都是依靠喉下气流补充去产生送气段的摩擦,所以我们在语图上看到的噪声段比较平稳,下限也更低(图2左图粗标线所示区间)。此时测量点应选择在送气段的中心点,对应于右图中能量较低频率响应曲线,这条曲线也有5个峰,最低峰降到1300Hz。

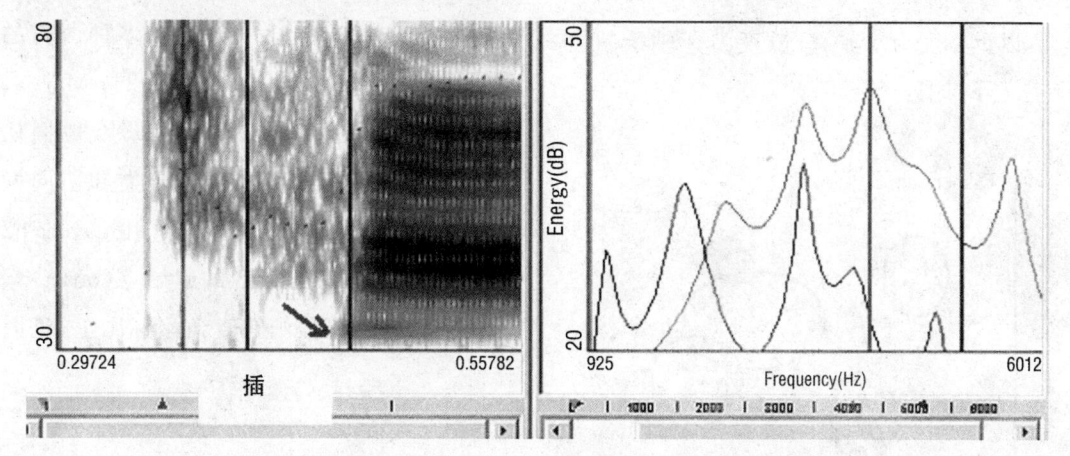

图2 左图为"插"音语图,右图为测量点的频率响应曲线(采样频率为12.5k)

时域上的测量点确定之后,另一个与CFA测量有关的就是第一强频集中区或第一共振峰(CFA1)选点问题。我们习惯于选择元音的F2逆向追踪作为CFA1,其他各峰(CFA$_i$)依次上推。根据以往经验,CF1都在1000Hz以上。需要说明的是,各噪声谱中的最强峰位置与发音部位有关,部位越靠前,共鸣腔越短,最强峰值位置就越高。

与清擦音共振峰相对应的就是浊擦音共振峰(VFi)。这类辅音发音时将声带振动作为主要声源,附带也有受阻部位产生的摩擦噪声,因此有明显的与元音类似的共振峰。测量方法与元音相同。这类辅音中还包括鼻音与边音。鼻音的第一共振峰很强,也很固定,约在300Hz上下;第二共振峰的位置决定了发音部位的差异,但这个共振峰非常弱,有时弱到我们在语图上难以找到,甚至利用语音分析软件中的"共振峰追踪"功能也难以发现,在这种情况下我们可以从前面元音第二共振峰后过渡的延长线去确定鼻辅音的第二共振峰位置。由以往的研究我们总结出:/n/在1600－1800Hz上下,/ŋ/在800－1000Hz之间,/m/在1000－1200Hz附近。鼻音的第三共振峰在2200－2600Hz左右。当鼻辅音出现在音节首位时,由于音量小,第二、三共振峰往往不出现,此时只记录第一共振峰的数值就可以了。

在噪声谱分析中Svantesson(1986)提出了"重心"(Center of Gravity)和"分散"(Dispersion)程度方法。首先在擦音谱的某一时间点上作FFT分析,然后将其转换为临界带(critical band)。将0－10 000Hz频率范围划分为24个子带,计算出每个子带的平均能量。谱重心指能量最强子带,计算重心的公式:

$$m = \sum n^* 10^{(xn/10)}/F$$ 其中m为重心子带,n为1－24个子带

分散度的计算公式为：

$s = \sqrt{(\sum(n-m)^{2*10^{(xn/10)}}/F)}$ s 为分散度，

$F = \sum 10^{(xn/10)}$

以重心度为 x 轴,分散度为 y 轴绘制擦音空间分布图：

[图：Dispersion 纵轴，Gravity 横轴的散点分布图]

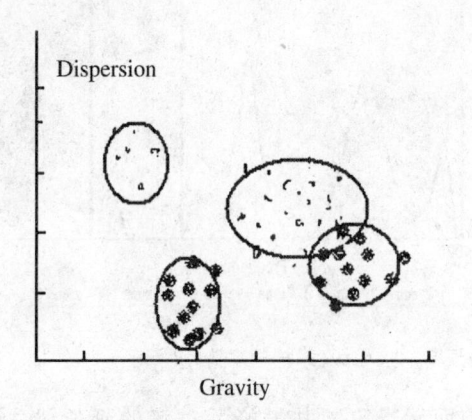

图 4 擦音谱重心－分散度分布图示例

冉启斌在他的博士论文(2005)中引入了这种方法并对普通话及几种方言的擦音进行了深入的研究并给出了具体的数据。结论是：普通话 5 个清擦音可分为两类，/s/、/ɕ/、/ʂ/谱重心高而分散度小,分布范围小;/f/、/x/谱重心低而分散度大,分布范围也大。该文表明,谱重心对应的频率比语图中实际显示的高得多,从统计上看,擦辅音两两比较时才有显著性意义。尽管如此,我认为在清擦音研究中是一种值得重视的方法。

过渡音(Transition)虽发生在元音段,但反映了前面(或后面)塞音的部位特征。一般需要两个数据来代表这一特征,即元音目标点的 F2 值和 F2 前过渡延伸到冲直条上的频率值,即过渡音起始点频率(onset frequency of Transition, T_{of})。以往的研究都指出了各部位的数值：舌尖音 1800－2000Hz,双唇音在 1000Hz 上下,舌根音位置的不确定性,因此它的音征位置也不确定。

上世纪 90 年代 Sussman, H. M. 等人提出了音轨方程的概念并给出了多种语言的数据(Sussman, et al., 1991, 1996; Marija, Tabain & Andrew Butcher, 1999),他们认为音轨方程能有效解决部位分类和协同发音等问题。所谓音轨方程是利用元音的 F2 目标值(target)和过渡音的起始点(onset)频率值作为两维数据画在直角坐标图上,见图 5。

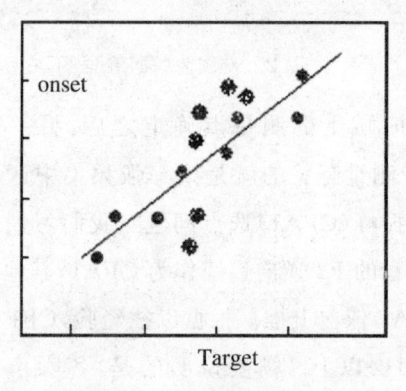

[图：onset 纵轴，Target 横轴的散点回归图]

图 5 音轨方程示意

图 5 上,Target 是指不同元音的第二共振峰目标值,onset 是指 F2 过渡起始点数值。根据两维数值得到回归方程：$y = kx + b$,k 是斜率,b 是截距,代表这条直线垂直方向的上下距离;x 是自变量,代表元音的目标值;y 应变量,代表计算得到的起始点频率值。

"音轨方程"在研究发音部位及在上下文中的变体是有用的。但在声学参数数据库中有元音目标点的 F2 值和 F2 前过渡(T2)起点频率值就够了。对起点频率的测量,我们主张 T2 延伸到冲直条上的交叉点为测量点。

哈斯其木格(2006)，利用声学数据和动态腭位数据(EPG)计算出 F1、F2 和 F3 的音轨方程，并与相应位置上的 EPG 接触面积变化方程进行了比较研究，证明了 F2 音轨方程与 EPG 方程存在着较高的正相关及其在表征发音部位方面的有效性。

塞音谱分析问题。塞音由于时程很短，过往一般不着重其本身谱特性的研究。随着数字技术的发展，这个"瓶颈"也得到了突破。阳晶、陈肖霞(2005)对此进行了研究，他们的结论是：ba、da 两个音的差别体现在峰点的能量上，而不是频率值上。笔者认为，塞音真实的长度，除舌根塞音外，一般不超过 7-8ms，又加上大部分塞音很弱，在语流中冲直条往往缺失，因此分析的难度仍然是很大的。其实，塞音谱分析可以选择在过渡音的起始点上，这既符合"音征互载"的理论，又满足了语音信号数字处理的必要条件。

综上所述，Gap、VOT 等特征作用于区分不同的发音方法；而塞音谱分析、重心和分散度、CFA、VF、过渡音和音轨方程等特征作用于发音部位的研究。

2. 声学特征数据库中应采用哪些特征

原则是少而精。特征的数量要少的理由是显而易见的，只有尽可能的少，才能突出重点；所谓精，是指这些特征具有充分的区别性和有效性，而且又是测量上的原始数据。据此我们提出下列特征进入数据库：

Gap 塞音无声段。词首(或句首)位置的塞音量不到 Gap，变通办法是用同部位的 Gap 均值来充垫。

VOT 嗓音起始时间。

CD 辅音时长。在一般情况下 CD = Gap + VOT，但在浊塞擦音中，CD 应是 -VOT 与 +VOT 之和。

CA 辅音强度(dB)。

T_{of} 过渡段起始点频率。在 EXCEL 表上可归入到元音特征类。

CFA_i 清擦音强频区，或称为清擦音共振峰。一般需测量 4-5 个强频区位置。

VF_i 浊擦音共振峰。鼻音归入此类。

3. 几类辅音的测量方法

闪音(flap)：典型的闪音有成阻和除阻的过程，而成阻、除阻是在前、后元音中完成的，除阻不表现为冲直条，在前后元音之间可测量到较短、较弱的 F1 和 F2。在前、后元音的特征部分要测量四个过渡音终点和起始点频率，以表明元音受/r/影响的程度。闪音在语流中有很多变体，如颤音(每次颤动之后有弱短元音充垫)、浊擦音、清擦音等，需按实际音质特征填入到数据库中(哈斯其木格,2006)。

塞音尾：有两类塞音尾，一类是不破裂的，就是说它本身没有时段，此时只需要测量前元音的后过渡；另一类是破裂的，不仅要测量前元音的后过渡，而且也要测量本身的 Gap。若是送气塞音尾，还要测量送气段的 CFA_i。

复辅音：无论是音节内的复辅音还是音

节间的复辅音,都要单独测量每一个辅音的声学特征数据。遇到同部位的塞音(见图3),如双塞音/tt/的 Gap 较长,可将这一时段一分为二,分别记入各自的 Gap。当两个同部位的鼻音连接在一起时,如普通话"南宁"/—n♯n—/,在语图上无法区分时,可以硬性地一分为二,分别记入各自的长度(CD)。但有的语言中同部位的双塞音作为一个音位看待(如鄂温克语),此时测量到的 Gap 数据也不必一分为二了。

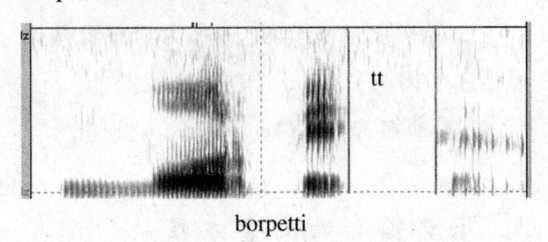

图3 哈萨克语一地名语图

浊塞音和浊塞擦音的特征描述问题。对浊塞音来说,首先是在 VOT 项下填入嗓音横杠(voice bar)的长度,如 -80ms;其次在 VF1 字段内填入频率值,如 250Hz,代表它的嗓音横杠的频率值,见图3中的第一个音素[b]。比较麻烦的是浊塞擦音,如附录中的[dZ],因为,它既有 -VOT,也有 +VOT。解决办法首先是填入 -VOT,其次是不直接显示出 +VOT 数值,而是在 CD 中暗含 +VOT数值,也就是 CD = -VOT + VOT。附录中[dZ]的 CD = 168ms,其中包括了 -VOT(128ms)和隐含的 +VOT(40ms)。

上面提出的辅音声学特征及其测量方法,是我们总结以往对少数民族语言研究的基础上提出来的,可能代表不了我国所有民族语言的辅音特征。好在声学特征数据库是开放性的,可以不断补充完善。另一问题是音变,如鼻音韵中鼻辅音的脱落使元音鼻化,也有原来的鼻化元音变为鼻尾韵(藏语)。其他类的增音现象也会经常出现,如闪音后增加一弱短元音(蒙语)等等,这些都要统一考虑,在表中增加字段来加以描述或说明。

附录:《语音声学参数数据库》节录

音节*			SD	音素			Gap	VOT	CD	CA	CF1	CF2	CF3	VF1
dZaj	5	1	648	dZ	1	1	0	-128	168	21	240	3280	4480	240
dZaj	5	1	648	a	2	2	0	0	0	0	0	0	0	0
dZaj	5	1	648	j	3	3	0	0	304	33	0	0	0	400
dZa	2	1	224	dZ	1	1	0	56	56	21	0	3600	4160	0
dZa	2	1	224	a	2	2	0	0	0	0	0	0	0	0
j&n	5	9	504	j	1	3	0	0	136	28	0	0	0	320
j&n	5	9	504	&	2	4	0	0	0	0	0	0	0	0
j&n	5	9	504	n	3	5	0	0	240	21	0	0	0	320
dZa	2	1	216	dZ	1	1		-56	56	13				320
dZa	2	1	216	a	2	2								
ja	2	9	424	j	1	3			184	26				320

* 音节用 SAMPA 码标注

参考文献

陈嘉猷 鲍怀翘 郑玉玲 2001 《三个少数民族语音声学参数数据库（光盘版）介绍》，《第五届全国现代语音学学术会议论文集》，清华大学出版社。

陈嘉猷 鲍怀翘 2003 《基于 EPG 的普通话塞音、塞擦音发音过程的研究》，《第六届现代语音学学术会议论文集》。

哈斯其木格 郑玉玲 2006 《普通话元音过渡与辅音腭位关系解析》，《第7届全国语音学暨国际语音学前沿问题论坛论文集》。

哈斯其木格 2006 《基于 EPG 蒙古语/r/研究》，《南京师范大学文学院学报》第3期。

阳晶 陈肖霞 2005 《普通话塞音爆破段谱的特性分析》，《第八届全国人机语音通信会议论文集》。

Lisker, L, Abramson. A. 1964 A Cross-Language Study of Voicing in initial stops: Acoustical measurement. *Word*, 20, 384–422.

Marija Tabain & Andrew Butcher 1999 Stop consonants in Yanyuwa and Yindjibarndi: Locus equation data, Journal of Phonetics, 27, 333–357.

Sussman, H.M., et al. 1991 An investigation of locus equations as asource of relational categorization. *JASA*, 90, 1309–1325.

Sussman, H.M, Shore, J. 1996 Locus equations as phonetic descriptors of consonantal place of articulation. *Perception and Psychophysics*, 58, 936–946.

Svantesson, Jan-Olof 1986 Acoustic analysis of Chinese fricatives and affricates. *Journal of Chinese Linguistics*, 14, 53–70.

Tabain, M., Butcher, A. 1999 Stop consonants inYanyuwa and Yindjibarndi: Locus equation data. *Journal of Phonetics*, 27, 333–357.

（鲍怀翘 中国社会科学院民族学与人类学研究所 100081）

发音增强与减缩
——语言学动因及语音学机理

曹剑芬

摘要：发音的增强与减缩，是自然言语中的普遍现象。相关研究表明，发音的增强与减缩总是出现在一定的韵律位置上和一定的韵律条件下，已经成为韵律结构的另一个重要标志。韵律性的发音增强与减缩不但体现了自然话语的结构信息，而且从另一个侧面揭示了言语产生的计划机制。本文在概述发音增强与减缩的一般原理的基础上，简要介绍国内外研究概况，并结合对普通话自然话语语料的声谱分析和动态腭位分析结果，论述发音增强与减缩的语言学动因和语音学机理。

关键词：发音增强 发音减缩 语言学动因 语音学机理 聚合关系 组合关系

1. 发音增强与减缩概说

1.1 发音增强与减缩和语音的变化

说话是为了达到某种交际目的，为此，话者在说话的时候，总是不断地对其发音力度作种种适应性的调节，因而导致语音的种种变化。Lindblom（1990）在 H&H 理论中，把语音的环境变化解释成言语产生连续适应言语交际的多变要求的结果。话者根据听者的信息要求而调整发音的口齿清楚程度，因而产生发音的过度（Hyper-articulation）和不足（hypo-articulation）现象。实际上这种现象就是发音力度的增强（strengthening）和减缩（reduction），它们是言语交际中普遍存在的适应性发音调节变化。

1.2 发音增强与减缩和韵律结构

生理研究和声学分析表明，自然话语里的任何一个音段的发音实施，都不但会涉及与相邻音段的相互影响和交叠，产生协同发音效应；而且会涉及更大时段范围内已经和将要发生的韵律事件。这就是言语产生提前计划机制的一种表现，尽管人们说话时自己并没有意识到这种机制的存在。然而，韵律结构直接影响音段发音在语流中的具体实现，这已是一个不争的事实。

发音的增强通常发生在韵律边界上或重音凸显位置上。不同层级的韵律边界上的音段或者语流中重音凸显的音段会产生程度不同的发音增强，而这种增强又会对相关音段之间的协同发音产生不同程度的抵抗作用。于是，随着韵律层级提高，边界音段的发音增强程度会愈来愈高，而边界音段之间的协同发音效应会越来越弱（Cho, Taehong 2005; Yohann Meynadier 2004）。在对汉语音段与韵律关系的初步研究中，我们也发现了同样的现象（Cao & Zheng, 2006; Zheng & Cao, 2006）。

音段的发音增强与减缩对自然语音处理具有重要意义。当前，言语合成的自然度仍然差强人意。究其原因，除了其拼接处打破了音段之间固有的连续性以外，更重要的是，缺乏适当的、跟韵律结构相关的音段发音强化或弱化的处理，使得大的、整体性的韵律结构得不到充分体现。同样，语音识别率的提高问题也跟语音增强与减缩息息相关。迄今为止的自动语音识别模型尚不能有效地利用自然语音中无处不在的种种语音变化规律，包括发音的增强、减缩和过渡音，等等。要解决这些问题，就需要提高对音段的语音实现跟话语结构的关系的理论认识，掌握相关的调节规则。

从根本上来说，我们大多数人对于这些变化的由来、生成机制以及它跟话语结构的关系等方面的理性认识还远远不够。在国外，这方面问题的探索开始较早。尤其是上世纪90年代以来，不少研究密切关注音段发音跟韵律特征的关系（例如，Fougeron C. & P. Keating, 1997; Keating 等, 1998; Yohann Meynadier, 2004; Sung-A. Kim, 2006）。最近，Hartmut R. Pfitzinger（2006）更是直接把语音音段的变异（减缩）程度作为韵律的第五个维度，指出了语音变异的程度在言语处理时的极端重要性。

2. 汉语发音增强与减缩相关研究

2.1 汉语普通话发音增强与减缩初步考察

对于汉语普通话发音增强与减缩的相关研究实际上早就开始了；但是，以往的研究往往不是仅仅着眼于语音的音段变化，就是仅仅局限于韵律特性的描写。把汉语普通话音段的语音实现跟韵律结构结合起来考察则是最近的事。这里扼要介绍一下我们（Cao & Zheng, 2006）的初步研究结果。

2.1.1 测试参量

测试参量主要包括生理时长、舌－腭接触面积以及辅音闭塞（持阻）段或元音段对整个音节的时长比。根据这些参量，并结合相关音段的声学显示，通过对它们发音饱满程度的比较，考察它们发音的增强与减缩效应。

2.1.2 初步实验结果分析

2.1.2.1 韵律位置导向的发音增强与减缩

这里主要以男女各一个话者的实验结果为例加以分析。图1是短语"说着说着（，来了一个走道儿的）"中各个音段的声学及生理显示，表1概括了相关的声学及EPG（电子腭位）测试参量。

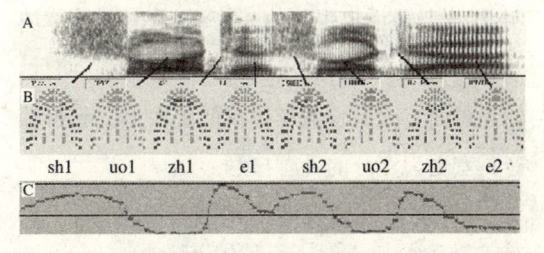

图1 短语"说着说着"中不同位置上音段发音的(A)声谱、(B)目标点（最大收紧点）舌－腭接触面积和(C)发音过程中舌－腭接触的动态变化轨迹

表 1　短语"说着说着"中不同位置音段发音参量比较

参量 \ 音段	说1		说2		着1		着2	
	sh1	uo1	sh2	uo2	zh1	e1	zh2	e2
音强(dB)	50.45	68.54	50.35	68.36	52.08	70.55	50.48	67.96
生理时长(ms)	239.38	158.50	127.98	129.70	87.50	74.10	107.78	217.00
舌－腭接触面积	37	2	41	4	48	26	40	8
持阻时长	119.68		40.4		50.5		38.7	
音节时长	278.18		170.1		124.6		255.7	
音素/音节比	0.43	0.57	0.24	0.76	0.41	0.59	0.15	0.85

(1)声母辅音发音的增强与减缩

首先,以短语起首的 sh1 和短语中间词首的 sh2 为例,比较不同层级和不同位置上声母辅音的发音饱满度。根据郑玉玲(2006),辅音 sh 的典型舌－腭接触部位应该是舌尖与齿龈后(齿龈脊),大约对应于腭位图的第四行到第五行的接触点。从这个角度看,这里的 sh1 跟 sh2 在这个关键区域的接触面积虽然大致相当,但 sh1 舌前的接触厚度比 sh2 的大。更主要的是,表 1 的相关参量表明,无论是生理时长、持阻时长或在音节中所占的时长比值,都是 sh1 显著大于 sh2 的,这充分说明 sh1 发音力度(strength)比 sh2 的更大。

其次,sh1 的生理时长和持阻时长还显著大于短语中所有其他位置辅音的相应参数值。而且,男女说话人的表现一致。这就进一步说明,汉语普通话也跟其他一些语言相仿,韵律域开头的辅音不但表现出明显的发音增强,而且,较高层面上的起首辅音比较低层面上的起首辅音具有更为充分的舌腭接触。

(2)韵母元音发音的增强与减缩

首先,以短语末尾的韵母元音 e2 为例,比较一下它跟短语中间韵母元音 e1 的发音饱满度。一般说来,元音 e 发音时,按理本来不应该有明显的舌－腭接触的。可是,从图 1 的显示可以看出,在短语中间的 e1 的目标点上,即它的稳定段,出现了相当大面积的舌－腭接触。显然,这是由于前后辅音的协同发音作用引起的目标不到位现象,是明显的元音减缩的表现。而短语末尾的 e2 则不同,在它的目标点上,只有很少的舌－腭接触,非常接近于孤立单念时的典型腭位状态。同时,e2 的生理时长不但显示出它对 e1 的绝对优势,而且还显示出它对这个短语中其他位置上所有元音的相对优势。由此可见,e2 不但比 e1 的,而且比 uo1 和 uo2 的发音力度都要大。这就揭示了另一种发音增强,那就是韵律域末尾元音的发音增强。它跟起首的辅音增强相互呼应,起到了指示边界到来的作用。

表 2　"说着说着,来了一个走道儿的"中 5 个央元音 e 的声学参量比较

话者	参量 \ 音段	着1 e1	着2 e2	了 e3	个 e4	的 e5
男声	F1	502	**707**	609	609	**678**
	F2	1631	**1452**	1857	1580	**1371**
	时长	99	**297**	57	139	**168**
女声	F1	577	**893**	797	797	**938**
	F2	1712	**1489**	2066	1854	**1597**
	时长	115	**280**	87	112	**175**

此外，通过对全句中 5 个轻声音节韵母的比较，还发现不同韵律位置上元音发音力度的系统差异。表 2 是它们的声学参量比较。e2 和 e5 分别位于韵律短语末尾和句子的末尾，e1、e3 和 e4 都位于语句中间的韵律词末尾。首先，从共振峰分布模式可以看出，e2 和 e5 的舌位比其余各个 e 的舌位明显地低而后一些，大致接近于单念时的 e 的模式；时长也比其余的明显地延长。第二，短语末尾 e2 的延长绝对地大于句末的 e5 的延长。这表明，韵律域末尾的发音增强的力度是受韵律的层级结构支配的：由于韵律短语的末尾既涉及句子内部不同韵律短语之间的分界，又涉及这些短语之间的连贯，以保证话轮的继续，所以这里的发音增强以元音的延长为主；而句子末尾除了指示韵律边界以外，还涉及新话题即将开始或话轮可以转换或话轮终止的信息。所以，句末的元音延长空间就会受到较大的限制。

2.1.2.2 重音凸显导向的发音增强与减缩

在"说着说着，来了一个走道（儿）的"这句话中，最最明显的轻重对比是重读词"走道（儿）的"跟几个轻声音节的对比。首先，表 3 的数据显示，凡是重读音节（"走"、"道"和"的"）声母的闭塞段都比轻声音节（"着1、着2、个"）的长。

表 3　辅音闭塞时长比较

话者＼闭塞时长	音段	着1 zh1	着2 zh2	个 g	走 z	道 d	的 d
男声		32	25	24	36	57	44
女声		21	25	33	45	63	42

尤其是"道（儿）"最重，图 2 显示，不但其声母闭塞段最长，而且除阻冲直条最明显，也无浊化现象。最有意思的是句末的"的"虽是个轻声音节，但由于是重读词的一部分，其声母闭塞时长就比其余轻声音节明显加长。这种微妙的差异更加显示出重音凸显导向的音段发音增强效应。

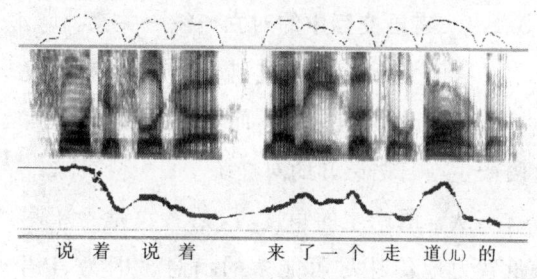

说着　说着　　来了一个　走　道（儿）的
图 2　音段、超音段特性综合显示图例

同时，根据图 2 的综合显示，重读音节除声母发音全面增强以外，还合并音高高低差异的突显、时长的加长以及韵母元音发音的显著增强。以最重的"道（儿）"为例，尽管其位置已接近语调短语末尾，显然要受到总体音高下倾的制约，但其音高的突出仍然是显而易见的。它的韵母 ao 的发音非常饱满，包括儿化音色都很典型到位：共振峰模式典型，有相当长的稳定段，时长也是全句中最长的。此外，它的音强也明显地高于语句平均水准。这种重读音段的全方位发音增强跟非重读音段发音的相对减缩之间的对比，同样可以起到指示它们的韵律地位的作用。

3. 发音增强与减缩的语言学动因和语音学机理

3.1 发音增强与减缩的语言学动因

由上可见，发音的增强与减缩，最直接

的促动因素(motivation)就是话语结构表达的客观要求,例如,传达边界信息的需要和凸显信息焦点的需要。总之,为了实施高效交际,无论从产生还是从感知的角度,言语都需要相对强化或弱化的对比,这是由言语交际中的种种对立－统一关系决定的。

3.1.1 言语交际中的对立—统一关系

言语交际过程中充满着矛盾的对立统一(unity of opposites),而归根结底,就是言语产生与言语感知的对立统一。

从言语产生的角度看,话者总是希望尽量省力地传达尽可能多的信息。因为言语产生的动力源有限,必须在有限的时段内高效地传达想要传达的信息。这涉及发音资源的合理分配,力求以尽可能少的资源(即低能耗地)发送尽可能多的信息(即有效表达),包括词汇信息、语义焦点、节奏组块分合、层次高低以及语气、情感,等等。

从言语感知的角度看,听者总是希望尽量省力地获取尽可能多的信息。因为言语感知的注意力资源有限,必须在有限的时段内高效地获取话者所传达的信息。这涉及听觉资源的合理分配,力求以尽可能少的资源(即低能耗地)接收上述种种信息(即有效接收)。

言语产生与言语感知要求的对立统一,就是锐化必要的特征区别对比跟淡化次要的特征区别对比的对立统一,结果就导致关键特征的强化和非关键特征的相对弱化。

3.1.2 发音增强与减缩的语言学动因和生理制约

发音的增强与减缩跟言语的语言学功能与发音的生物学制约之间的对立统一直接相关。

一方面,语言学的区别客观上要求发音目标到位,这种区别需要包括音段区别和超音段的韵律区别的需要。前者主要涉及词汇的区别,后者则涉及节奏(组块和分界)、重音、语调、语义焦点、新话题(/话轮保持与转换)、语气、情感等各个方面表达的需要。

另一方面,言语的所有成分都是通过发音来编码的,而发音器官实现发音目标的时间和速度都是有限的(Xu & Sun 2002)。发音的这种生物学局限决定了不可能所有语音目标都能到位。因此,韵律导向的音段发音增强与减缩现象,客观上可以从发音器官向着发音目标运动的时间是否充裕得到解释。由于任何音段都要有一个起始点和一个假定的目标,而且要在给定的时间内完成达到这个目标的任务。所以,当一个音段具有充分的时间完成它的发音任务,那么,它的发音动作一定比较从容。在这种情况下,舌腭的接触一定较为充分或者持续的时间较长。相反,一个音段如果来不及在给定时间内完成发音任务,那就必须就此打住,并立刻开始往下一个目标进发,所以它就常常因达不到预期的目标而导致减缩。

此外,郑玉玲(2005)研究中的统计分析也发现,词首声母的持阻时间比词中或词尾音节的声母的都明显地长,舌腭接触也更为充分。这跟国外对其他语言的相关研究结论是一致的。由此可见,汉语里的发音增强与减缩跟其他语言具有共通的客观根据:1)韵律辖域起首或末尾的音段,总是具有更为充裕的时间去实现它们的发音目标。所以,这里的发音增强既是话语表达和理解的需要,也是发音生理允许的。2)辖域中间的音段——除非是重音凸显者——则往往因为没有充分的发音时间而目标不到位。所以,这里的发音减缩既是话语表达和理解所允许的,也是发音生理局限的结果。

由此可见,在实际的言语过程中,既要满足语言学的区别需求,又要克服发音的局限,唯一的解决之道就是有增、有减,突出重点。这是言语表达需要与发音生理制约矛盾的对立统一的结果。

3.2 发音增强与减缩的语音学机理

发音增强与减缩的语音学机理涉及语音上怎样实施有效的区别与对比的问题。语言中的语音区别与对比不是孤立的、离散的,而是处于一定的结构关系之中,这是语言学的普遍规律。

3.2.1 语言中的结构关系

自然语言是个有机的结构体系,其中的每个音段或大小不同的结构段,无不处于这个有机的结构关系之中。语音的结构关系,不外乎聚合关系(paradigmatic)与组合关系(syntagmatic)两种(R. R. K. 哈特曼,F.C. 斯托克,1981)。聚合关系体现语言学范畴内部的区别与对比(contrast)关系,例如,一个语言的辅音系统或元音系统内部各个辅音音段(如:[t]与[k])或元音音段(如:[i]与[u])的区别性对比关系;组合关系体现语言范畴之间或结构段之间的区别与对比关系,例如,在一个语音系统内部,辅音音段(如:[ts]的阻塞性)与元音音段(如:[i]的通音性)之间的区别性对比关系。

3.2.2 发音增强与减缩的语音学本质

聚合关系的增强与减缩,就是范畴内部区别性对比关系的强化与弱化;组合关系的增强与减缩,就是不同范畴或结构段之间区别性对比关系的强化与弱化。譬如从"说着说着……"这句话的语音实现,既可以看到组合关系对比的增强,又可以看到聚合关系对比的增强。例如,无论是韵律短语起首的"sh1"相对于非韵律短语起首的其他辅音的发音增强,还是韵律短语末尾的"e2"相对于非韵律短语末尾的其他元音的发音增强,不但扩大了音位上对立的语音之间的对比,导致聚合关系的增强;而且造成相邻音段之间组合关系对比的增强。此外,这句话里重读音节相对于那些非重读音节的发音增强,也是一种组合关系对比的强化;而非重读音节的发音减缩又更加衬托出重读音节的增强,同样使得它们之间组合关系的对比变得更为凸显。因此,从某种意义上来说,发音的减缩对于言语的听觉感知来说,无疑也是十分必要的:它不仅能更为清晰地烘托出必要的对比和区别,而且可以让听者把有限的听觉资源用在刀刃上,能够更为轻松地理解话者所表达的语义。因此,发音的增强与减缩,本质上是语音范畴内部或不同范畴之间区别性对比关系的增强与减缩,是对语言结构关系的一种凸显。

4. 小结

综上所述,语音的规律性增强或减缩,出自两种对立面的统一:交际双方要求之间的矛盾统一和言语交流的需求跟发音局限之间的矛盾统一。其结果就是,通过规律性地调节音段发音实现的程度,突出话语的结构关系,最大程度地实施有效的言语交际。

音段发音和韵律结构看似相去甚远。事实上,在自然话语里,音段发音与韵律结构是一个有机的统一整体。无论是理论研究还是实际应用,都不可能把它们截然分开。所以,我们必须把音段研究与对更大辖域的超音段韵律结构的探索结合起来,才能从理论上进一步揭示言语产生及感知的机理,也才可能为言语工程和言语教学等应用方面提供可靠的知识和规则。

参考文献

曹剑芬 2005.《发音增强与韵律结构》,在2005年暑期语音讲习班上的讲演。

哈特曼等著、黄长著等译 1981 《语言与语言学词典》,上海辞书出版社。

郑玉玲 2006 《基于EPG的普通话辅音发音部位及约束研究》,第七届全国语音学学术会议暨语音学前沿问题国际论坛论文集。

Cao, Jianfen & Zheng Yuling 2006 Articulatory Strengthening and Prosodic Hierarchy, *Proc. of SP*2006, Dreston, Germany.

Cho, Taehong and McQueen, James M., 2005. Prosodic influences on consonant production in Dutch: Effect of prosodic boundaries, phrasal accent and lexical stress. *Journal of Phonetics*, 33.

Cho, Taehong and Patricia Keating. 2001 Articulatory and acoustic studies on domain-initial strengthening in Korean. *Journal of Phonetics*, 29.

Fougeron & Keating 1997 Articulatory strengthening at edges of prosodic domains, *JASA*, 101.

Hartmut R. Pfitzinger 2006 Five Dimensions of Prosody: Intensity, Intonation, Timing, Voice Quality, and Degree of Reduction. *Proc. of SP*2006, Dresten.

Keating, P. 1997 Word-initial versus word-final consonant articulation, *JASA*, 102(5).

Keating, Cho, Forgeron and Hsu. 1998 Domain-initialarticulatory strengthening in four languages, *UCLA Working Papers in Phonetics*, 96.

Lindblom, B. 1990 Explaining phonetic variation: A sketch of the H&H theory. In *Speech Production and Speech Modeling* (A. Marchal, editor). Dordrecht.: Kluwer Academic Publishers.

Meynadier, Y. 2004 Gradient linguopalatal variations due to a 4-level prosodic hierarchy in French. 9th *Conference on Laboratory Phonology*, Urbana-Champain, IL, USA.

Sung-A. Kim 2006 Preliminary results of prosodic effects on domain-initial segments in Hamkyeong Korean. *Proc. of SP*2006, Dresten.

Xu, Y. & Sun, X 2002 Maximum speed of pitch change and how it may relate to speech. Journal of the Acoustic Society of America, 111: 1399 – 1413.

Yohann Meynadier, 2004 Gradient linguopalatal variations due to a 4-level prosodic hierarchy in French. 9th *Conference on Laboratory Phonology*, Urbana-Champain, IL, USA, June 2004.

Zheng, Yuling & Cao, Jianfen 2006 Coarticulation and prosodic hierarchy. *Proc. of Tal*2006（International Symposium on Tonal Aspects of Languages）, April, 27 – 29, Laruchel, French.

（曹剑芬 中国社会科学院语言研究所 100732）

普通话元音过渡与辅音腭位关系解析*

哈斯其木格　郑玉玲

摘要：本文中,通过研究元音过渡段的声学数据和腭位数据之间的相关性,试图解析过渡段声学数据和生理动作之间的关系。研究表明声学数据和生理动作之间具有密切的相关关系。元音 T1 和腭位数据之间多数时候具有负相关关系;元音 /a,u/ 的 T2 和相应的腭位数据之间具有正相关关系,元音 /i/ 的 T2 和相应的腭位数据之间具有负相关关系;元音 T3 和腭位数据之间的相关关系不稳定,C2 为辅音 /zh,ch,sh,r,l/ 的时候 T3 与腭位数据之间具有负相关关系,当 C2 为其他辅音的时候 T3 和腭位数据之间具有正相关关系。C2 的发音部位对前后元音的过渡段起到决定性作用。V1 过渡段的趋向受到 C2 发音部位影响的同时受到 V2 的舌位影响。V2 过渡段受到 C2 发音部位和发音方法共同的影响。

关键词：普通话　声学数据　腭位数据　相关性

1. 引言

双音节单词里,相邻音素之间具有明显的过渡段,过渡段对音段的组成和认知起到关键作用。从生理角度来讲,元音前后过渡段正好对应于辅音成阻或除阻阶段。用 EPG 可以采集到元音过渡段里所包含的辅音舌腭接触数据,辅音腭位数据和时间上与其同步的元音声学数据之间具有较强的相关关系。

本文中,通过研究元音过渡段的声学数据和腭位数据之间的相关特性,试图解析过渡段声学数据和生理动作之间的关系,从而揭示音素协同发音的成因及规律。

2. 实验方法

本文主要利用 praat 和 Multi-Speech Model 3700 等语音分析软件,采集元音过渡段(Transition,以下标为 T;T1、T2、T3 依次表示元音过渡段的 F1、F2、F3)共振峰和辅音舌腭接触数据。语料是 CVCV 结构的 171 个单词,其中 V 为 /a,i,u,i1,i2,v/[①] 等元音,C 为 /b,p,m,f,d,t,n,l,g,k,h,j,q,x,z,c,s,zh,ch,sh,r/ 等辅音。语料选自"普通话语音动态腭位数据库",发音人是一名成年男子。

唇辅音和舌根辅音(软腭辅音)没有舌腭接触,或者假腭上的舌腭接触表现不完整。

---

* 本研究得到国家自然科学基金的资助,项目号：10374117

① i1 为出现在 /z,c,s/ 等辅音后面的元音[1],i2 为出现在 /zh,ch,sh,r/ 等辅音后面的元音[1]

因此主要计算了/d,t,n,l,j,q,x,z,c,s,zh, ch,sh,r/等舌前(齿、齿龈和齿龈脊部位的辅音)辅音的腭位数据。/t,q,c,ch/等送气辅音的除阻往往在送气阶段完成,后面的元音没有明显的前过渡,因此没有计算/t,q,c,ch/等送气辅音后过渡段的相关性。

在这个前提下计算了 V1 后过渡和 V2 前过渡段共振峰变化与 RCA、CA、CC 等指数变化之间的相关关系,共振峰数据和腭位数据在时间上同步。RCA 是舌腭接触面积,CA 是舌腭接触靠前性指数,CC 是硬腭部位(假腭后 5 行,8-12 行)舌腭接触趋中性指数(鲍怀翘等,2001;李俭等,2004)。RCA 代表舌腭接触面积的大小,CA 代表舌腭接触位置的前后,CC 代表舌面接近硬腭的高度。

本文中我们所用的皮尔逊全相关矩阵和皮尔逊全相关公式:

$$R = \begin{bmatrix} 1, r_{12}, \Lambda\ r_{1p} \\ r_{21}, 1, \Lambda\ r_{2p} \\ M\quad M \\ r_{p1}, r_{p2}, \Lambda 1 \end{bmatrix} \quad r = \frac{\Sigma(x-\bar{x})(y-\bar{y})}{\sqrt{\Sigma(x-\bar{x})^2}\sqrt{\Sigma(x-\bar{y})^2}}$$

以下是计算/fada/"发达"一词 V1 后过渡段共振峰数据和腭位数据相关的例子:

0.76 秒到 0.79 秒的时间段里,元音的 3 个共振峰(单位为 Hz)和辅音腭位数据如下:

Time	T1	T2	T3	RCA	CA	CC
0.76	743	1333	2465	0.254	0.106	0.016
0.77	674	1349	2482	1.539	0.305	0.176
0.78	589	1375	2508	6.531	0.969	0.281
0.79	489	1392	2583	9.127	0.999	0.415

根据以上数据得到的相关如下:

r	T1	T2	T3
RCA	-0.981	0.991	0.932
CA	-0.932	0.968	0.826
CC	-0.990	0.986	0.932

3. 实验结果

3.1 声学数据和腭位数据间的相关

表1列出了 a-C, i-C, u-C, C-a, C-i, C-u 等过渡段(即 V1 后过渡和 V2 前过渡)声学数据和腭位数据相关的平均值和

表 1 腭位数据和声学数据(T)之间的相关

T	r(V1) 腭位数据	a-C 平均	标准	i-C 平均	标准	u-C 平均	标准
T1	RCA	-0.971	0.022	-0.883	0.095	-0.916	0.071
	CA	-0.921	0.055	-0.887	0.069	-0.907	0.063
	CC	-0.946	0.042	*-0.051	0.700	-0.865	0.078
T2	RCA	0.927	0.053	0.897	0.063	0.946	0.044
	CA	0.932	0.049	0.938	0.037	0.946	0.041
	CC	0.919	0.052	0.912	0.063	0.946	0.035
T3	RCA zh,ch,sh,r,l	-0.966	0.020	-0.820	0.103	-0.959	0.042
	RCA others	0.919	0.058			*-0.26	0.620
	CA zh,ch,sh,r,l	-0.908	0.054	-0.905	0.063	-0.921	0.060
	CA others	0.918	0.067			*-0.32	0.580
	CC zh,ch,sh,r,l	-0.968	0.017	*0.291	0.544	-0.940	0.051
	CC others	0.914	0.055			*-0.35	0.559

T	r(V2) 腭位数据	C-a 平均	标准	C-i 平均	标准	C-u 平均	标准
T1	RCA	-0.959	0.091	*0.257	0.613	0.908	0.065
	CA	-0.957	0.032	*0.090	0.754	0.915	0.065
	CC	-0.924	0.048	*0.287	0.554	0.874	0.076
T2	RCA	0.921	0.046	-0.913	0.059	0.956	0.026
	CA	0.950	0.035	-0.921	0.071	0.914	0.059
	CC	0.894	0.066	0.894	0.103	0.911	0.036
T3	RCA zh,ch,sh,r,l	-0.914	0.059	-0.817	0.120	-0.905	0.054
	RCA others	0.896	0.059			0.849	0.058
	CA zh,ch,sh,r,l	-0.923	0.57	-0.882	0.107	-0.829	0.108
	CA others	0.882	0.061			0.852	0.112
	CC zh,ch,sh,r,l	-0.917	0.047	*0.427	0.366	-0.895	0.067
	CC others	0.916	0.057			*0.490	0.381

注:左边标 * 的,指相关性差的例子。

标准差。根据计算结果,确定相关程度的高低阈限值为 0.7,r≥0.7 为相关,r<0.7 为低相关或不相关。

(1) a—C2 和 C2—a 的过渡段

元音/a/前后过渡段里,T1 与腭位数据之间具有强负相关关系,r<-0.9。a-C2 的过渡段对应于辅音发音姿态成阻的过程,随着舌的抬高元音 T1 沿时间下降。与之相反,辅音 RCA、CA 和 CC 值上升。C2-a 的过渡段对应于辅音除阻阶段,随着舌的下降元音 T1 沿时间上升,与之相反,辅音腭位下降。T2 与腭位数据之间有强正相关关系,r>0.89。元音/a/过渡到辅音的过程中辅音各项腭位数据递增,元音 T2 也会逐渐上升,中间具有正相关关系。辅音过渡到元音/a/的过程中辅音各项腭位数据递减,元音 T2 也会逐渐下降,中间也有正相关关系。

C2 为辅音/zh,ch,,sh,r,l/的时候,T3 与腭位数据之间具有强负相关关系,r<-0.90;当 C2 为其他辅音的时候,T3 和腭位数据之间具有正相关关系,r>0.88。/zh,ch,sh,r,l/等辅音的发音姿态是舌面下凹,舌边和舌前部位上抬并后缩至齿龈脊成阻。受到这些辅音发音姿态的影响,其前后元音 F3 大幅度下降,语图上往往发生 T2 和 T3 合并的现象。当 C2 为其他辅音时 V1 的 T3 则不会大幅度下降。

(2) i—C2 和 C2—i 的过渡段

i-C2 的过渡段,T1 与 RCA 和 CA 之间有负相关关系,r<-0.88;T1 和 CC 之间的相关性出现三种情况:正相关、负相关和相关性差,各种情况所占比例相近。C2-i 的过渡段,腭位数据和 T1 之间相关性出现三种情况:正相关、负相关和相关性差,各种情况所占比例相近,没有规律性。V1 受到 C2 影响的同时也会受到 C2 所携带的 V2 的影响,而且/i/元音 F1 较低,过渡段共振峰变化不明显。这些原因共同造成了上述情况。

T2 与 RCA 和 CA 之间具有密切的负相关关系,r<-0.89;T2 和 CC 之间有正相关关系,r>0.89。/i/元音后过渡段里,舌面下降,舌前部分上升;随着舌的动作 CC 下降,CA 和 RCA 上升,/i/的 T2 则下降。因此,T2 和 RCA、CA 之间具有负相关关系,T2 和 CC 之间具有正相关关系。/i/元音前过渡段里腭位数据和共振峰的变化规律正好与之相反。

T3 和 RCA、CA 之间出现负相关关系,r<-0.81;T3 和 CC 相关性差。元音/i/的腭位在其前接辅音成阻阶段开始,在其持阻段里形成,主要腭位区域在硬腭部分(哈斯其木格,2005)。所以 C2 结束、V2 开始的时候,硬腭部分舌腭接触已形成元音/i/的腭位姿态,不会发生递增或者递减变化,CC 指数也不会发生递增或者递减变化,因此 CC 和共振峰数据之间的相关性差。

(3) u—C2 和 C2—u 的过渡段

u-C2 的过渡段,T1 和腭位数据之间具有强负相关关系,r<-0.86。36 个例子中 24 个具有密切的负相关关系,其他的相关性差或具有正相关关系。/u/元音 F1 较低,后过渡段里有时出现 T1 平稳或变化没有规律的现象。因此,元音/u/过渡到辅音的部分

例子中，T1和腭位数据之间出现相关性差的情况。T2和腭位数据之间具有强正相关关系，r＞0.94。C2为辅音zh,ch,sh,r,l的时候，T3和腭位数据之间出现强负相关关系，r＜-0.92；C2为其他辅音时相关性差。

C2-u的过渡段，T1、T2和腭位数据之间均出现强正相关关系，r＞0.87 和 r＞0.91。当C2为辅音zh,ch,sh,r,l的时候，T3和腭位数据之间出现负相关关系，r＜-0.82；而C2为其他辅音时出现正相关关系，r＞0.84。元音/u/的F3在过渡段里变化比较复杂，部分单词元音T3的和腭位数据之间相关性差。

（4）总结：

根据计算得到的数据我们绘制出了表2。表2中，-代表负相关，+ 代表正相关，0代表低相关或不相关。总的来说，过渡段声学数据和腭位数据之间的相关度很高，这表明声学数据和生理动作之间具有密切的关系。V1-C2的过渡段里，声学数据和腭位数据之间的相关性强，有规律。而C2-V2的过渡段里，声学数据和腭位数据之间的相关性相对弱，也受到辅音发音方法的影响而有所不同。这表明C2对V1的约束度更大，V1-C2过渡段的研究对C2音轨研究具有更大的意义。

T1和腭位数据之间多数时候具有负相关关系；元音/a,u/的T2和相应的腭位数据之间具有正相关关系，元音/i/的T2和腭位数据之间具有负相关关系；T3和腭位数据之间的相关关系并不稳定，详细情况见表2。

表2 腭位数据和共振峰数据之间的相关性

r		a-C	i-C	u-C	C-a	C-i	C-u
T1	RCA	-	-	-	-	0	+
	CA	-	-	-	-	0	+
	CC	-	0	-	-	0	+
T2	RCA	+	-	+	+	-	-
	CA	+	-	+	+	-	-
	CC	+	+	+	+	+	+
T3	RCA	zh,ch,sh,r,l	-	-	-	-	-
		others	+	0	+	+	+
	CA	zh,ch,sh,r,l	-	-	-	-	-
		others	+	0	+	+	+
	CC	zh,ch,sh,r,l	-	-	-	-	-
		others	+	0	+	+	0

3.2 声学数据和腭位数据在时域上的关系

图1是V1后过渡、V2前过渡和C2腭位时间叠加的示意图。图2是/fada/一词部分语图和RCA叠加图。

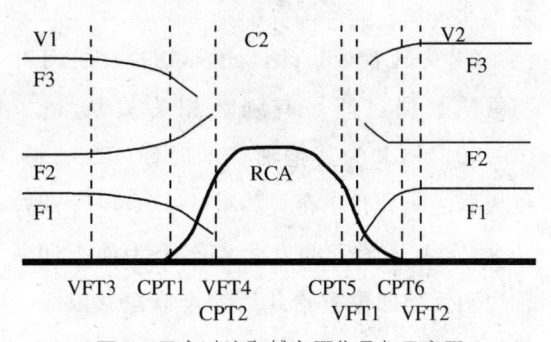

图1 元音过渡和辅音腭位叠加示意图

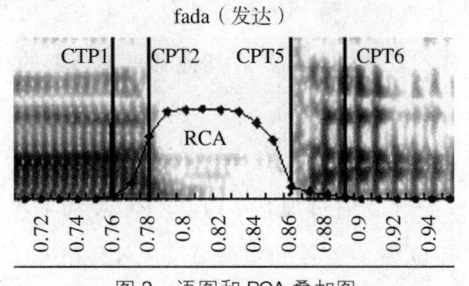

图2 语图和RCA叠加图

语图上共振峰弯头的开始表明C2生理

时间的开始,即舌位开始变化,但是 C2 的舌腭接触开始得较晚。V1 的后过渡包括两个部分,头一部分舌位开始变化,但不会引起舌腭接触,后一部分共振峰弯头开始发生急剧变化的时候 C2 的舌腭接触才开始,这部分生理准备时段正好对应于 C2 的成阻段,即成阻开始到结束(持阻开始)。

我们采集了辅音成阻段时长(CPT1 到 CPT2)和除阻段时长(CPT5 到 CPT6),以及 V1 后过渡时长(VFT3 到 VFT4)和 V2 前过渡时长(VFT1 到 VFT2)。V1 后过渡时长受到多方因素的影响而变化较大,V1 后过渡里包含的 C2 腭位时长则具有比较一致的规律性。CPT1 到 CPT2 的时长约 30ms 左右。V2 前过渡里所包含的 C2 腭位时长(除阻部分)长短都不一致,没有统一的规律。

元音前后过渡段时长长短不确定性的成因跟语速和韵律都有关系。总的来说,元音过渡时长是可以控制的,而辅音腭位开始到形成阻塞(阻碍)的时长很难控制,具有固定的长度和规律。辅音腭位除阻的时长也是可以控制的。从过渡段时长变化得到的这个结论跟从声学数据和腭位数据相关性得到的结论一致,表明 C2 对 V1 后过渡的约束更大、更明显,而对 V2 前过渡的约束相对弱。

3.3 C2 和 V2 对 V1 后过渡共振峰趋向的影响

V1 后过渡共振峰趋向受到 C2 的影响。C2 为唇辅音或者舌根辅音的时候,V1 的 T2 下降;C2 为舌前辅音的时候,T2 上升。我们采集 CPT1 处 T1、T2 和 VFT4 处 T1、T2,采集 CPT1 处 T1 和 T2 时 C2 为舌前辅音。表 3 里的数据表明 C2 为不同的舌前辅音时对 V1 后过渡共振峰趋向的影响没有明显差别,而 C2 所携带的 V2 舌位对 CPT1 处的 V1 共振峰趋向有所影响。当 V2 为/i/、/u/、/v/等高元音时 T1 更低,而 V2 为其他元音的时候 T1 相对高;V2 为/i/、/v/等前元音时 T2 更高,后元音/u/的时候 T2 最低,V2 为其他元音时 T2 居于中间位置。这表明,C2 开始成阻的时候就携带着 V2 的特征。

表 3 CPT1 处 V1 的 T1 和 T2 值(单位为 Hz)

	a-C-a		a-C-i		a-C-u	
	均值	标准差	均值	标准差	均值	标准差
T1	757	44.7	700	41.9	678	40.4
T2	1357	55.8	1557	65.2	1276	35.6
	i-C-a		i-C-i		i-C-u	
	均值	标准差	均值	标准差	均值	标准差
T1	402	41.1	351	32.1	366	52
T2	2171	124.6	2267	48	2154	88.6
	u-C-a		u-C-i		u-C-u	
	均值	标准差	均值	标准差	均值	标准差
T1	455	26.2	428	30.5	415	25.5
T2	949	45.9	1218	74.4	925	62.2
	a-C-i1		a-C-i2		a-C-v	
	均值	标准差	均值	标准差	均值	标准差
T1	649	45.8	712	30.6	704	44.9
T2	1360	60.1	1385	47.5	1479	39.4
	i-C-i1		i-C-i2		i-C-v	
	均值	标准差	均值	标准差	均值	标准差
T1	394	50.6	392	41.9	310	32.1
T2	2054	8.2	2120	38.4	2246	20
	u-C-i1		u-C-i2		u-C-v	
	均值	标准差	均值	标准差	均值	标准差
T1	406	33.2	403	32.8	388	9.1
T2	1047	55.5	1073	128.3	1077	66.2

从表 4 来看,同一个语境下,C2 为/b,p,

m,f/或/g,k,h/的时候 V1 结束处的 T2 更低,而 C2 为其他辅音的时候 T2 更高。同时也可以看到 V2 舌位对 V1 后过渡的影响。

表4 VFT4 处 V1 的 T1 和 T2 值(单位为 Hz)

		a-C-a	a-C-i	a-C-u	i-C-a	i-C-i
bpmf	T1	632	564	543	420	318
	T2	1059	1402	1016	1865	1963
dtn	T1	545	460	527	370	356
	T2	1470	1704	1427	1928	2188
l	T1	576	414	423	433	301
	T2	1186	1629	1571	1742	2111
gkh	T1	541	/	464	389	/
	T2	1186	/	1162	1929	/
jqx	T1	/	394	387	/	267
	T2	/	1828	1741	/	2233
zcs	T1	491	415	472	398	350
	T2	1412	1405	1418	1854	1868
zh ch sh r	T1	512	461	478	359	341
	T2	1556	1624	1501	2047	2026
		i-C-u	u-C-a	u-C-i	u-C-u	
bpmf	T1	356	491	389	441	
	T2	1674	851	941	749	
dtn	T1	390	458	398	409	
	T2	1982	1272	1507	1240	
l	T1	297	451	385	459	
	T2	1830	1133	1250	999	
gkh	T1	328	378	/	412	
	T2	1733	869	/	649	
jqx	T1	325	/	395	356	
	T2	2192	/	1657	1462	
zcs	T1	382	400	364	389	
	T2	1751	1266	1276	1177	
zh ch sh r	T1	334	386	355	327	
	T2	1958	1468	1596	1386	

注:当 C2 为 z,c,s 的时候 V2 为 a,i1,u 等元音,当 C2 为 zh,ch,sh,r 的时候 V2 为 a,i2,u 等元音,当 C2 为 j,q,x 的时候 V2 为 a,i,v 等元音。

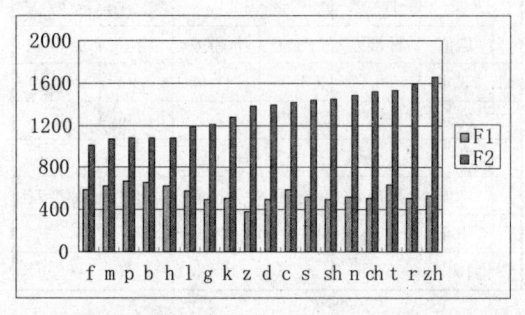

图3 a-C-a 结构各音节 V1 结束处 T1 和 T2

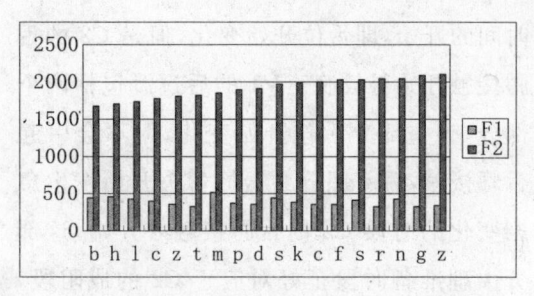

图4 i-C-a 结构各音节 V1 结束时 T1 和 T2

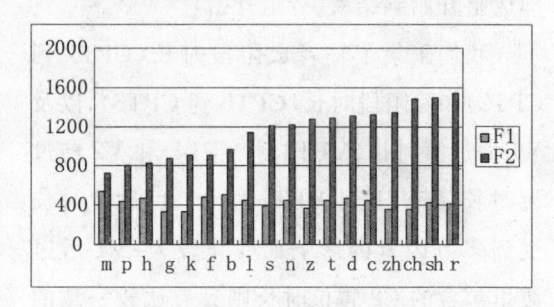

图5 u-C-a 结构各音节 V1 结束时 T1 和 T2

以上3张图里列出来的分别是 a-C-a 结构、i-C-a 结构和 u-C-a 结构中 V1 结束时(VFT4 处)的共振峰值,以 T2 值从小到大的顺序排列。从图上来看,/a/和/u/元音的结尾更大程度上受到后接辅音的影响,/i/元音则不同。唇辅音和舌根音对前接元音共振峰趋向的影响不同于舌前辅音。相比之下,C2 对 F2 的影响更明显,C2 对 F1 的影响相对小。

4. 结论

辅音成阻和持阻交界时刻是元音结束处,该时刻的舌腭姿态是:口腔开口度明显变小,舌尖上举,声带逐步停止振动,摩擦气流首先在高频处产生。共振峰由高向低依次结束,低频共振峰 F1 最后结束。

元音过渡段的声学数据和腭位数据之间具有较强的相关关系,这表明声学数据和生理动作之间具有密切的关系。V1-C2过渡段的相关性比C2-V2过渡段的相关性更强、更有规律性。C2在V1后过渡段里的腭位时长也具有比较稳定的长度。从时间和相关性来看，C2对V1的约束度更大，不可人为控制。C2对V2的约束度则不同，相对弱。C2发音部位对前后元音的过渡段起到决定性作用。V1共振峰趋向受到C2发音部位影响，同时会受到V2的舌位影响。V2受到C2发音部位和发音方法共同的影响。

不同元音过渡段的声学数据和辅音腭位数据之间的相关关系也不同。/a/元音前后过渡段共振峰数据和腭位数据之间的相关关系很强，具有一致的规律性；/u/元音前后过渡段共振峰数据和腭位数据之间的相关关系也较强，但也有部分例子相关性差。/i/元音前后过渡段里，共振峰数据和腭位数据之间的相关关系比较复杂。

/i/、/u/等F1低的元音过渡段，T1和腭位数据之间的相关关系不稳定，但是/a/、/i/、/u/三个元音过渡段F2和腭位数据之间都具有明显的相关关系。F3和腭位数据之间的相关关系虽然复杂，但值得注意的一点是/zh,ch,sh,r,l/等辅音前后元音过渡段F3和腭位数据之间出现比较一致的负相关关系。

参考文献

鲍怀翘　郑玉玲　2001　《普通话动态腭位图数据统计分析初探》，载《新世纪的现代语言学》，清华大学出版社。

曹剑芬　1994—1995　《普通话音节间音联的时域特性》，《语音研究报告》，中国社会科学院语言研究所语音研究室。

曹剑芬　1996　《普通话语音的环境音变与双音子三音子结构》，《语言文字应用》第2期。

陈肖霞　1994—1995　《汉语普通话两音节CVCV间C2为三个发音部位的逆向协同发音声学研究》，《语音研究报告》，中国社会科学院语言研究所语音研究室。

初敏　唐涤飞等　1997　《汉语音节音联感知特性研究》，《声学学报》第3期。

哈斯其木格　2005　《从腭位角度论普通话元音/i/》，载语音学与计算语言学研究室论文集《中国民族语言工程新进展》（江荻、孔江平主编），社会科学出版社。

李俭　郑玉玲　2004　《汉语普通话动态腭位的数据缩减方法》，载《现代语言学与语音学研究》（路继伦、王嘉龄主编），天津社会科学出版社。

孙国华　1992—1993　《普通话双音节V1-/zh,ch,sh/过渡的实验研究》，载《语音研究报告》，中国社会科学院语言研究所语音研究室。

吴宗济　2004　《吴宗济语言学论文集》，商务印书馆。

郑玉玲　刘佳　2005　《论普通话N1C2(C≠C)协同发音的声学模式》，《南京师范大学文学院学报》第3期。

Daniel Recasens & Maria Dolors Pallarès 2000 A Study of F1 coarticulation in VCV sequences, *Journal of Speech, Language, and Hearing Research*, Vol. 43, 501-512.

Daniel Recasens, Maria Dolors Pallares and Jordi Fontdevila 1997 A model of lingual coarticulation based on articulatory constraints, *J. Acoust. Soc. Am.*, 102(1), 544-561.

（哈斯其木格　郑玉玲　中国社会科学院民族学与人类学研究所　100081）

北京话一级元音的统计分析

王 萍 石 锋

摘要：本文通过对52位北京人的发音进行语音实验和统计分析,考察了北京话7个一级元音/a、i、u、y、ə、ɿ、ʅ/的统计特性。通过主体分布的统计分析,得到了格局内部每个元音的动态范围,以及它们之间的相对位置关系;通过偏分布的统计分析,得到了每个元音主体分布内部数据分布的集中区域和离散区域。集中区域是每个元音相对稳定的部分,它包含着每个元音的特征点,是元音音质的主要载体。/a/、/i/、/u/这三个顶点元音的数据集中区的位置与它们各自的历时变化方向相一致,可以为未来的"音变方向"提供线索和征兆。

关键词：北京话 一级元音 统计分析 偏分布

1. 引言

1.1 北京话单元音研究概述

北京话的元音研究历来受到学界的重视。单元音的考察是二合元音和三合元音研究的基础,所以很多成果都有关于单元音的论述。Cheng, R. L.(1966)、吴宗济(1986)、曹剑芬(1990)、王洪君(1999)、ERIC ZEE(2001)、石锋(2002:30-36),他们分别从语音学和音系学两个不同的角度和层面探讨过北京话的单元音。其中,石锋在前人研究的基础上提出了"元音格局"的概念。"元音格局"的观念打破了以往将语音学和音系学分而置之的局面,使二者很好地结合起来,既发挥各自的优点,又弥补对方的不足,使北京话的元音研究又向前推进了一步。上述的研究都是选择数量较少的发音人进行实验分析,这无疑比单凭耳朵的听觉更为客观可靠。

1.2 研究内容

本文以"元音格局"的概念为基础,准备进一步考察北京话一级元音的统计特性。我们对"汉语语音数据库"中52位北京人的发音进行较大规模的声学实验和统计分析。考察的内容主要包括:北京话7个一级元音的主体分布的统计分析、偏分布的统计分析。主体分布分析可以得到格局内部各元音的动态范围以及它们的相对位置关系;偏分布统计分析可以反映每个元音内部数据分布的偏离程度。后者是对前者的继续深入挖掘和探索。

根据不同元音的特点,本文分别选取两种类型的单位进行有针对性的分析。边缘性元音/i、u/的高低维和前后维、/a、y/的高低维在"V"值图中都不同程度地受到抑制,所以我们选取"Bark"值来表现它们的统计特性；格局内部元音/ɿ、ʅ、ə/选取"V"值，它是"Bark"值归一化以后的单位，能够更好地表现格局内部不同元音之间的相对位置关系，从而使不同的实验结果之间具有最大程度的可比性。

2. 声学实验和统计分析的基本步骤和程序

2.1 发音样品的选择和制作

我们在包括 52 位北京发音人的"汉语语音数据库"中选取了 22 个以北京话的 7 个一级元音/a、i、u、y、ə、ɿ、ʅ/为韵母的单字音作为我们的样本，并且声调都为阴平调，这样可以求得音色的稳定。我们共得到 1144 个有效样品。这种大规模的调查取样可以保证研究结果的客观性和科学性。

2.2 声学参数的处理

为了使声学元音图的表现与人的听感更加接近，我们把元音数据 F1、F2 的赫兹 (Hz) 值进行了相对化，即转换为巴尔克 (Bark) 值。本文选择了 Schroeder(1979) 提出的公式，具体公式如下：

$$Bark = 7\ln\{(f/650) + [(f/650)^2 + 1]^{1/2}\}$$

（转引自吴宗济、林茂灿，1989）其中 f 为共振峰频率。

对于格局内部元音，我们采用了归一化的"V"值。归一化的主要目的是消减人际随机差异，提取恒定参数，在语际变异中找到共性，从而使得人际比较和语际比较的研究成为可能（朱晓农 2004a）。据此得到的研究结果才会具有普遍性的意义。具体来说，我们将相对化以后的"Bark"值进行了归一化的处理。具体公式如下：

$$V1 = \frac{B1x - B1\min}{B1\max - B1\min} \quad V2 = \frac{B2x - B2\min}{B2\max - B2\min}$$

其中，B1 代表元音格局中的高低维，B1max 为高低维上限 Bark 值，B1min 为高低维下限 Bark 值，B1x 为高低维测量点的 Bark 值。得出的 V1 值就是 B1x 点在元音格局图高低维度中的参考标度。B2 代表元音格局中的前后维，B2max 为前后维上限 Bark 值，B2min 为前后维下限 Bark 值，B2x 为前后维测量点的 Bark 值。得出的 V2 值就是 B2x 点在元音格局图前后维度中的参考标度。在计算中应注意，进入公式的数值不是每个测量点上单个样品的测量值，而是在这个测量点上全组样品经过统计整理的平均值。

2.3 数据的统计分析

我们以 SPSS10.0 为统计工具，对声学分析的 Bark 值和 V 值数据分别进行了主体分布统计分析和偏分布统计分析。统计整理的过程中，利用茎叶图法剔除了个别的离群值，从而保证了数据的整体客观性。

3. 北京话一级元音的主体分布统计分析

我们对 1144 个语音样品的分析采取声学实验和统计分析相结合的方法。具体来说,在声学实验中,分别测算 52 位发音人每个元音的 Hz 值,其中每个元音测量稳定段上的一个点,每个点包括两个维度的数据(F1、F2),共得到 2288 个 Hz 值数据;对于/ə/元音,我们还分别测量了它的起点和终点,共得到 832 个 Hz 值数据;所有数据共计 3120 个。然后将声学实验得到的 Hz 值数据按照边缘性元音、格局内部元音分别转化为 B 值和 V 值,输入统计软件,分别计算出每个元音在全部发音人中的平均值、标准差。最后,根据数据分别做出相应的声学元音图。

同一个元音在发音器官中占有很多的点,这些点共同组成一个元音所占的区域(罗安源 1992)。我们对语音样本的总体统计分析采取如下的方法:用平均值加减标准差来得到元音格局中每个元音的分布范围。用这种方法计算出的声学空间的范围可以排除一些偶然的个别因素,从而概括出具有普遍性和规律性的元音主体分布表现。(见图 3-1—图 3-4)

图 3-1　　　　　图 3-2

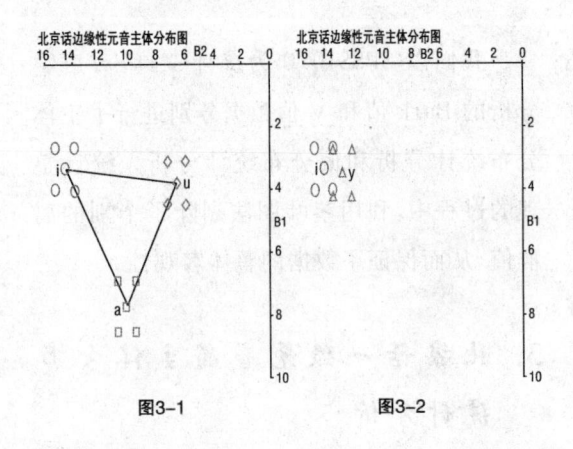

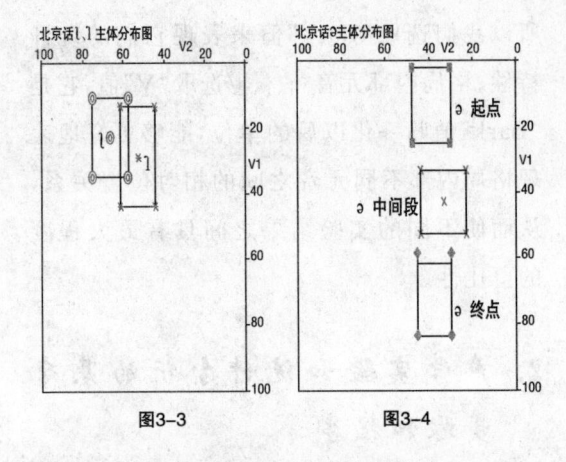

图 3-3　　　　　图 3-4

图 3　北京话一级元音主体分布图

图 3-1 中,高元音/i、u/和低元音/a/是三个顶点元音,各自占据着相对独立的声学空间。/a/在前后维的位置更靠近/u/,即它处于元音三角形偏后的位置。/i、u/的连线是一条由高向低的斜线,即前高元音/i/的舌高点比起后高元音/u/的舌高点要高得多。

图 3-2 中元音/y/处在/i、u/之间,紧邻/i/的位置,且/i/的舌位略高于/y/。同时,我们也看到元音/i/和/y/的主体分布范围有部分叠合。圆唇的作用会使所有共振峰的频率都降低。但这种影响对 F2 和 F3 比较明显(曹剑芬 1990)。当 F1、F2 平面不能区别/i/和/y/时,可利用 F3 的差别把各元音分辨出来(鲍怀翘、阿西木 1988)。基于此,我们又测量了它们的第三共振峰。/i/的平均值 B3 = 16.24,/y/的平均值 B3 = 14.53,单因素方差分析结果显示元音/i/和/y/的第三共振峰在 * 0.05 水平上差异显著(Sig. < 0.001)。所以第三共振峰的比较结果说明:二者叠合相混的情况会减少很多。

/a、u、y/三个元音都是高低维度的变化幅度明显大于前后维,同时高低维和前后维的变化幅度存在一定的补偿关系。从各元音的分布面积来看,元音/i、u/的动态范围较小,即离散度较小,音位变体分布较集中;元音/a、y/的动态范围较大,即离散度较大,音位变体的分布较分散。

图3-3中,舌尖元音/ɿ、ʅ/位于元音格局内部,它们各自具有彼此相对独立的声学空间,/ɿ/在元音格局内部前上方的位置,/ʅ/在/ɿ/的后面且略微靠下的位置。图中,我们看到元音/ɿ/和元音/ʅ/存在部分重叠区域,这是因为声学元音图反映的是总体的舌体特征,不能充分反映元音的舌尖变化。而F3主要受舌尖活动的影响(林焘、王理嘉1992)。基于此,我们又测量了/ɿ、ʅ/的第三共振峰。测量、换算的结果是:元音/ɿ/的平均值V3＝52.45,元音/ʅ/的平均值V3＝24.98。单因素方差分析结果表明元音/ɿ/和/ʅ/在*0.05水平上差异度显著(Sig.<0.001)。同时/ɿ/和/ʅ/出现的语音环境是互补的,是音位/ī/的两个条件变体。以上两点表明:/ɿ/和/ʅ/具有各自相对独立的声学空间,彼此发生混淆的可能性很小。/ɿ、ʅ/两维的变化幅度也存在一定的补偿关系,高低维的变化幅度明显大于前后维。

图3-4中,中元音/ə/位于元音格局中部略靠后的位置,其分布范围类似一个中间宽,两头略窄的枣核形,充分体现了它在高低维上的游移性。

4. 语音样本的偏分布

4.1 数据偏分布算法

人们通常假设一般样本的数据都是正态分布。因此通常是在平均值上下各加一个标准差的距离作为数据分布的主体范围。标准正态分布的中位数跟平均数应该是重合的。然而实际上二者却常常是分开的。也就是数据的分布有不同程度的偏离现象。这种数据分布的偏离程度和偏离方向量化描述在语言学研究中往往是十分重要的。

为了对这种数据偏离现象进行量化描述,我们考虑了一种简单的计算方法。

设:N_1为小于平均值的数据个数;N_2为大于平均值的数据个数;D_1为N_1跟平均值之间的平均距离;D_2为N_2跟平均值之间的平均距离。M为样本数据总数。得到

$$N_1 \times D_1 = N_2 \times D_2$$
$$N_1 : N_2 = D_2 : D_1$$
$$(N_1/M) : (N_2/M) = D_2 : D_1$$

即N_1与D_1成反比关系。N_2与D_2成反比关系。

我们把(N_1/M)作为计算大于平均值的数据分布的偏离参数。把(N_2/M)作为小于平均值的数据分布的偏离参数。就有

$$N_1/M + N_2/M = 1$$
$$\therefore N_2/M = 1 - N_1/M$$

再设:S为标准差。就有$(N_1/M) \times 2S$得到的是数值大于平均值的数据在主体分布中的距离位置。$(N_2/M) \times 2S$得到的是数值小于平均值的数据在主体分布中的距离位置。

这种偏离参数算法的正确性也可以从统计学的"中位数"和"平均值"的比较中得到验证。本文将这种算法应用于北京话一级元音的统计分析中,进而来看每个元音主体分布范围内数据分布的偏离情况。

4.2 语音样本的偏分布统计分析

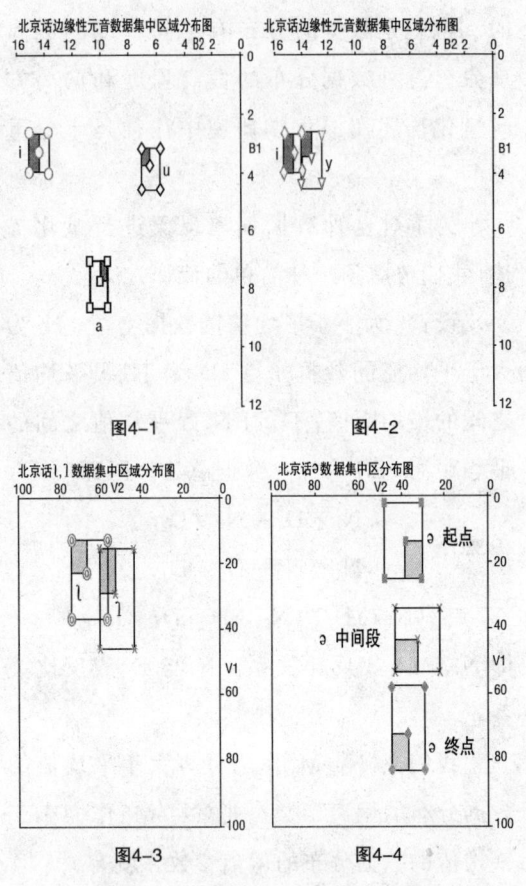

图4-1

图4-2

图4-3

图4-4

图4 北京话一级元音偏分布图

图4中的阴影区域就是每个元音内部数据分布的集中区域,是每个元音特征点的位置所在和元音音质的主要载体,相对于阴影区域之外的离散区域,它是稳定的、不易发生变化的。

图4-1中,元音/i,u,a/,由两维的偏离参数(N1/M)确定的数据集中区域分别位于其各自声学空间中的前半部分、前上方和后上方。

图4-2中,元音/y/,由两维的偏离参数(N1/M)确定的数据集中区域位于其声学空间的前上方。

在主体分布的声学空间中,元音/i/和/y/有部分的重叠区域,但从其特征点的分布区域来看,它们却是各自独立的,即它们的音质还是有差别的,这也是它们不会发生混淆的一个有力佐证。

图4-3中,舌尖元音/ɿ、ʅ/,由两维的偏离参数(N1/M)确定的数据集中区域都位于其各自声学空间的前上方,由此证明它们音质上的差别是存在的,二者发生混淆的可能性很小。

图4-4中,中元音/ə/,由两维的偏离参数(N1/M)确定的起点处的数据集中区位于其声学空间的后下方,中间段和终点的数据都集中区都位于其声学空间的前下方。

4.3 语音样本偏分布与元音的系统性变化

在语音样本的偏分布统计分析中,元音/a/、/i/、/u/的数据集中区分别位于其各自主体声学空间的后上方、前半部分和前上方。它们的数据集中区的分布位置与历史上曾经发生过的元音系统的变化方向是一致的。/a/、/i/、/u/的偏分布共时表现可以为未来的"音变方向"提供线索和征兆。

4.3.1 元音/a/

王福堂(1999)、朱晓农(2002)等学者通过汉语历史音韵材料和方言材料的研究发现:汉语历史上曾经发生过多次低元音/a/的后高化运动。

为什么元音/a/易发生"高化"呢?这恐怕与人的发音生理有着密切的关系。元音/a/的舌位最低,相应地开口度也就最大,人们在发这个音时,下巴需要大幅度地向下移动,这是很费力的。因此/a/变高后,开口度相应地减小,可以达到省力的目的。

顶点元音/a/在整个元音格局中的位置具有特殊性,徐通锵(1991:184)认为元音/a/是一种隐形的双向对立,因为前后的对立在/a/中合而为一。那么元音/a/的高化就存在两种可能性:或者跟随前元音系列,或者跟随后元音系列。从汉语元音变化的实例来看,元音/a/的变化方向受到不同组合条件的制约:当/a/以单元音的形式出现,多发生后高化运动;当/a/作为复合元音的韵腹出现时,由于介音或韵尾的同化作用,会发生前高化。那么,元音/a/是发生前高化,还是后高化,这与汉语元音系统的组合规则有着密切的关系,体现了汉语元音系统的个性特点。不同语言中的元音/a/在前/后方向上的选择性会自然受到其所在元音系统的制约,因此很难作出一致性的判断。

4.3.2 元音/u/

不同学者的研究表明:汉语的吴语和湘语、白语的妥洛话、大五家子满语、英语、瑞典语、意第绪语等语言或方言中都不同程度地发生过后元音/u/的前化现象。

后元音/u/易发生前化,我们认为原因主要有两点:①发音空间前后的不对称性导致/u/的前移。Martinet(1952)认为发音空间能较容易地提供前元音的四个高度层次,但是,这四个元音的排列使得空间的后部太拥挤,会影响后元音的安全界限。为了降低这种拥挤的情况,则导致了后元音的前移。②发音的"省力原则"作用的结果。在自然的状态下,舌头是前伸的,且越向前越省力,但是人们在发后元音/u/时,舌头要向后收缩,并且后缩的程度越大就越费力。那么在

后元音/u/的声学空间所允许的范围内,人们的舌头自然地前伸,可以达到省力的目的。

4.3.3 元音/i/

元音/i/舌尖化为/ɿ/的现象在汉语的许多方言中都存在,例如山西文水方言、吴语、江淮方言的许多地点方言以及西北的很多方言。张燕来(2006)认为舌尖化本身也是一种发音部位前移和发音方法因高化而出现的摩擦化。/i/在元音链移中的变化(舌尖化)是高化和前化两种趋势相伴而行的,但根据/i/的发音生理特点,应该是:前化为主,高化为辅。

前化为主:从发音生理的角度,舌头向前移动是一种自然、省力的状态,所有/i/向前的发展并不困难。从元音系统的角度,朱晓农(2004b)认为一个音系里如果有/y/,/i/的舌位就会提高提前,原因就在于增加听感上的"紧"、"尖锐"的感觉,以增大/i/、/y/的区别度。北京话的元音格局中确实存在/i/和/y/的对立,元音/i/的数据集中区的"前"特征与以上两条规则也是相符的。

高化为辅:元音/i/的发音处于自然状态下,舌位就已经很高了,元音/i/>/ɿ/高化的幅度与其他元音发生高化时相比要小得多。元音/i/的数据集中区的分布没有凸显"高"的特征,这与元音/i/的发音生理特征是一致的。

综上,顶点元音/a、u、i/的偏分布共时表现预示着:未来北京话的/a、u、i/分别有向"后高"、"前高"和"前"发展的可能。

5. 结语

本文对于北京话 7 个一级元音进行了大样本的声学实验和统计分析。本文通过主体分布趋势的统计分析、偏分布趋势的统计分析,分别得到每个元音的动态范围、相互位置关系以及各自声学空间内部的数据集中区域。

本文针对不同性质的元音,采用不同的单位来分析,取得了良好的效果。对于边缘性元音,我们采用 Bark 来分析,发现了它们在 V 图中一些受到抑制的特性;对于格局内部元音/ɿ、ʅ、ə/,我们采用 V 来分析,更准确地找到了它们各自的相对位置关系和特点。

偏分布分析可以从主体分布空间内部得到不同元音的数据集中区,它包含着各元音的特征点,是元音音质的主要载体。这可以说是对主体分布分析的一个有力的补充和深化。

元音数据的偏离方向、偏离位置和偏离程度,这些定量的表现使我们找到了一条联系元音共时表现和历时变化的纽带。偏分布统计结果表明:北京话/a/、/i/、/u/这三个顶点元音的数据集中区的位置与它们各自的历时变化方向相一致,可以为未来的"音变方向"提供线索和征兆。

参考文献

鲍怀翘 阿西木 1988 《维吾尔语元音声学初步分析》,《民族语文》第 5 期。
曹剑芬 1990 《现代语音基础知识》,人民教育出版社。
林焘 王理嘉 1992 《语音学教程》,北京大学出版社。
罗安源 1992 《论元音音区》,《民族语文》第 1 期。
石锋 2002 《北京话的元音格局》,《南开语言学刊》第 1 期。
王福堂 1999 《汉语方言语音的演变和层次》,语文出版社。
王洪君 1999 《汉语非线性音系学——汉语的音系格局与单字调》,北京大学出版社。
吴宗济、林茂灿等 1989 《实验语音学概要》,高等教育出版社。
吴宗济等 1986 《汉语普通话单音节语图册》,中国社会科学出版社。
徐通锵 1991 《历史语言学》,商务印书馆。
张燕来 2006 《山西晋语舌面高元音的舌尖化》,《语文研究》第 1 期。
朱晓农 2002 《汉语元音的推链高化和高顶出位》,首届历史语言学研讨会论文。
朱晓农 2004a 《基频归一化——如何处理声调的人际差异》,《语言科学》第 2 期。
朱晓农 2004b 《汉语元音的高顶出位》,《中国语文》第 5 期。
Cheng, R. L. 1966 Mandarin Phonological Structure, *Journal of Linguistics* 2(2), 135-158.
ERIC ZEE(徐云扬) 2001 The Phonetic Value of the Vowels, Diphthongs, and Triphthongs in Beijing Mandarins. in 蔡莲红、周同春、陶建华(ed.) The Proceeding of 5th National Conference on Modern Phonetics. 清华大学出版社,2001 年。
Martinet, A. 1952 Function, Structure, and Sound Change, 见 *Readings in Historical Phonology*, *Word* 8, 1, 1-32. reprinted in *Readings in Historical Phonology*, Ed. By Baldi & Werth. The Pennsylvania State University Press, 1978.
Schroeder M R, Atal B S, Hall J L, 1979 Optimizing Digital Speech Coders by Exploiting Masking Properties of the Human Ear. J. Acoust Soc. Amer., 66:1647-1652.

(王萍 石锋 南开大学文学院 300071)

普通话双音节韵律词时长特性研究

邓丹　石锋　吕士楠

摘要：本文对普通话双音节韵律词在实际语流中的时长表现进行了研究，主要考察了各声调的调型特征和所处停延边界对普通话双音节词各音节时长的影响。结果表明，双音节词中音节的时长不仅要受到其所处停延边界的影响，而且还要受到各自声调调型特征的影响。随着停顿等级的增加，边界前音节的时长也逐渐变长；但各音节延长的程度则和其本身的调型特征密切相关，具有升调型的音节容易延长，而具有降调型的音节的延长则要受到限制。

关键词：韵律词　时长　停延

1. 引言

冯胜利(1997)指出，最小的能够自由运用的语言单位是韵律词。汉语中两个或三个音节常常组合在一起，成为一个韵律词。韵律词不同于词典词，一个韵律词可以是一个词典词，也可以包括多个词典词或是一个词典词的一部分。

双音节韵律词是汉语普通话最基本的韵律单元。一些学者对普通话双音节词的时长分布进行了研究，但是由于所采用的研究方法的不同，其研究结果不尽相同。例如，林茂灿等(1984)对带正常重音的两字组的声学分析是在孤立词层面进行的，结果表明，普通话两字组中后字时长普遍长于前字。王晶、王理嘉(1993)则采用负载句的方式，对普通话多音节词的时长分布模式进行了研究，发现普通话句中双音节词均表现出词首音节时长大于词末音节时长的倾向。近年来大规模语料库的出现，使我们对音节在自然语流中的表现有了更丰富的认识。在连续的语流中，双音节韵律词的时长模式会随着语句中上、下文关系和所处位置的不同而产生相当复杂的变化，其变化规律与在孤立词和实验室语句中的表现可能有所不同。本文拟以吴宗济(1982)提出的15种不含轻声的声调组合和4种含有轻声的声调组合模式为基础，对普通话双音节韵律词(以下简称双音节词)在大规模语料库中的实际表现进行研究。

2. 研究内容

材料　本研究的语料库由400个单句组成，句子的平均长度为21个音节。发音人为一名女性专业播音员，年龄24岁。以自然的方式和正常语速朗读句子，没有特别的强调和感情色彩。通过感知判断，我们从语料库中共切分得到 2239 个不包含轻声的双音节韵律词和 455 个包含轻声的双音节韵律词。

停延边界标注 根据听音人对韵律词后停顿等级的感知,对每个韵律词在句中的停延边界进行了标注:B0 为无停顿;B1 为有少许停顿;B2 为有比较明显的停顿;B3 为句末停顿。所有标注工作均由两位听音人完成——首先由两人各自独立完成全部的工作,然后再对两人的结果进行对比,结论不一致的地方由两人重新听辨讨论后确定。

声学参数的测量 用南开大学的语音分析软件——"桌上语音工作室"对所有双音节词中每个音节的时长进行了测量,其中非句首的塞音和塞擦音包括闭塞段的长度。

3. 实验结果

表 1 音节时长方差分析结果

因素	词首音节	词末音节
声调	10.924**	251.008**
停延边界	11.044**	141.138**
声调/停延边界	0.618	11.682**

注:**表示在 0.01 水平上差异显著。

分别对所有双音节词词首和词末音节的时长作了二因素方差分析,即声调和所处停延边界(4×4,词首;5×4,词末)的方差分析,结果见表 1。方差分析结果表明,对词首音节来说,声调和停延边界的主效应显著,它们之间的交互效应不显著。而对词末音节来说,声调、停延边界的主效应以及它们之间的交互效应都显著。这些结果说明,普通话双音节词中,无论是词首音节还是词末音节的时长都会受到其本身的声调以及所处停延边界的影响,其中词末音节所受的影响更为显著。

3.1 声调对音节时长的影响

分别对普通话双音节词中词首和词末各声调音节的时长进行了 Post hoc 检验。对词首各声调时长的检验结果表明,除了阴平和上声的差异不显著外,其他声调间的差异都是显著的。对词末各声调时长的检验结果表明,除了阴平和阳平、上声和去声的差异不显著外,其他声调间的差异均是显著的。

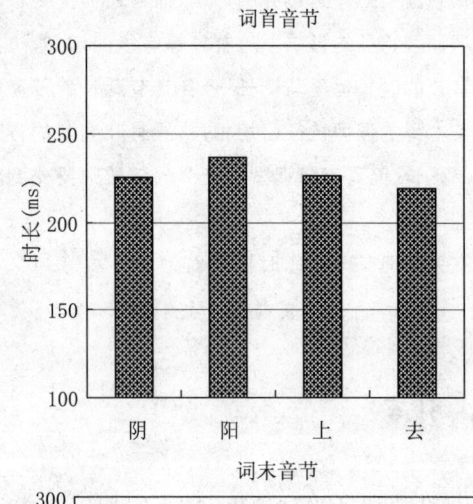

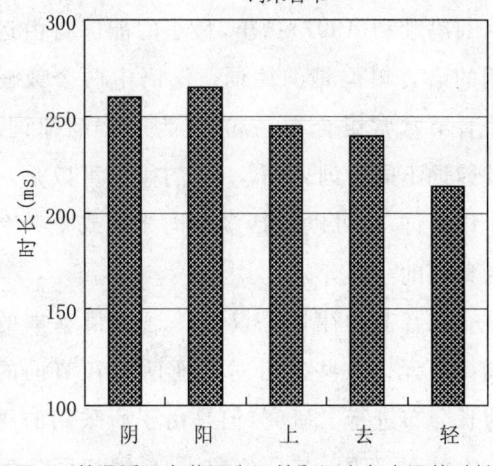

图 1 普通话双音节词中词首和词末各声调的时长

图1是普通话双音节词中词首和词末音节各声调的时长。从中可以看出，词首音节中，阳平的时长最长，阴平和上声次之，去声的时长最短；词末音节中阴平和阳平的时长长于上声和去声，轻声音节的时长最短。另外，从图1还可以看出，除轻声音节外，词末其他声调音节的时长均长于相应的词首音节。

3.2 停延边界对音节时长的影响

首先分别对不同停延边界前的普通话双音节词词首和词末音节的时长进行了Post hoc检验。对词首音节时长的检验结果表明，除B1和其他边界前的时长差异显著外，另外三类边界前的时长差异都不显著；对词末音节时长的检验结果表明，B2与B3间的差异不显著，它们与B0和B1间的差异均是显著的。

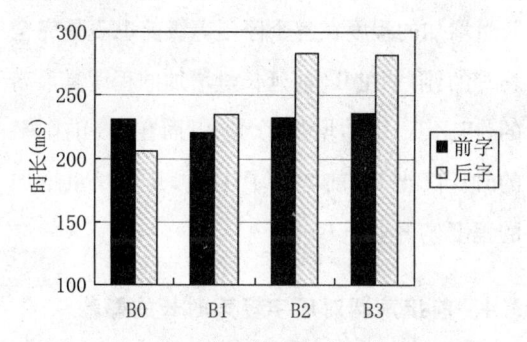

图2 不同停延边界前双音节词的总体时长

图2是普通话双音节词在不同停延边界前的时长分布。从图中可以看出，各边界前词首音节的时长差异不大，只有B1前词首音节的时长略短于其他边界前音节；词末音节的时长则表现出较大的变化，B2和B3前的词末音节显著长于其他边界前音节，而且B1前的词末音节也比B0前长。就双音节词内部的时长看，B0前的词首音节略长于词末音节，B1前的词末音节略长于词首音节，B2和B3前词末音节均显著长于词首音节。这说明句中无停顿前双音节词的词首音节长于词末音节，有停顿前的双音节词则是词末音节长于词首音节；并且随着停顿等级由不明显变为明显时，词末音节延长的程度也显著增加。但它并不是随着停顿等级的增加而无限制地延长，边界前音节延长的程度是有限的：普通话双音节词的词末音节的时长在B2前达到最大，之后就不再随着停延等级的增加而继续延长。

3.3 声调和停延边界对词末音节时长的影响

图3是不同停延等级前双音节词中词末各声调的时长。图中显示不同停延边界前词末各声调的时长变化较大。就非轻声音节的时长来看，B0和B1前四个声调的时长差异不大，而B2和B3前的词末音节则表现出明显的阳＞阴＞上＞去的倾向。虽然在任何边界前轻声音节的时长都显著小于其他四个声调，但是不同停延边界前轻声音节的时长也表现出较大的差异，在较大停顿前(B2、B3)的轻声音节的时长显著长于较小停顿前(B0、B1)。

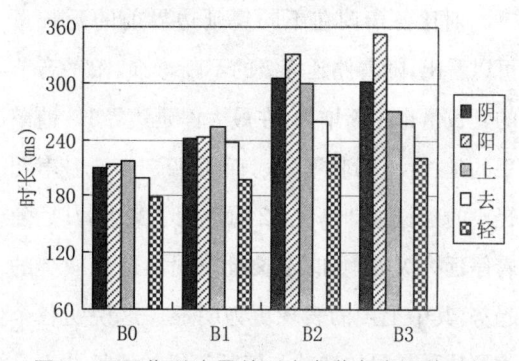

图3 不同停延边界前词末音节各声调的时长

为了进一步比较各声调的延长程度，我们计算了不同停延边界前词末各声调的延长量，结果见表2。计算方法为：

$Len_{Bi} = Dur_{Bi}/Dur_{B0}$，$i=1,2,3,4$

Len_{Bi}表示停延边界前的声调延长量，Dur_{Bi}表示有停顿前声调的时长，Dur_{B0}表示无停顿前该声调的时长。

表2 不同停延边界前各声调的延长量

	B1		B2		B3	
	时长	延长量	时长	延长量	时长	延长量
阴平	241.63	1.15	304.43	1.45	301.00	1.43
阳平	243.50	1.14	330.50	1.54	353.13	1.65
上声	254.10	1.17	298.82	1.38	269.85	1.24
去声	237.02	1.19	260.18	1.31	257.44	1.29
轻声	196.89	1.10	224.98	1.26	220.63	1.23

表2的结果表明，有停顿前音节的时长均比无停顿前有一定程度的延长，但在不同的停延边界前各声调的延长程度不同。总体来看，词末各声调的时长在 B1 前的延长量最小，在 B2、B3 前的延长量则显著大于 B1 前，在任何停延边界前轻声音节的延长量均是最小的。就除轻声外其他四个声调的延长量来看，在 B1 前，四个声调的延长量基本一致，其中上声和去声的延长量略大于阴平和阳平；在 B2 和 B3 前，阳平、阴平的延长量显著大于上声和去声。这说明在较小停顿前普通话各声调的延长量基本相同，而在较大停顿前则表现出显著的不平衡性，即阳平和阴平的延长显著大于上声和去声。

对比各声调在不同停延边界前的延长量可以看出，随着停延等级的不断增加，阳平音节的延长量也不断增加，在最大停延边界B3前阳平的延长量达到了最大，而阴平、上声、去声和轻声的延长量却是在 B2 前达到了最大，其后随着停延等级的增加，延长量表现出逐渐减少的趋势，其中上声的表现更为明显。这说明各个声调的延长量的增减和停延等级的增长并不是

完全对应的：普通话各声调中只有阳平的延长量随着停延等级的加大而逐渐增加；阴平、上声、去声和轻声时长的延长则是有限的，它们不能随着停延等级的增加无限延长，在 B2 前达到最高后，就不再随着停延等级的增加继续延长，相反却表现出逐渐缩短的趋势。虽然阳平的延长量和停延等级的增加表现出一致性，但其延长量增加的程度在各个停延等级前也不是完全均等的：阳平在 B2 前延长量增加的程度是最高的，相比于 B1 前增加了40%；而在 B3 前阳平的时长仅比 B2 前增加了11%，其延长量增加的程度显著小于 B2 前。

3.4 前接声调对后字轻声时长的影响

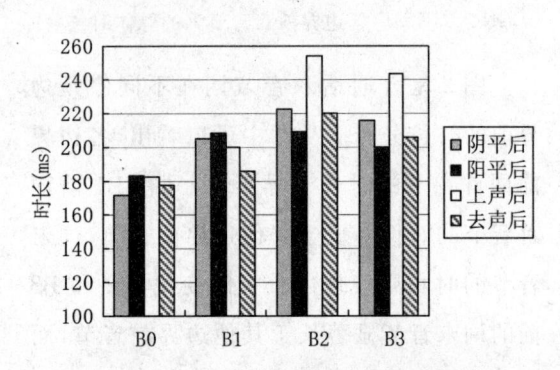

图4 不同声调后轻声在不同停延边界前的时长

虽然不同位置轻声音节的时长都显著小于其他声调,但是停延边界仍然对轻声时长产生了一定的影响。为了进一步比较前接声调对后字轻声时长变化的影响,图4给出了不同声调后的轻声在不同停延边界前的平均时长。从图中可以看出,不同声调后轻声的时长表现不完全一致。在B0前,不同声调后轻声的时长基本一致;在B1前,去声后轻声的时长略短于其他声调后的轻声;在B2和B3前,四个声调后轻声的时长均表现为,上声后轻声的时长最长,阴平和去声后的轻声的次之,阳平后的轻声最短。这说明在较小停延边界前前接声调对后字轻声时长的影响不大;在较大停延边界前,轻声的时长表现出一定程度的延长,前接声调对后字轻声时长的影响主要表现为阳平后轻声的时长最短,而上声后轻声的时长则最长。

4. 讨论

对普通话双音节词中各音节的时长考察表明,无论是在句中还是句末,普通话各声调的时长都表现出明显的阳＞阴＞上＞去＞轻的倾向。冯隆(1985)的实验结果表明,普通话四个声调的时长在句中时为:阳＞阴＞上＞去,但是在句末时则为:上＞阳＞阴＞去。他认为各声调时长相对关系的改变主要是由于上声在句中是低降调,而在句末是曲折调。而我们对普通话双音节词的考察则表明,由于语流中普通话上声通常以"低降"的形式出现,因此语流中的上声即使处于句子最末一个音节,其时长也不会

长于相同位置的阴平和阳平音节。冯勇强等(2001)通过对语料库中音节时长的统计指出,有停顿前普通话四个声调的时长表现为:阳＞阴＞上＞去,和本文的结果一样,在他们的研究中也没有发现句末上声时长最长的倾向。

普通话双音节词的时长关系和它所处的停延等级密切相关。随着停延等级的逐渐增加,普通话双音节词的词末音节的时长也逐渐变长;但其延长的程度是有限的:词末音节的时长在B2前最长,B3前的词末音节的时长没有表现出随着停延等级的增加继续延长的现象。本研究中的B0边界是无停顿边界,大多数情况下,是构成四音节复合韵律词(冯胜利,1997)中的第一个双音节韵律词的边界,因此,B0前双音节词的音长表现并不是可独立运用的双音节韵律词的实际表现;本研究中的B1边界可以看做是可独立运用的双音节韵律词的边界;B2大体对应于韵律短语边界;B3是句末边界,可以看做语调短语边界。有关韵律边界的声学特性的研究(曹剑芬,1998;杨玉芳,1997;王蓓,2004)表明,不同韵律边界前音节时长表现出延长的现象,其中韵律词边界前音节的延长较小,韵律短语边界前音节的延长最大,语调短语边界前音节的延长小于韵律短语边界前。这和本文对双音节词的时长分析的结果基本一致,即相比B0边界,普通话双音节词中的词末音节在B1边界前有一定程度的延长,但延长量不大,在B2和B3边界前的延长量显著大于B1前,其中在B2边界前音节的延长量最大,B3边界前各音节的延长量略小于B2边界前。

但是本文的结果进一步表明不同停延边界前,即不同韵律边界前音节时长的变化还要受到各自的调型特征的影响。这主要表现在:1)从普通话四个声调和轻声总体的时长变化来看,较大停延边界前音节延长的现象在普通话各声调上的表现不太一致,在较明显的停顿(B2、B3)前,阳平和阴平延长的程度比上声、去声和轻声的延长程度大。2)从每个声调各自的时长变化来看,较大停延边界前(B2 和 B3),音节时长的伸缩在普通话各声调上的表现不完全一致,阳平音节的时长表现出随着停延等级的增大逐渐变长的趋势,而阴平、上声、去声和轻声的时长,在 B2 边界前最长,在 B3 边界前则表现出不同程度的缩短,其中上声的表现更为明显。

从各声调的最大延长量来看,普通话中除轻声外其他声调的延长程度从大到小依次为:阳平＞阴平＞上声＞去声,边界延长效应在各声调时长上的不同表现,主要是由于受到了各声调调型特征的影响。阳平和阴平的调型分别为升调和平调,其终点特征均为"高",而上声和去声为降调,其终点特征均为"低",发音生理的限制使得"低"的特征不可能长时间地保持,因此具有"降"调型的上声和去声的延长程度要小于具有"升"和"平"调型的阳平和阴平。对于阴平和阳平来说,二者的延长程度也有显著差别,阳平可以随着停延等级的增加不断延长,阴平的延长则要受到限制,在较大停顿前表现出轻微的缩短,这也是由于受到了发音生理的限制:阴平是高平调,发音器官不可能长时间地保持紧张状态,而阳平是中升调,有一

个从低到高的滑动过程,滑动的趋势使得上升的动作可以持续较长时间。另外上声和去声相比,去声,即高降调的延长程度更短,这主要是由于在降调的发音中惯性的作用使得其发音时间较短,另外也说明,基频下降的速度可能对降调的感知起重要作用。和本文的结果一致,Shu-hui Peng(1997)对不同位置的台湾话中不包括入声的 5 个声调的考察也表明,受到韵律边界效应的影响,台湾话中各个声调在不同边界前均表现出一定程度的延长,但是降调尤其是高降调的时长延长程度是有限的。

在较大停延边界前轻声时长的变化也和其调型有关:不同声调后轻声时长在 B2 和 B3 前主要表现为,上声后的轻声最长,阴平和去声后的轻声次之,阳平后的轻声最短。已有的研究(林茂灿等,1980;孔江平等,2000)表明,轻声没有固定的调型,它的音高特征主要由前面的声调决定,轻声在非上声后表现为降调,但其下降的起点音高则不完全相同,阳平后轻声的起点较高,阴平后其次,去声后最低;轻声在上声之后则表现为一个中平调。不同声调后轻声时长的变化也表明,当轻声的调型为平调时,其时长容易延长,当轻声的调型为降调时,其时长延长的程度有限,而且起点音高较高的高降调的延长程度最短。

5. 结论

本文对从语料库中得到的 2694 个普通话双音节词的音长特征进行了研究,主要考察了各声调调型特征和所处停延边界对普

通话双音节词的音节时长的影响。分析表明,音节时长受到调型特征和所处停延边界的共同影响,主要表现为:1)无论在句中还是句末普通话音节的时长均表现为阳＞阴＞上＞去＞轻。2)句中无停顿前双音词的词首音节长于词末音节;有停顿前则是词末音节长于词首音节,随着停顿等级由不明显变为明显,词末音节延长的程度显著增加,阳平和阴平延长的程度显著大于上声、去声和轻声。3)普通话各音节的时长延长是有限的,在 B2 边界前时长延长的程度最大。4)在较大停延等级前各声调的时长伸缩要受到调型特征的影响,随着停延等级的增加,具有"升"调型的阳平的时长继续延长,而其他声调则逐渐变短,其中降调尤其是高降调的表现最为明显。5)较大停延边界前轻声时长的变化也要受到调型特征的影响:上声后轻声(平调)的延长程度最大,阳平后轻声(高降调)的延长程度最小。

参考文献

曹剑芬 1998 《汉语普通话语音节奏的初步研究》,《语音研究报告》。
冯隆 1985 《北京话语流中声韵调的时长》,《北京语音实验录》,北京大学出版社。
冯胜利 1997 《汉语的韵律、词法与句法》,北京大学出版社。
冯勇强 初敏 贺琳 吕士楠 2001 《汉语话语音节时长统计分析》,载《新世纪的现代语音学》,清华大学出版社。
孔江平 吕士楠 2000 《汉语双音节调位的矢量量化研究》,《声学学报》第 2 期。
林茂灿 颜景助 1980 《北京话轻声的声学性质》,《方言》第 3 期。
林茂灿 颜景助 孙国华 1984 《北京话两字组正常重音的初步实验》,《方言》第 1 期。
王蓓 杨玉芳 吕士楠 2004 《汉语韵律层级结构边界的声学分析》,《声学学报》第 1 期。
王晶 王理嘉 1993 《普通话多音节词音节时长分布模式》,《中国语文》第 2 期。
吴宗济 1982 《普通话语句中的声调变化》,《中国语文》第 6 期。又载《吴宗济语言学论文集》,商务印书馆,2003 年。
杨玉芳 1997 《句法边界的韵律学表现》,《声学学报》第 5 期。
Shu-hui Peng 1997 Production and Perception of Taiwanese Tones in Different Tonal and Prosodic Contexts. *Journal of Phonetics*. 371–400.

(邓丹 北京大学对外汉语教育学院 100871
石锋 南开大学文学院 300071
吕士楠 中科院声学研究所 100080)

普通话焦点重音对语句音高的作用*

贾媛　熊子瑜　李爱军

摘要：本文通过声学和感知实验考察了普通话焦点重音对语句音高（F_0）的作用。在对焦点重音的作用进行描述时，将焦点成分以及邻接焦点成分的音节声调目标值（H调或L调）作为描述的基本单元。本研究的主要发现有：(1)焦点处，所有音节H调的F_0均被显著抬高，而L调受焦点重音影响不大。(2)焦点重音对前音节的H调或L调的F_0作用不明显。(3)焦点重音对后接音节F_0的作用主要体现在将阴平和阳平的H调显著压低。(4)焦点重音的作用范围可延伸至负载句句末。(5)制约焦点重音分布的底层原因为焦点成分所含H调的数量。

关键词：焦点重音　声调目标值　作用方式　作用条件　作用范围

1. 背景介绍

Ladd(1996)提出，重音在某种程度上反映了句子的焦点情况。焦点一般被分为宽焦点和窄焦点，宽焦点表示新信息的引入，窄焦点表示对某种信息的确认。以往关于焦点问题的语音学研究中，O'Shaughnessy(1979)指出，英语的强调重音和F_0的抬高密切相关。Wells(1986)也指出，音高特征的变化和焦点是最直接相关的。

关于普通话焦点重音问题的研究，Xu, Yi(1999)考察了焦点重音对语句F_0的构型作用。研究中共设计了四种焦点情况：窄焦点在第一个和最后一个双音节词上，在第二个单音节词上，以及无焦点的情况。实验结果为：在窄焦点环境下，阴平、阳平和去声的F_0高点都被抬高，而阳平、去声和上声的F_0低点都被降低，但抬高的程度比降低的程度大，焦点重音还将焦点后音节的音域显著压缩。

众所周知，英语是重音语言，焦点重音在语音学上实现为F_0的抬高。和英语不同，普通话是声调语言，声调对语句F_0的构型起首要作用，因而对普通话的焦点重音问题进行研究，需要考虑传达焦点重音的音节的声调组合问题。上述Xu, Yi(1999)的研究中，虽然在第二到第四个音节有声调组合上的变化，但是无论焦点词的声调组合还是焦点词前后的声调组合都未包括全面；此外，他对焦点重音对F_0构型的影响的描述涉及焦点词域、前焦点域和后焦点域，而对于焦点

---

* 本研究得到中国社科院重点课题"普通话语音基础数据库和音高模式研究"（项目编号：YZDN50-05050）以及中国社科院重点学科"语言与自然话语处理"的支持，特此表示感谢。

重音的影响范围没有讨论过。鉴于以上分析,本文采用有 16 种声调组合的两音节词为焦点成分,且其前后的音节的声调都包括阴平、阳平、上声和去声。以此为研究对象,主要考察焦点重音对语句 F_0 的作用,具体而言,主要研究焦点重音的作用条件、作用方式、作用范围以及制约焦点重音分布的原因。

2. 实验设计和过程

声学实验中共选用了 16 个两音节亲属称谓词,声调组合为"阴平 + 阴平"至"去声 + 去声"。这些词由两个集合的音段组合而成,前一个音节的组合音段为:{干、堂、表、大},后一个音节的组合音段为:{哥、姨、姐、妹},第一个集合里的每一个音节都和第二个集合的音节组合,得到 16 个不同声调组合的两音节词,如:干哥(阴平 + 阴平)、干姨(阴平 + 阳平)、干姐(阴平 + 上声)、干妹(阴平 + 去声)、堂哥(阳平 + 阴平)、堂姨(阳平 + 阳平)、堂姐(阳平 + 上声)、堂妹(阳平 + 去声)、表哥(上声 + 阴平)、表姨(上声 + 阳平)、表姐(上声 + 上声)、表妹(上声 + 去声)、大哥(去声 + 阴平)、大姨(去声 + 阳平)、大姐(去声 + 上声)以及大妹(去声 + 去声)。这些焦点词被放入负载句的不同位置,无论焦点词在句子的什么位置其周围都有四个不同声调的音节。负载句都是含有 7 个音节的陈述句,焦点词分别位于句首、句中和句尾。所有负载句的焦点环境均为宽焦点和窄焦点。为了得到符合本研究的焦点类型,实验中采用引导句的形式。对于所

有的宽焦点句引导句都为"发生了什么事";而对于窄焦点句,则根据焦点词的位置和焦点词周围的声调环境的不同而采用不同位置的疑问词,疑问词前后的音节的声调情况和负载句相同。所有窄焦点引导句和负载句形式如下:

(1) **焦点词在句首**:

引导句:谁今/明/每/后天飞东京?

负载句:[**焦点词**] 今/明/每/后天飞东京。

(2) **焦点词在句中**:

引导句:今天/晨/晚/夜谁飞/回/返/去东京?

负载句:今天/晨/晚/夜[**焦点词**]飞/回/返/去东京。

(3) **焦点词在句末**:

引导句:今天张三接/陪/请/送谁?

负载句:今天张三接/陪/请/送[**焦点词**]。

所有的焦点词都被放入以上负载句中,每一个负载句出现 3 次,把所有的句子的顺序打乱制成录音文本,通过录音软件呈现给发音人。共邀请了 3 男 1 女 4 人参加发音,他们都说标准的普通话,且口齿清楚。录音过程在中国社科院语音室的消声室中完成。在录音过程中,首先通过播放器播放引导句,然后发音人按照引导句所提的问题,根据文本作出回答;发音人以中速完成录音。录制完的声音用自动切分程序将其声母和韵母切分出来,然后再用手工对边界和基频曲线进行较细致的修改。接着用 praat 脚本根据基频曲线提取数据,每个音节提取 10 个点,最后用 SPSS 将所有发音人的基频值

求出均值并作图。

听辨实验的目的是让听音人判定窄焦点环境下的焦点词两个音节是否有轻重上的差别。听辨实验的样本是从声学实验录制的声音样本中选取的,虽然声学实验中共邀请了四位发音人,但只有1男1女两位发音人的声音被选取。在听辨实验中,焦点词是实验关注的要素,因而只有焦点词在负载句句中且声调环境为阴平的负载句被选取。此外,尽管每个句子都被录制了3遍,只有效果最好的1遍被选取,以减少样本的数量。

共有5男3女共8个人参加了听辨实验,其中6个为在读的硕士生,另外2个为长期从事标注工作的人。这8个人无听力障碍且反应灵敏。听辨实验在电脑上通过听辨软件完成。在实验过程中,对于每一个句子屏幕上都会出现与这句话的焦点词的两个音节相关的四个选项:"都不重"、"都重"、"左重"以及"右重",听辨人需要对负载句焦点词的每个音节作出判断,并在上述四个音节中选择他/她认为合适的答案。对于每一个负载句,听辨人都可以进行多次试听,直到选出自己认为合适的答案,答案一经选择就不允许修改。实验过程为独立完成,在实验过程中不允许有任何交流。

3. 焦点重音对语句音高的作用条件、作用方式和作用范围

在对焦点重音的作用进行描述时,将焦点成分的每个音节的声调目标值区分开,来观察焦点成分各音节 H 或者 L 调的表现。

对焦点重音作用条件的分析,是指焦点重音对语句 F_0 的作用体现在焦点成分以及前焦点和后焦点成分的 H 调或者 L 调上;作用方式,是指焦点重音对 H 调或者 L 调是抬高还是压低;而作用范围是指焦点重音对音高的作用延伸的距离。

3.1 焦点词在句首的负载句

下面图1和图2为"堂姨今天飞东京"和"大妹今天飞东京"的 F_0 均值图,焦点词为"堂姨"和"大妹"。[①] 图例中 MH 表示焦点词的结构为修饰语-中心词,其后面的"0"表示焦点类型为宽焦点,而"1"则为窄焦点,再后面的"1"表示焦点词在句首,后面的"22"表示焦点词的声调组合为"阳平+阳平","44"就表示焦点词的声调组合为"去声+去声",最后的一个"1"表示紧接焦点词的音节的声调为阴平。

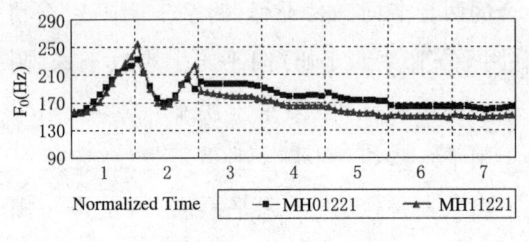

图 1 堂姨今天飞东京

在图1中,和宽焦点环境下的 F_0 曲线相比,在焦点词处,焦点词"堂姨(LH. LH)"的两个音节的 H 调都比宽焦点环境下的 H 调要高,而 L 调受焦点重音的影响不大,其表现和宽焦点下的 L 调相似。此外,窄焦点环境

[①] 这里选用带有焦点词"堂姨"和"大妹"负载句为例,是因为这两个词的每个音节都有 H 调和 L 调。而其他焦点词所传达的焦点重音的作用的详细情况,请参见 Jia(2006a)。

下,焦点词后的所有音节"今天飞东京"的音阶比宽焦点下对应的音节的音阶明显低,这说明焦点重音的作用范围可延伸至句末。

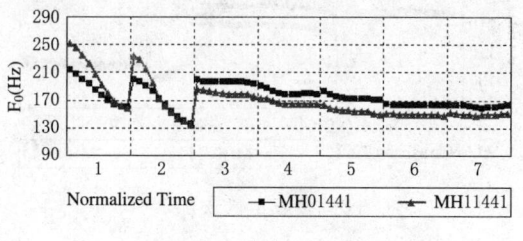

图 2 大妹今天飞东京

和图1相似,在图2中,焦点词"大妹(HL.HL)",在窄焦点环境下,H调被焦点重音显著抬高,而这两个音节的L调跟宽焦点环境下的L调表现类似。焦点重音也将焦点词后每个音节的音阶显著压低。

3.2 焦点词在句中的负载句

下面两图分别为"今天干哥飞东京"和"今天表哥飞东京"的F_0均值图,焦点词分别为"干哥"和"表哥"。

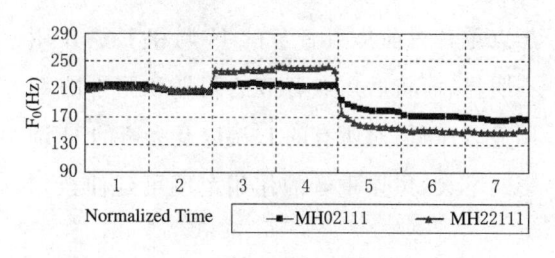

图 3 今天干哥飞东京

从上图可以看出来,在焦点词处,焦点重音将焦点词"干哥(HH.HH)"的两个音节的H调显著抬高,而焦点词前的两个音节"今天"的音阶和宽焦点下类似。和焦点词在句首的F_0曲拱相同,焦点词将其后面所有音节"飞东京"的音阶显著压低。

在图4中,焦点词"表哥(LL.HH)"只有第二个音节受焦点重音作用比较明显,H调被显著抬高,而第一个音节因为焦点词的音节都是L调,此音节的L调和宽焦点下的L调相比,受焦点重音的影响不大。焦点词后的每个音节的音阶都比宽焦点下音节的音阶低。和图3相同,焦点词前的两个音节的音阶和宽焦点下相似。

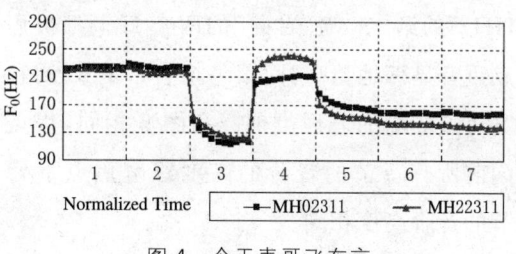

图 4 今天表哥飞东京

3.3 焦点词在句末的负载句

下图为"今天张三接堂姨"和"今天张三接表哥"的F_0均值图,焦点词为"堂姨"和"表哥"。

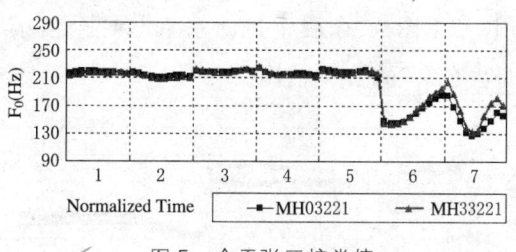

图 5 今天张三接堂姨

从图5中可以看出,焦点词"堂姨(LH.LH)"的两个音节的H调都比宽焦点下的H调高,而L调和宽焦点环境下的L调相似,同样是焦点词"堂姨",当其在句首的时候,焦点词的两个音节的H调被焦点重音抬高的程度要比焦点词在句末的时候大(见图1)。和焦点词在句中的情况相似,焦点词前所有音节的音阶"今天张三接"都和宽焦点下表现相似。

图 6　今天张三接表哥

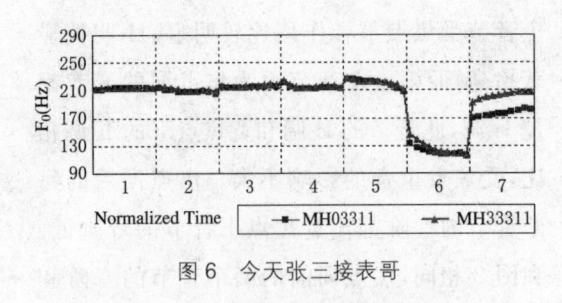

图 6 中，窄焦点环境下，焦点词"表哥（LL.HH）"的第二个音节"哥"的两个 H 调都被焦点重音显著地抬高，而第一个音节的 L 调和宽焦点环境的表现类似。和图 5 相同，焦点词前所有音节的音阶的高度跟宽焦点下音节的音阶高度相同。

3.4　焦点重音对邻接音节音高的作用

关于焦点重音对邻接音节的音高作用的分析，主要以含焦点词"干哥"的负载句为例，当其前接和后接的音节的声调不同时，来考察焦点重音对不同声调音节音高的作用。① 下图为"今晨干哥回东京"和"今夜干哥去东京"的 F_0 均值图。

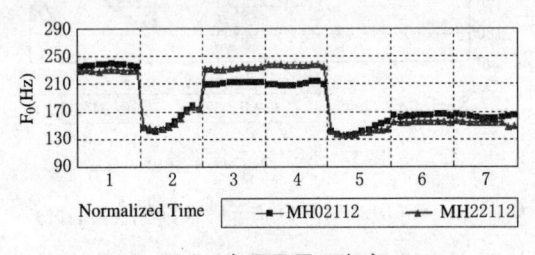

图 7　今晨干哥回东京

在图 3 中，当焦点词前接和后接的声调为阴平时，焦点重音对前接音节的 H 调影响不大，而后接音节的 H 调被显著压低。在图 7 中，当焦点词前接和后接的音节的声调为阳平时，焦点词前面的阳平的 H 调和 L 调受焦点重音的影响不大，和宽焦点环境下的音高走势相似。而焦点词后的阳平的 H 调被压低，L 调受焦点重音的影响不大。

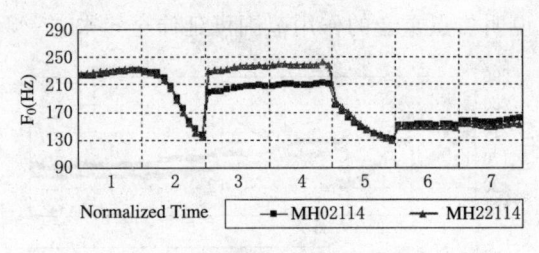

图 8　今夜干哥去东京

在图 8 中，当焦点词前后的音节为去声时，和焦点词邻接的音节的 H 调和 L 调与宽焦点下的表现类似。焦点词后去声的 H 调的音高没有被压低，是因为去声的 H 调处于从焦点成分到非焦点成分过渡的位置，而其本身又含有 L 调，因此使其没有像阴平和阳平的 H 调一样被立刻压低。

综上分析，焦点重音的作用方式，在焦点词处，无论焦点词在句首、句中还是句尾，焦点重音都将焦点成分的 H 调显著抬高，而对 L 调的作用不明显。焦点成分所传达的焦点重音对前焦点音节的 H 调和 L 调作用不明显，而将后焦点音节的阴平和阳平的 H 调显著压低，对所有的 L 调以及去声的 H 调影响不大，焦点重音的作用范围可延伸至句末。

4.　焦点重音对音高作用的感知

上文对焦点重音对语句音高的作用的三个方面进行了详细的考察。在本部分中，主要分析焦点成分重音分布的感知结果，以

---

① 在这里以焦点词后声调为阳平和去声的音节为例，因为这两个音节的声调目标值中都有"H"调和"L"调。

及制约其分布的底层原因。下表是听辨人对窄焦点环境下的负载句中焦点成分轻重模式的感知结果：

焦点重音分布感知结果

声调组合	都不重	都重	前重	后重	总数
1＋1①		3		13	16
1＋2		2	11	3	16
1＋3	1	4	7	4	16
1＋4		6	8	2	16
2＋1		5		11	16
2＋2		6	2	8	16
2＋3	2	4	6	4	16
2＋4		6	1	9	16
3＋1		3		13	16
3＋2	1	3	2	10	16
3＋3		4	7	5	16
3＋4		5	1	10	16
4＋1		5	3	8	16
4＋2	1	6		9	16
4＋3		1	10	5	16
4＋4		5	1	10	16

从上表的听辨结果可以看出，对于声调组合为"阴平＋阳平"的焦点词"干姨"而言，在16个听辨结果中，焦点词的两个音节被判定为都重的有2个，左重的有11个，而右重的有3个，被判定为左重的数量占有较大的优势。以此为标准，可以判定焦点词"干姨"在窄焦点句中的轻重模式为左重。综合所有的听辨实验结果，16种声调组合的焦点词的轻重模式可以分为两类：左重和右重；左重模式的焦点成分包括：干姨、干姐、干妹、堂姐、表姐、大姐，右重模式的焦点成分包括：干哥、堂哥、堂姨、堂妹、表哥、表姨、表妹、大哥、大姨、大妹。

在本文第3部分对焦点重音对音高作用的分析中，焦点重音对语句音高的作用方式主要体现在焦点成分每个音节的H调上。从上面感知结果中也可以看出，听辨人是以焦点成分H调为主要的感知线索的。具体地说，当焦点成分为两个音节的时候，哪个音节含有的H调的数量多，哪个音节越容易被听音人判定为重，例如，焦点词"堂哥"和"干姨"，其声调目标值分别为：LH. HH以及HH. LH，在负载句中，负载焦点重音的音节为"哥"和"干"。焦点词中，除了在H调数量上有差异的两音节词以外，还有5个词的两个音节在H调的数量上无差异，如"干哥"的声调目标值为"HH. HH"、"堂姨"为"LH. LH"、"堂妹"为"LH. HL"、"大姨"为"HL. LH"以及"大妹"为"HL. HL"，这一类焦点词的重音模式都为右重。

从以上分析可知，制约焦点重音分布的原因是焦点成分每个音节的H调的数量；而当焦点成分的两个音节在H调数量上相等时，焦点成分的轻重模式为右重。

5. 结论

本文以16个两音节焦点词所传达的焦点重音为研究对象，主要考察了焦点重音的作用条件、作用方式、作用范围以及分布感知。无论焦点词的位置在负载句的句首、句中还是句尾，焦点重音主要作用在焦点词的H调上。作为焦点词的两个音节，其基频均

---

① 声调组合用粗体表示的部分，说明焦点词两个音节在H调的数量上无差异。

表现出被抬高的情况,这是汉语作为以双音节词为主的声调语言所特有的现象。焦点重音对邻接音节的音高的作用主要表现在对后接的阴平和阳平的 H 的压低上;焦点重音的作用范围可以延伸至句尾。具体地说,当焦点词在句首和句中时,可以将焦点词后音节的每个音节的音阶压低。声学分析和听辨结果显示,制约焦点重音分布的原因为焦点成分每个音节所含 H 调的数量;当焦点成分的哪个音节所含 H 调数量多,则其越容易被判定为重。

参考文献

Jia, Yuan 2006a *A Phonetic and Phonological Study of Focal Accents of Disyllabic Words in Standard Chinese*. Master Thesis of Nankai University.

Jia, Yuan, Xiong Ziyu and Li Aijun 2006b Phonetic and Phonological Analysis of Focal Accents of Disyllabic Words in Standard Chinese. *The 5th International Symposium on Chinese Spoken Language Processing* (forthcoming). (Singapore)

Ladd, D. Robert 1996 *Intonational Phonology*. Cambridge: Cambridge University Press.

O'shaughnessy, Douglas 1979 Linguistic feature in fundamental frequency patterns. *Journal of Phonetics*, 7, 119-145.

Xiong, Ziyu 2006 Pitch variations in the running speech of Standard Chinese. *The 2nd International Symposium on Tonal Aspects of Languages* (France).

Xu, Yi 1999 Effects of tone and focus on the formation and alignment of F_0 contours. *Journal of Phonetics* 27:55-105.

Wells, William 1986 An Experimental Approach to the Interpretation of Focus in Spoken English. In Catherine Johns-Lewis (ed.) *Intonational in Discourse*, 53-57. London: Croom Helm.

(贾媛　南开大学外国语学院　300071
熊子瑜　李爱军　中国社会科学院语言研究所　100732)

连上变调在不同韵律层级上的声学表现
——兼论连上变调的性质

邝剑菁　王洪君

摘要：本文对北京话跨不同等级边界的两字连上进行了声学考查。考查支持陈渊泉(2000)"连上变调在最小节奏单元中优先,不跨越语调短语"的观点;但否定了他"(北京话)在最小节奏单元和语调短语之间没有其他韵律层级"的观点。考查发现,尽管都发生连上变调,但在音步内(韵律词)、不带停延的音步间(韵律类词)、不带语调的停延段间(韵律短语)这三个韵律层级上,连上是否必须变调、变高调的具体表现很不相同。进一步地,作者根据连上变调可穿越停延边界、停延边界上变高调的上声音节的时长超长等事实,论证了连上变调的动因是音高异化,而不是节奏单元内部的时长压缩;论证了北京话的韵律有停延和变调两个方面,而各级韵律单位主要由停延强度决定。

关键词：连上变调　韵律层级　音高异化　北京话

0. 问题的提出

本文的"连调"或"连上变调",除特别说明,一律限指北京话(普通话同)的现象。

连上变调一直是汉语音系学讨论的热点问题。讨论集中在两个问题上:一是连上变调的辖域以及与句法的相关关系;二是连上变调的性质和动因。本文拟通过声学实验重新考察前一问题,在此基础上兼及后一问题。

第一个问题上影响较大的研究有 Shih(1986)、沈炯(1994)、陈渊泉(2000)等。

Shih(1986)认为,连上变调的辖域与节奏和句法相关,表现在:直接成分双音步首先组步,其次是剩余的句法分支方向相同的双音节组步,最后仍剩余的单音节按照句法分支的方向归入前后单元。这个原则被证明是北京话音步组织的基本方式,得到了学界的广泛认可。

沈(1994)认为,连上变调的辖域与句法结构分支的方向有关:句法顺向分支的结合处必须变调,句法逆向分支处可变调可不变调。

陈(2000)则认为连上变调的辖域并非直接由句法决定,而是句法首先"换算"为大小不同的韵律层级单位,由它们制约变调。具体来说,制约连上变调辖域的韵律单元有两级:优先变调的最小节奏单元(音步)[①]和

[①] 陈的"最小节奏单元"相当于 Shih(1986)的"音步",但陈认为北京话的这一级单位并不像英语等语言的音步那样是"重轻的一次交替",因而弃用"音步"。我们(王,2004)认为,重轻的交替、松紧的交替都可以构成节奏的最小单元——音步,所以,本文"音步"和"最小节奏单元"都用,所指相同。

之后再次变调的最大辖域语调短语,两级之间不需要音系短语等中间层级。语调短语是连上变调的最大辖域,陈举了不少令人信服的实例,比如"头脑简单"的"脑"也要变为高调35,而"脑"和"间"分在两个最小节奏单元中。

我们去年的一项调查(邝,2005)部分支持了陈(2000)的观点,但不全同。如一律右分支的、各音节均为上声的句子"展览馆里挤",调查结果是:在常规的语速下,发音人倾向于念成 HLHHL 或者 HHLHL。前者与所有单音节成分并列(冯 1998 称"自然音步")的"五五五五五"的变调相同,发音人是按照从左到右的顺序、按照 Shih(1986)规则进行变调的;后者则是把成词的"展览馆"优先括在了一起,优先作为一个不可分割的节奏单元,然后是剩余的两个音节组成另一单元。总之,①连上可以优先考虑词界也可以忽略词界,但两或三音节的音步界却是不能逾越的;②在语调短语的范围内,连上可以跨越音步或短语界再次变调。

陈(2000)的观点对于连上是否变高调有较好的解释力,但有以下不足:① 没有给出在不同等级边界上连上变调的具体声学表现,比如,在音步内、不带停延的音步界上、不带完整语调的2-3级停延段界上、带完整语调的4级停延段界上,所发生的连上变调在声学表现上是否有模式的不同;这对于合成自然的变调十分重要,对于连上变调性质的判定也十分重要。② 没有详细讨论与连上变调有关的韵律单位的句法对应条件。本文将设计有关的声学实验来考查如上问题。

第二个问题,关于连上变调的动因和性质,比较有代表性的已有说法有:共时的异化说、折调取直说和历时的本调存留说。我们将在实验分析的基础上兼及讨论这一问题。

1. 实验

实验目的:测试已经进入到不同层级韵律单元的两个上声的变调情况。

实验内容:嵌入两个上声字的几十个语句,上声嵌入位置跨在大小不同的韵律边界上并已组织到大大小小的韵律单元中。

发音人:男生女生各一名。北京人,23岁,北大非语言学专业学生。

录音在北大中文系语音乐律实验室进行,采用了电子喉头仪双声道录音。相关数据的提取和分析提取参考了 matlab,文中语图用 praat 绘制。文中展示的语图都是窄带语图,目的是兼顾基频走向和音节之间的边界信息,有的语图根据需要加画了音强曲线。提取的参考数据包括:基频(起点、终点以及折点)、前字上声的升尾时长、无声段时长、前后字时长、前后字音强。

2. 实验结果

下面先按韵律边界从小到大的次序介绍实验结果,作为测试目标的两个上声字用黑体及下划线标出。

2.1 音步内

实例(1):<u>**雨伞**</u>　<u>**买米**</u>　<u>**打死**</u>　<u>**打伞**</u>

结果:前一上声变高调,两上声结合紧

密,中间没有停延,前字上声升尾显著但时长短,后字音强不强于前字。

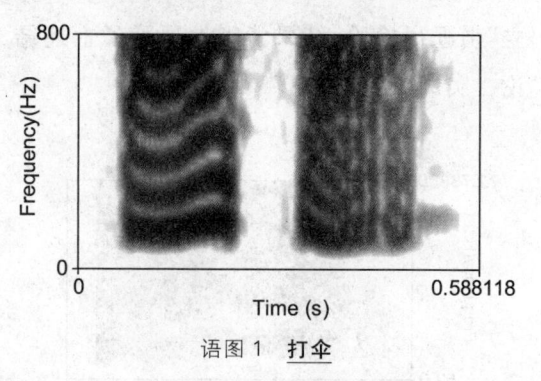

语图 1 打伞

2.2 跨音步界、同一停延段内

实例(2):商场广告部 常**委主**席 精**彩表**现

结果:前一上声变高调,上升幅度略低,前字调尾略长,两上声长度基本相同,之间没有明显停延,后字音强不强于前字,前字音强不衰弱。

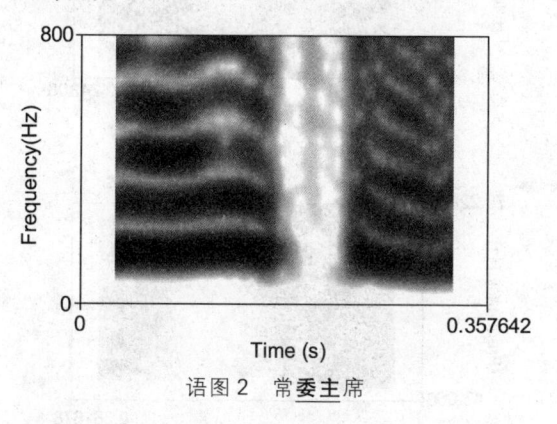

语图 2 常**委主**席

除变调高升部分的急缓、调末回归部分的短长的区别外,(1)(2)类的不同还有强制性程度不同:(1)是必须变调,(2)则有不变调(即21+21)的极个别实例(1例)。

2.3 跨停延段界、同一语调段内

实例(3):见下图。

结果:前一上声变高调,与后一上声相比有明显的拖长,调型特点主要体现在前字升尾的升幅明显且时长长,前后上声之间可以有小的停顿。

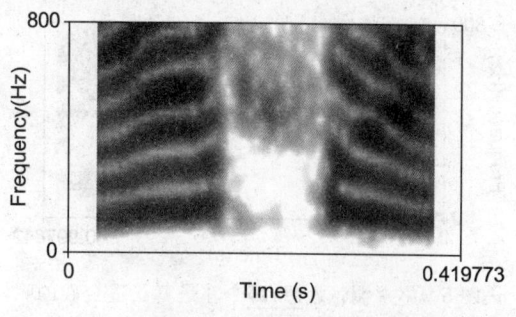

语图 3 天边一**抹火**红的晚霞

前一上声"抹"0.16s,后一上声"火"0.12s,"抹"的韵母拖长,调型上升趋势显著。

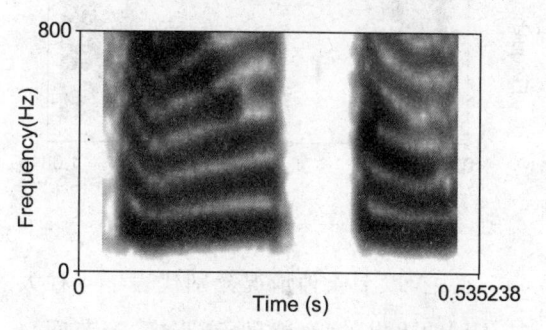

语图 4 从上**海、北**京、天津来的旅客到这里集合

前一上声"海"0.2s,后一上声"北"0.1s,两上声中间有0.1s的无声段。

以上 2 例,无论是前一上声韵母的明显延长、声调上升后的回归、小的无声段出现,都说明两上声之间有较明显的停延,属于声断气连型2-3级强度的边界。可以看出,连上可以穿越这种强度的边界发生变调。同(2)一样,(3)类变调也不是必需的,是可以不变调的。

2.4 跨语调段

实例(4):见下图。

结果:前字不变高调,且音强迅速衰弱,时长很短,两个上声字中间有非常大的无声段。

同时，后一上声有很明显的音高、音强重置，这是典型的语调段边界的特征。这样的边界，连上变调不能够穿透。

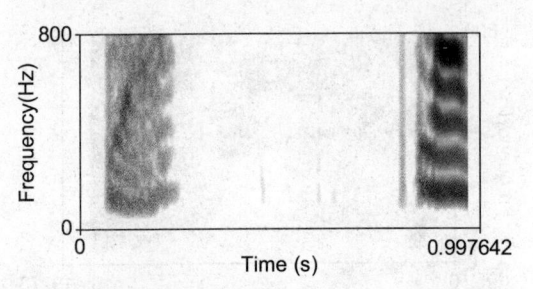

语图 5　小柳惆怅地想：**哪**个才是真正适合我的呢

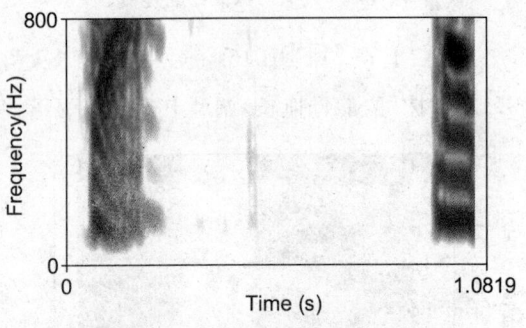

语图 6　不要买雨**伞，买**皮球才划算

总之，以上 4 种情况分别代表了 4 种大小不同的边界：⑴音节界（音步内、音节间）；⑵音步界（停延段内、音步间）；⑶停延段界（语调段内、停延段间）；⑷语调段界（语调段之间）。可以看出，⑴⑵⑶变调而⑷不变调；而变调的⑴⑵⑶，首先有⑴必须变调而⑵⑶是可变可不变的区别，另外 3 个层级在变调的具体表现也有明显的区别。以下是四种边界的调型图：

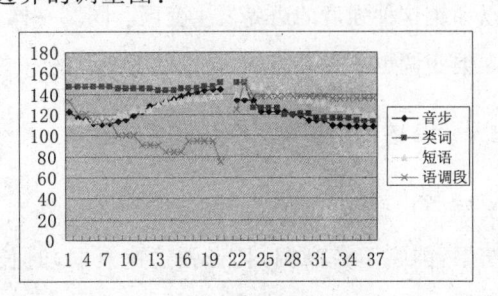

我们还设计了同样的两个上声字（"好、很"）出现在大小不同边界上的许多"最小对立"来进行检验，结果清晰地展示了上述结论。实例如下：

（5-1）音步内

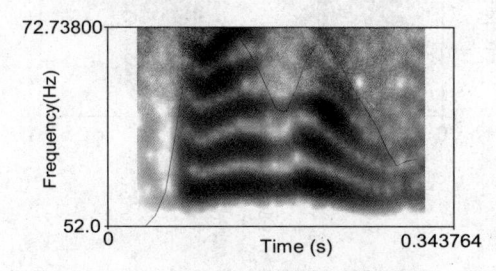

语图 7　这么改一改就**好很**多了

前后字结合得非常紧密，变调显著。

（5-2）跨停延段界、语调段内

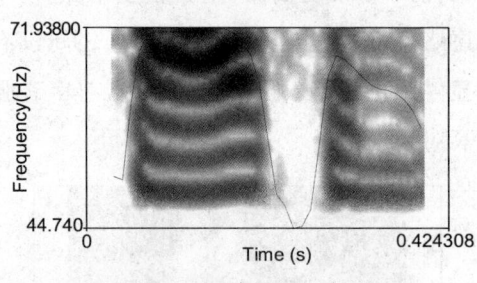

语图 8　配合**好很**不容易

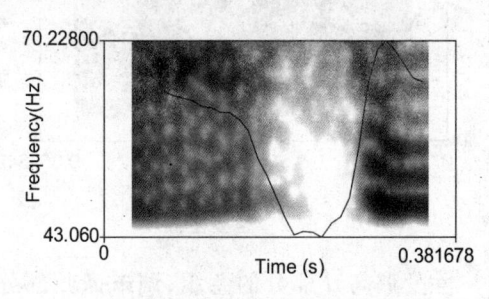

语图 9　房子光线**好，很**明亮

变调可以穿透两个音节中间的小停延，前字时长长。不过，出现语调段内跨停延段的变调是可选的。同等边界强度上的连上也可以不变调，条件是，音强发生了重置（语图 9）。

(5-3)语调短语界

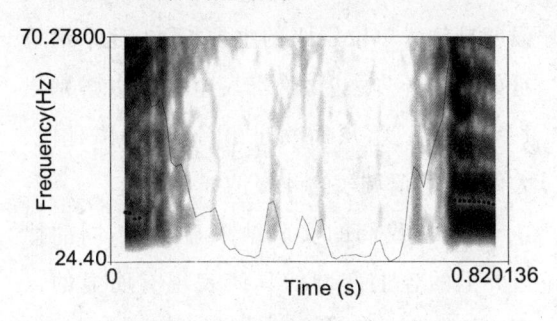

语图10 我还没准备**好**,**很**担心考试不过关

语调段边界,必然不发生变调。

小结:"好、很"两字在不同强度韵律边界上的不同表现,证明了我们前面区分。尤其要指出,这些语图表明不同层级边界上的变调表现与该层级的边界特征是直接相关的。后文还有详细讨论。

3. 连上变调的性质和动因

关于上声变调的性质和动因,已有过很多的讨论。比较有影响的有共时的异化说、折调取直说和历时的本调存留说。

尽管"历史上的单字调可能存留在今天的连读变调中",但这毕竟只是一种可能而不是必然的,因此我们优先考虑共时的解释。

共时异化说与浮游调说有一定的关系。该说认为,上声的本质是低调21(或11),单字调214收尾的4是个只在单念或后有停延时才体现出来的浮游调。低调在声调体系中是很有标记的,因此两低调相连时,前一低调就异化为高调。低调异化规则在世界声调语言和汉语方言中的确颇为常见。

折调取直说(刘俐李,2005;傅林,2006)

与"目标接近说"(Xu,1997)有一定的关系。"目标接近说"是指语流中的声调总是从前一音节结束时的音高位置出发,向本音节声调的底层目标值进发;如果时间足够,底层目标值将完全实现,甚至实现后还可再加上回归自然状态的调尾;如果时间不足够,就在底层目标值未完全实现的情况下结束,开始向下一音节目标值的进发。目标接近说的提出者明确指出,该说可以很好地解释语流中阳平、去声的连调变化,但连上变调应该是另有动因的。折调取直说接受了目标接近说语流快慢决定目标值是否能够完全实现的观点,新提出了说话人连读中对曲折调采用的是舍弃折点、直连两端的目标接近策略。

异化说和折调取直说哪个更合理呢?

至少北京话的连上变调不能用折调取直说来解释。本文的实验结果表明,连上变调可穿越停延边界,停延边界上的前一上声音节的时长相当长(如"天边一**抹**火红的晚霞""配合**好很**不容易"),它有足够的时间达到曲折调的目标值,但仍然发生了变为非曲折高调的变化。

异化说与本文的实验结果不矛盾:一个语调段内只要有两个低调的上声接续出现,不论两上声是否在一个最小节奏单元内,不论前一上声的音节是长是短,其后是否有似断非断的拖延或小的停顿;前一上声都可能变为高调。

比如,"精彩表现"和"精彩表演",从节奏单元的构成上来说是完全一样的,"彩"都是第一节奏单元的边界;但"精彩表现"的"彩"变了高调,"精彩表演"的"彩"却仍为低调。造成这个区别的是第二个节奏单元开始的"表"是否保持低调。两低调相连是变调的必要条件。如下图划线处所示。

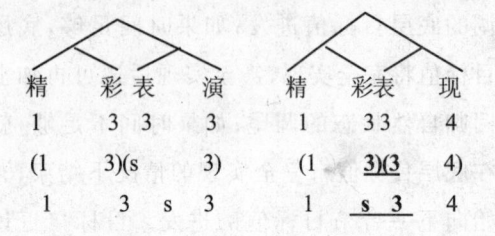

```
    精  彩  表  演      精  彩  表  现
    1   3  3   3       1   3 3   4
   (1    3)(s    3)   (1    3)(3   4)
    1    3  s    3     1    s 3    4
```

两个低调音节的接续出现是连上变调的必要条件,最小的节奏单元及其伴随的时长压缩却不是必要条件。也即连上变调的动因是构成语流音高的高低交替,它与节奏的松紧相对独立,所以在节奏的松处、紧处都可发生。音高异化作为连上变调的性质和动因更为合理。

4. 连上变调与韵律层级

4.1 变调的层级

我们的实验结果证明了陈(2000)的如下结论:(1)连上变调的辖域有最小节奏单元和语调短语两个层次,最小节奏单元的作用是内部优先发生连上变调,而语调短语的作用一是第二次运用连调规则,二是必定阻断连上变调跨界发生。(2)两音节最小节奏单元中的连上是必须变调,语调短语层次上的连上是可变调也可不变调。

但是,陈(2000)北京话变调规则只需要最小节奏单元和语调短语两级单位,不需要其中间韵律层级的观点,他把所有发生连上变调的音节都放在一个"短语性最小节奏单元"中,并且把两次连调的限制域作为两级节奏单元的处理似需商榷。

首先,许多听觉测试已经证明,停延的强度是韵律单位层级的主要标志,北京话也是如此。音节之上,听辨人至少可以辨别出4级停延强度,从而判定出音步、小停延段、大停延段、语调段这4级韵律单位。

其次,我们的实验结果显示,不同韵律边界上的连上变调的具体表现有明显的区别:音步内部连上变调的上升幅度短而急,调型连接紧密(参见语图1、7),而音步边界和停延段边界上的连上变调前字升尾幅度小时间长(参见语图2、3、4、8)。此外,停延段边界上的连上变调伴有明显的气声拖延段或小的停顿,与音步边界上的变调也有不同。这些不同,其实体现出了韵律层级的边界信息①,因此这种层级上的区别不能被抹杀。

另外,音步之上、语调段之下,连上虽然都不是必须变调的,但变调与否似乎有量的差别,如图所示:

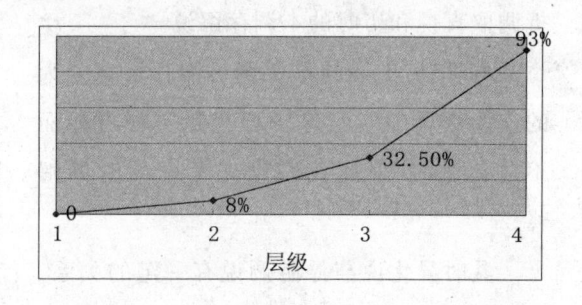

综上,我们认为,变调和停延是韵律的两个方面,而北京人感知的节奏单元是由停延决定的。此外,北京话中变调受停延的制约,而停延不受变调的制约。从连调与停延

---

① 关于韵律层级边界的声学特性,可以参见曹剑芬(1998)。

的这些关系可以看出,松紧的不同是北京话韵律最重要的决定性因素,这为我们提出的汉语属于松紧型节律的观点(王,2004)提供了又一支持。

4.2 节奏单元与变调单元的矛盾

现在我们可以对"买小雨伞"的韵律问题作出更好的解释了。这些直接成分的音节数为 1 + 3,均为上声的述宾结构,节奏的单元与变调的单元并不一致:

节奏上是"买//小/雨伞","买"与"小雨伞"的节奏最松,表现在"买"有明显的韵母拖长并后面可有气流的短暂一收,单音节后的这些特征标志着单音节自成小停延段;"小"与"雨伞"的节奏次松,表现在"小"不可以有气流的暂收、可有次明显的韵母拖长但也可以不延长;"雨伞"的节奏最紧。

变调上最自然的是 HLHL,也即"买 s 小 3 雨 s 伞 3",变调既在这一语段的节奏的最紧处"雨伞"的内部发生,也在节奏的最松处、可带小停顿的"买"和"小雨伞"之间发生。

参考文献

曹剑芬　1998　《普通话节奏的声学语音特性》,见《现代语音研究与探索》,商务印书馆,2007。

陈渊泉　2000/2001　*Tone Sandhi: Patterns across Chinese Dialects*,外语教学与研究出版社,剑桥大学出版社。

冯胜利　1998　《论汉语的"自然音步"》,《中国语文》第 1 期。

傅林　2006　《变调的成因与变异》,北京大学硕士论文。

邝剑菁　2005　《汉语节奏组织的句法规则和韵律规则》,北京大学本科论文。

刘俐李　2005　《连调中的折度打磨》,《语言研究》第 4 期。

沈炯　1994　《北京话上声连读的调型组合和节奏形式》,《中国语文》第 4 期。

王洪君　2004　《试论汉语的节奏类型——松紧型》,《语言科学》第 3 期。

Shih Chi-lin(石基琳)　1986　*The Prosodic Domain of Tone Sandhi in Chinese*, DhP. disseration, University of California at San Diego.

Xu Yi(许毅)　1997　Contextual Tonal Variations in Mandarin. *Journal of Phonetics*, 25, 61–83.

(邝剑菁　王洪君　北京大学中文系　100871)

情感句重音模式

李爱军

摘要：情感句中重音模式对合成情感语句至关重要。本文从感知的角度，分析了字面没有情感标记的高兴、害怕、难过、生气这四种情感句的重音模式与对应中性句重音模式之间的关系，同时，考察不同发音人之间的情感句重音模式。发现情感句重音有重音转移的现象，各种情感的转移程度有差异。

关键词：情感句重音　情感语音　感知

1. 引言

"情感"是对外界刺激肯定或否定的心理反应，如喜欢、愤怒、悲伤、恐惧、爱慕、厌恶等。也称感情（《现代汉语词典》第5版）。我们常说人有七情六欲，"七情"就是情感。

情绪心理学对于情本体的追问及其回答，极富于启发性。情即感情被分为情绪与情感两个部分。中国古代对情绪情感的理论研究，集中在情与心、性的辨析和情与五脏的共振等问题上。[①]

现在从语音上研究情感情绪表达，是言语工程的需要，更多是研究情感情绪语音的声学和语言学表现。比如情感语音库的收集建立和标注[②]、情感词典的建立[③]、情感语音的声学特性包括韵律特性和音质特性[④]、情感语音的建模、情感语音的识别、情感语音的合成[⑤]等。

这里的情感句重音是指我们情感句里最凸显的重音，不是指字面上表达情感的语义重音，所以我们这里的重音可以不是在词汇上就可以传达情感的情感词汇。词汇上可以表达情感的如"欣喜若狂"大部分情况下表示高兴，"一败涂地"大部分情况下可能表示沮丧、悲伤或者愤怒等；但任何一个中性词汇在实际的口语交际中都可以表情达意。

通过我们对友好语音的分析、合成研究发现，情感重音的正确设置对于合成表达有好态度的语音有很重要的作用[⑥]。观察我们基本情绪库录制的高兴、害怕、难过、生气这四种情感语句，我们发现，情感句的重音与对应的中性语句的重音有明显的差异。而

---

① 见李珺平，1999。
② 见 Douglas-Cowie et al., 2003；李珺平，1999。
③ 见 Tao, 2003。
④ Aijun Li and Haibo Wang, 2004；Aijun Li, Fangxin Chen et al., 2004；Fangxin Chen et al., 2004；Campbell, 2003, 2004.
⑤ 见 Tao, 2003；Tao et al., 2006。
⑥ 见 Aijun Li and Haibo Wang, 2004。

且每种情感语句中的重音表现有一定的模式。所以我们决定从感知的角度来分析这四种情感句的重音模式与中性句的重音模式之间的关系,同时,考察不同发音人之间的情感重音模式的差异。

2. CASS—EMC 语音库

CASS—EMC[①] 是中国社会科学院语言所语音研究室制作的情感语音库,主要包括单字组、二字组、三字组、短句等各种语料的 6 种基本情绪,情绪分类为嘲讽(scorn)、高兴(happiness)、害怕(fear)、难过(sadness)、生气(anger)、厌恶(disgust),为了对比还录制了中性状态(neutral)。此外,还有短篇故事。短句为设计语料,尽量考虑各种词汇的声调组合、句型。发音人为专业演员,3 男 1 女,年龄在 20 岁左右。语音录制的采样率为 16KH,量化精度为 16 位,双通道(EGG,MICROPHONE)。在我们的重音研究中,选择其中两位男声的字面没有情感标记的高兴、害怕、难过、生气和中性等五种状态的短句进行研究。

3. 情感句重音模式

3.1 情感句重音感知实验

听音人为 3 位大学生,2 女 1 男,没有听力障碍,完全不知我们的实验目的。这里的情感句选择字面没有情感表达提示的语句,发音人为两位男发音人 MY 与 ZWK。所有情感状态的句子为 240 句 = 2 (speakers)*24 (utterances)*5 (states),通过听辨软件随机播放给听音人,请他们记录重读音节或词的位置,不限制重音个数。由于我们这里的句子都是短句,每一个短句为一个语调短语,也就是说一个语调短语中允许听音人标记一个以上的重音。

感知得分:如果 3 个听音人感知到的重音位置相同(重音落在相同的词或相同词里的某个音节),则这句话的重音感知得分为 3 分,如果两个人的结果相同则得分为 2 分,如果全都不相同则得 0 分。

这样计算各种状态下的重音感知得分,按照两位发音人分别统计,结果如图 1 所示。重音感知得分在两位发音人 ZWK 与 MY 之间的分布情况见表 1。两位发音人的句重音感知结果的一致性如表 2 所示。两位发音人在五种情感状态下的感知结果 T-TEST 结果见表 3。

我们可以发现 5 种情感状态之间的感知得分不同(图 1),从表 1 的得分分布来看,发音人得 2 分和 3 分的分布有差异,ZWK 得到的 3 分总和大于 MY,而 MY 得到的 2 分总和大于 ZWK。

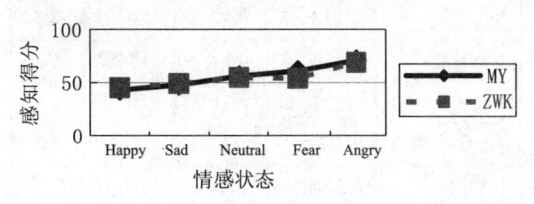

图 1 各种情感句重音的感知结果

从表 2 我们可知,对发音人 MY 的重音感知一致性从高到低为:Angry＞Fear＞Neutral＞Sad＞Happy;对发音人 ZWK 重

---

① 见王海波、李爱军,2003。

音感知的一致性从高到低为 Angry＞Neutral＞Fear＞Sad＞Happy。主要是在"Fear"状态两者表达差异引起了重音感知的差异。一致性最高为 98.6%，最低为 60%。

T-Test 的结果表明（表3），(1) 两位发音人的每种情感的重音感知结果之间没有显著差异（P＞0.05），说明发音人在我们的情感语料中使用了非常相近的表达方式。(2) "Fear"的 P = 0.098，说明在 0.1 的置信区间，两者在表达"Fear"的情感重音有显著差异，也暗示了听音人对"Fear"重音感知的一致性比其他的情感状态要低。也说明人们在表达某些情感的时候用非常相似的方式，而表达某些情感时候表达方式有差异。

通过这样的感知，我们将每一个句子重音感知得 2 分或 3 分的确定为句子的重音，得 0 分的（占 6%）由作者确定。

表1 两位发音人的句重音感知结果分布

Spk / Emot	ZWK 0	2	3	total	MY 0	2	3	total
Happy	5	14	5	43	4	15	5	45
Sad	3	13	7	49	1	20	3	49
Neutral	0	16	8	56	0	17	7	55
Fear	0	11	13	61	1	15	8	54
Angry	0	1	23	71	0	3	21	69
total	8	55	56	280	6	70	44	272

表2 两位发音人的句重音感知一致性

发音人	Happy	Sad	Neutral	Fear	Angry
ZWK	62.5	68.1	76.4	75.0	95.8
MY	60.0	66.7	77.8	84.7	98.6

表3 两位发音人 ZWK 与 MY 在五种情感状态下的感知结果 T-TEST

情感状态	T-test	N	P(0.05)
Happy	0.779641	24	0.7655
Fear	0.069546	24	0.098
Sad	0.852104	24	0.8513
Angry	0.327716	24	0.3064
Neutral	0.664306	24	0.7616

3.2 情感句重音模式分析

图 2 和图 3 分别是两位发音人在感知实验中得到的语句重音的分布，I：句首，M：句中，F：句尾。可知这 24 个句子在 5 种情感状态下：

（1）两个发音人的重音模式很相似：除了高兴、愤怒之外，中性、难过、害怕的重音分布模式很相近；中性句句重音在句首的占最多，其次是在句中；在难过、害怕和愤怒中重音趋向于出现在句尾，其次是句中，然后是句首；两个人的重音分布在高兴情感句中有一定的差异，ZWK 的高兴句重音出现在句首和句尾的情况相当，比出现在句中情况多，MY 则是出现在句中高。

（2）相对中性句而言，句重音在情感句中都发生了"转移"，在难过、害怕和愤怒情感上，句重音明显转移到句尾韵律词上。

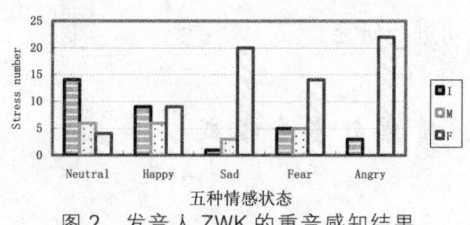

图2 发音人 ZWK 的重音感知结果

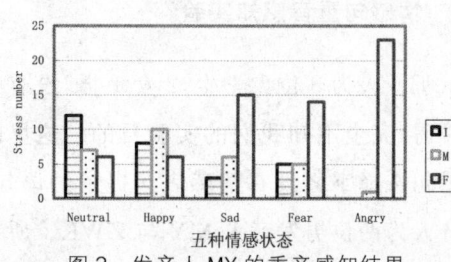

图3 发音人 MY 的重音感知结果

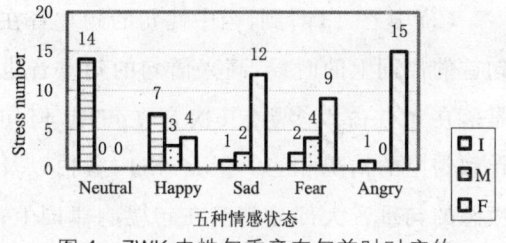

图 4 ZWK 中性句重音在句首时对应的
其他情感句重音分布

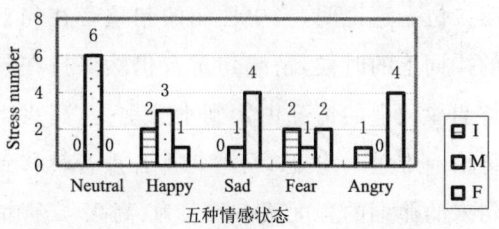

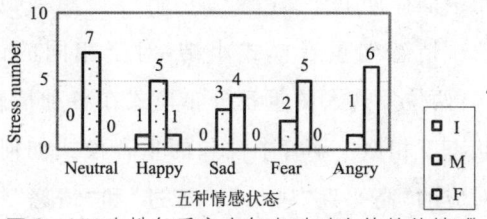

图 5 ZWK 中性句重音在句中时对应的其他情
感句重音分布

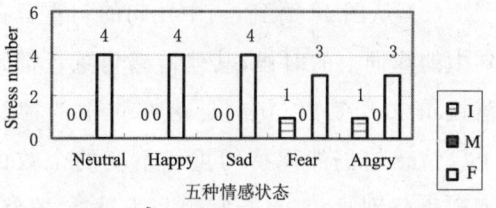

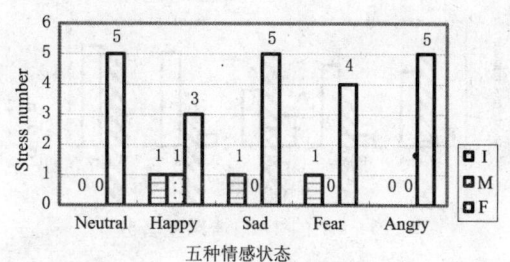

图 6 ZWK 中性句重音在句末时对应的其他情
感句重音分布

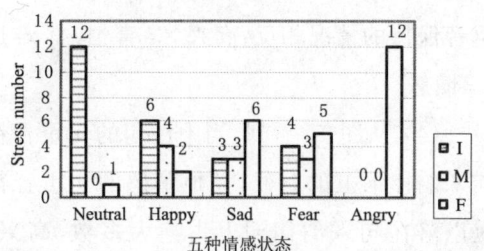

图 7 MY 中性句重音在句首时对应的其他情感
句重音分布

图 8 MY 中性句重音在句中时对应的其他情感
句重音分布

图 9 MY 中性句重音在句末时对应的其他情感
句重音分布

图 4 至图 6 是发音人 ZWK 的中性句重音分别落在句首、句中和句尾韵律词上的时候，其他的情感句重音的分布情况；图 7 至图 9 是发音人 MY 的中性句重音分别落在句首、句中和句尾韵律词上的时候，其他的情感句重音的分布情况。可以看到：

（1）两位发音人的情感句重音位置分布与中性句重音位置有一定的关系；

（2）两位发音人的情感句重音位置分布较相似；

（3）高兴的句重音位置试图保持与对应的中性句重音位置一致；不管中性句中的情况如何，害怕、难过和愤怒的句重音都是最多出现在句末。但是发音人 MY 保持重音位置与中性一致的程度更高一些。

3.3 发音人 MY 情感句重音模式进一步分析

我们进一步考察发音人 MY 的另外 17 句字面无情感含义的句重音分布模式。这些句子是 2-7 音节长，如数字串"五幺五"、数字"五千八百三点七"。得到的重音分布模式见图 10 这里中性状态的句重音大都落在句子的最后一个韵律词上。

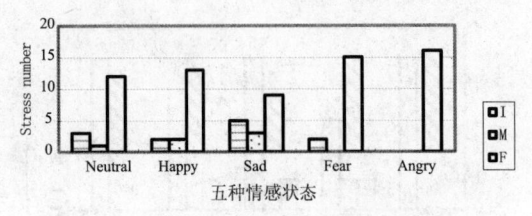

图 10　MY 的 17 句情感重音分布

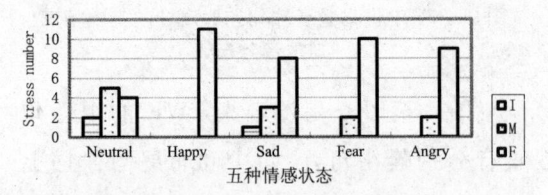

图 11　MY 的 12 句情感句重音分布

我们进一步考察发音人 MY 的另外 12 句字面无情感含义的句重音分布模式。这些句子是一些有特殊声调搭配的句子如"老周买了五斤海参"和专有名词句子如"北京理工大学"。感知结果如图 11 所示。这些句子的中性句重音大部分落在句末韵律词上。结合图 10 和 11 的结果可以看到,无论中性句重音在语句分布情况如何,发音人 MY 在情感句中重音分布大都出现在句尾韵律词上,也就是说在高兴、害怕、难过和愤怒情感句中,重音都明显地向句末韵律词转移。图 12 是 MY 所有语音的重音感知结果,图 13 至图 15 是按照中性重音在句首、句中和句末对应其他情感的重音分布情况。

(1) 从图 12 看到,各种情感状态下都是重音在句末韵律词占优。中性和情感句相比较,情感句中重音落在句末韵律词上的概率更大,概率从小到大的排列趋势是高兴＜难过＜害怕＜愤怒。愤怒的句重音在句末的情况占有绝对优势,几乎没有在句首的情况。

(2) 从图 13 看到,当中性句的句重音在句首韵律词上的时候,高兴语句的句重音也是落在句首占大多数,其次是在句尾,但句首和句尾的情况相当。但是难过、害怕以及愤怒的句重音大部分都落在句尾韵律词上;对应难过和害怕韵律词的句首重音出现为第二位。这说明,当中性句的句重音在句首韵律词上的时候,情感句重音仍然保持在句首韵律词上的情况由大到小分别是:高兴＞害怕＝难过＞愤怒;情感句重音重音转移到句末韵律词的程度从小到大为:高兴＜害怕＜难过＜愤怒。

(3) 从图 14 看到,当中性句的句重音在句中韵律词上的时候,其他情感句重音都是落在句末占多数,其次是落在句中韵律词上。情感句仍然保持句重音不变的个数由大到小分别是:高兴＞害怕＞难过＞愤怒;转移到句末韵律词的比例由小到大正好跟重音保持的情况相反:高兴＜害怕＜难过＜愤怒。

(4) 从图 15 看到,当中性句的句重音在句末韵律词上的时候,其他情感的句重音都是以落在句末韵律词上占绝大多数,高兴、难过和害怕有很少的情况重音落在句首和句中韵律词上。

情感句重音模式小结:对于相同的语句,两位发音人的重音分布模式在各种情感状态下相似。不管中性句的重音模式如何,对应的"高兴"、"害怕"、"难过"和"愤怒"情感句重音有向句末转移的趋势,转移程度有所区别,从高到低依次为"愤怒"、"害怕"、"难过",和"高兴"。

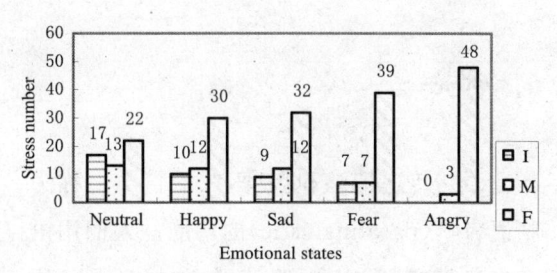

图 12　MY 所有语料的重音分布

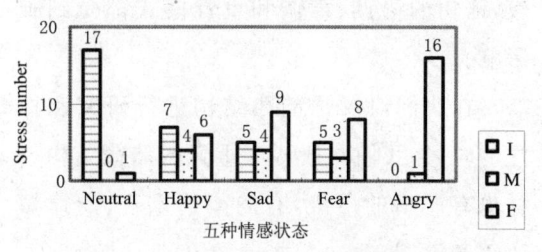

图 13　MY 所有语料的中性重音位于句首
时其他情感句重音分布

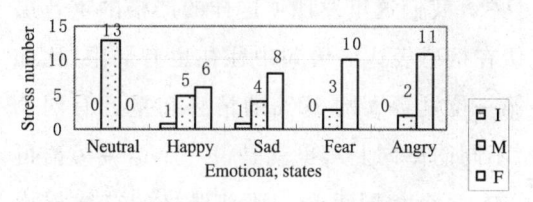

图 14　MY 所有语料的中性重音位于句中时
其他情感句重音分布

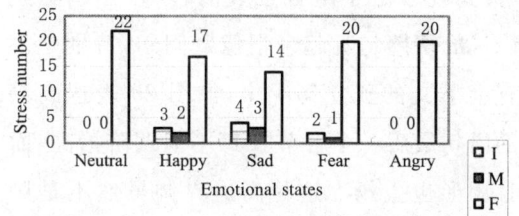

图 15　MY 所有语料的中性重音位于句末时
其他情感句重音分布

4. 情感句重音转移模式

按照上面的分析，在中性句转换成情感句的时候，我们将情感句重音转移模式归纳为：Pe = AN · Pte

其中，A 为中性句重音的位置矩阵，Pte 为情感 e 的句重音对应中性句重音位置的相对分布模式，Pe 为情感 e 的句重音相对分布模式矩阵。e 可以是高兴、害怕、难过和愤怒。

例如高兴的重音转移模式：

$$P_H = A_{Ni} \cdot P_{t=}$$

$$\begin{bmatrix} \overline{P_H^i} \\ \overline{P_H^m} \\ \overline{P_H^f} \end{bmatrix} = \begin{bmatrix} 7/17 & 4/17 & 6/17 \\ 1/13 & 5/13 & 6/13 \\ 3/22 & 2/22 & 17/22 \end{bmatrix}$$

i, m, f 分别表示句首、句中和句尾。$\overline{P_H^i}$ 为中性句的重音在句首时，高兴句的重音在句首、句中和句尾的分布。$\overline{P_H^m}$、$\overline{P_H^f}$ 是对应中性句句重音在句中和句尾时的高兴句重音分布。

5. 情感句相对重音模式

通过上面分析，我们已经知道了几种情感语音的重音模式有差异。此外，我们可以明显感知到不同情感句重音之间的凸显程度也有很大差异，这其实是情感句相对重音模式问题。为此，我们进行了相对重音的感知实验。

选用 25 句对应的 5 种情绪，5 位社科院研究生院学生参加听辨试验。他们没有听力障碍，也不知道试验目的。他们的任务是通过一个听辨实验软件给每一个音节的重音凸显度打分。首先，听辨人要听对应每一个语句的所有情感语音，全部语句听一遍，然后再进行打分。感知最重的音节打 4 分，最轻的音节打 0 分。

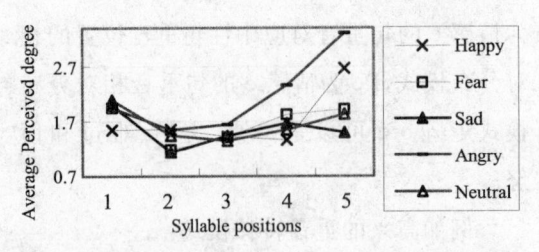

图 16　语句中声调为阴平(HH)音节感知重音凸显度

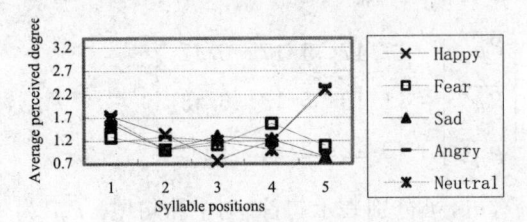

图 17　句中声调为上声(LL)音节感知重音凸显度

我们按照不同位置的不同声调将感知结果画出来,如图 16 和图 17 是阴平和上声的情况[14]。横坐标 1 和 2 分别表示语句中头两个音节,4 和 5 分别是语句中后两个音节,3 表示语句中间音节。从图中我们看到,感知每种情感的重音凸显度分布模式跟前面的感知结果很一致,也有重音转移的表现。而且相对重音跟声调相关,图 18 所示为两种声调在不同情感句中感知到的相对重音凸显度的变化范围,可以看到,5 个情感的相对重音模式(凸显度)有差异,但 5 种情感凸显度最高值中,最大的出现在"生气",最小的出现在"害怕"和"难过"中。

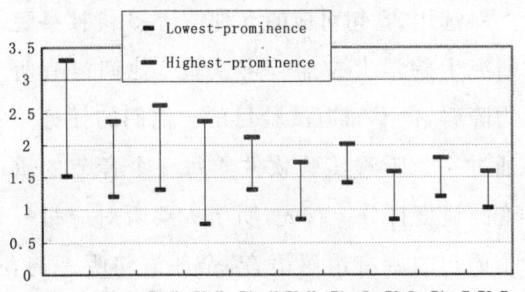

图 18　两种声调在不同情感句中感知到的相对重音凸显度的变化范围(T3,T1 表示上声和阴平,H,A,S,F,N 分别是高兴、生气、难过、害怕和中性)

6. 讨论

语句传递情感和态度,在语言学上称为副语言学(paralinguistic)的功能。人们用语音表达情感的时候,跟正常的中性语音比较,语句的语调、声调和重音模式都受到了影响。

在我们对汉语韵律结构进行研究和标注的时候,我们一般认为重音跟韵律结构一样也有严格的层级,有韵律词重音、韵律短语重音等。[①]

Ladd 指出了严格的韵律层级的局限性[②]。我们这里发现了这样的严格的重音层级在情感表达的语句中往往也有局限,比如第一位发音人的 10% 的情感句重音有两个(不同韵律词上),也就是说一个语调短语可以有两个相同重音。那种严格的节律树模式被打破了。

其次,由于重音位置的转移,一些陈述语气的情感句听起来很像疑问句,特别是没有上下文的孤立句子中,如图 20 表达高兴的语句最后一个音节"ji1"不但调阶抬高,而且调形也上扬。这种高边界调虽然不是疑问句充分必要条件,也是必要条件之一,加上调形的和时长的变化,使人感知为一个问句就不足为怪了。

Ladd 在描述 paralanguage 和 intonation 之间的关系的时候指出[③],副语言的表

---

① 见 Aijun Li, 2002; Aijun Li and Haibo Wang, 2004。
② 见 Ladd, 1996。
③ 见 Ladd, 1996。

达可能会影响词调。我们的语料也确实发现了很多这种现象。如图21中音节"jia1"在表达生气的句子中很明显变成"jia3",但是我们一般情况不会有理解的错误,这是我们的认知能力、上下文约束等条件决定的。如果有一句话对应于变调后的词"jia3 gong1",那么就可能在没有上下文的情况下引起歧义了。比如"我们加工"在生气情况下说成"我们假攻",整个句子的意思都变了。声调和句调的改变可以说都是情感句重音实现的副产品。

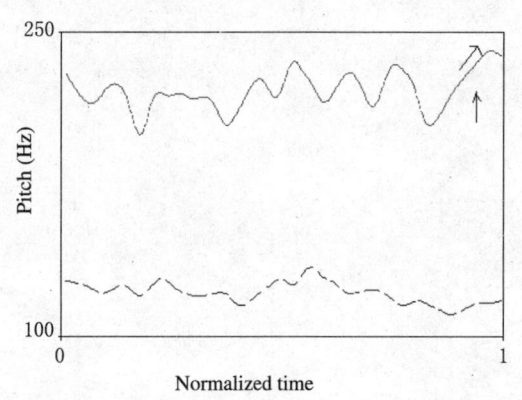

图20 "西安波音737飞机":高兴 F_0(顶部实线)和中性 F_0(下部虚线)

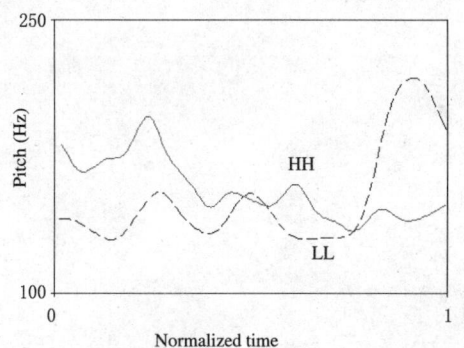

图21 一个情感表达影响字调的例子。表达生气情绪句"超声波加工"中,由于情感句重音在末尾,使得阴平调音节"加"的声调变成低平上声调。虚线是表达生气情感句,实线为对应的中性句

本研究还很初步,有很多课题需要深入研究。我们这里使用的是演员表演出来的基本情感,典型而强烈。实际生活中人们交际语言中的情感和情绪流动和表达非常复杂,比如一个哽咽、一个特殊的停顿都会表达特定的情感、情绪。很多课题等待我们研究,如实际自然话语的情感重音的分布如何,有焦点标记和情绪标记的表现形式如何,句法和语用表达对重音的制约和影响等。

此外,在汉语语音合成中,我们除了考虑节奏、音高、音色、嗓音发生类型的变化以外,重音的改变引起的声调、句调的变化一定要考虑的,否则,我们合成的语句就不能自然地表达情感。这给情感表达的韵律建模提出新的课题。

参考文献

李珺平 1999 《抒情学本体论追问——中西情绪情感理论综合研究》,《湛江师范学院学报》第3期。

王海波 李爱军 2003 《普通话情绪语音库的建立及听辨实验》,《第六届全国现代语音学学术会议论文集》。

王海波 2004 《普通话情感语音声学分析》,中国社会科学院语言研究所硕士论文。

Aijun Li 2002 Chinese prosody and prosodic labeling of spontaneous speech, *Proceedings of speech prosody* 2002.

Aijun Li and Haibo Wang 2004 Friendly speech analysis and perception in Standard Chinese, *ICSLP* 2004, Korea.

Aijun Li, Fangxin Chen, Haibo Wang, Tianqing Wang 2004 Perception on synthesized friendly speech in Standard Chinese, *TAL* 2004, Beijing.

Bruce Hayes, 1995 *Metrical stress theory: principles and case studies*, the University of Chicago Press.

D. Robert Ladd 1996 *Intonational phonology*, Cambridge University Press.

Ellen Douglas-Cowie, Nick Campell et al., 2003 Emotional speech: Towards a new generation of databases. *Speech Communication* 40 (2003).

Fangxin Chen, Aijun Li, Haibo Wang, Tianqing Wang and Qiang Fang, 2004 Acoustic Analysis of Friendliness, in *proceedings of ICASSP* 2004.

Jianhua Tao, 2003 Emotion control of Chinese speech synthesis in natural environment, in *EUROSPEECH*-2003, pp. 2349 – 2352.

Nick Campbell, 2004 Perception of affect in speech—towards an automatic processing of paralinguistic information in spoken conversation, *ICSLP* 2004, Jeju.

Nick Campbell, 2003 Voice Quality, the 4th prosodic dimension, *ICSPHS* 2003, Barcelona.

Jianhua Tao, Yongguo Kang, Aijun Li, 2006 Prosody conversion from neutral speech to emotional speech, *IEEE TRANSACTIONS ON SPEECH AND AUDIO PROCESSING*.

（李爱军 中国社会科学院语言所 100732）

关于普通话词重音的若干问题*

王韫佳　初敏

提要：本文从三个方面讨论汉语普通话的词汇重音问题：(1)普通话词汇重音的格式。连续话语中语音词重音分布的变化表明，双音节语音词的确存在左重和右重两种格式。(2)普通话词重音的感知。在语流中，词内音节轻重程度的感知与基频的关系比与时长的关系更加密切。(3)语句重音在韵律词中的分派。语义重音在韵律词内的分派有前置的倾向，但同时也在一定程度上受到词汇重音格式的制约。

关键词：词重音　感知　句重音　音高　时长

1. 引言

本文所指的"词"包括了句法上的词和短语，但短语仅指那些在节奏中能够成为一个语音词的短语，大致相当于音系学上的韵律词。本文所使用的"词重音"包括两种意思，一是指普通意义上的词汇重音，与之对应的重音格式是左重或者右重；另一层意思是指语词内某些音节听感上的凸显。这种凸显未必就是词汇重音，例如，对于在孤立状态下各音节"等重"的词来说，进入语流之后各音节的"重度"未必完全相同。为了方便讨论，我们将感知中的"重"音节也看做"词重音"所在的音节，与之对应的重音的格式是前重或者后重。当然，在下文的具体讨论中，"重音"到底是指哪一种情况是明确的。

普通话是否存在词汇重音，学术界一直有不同看法。我们赞成普通话的双音节词存在"左重"与"右重"区别的观点。从实践的角度看，我们在自然的口语语料中观察到了这种区别。而从理论上看，左重和右重的区别也应该是存在的——普通话的轻声词不会是突然诞生的，而应该是从右重发展到左重再发展到后音节失去声调的结果，从右重式到轻声词，必然存在中间状态，即左重式。

关于普通话的词重音格式，长期以来一直未有定论。主要的观点有以下几种：(1)最后的音节最重。例如赵(1979：23)，徐(1982,1999：117－119)，林、颜等(1984)，颜和林(1988)。(2)重音格式有左重和右重两种，例如殷(1982)，王和冯(2006)。(3)汉语的词重音不是表现为重音音节的声学凸显，而是表现为音步的"左重"，"左重"最重要的证据是轻声音节不能出现词的起始位置，持

---

* 国家汉办"十五"规划项目"面向教学的汉语韵律研究"，批准号 HBK01-05/013。

这种观点是端木(1999)。

　　关于词重音格式看法的分歧与各家研究方法的相异很有关系。第(1)种观点是基于孤立词或者处于停顿边界的词得出的,比如,赵(1979:23)认为,"在没有中间停顿的一连串的带正常重音的音节中,不论是一个短语还是复合词,其轻重程度不是完全相同的,其中最末一个音节最重,其次是第一个音节,中间的音节最轻。"由这段阐释可以推断,"最后的最重"的语词必须出现在停顿之前。而端木(1999)、王和冯(2006)都指出,孤立词的末尾音节在感知中的"重"是停延效应的结果,并非词汇重音的表现。端木甚至认为,根本无法从语音实验中获得任何词重音的证据,首先,由于重音听辨主要依靠的是音高,而汉语的音调首先要区别词义,不能随意改变,因此汉语失去了辨别重音的主要依据;其次,如果把双音节词置于非停顿之前,那么由于前面音节的气压比后面粗,就有可能是左重,但这里的左重是生理机制造成的,并不一定就是词重音模式所致。王和冯(2006)提出了验证词重音的新方法,他们把被测词放在句子的焦点位置上,如果真有所谓词重音存在的话,带重音的音节应该得到更高程度的加强。王和冯还通过寻找最小对立体的方法来辅助确定词重音格式,他们相信,词重音会在对比中得到更加充分的反映。

　　本文使用实验研究的结果,从三个方面对上述各家的方法和观点进行讨论:1.连续话语中韵律边界对词重音的影响以及普通话中左重与右重区别的存在;2.普通话词重音感知的声学关联物;3.语句重音在韵律词中的分派及其与词重音的关系。

2. 连续话语中词重音的格式

2.1 韵律边界与重音格式

　　根据赵(1979:23)关于"最后的最重"的论述,一个词在语流中的重音格式实际上是不固定的:如果它的后面有停顿,那么就是最后的音节最重;如果它的后面没有停顿而前面有停顿,那么就是第一个音节最重。因此,"最后的最重"是否为词汇重音的格式的确是值得质疑的。这里的"重"既然与语词在语流中所处的韵律边界有关,那就不应该是语词层面的"重",而应该是节奏层面的"重"。

　　我们对连续话语中语音词的重音格式进行了实验研究(王、初等,2003a)。实验中所使用的1766个不含轻声音节的双音节语音词(大致相当于音系学中的音步)来自300个句子,这些句子是从微软亚洲研究院的汉语合成语音语料库中选取的,绝大部分为陈述句,彼此在语义上完全独立。这些词被从语句中切出并被随机排列,形成听觉任务中的语料。语料库的所有句子都已经进行了韵律边界的标注(具体标注方法见贺、初等,2001)。韵律边界分为4级:B1为没有停顿;B2为可感知的停顿,但语图上不一定出现静音段;B3为比较显著的停顿,这种停顿在语图上有清晰的表现;B4为语调短语或者句子结束的地方,是较长的停顿。

　　请21位听音人对所有语音词进行逐个的重音判断,听音人中的大部分为北京人。要求听音人标记出所听到的词重音(即听感中最重的音节)处于哪一个音节(只能而且必须标一个音节)。一个音节获得一个人的标注就得到1分。从理论上说,如果某个词的两个音节在听感上无明显的轻重差别,那么两个音节的得分应该相等或接近相等。定义前字得分大于或等于15(占总分的71.40%)的词为前重,后字得分大于或等于15的为前重,其余为前后等重。表1列出了不同韵律边界前各种重音格式的语音词所占总数的比例。

表1 不同韵律边界处语音词的重音分布

韵律边界	前重	后重	前后等重
B1	49.36%	8.12%	42.52%
B2	23.35%	29.47%	47.18%
B3	24.83%	32.21%	42.95%
B4	23.10%	27.99%	48.91%
总体	32.67%	21.80%	45.53%

从总的结果看,在没有停顿的韵律边界前,双音节语音词前重的比率远远高于后重的比率;而在停顿前,前重的比率略低于后重的比率。也就说,语句中音步的重音格式与音步所处的韵律边界有一定关系。表1中的一些细节很值得研究。首先,前后等重的比例在各种韵律边界处都比较大(均超过40%),可见,是否处在停顿之前对于词重音分布的影响并没有赵(1979:23)在理论上假设的那么大,即,韵律边界对词重音格式的影响是有限的。其次,在任何一种韵律边界前都没有完全前重或者后重的格式:在非停顿之前,仍然有超过8%的词是后重的;在不同程度的停顿之前,仍然有超过20%的词是前重的。尽管由于用于听辨的词中有一些是获得语句重音的,而句子中语义重音的

分布与韵律边界无关系,因此,这部分词对于表1中的数据会有一点影响;但是,逻辑上来说,获得语义重音的词在前后等重、前重或者后重中的分布比例应该是大致相当的。因此,表1中前重与后重比率之间的关系仍然是值得关注的——在停顿边界上前重的音步远远超过了在非停顿边界上后重的音步,这个现象进一步说明,韵律边界对于语词重音的影响是有限的,同时也说明普通话中的确存在着一些左重的词,因为如果在有停延空间的时候仍然是前音节重于后音节,我们就不得不认为这是真正词汇重音的左重格式而不是韵律边界所决定的重音分布格式。

2.2 验证语词重音格式的方法

既然韵律边界对词重音分布的影响是有限的,那么,使用孤立词来界定普通话的词重音格式尽管在一定程度上的确存在问题,但所得到的结果并非毫无意义。林、颜等(1984)的实证研究的结果表明,有少部分正常重音的双音节词在孤立状态下仍然是左重的,男女发音人的样本中,左重的比率分别为8.8%和11.7%。遗憾的是,他们未能对这部分样本进行再分析。

王和冯(2006)提出的验证词重音的方法颇具新意。在这项研究中,他们把双音节词的重音格式分为左重和右重两大类,左重型包括带调左重(即两个音节都是正常重音的音节)和轻声词,右重型包括后字略重的"中重"型和两个音节轻重程度难以区分的"重重型"。他们对普通话词重音的分类我们是赞同的,但我们认为,停延边界对于这

两类重音格式的作用并不相同。对于左重型的词来说,停延使得后音节听感上重于前音节的可能性不大;轻声词在任何条件都不可能重音后置,带调左重型在停延边界上最多是前后等重。但停延边界会使右重型中的"重重"类词变成突出的右重型。

我们也赞成王和冯验证词重音格式的基本方法,但在具体实践上,我们认为他们的方法还存在一些问题。其中最重要的一点是,完全使用焦点位置和对比方法来确定词的左重或者右重格式可能会把右重中的重重类误认作左重型。我们(王、初等,2003b)的实验研究结果表明,当一个词获得语句重音(无论是节奏重音还是语义重音)之后,词内音节被凸显的程度不相同,这就导致它们之间轻重差别的增大。如此,一个"重重"类的词如果是左边的音节被凸显的程度更高,按照王和冯的方法,就有可能被认为是左重格式的。而根据我们另一项研究的结果(王、初等,2004),语义重音在韵律词中恰好有前置的倾向。关于这个问题,我们将在第3节中进行详细的讨论。王和冯方法存在的第二个问题是实践上的难度,因为我们不大可能为每一个词都找到一个最小对立体来确定它和它的对立体的重音格式。此外,王和冯的研究是根据自己的语感来确定语词的重音格式的,从实验研究的角度说,仅凭研究者自己语感得到的结果最好能够使用更为客观的方法加以检验。

3. 普通话词重音感知的声学关联物

如上文所述,端木(1999)认为,在汉语中,音高只能用来表达声调而不能用来表达重音,因此普通话的词重音无法通过语音实验的方法进行验证,这样的看法值得商榷。声调是一种相对的音高,如果重音的主要语音表达手段是音高的话,那么,从理论上来说,汉语同样可以使用这种手段,因为声调调域的变化也是音高变化的一种方式,而调域的改变完全可以建立在不改变调型的基础上。简言之,重音和音高的关系与声调和音高的关系并不在同一个层面上,二者不会构成冲突。

如前文所述,林、颜等(1984)与颜和林(1988)的实验都报告了时长与重音判断之间的相关系数,但他们没有报告音高与重音判断之间的相关系数。颜和林曾经提到,三字组中出现的重音除了"正常重音"(即落在末尾音节上的重音)外,还有一种出在首字和中字位置上的重音,这种重音使音节的调域上限提高,时长未必加长。而在对英语、波兰语、法语等重音语言的词重音研究中,人们发现,基频的高低与重音感知的关系比时长与词重音感知的关系都表现得更为密切(Lehiste,1970:125-132)。因此,我们有理由追问:音高是否也是汉语词重音感知中重要的声学关联物?如果是,时长和音高相比,哪一个参量与词重音感知的关系更为密切?我们利用2.1节所介绍的语料,对连续话语中的双音节音步的重音感知进行了实验研究(王、初等,2003a)。

这里需要继续使用2.1节中介绍的词重音感知实验中每个音节的重音得分。由于双音节词两个音节在听辨任务中的得分之和为常数,从一个音节的得分情况可以直接推导出另一音节的得分情况,因此只需要分析第一音节的重音得分(记为 V1)。

在对音高和时长与 V1 进行相关分析时,分别使用了赫兹和半音两种音高标度以及绝对时长和归一化时长两种时长参数,结果表明,两种音高和时长标度对相关分析的影响都不大(详见王、初等,2003a),因此这里只介绍使用绝对音高单位和绝对时长的结果。V1 体现的是韵律词中前后音节在听感上的轻重对比,与之相关联的应该是前后音节的音高对比和时长对比,而不是第一音节本身的音高和时长。因此,用于统计的音高参数为前音节高音点的基频减去后音节高音点的基频得到的基频之差 $\Delta f_{0\,max}$,时长参数为前音节的实测时长减去后音节的实测时长得到的时长之差 ΔD_{real}。

重音感知与音高和时长的相关分析只包含了正常重音的音节。上声由于变调的原因经常失去高音点,因此含上声音节的词也被剔除。从音系学的角度看,阴平、阳平和去声均有高音特征;但在自然发音中,阳平的高音点一般会低于去声的高音点,这样,"阳平+去声"中的高音点之差与"去声+去声"中的高音点之差就会存在差别,由于声调固有高音点音高的不同而带来的这种差别显然会对以上的相关分析带来影响。鉴于此,在相关分析只使用前后音节同调的词(447 个样本)。

考虑到不同韵律边界前词内音节之间的音高对比规律可能会有所不同,我们又将同调词中的 B1 作为一类(162 个样本),B2、B3 和 B4(停顿前)作为一类(285 个样本)分别进行了相关分析。将 B2、B3 和 B4 三种边界处的词在相关分析中归为一类的原因是:(1)在这三种边界处都存在停顿,(2)如果将所有的同调词按照四种韵律边界划分为四组分别进行相关分析,停顿前三组中的样本量太少。统计结果显示,V1 与 $\Delta f_{0\,max}$ 在非停顿前和停顿前均为显著相关,r 分别为 0.610 和 0.675($p<0.01$);V1 与 ΔD_{real} 在非停顿前和停顿前也存在显著相关,r 分别为 0.324 和 0.269($p<0.01$)。显然,无论是在哪种韵律边界前,音高与重音感知之间的相关系数都远远大于时长与重音感知之间的相关系数。

以上实验研究的结果说明,词内音节的重度主要与声调高音点的高度,即调域上限相关。音节的重度与时长虽然也有显著相关,但相关程度不高,这个结果与我们在上一节提到的停延边界(造成音节长度的变化)对词重音格式影响的有限度相吻合。既然音节在听感中的重度与音高呈显著的中等程度的相关,那么,汉语的词重音可能并不像端木所断言的那样无法感知或者无法通过语音实验的方法得到。

4. 语句重音在韵律词内的分派

王和冯(2006)寻找和验证词重音的核心方法是把语词置于语句的焦点位置上,他们相信,这样会使原本不甚明显的词重音凸显出来。我们(王、初等,2004)的实验结果表明,当双音节韵律词获得语句重音(不管这个重音是节奏型的还是语义型的)后,音节被凸显的程度并不相同;与未获得重音的韵律词相比,这些被重读的词内音节之间的轻重对比程度加大了。这个结果部分印证了王和冯的假设。在另一项研究中(王、初等,2003b),我们分析了语句重音在韵律词内的分派规律以及影响句重音最终归派的若干因素。由于篇幅关系,这里只谈谈语义重音在词内的归派问题。关于语义重音的界定和标注,见王、初等(2003b)。

表2列出的是8种构造的双音节韵律词所获得的语义重音的数目以及语义重音最终分派在词的前音节中的比率。关于韵律词构造分析的详细情况,参见王、初等(2004)。表中的"前重"指语义重音最终落在韵律词的前音节上。

在对表2的数据进行分析之前,我们可以从理论上对于语义重音在韵律词内的分布进行一些理论预测。在后附式中,后附成分的语素意义在词汇层面就已经虚化或半虚化,在语句层面也就不大可能获得意义上的着重,因此这种结构的韵律词前重的比率应该较高;前附结构中前缀的语素意义也已经虚化,因此前重的比率应该很低。其次,重音的分布与语言单位的句法结构有密切关系:并列结构中各成分之间常常是等重的,或者是右重的;偏正结构中重音常常分布在修饰性成分上;主谓结构和动宾结构中的重音通常是后置的;述补结构中由于述语部分与补语部分的语义关系比较复杂,重音分布要视具体的情况而定。如果重音在词典词中的分布与在短语中的分布规律相同,那么以上规律在本文的数据中应该有所体现,即偏正式前重的比率应该较高,主谓式和动宾式前重的比率应该较低,并列式的前重比率应该接近或略低于50%。日借词是作为整体借入的,所以在这种类型的韵律词中两个音节获得语义着重的机会应该是相同的,前重的比率也应该接近50%。

表2 不同构造的韵律词所获得的语义重音的数目和重音分派在前音节中的比率

词的构造	偏正	并列	后补	主谓
韵律词总数	220	134	11	3
前重百分比(%)	91.4	91.0	90.9	100.0
词的构造	动宾	后附	前附	日借
韵律词总数	47	33	2	18
前重百分比(%)	66.0	97.0	0.0	94.4

现在来看表2中的具体数据。后附式前重的比率达到了97%,偏正式的前重比率也超过90%,语义重音在这两种结构中的分布与理论预测一致。并列式和日借词前重的比率达到了90%以上,与预测结果相距较大。动宾式前重的比率超过了50%,与理论预测也存在一定差距。前附式和主谓式由于样本量太少,这里不予讨论。

数据与理论预测的差距都表现为语料中前音节获得语义重音的机会比理论预测得多。如果按照王和冯(2006)的观点,即,处于焦点位置可以使词的重音格式凸显的话,那么,我们语料中的多数韵律词都应该属于左重型。在表2中,除去动宾式和前附式两种构造,语义重音前置的比率都高达90%以上。从理论上来说,左重型的词绝不可能有这么高的比例。我们对这些高比率给出的解释只能是,语义重音在韵律词中的分派有前置的倾向。王和冯主张,汉语普通话中非左重的词都没有词汇重音,这些词的重音格式或为左右轻重不分,或为右重。但我们认为,"重重"式的词如果获得语义重音,变成"前重"的可能性很大,表2中的数据就显示了这个倾向。例如,"捐献"和"民主"在我们的语料中获得了语义重音且重音前置,而在王、冯(2006)所举的例子中,它们属于"重重"类。我们还发现,词内音节的声调对于重音在韵律词内归派方式也有一定程度的影响,阴平和去声音节被着重的可能性大于阳平和上声。由于篇幅关系,这里暂不对这个问题展开分析。

关于韵律词的构造与词汇重音之间的关系,王和冯(2006)明确提出的是动宾式的词汇重音以右重式为主。在表2中,动宾式前重的比率的确比其他类的词低了许多,可以说,这是由于词汇重音与语义重音的分派倾向恰好相反,因此造成语义重音前置的倾向不突出。但无论如何,在动宾式韵律词中,语义重音并没有出现王和冯所预测的后置倾向。

综上所述,单纯依靠把韵律词放在焦点位置来确定其词汇重音的格式有一定的危险。综合我们在第2节中得到的结果,我们认为,确定词重音格式的比较稳妥的方法是将韵律词置于不同的韵律和语义条件下进行综合的考察。

5. 结论

本文通过实验研究的结果论证了普通话的词重音格式存在左重与右重的区别,同时也讨论了普通话的词重音是否可以通过语音实验的方法进行验证。与重音语言相比,普通话词汇重音的研究的确有着特殊的难度,这是因为,"左重"格式的词是从右重

到轻声词发展过程中的产物,到底发展到何种程度算是"左重",只能依据母语者的语感。通过实验研究来验证这种语感,成本很高,困难较大,但绝不是完全无法实施。

参考文献

端木三 1999 《重音理论和汉语的词长选择》,《中国语文》第4期。

贺琳 初敏 吕士楠 钱瑶 冯勇强 2001 《汉语合成语料库的韵律层级标注研究》,《新世纪的现代语音学——第五届全国现代语音学学术会议论文集》(蔡莲红、周同春、陶建华编),清华大学出版社。

林茂灿 颜景助 孙国华 1984 《北京话两字组正常重音的初步实验》,《方言》第1期。

王韫佳 初敏 贺琳 冯勇强 2003a 《连续话语中双音节韵律词的重音感知》,《声学学报》第6期。

王韫佳 初敏 贺琳 2003b 《汉语语句重音的分类和分布》,《心理学报》第6期。

王韫佳 初敏 贺琳 2004 《普通话语句重音在双音节韵律词中的分布》,《语言科学》第5期。

王志洁 冯胜利 2006 《声调对比法与北京话双音组的重音类型》,《语言科学》第1期。

徐世荣 1982 《双音节词的音量分析》,《语言教学与研究》第2期。

徐世荣 1999 《普通话语音常识》,语文出版社。

颜景助 林茂灿 1988 《北京话三字组重音的声学表现》,《方言》第3期。

殷作炎 1982 《关于普通话双音常用词轻重音的初步考察》,《中国语文》第3期。

赵元任 1979 《汉语口语语法》(吕叔湘译),商务印书馆。

Lehiste, I. 1970 Suprasegmentals. M. I. T. Press.

(王韫佳 北京大学中文学系 100871
初敏 微软亚洲研究院 100080)

论元音产生中的舌运动机制
——以宁波方言为例

胡 方

摘要：本文以宁波方言为例分析元音产生中的舌运动机制。文章使用电磁发音仪收集了7位发音人的舌体发音点材料，并对其进行了平行因子分析。结果发现：表面上纷繁复杂的舌运动材料可以成功分解出两个底层舌运动机制："回缩及后举"和"前举"。语言学上元音高低、前后之对立均可以用这两个机制来解释。

关键词：元音产生　元音特征　舌运动机制　电磁发音仪　平行因子分析

1. 引论

自从 Bell(1867)以来，学者们一般都用高低(height)和前后(backness)等发音特征来描写元音。也就是说，每一个元音在口腔内都有一特定的舌位形状。此一理论成为语音学元音描写（如国际语音学会的元音图）以及音系学元音区别特征理论的基础(Chomsky & Halle, 1968)。在英国的语音学传统上，元音的高低、前后更明确地以舌位最高点来定义(Jones, 1909)。然而这个传统的元音描写模式并未得到经验材料的验证，相反，学者们在发音研究中得到不少反证。早在1910年，Meryer 就发现[ɪ]的舌位比[e]还低。Russel(1928)更以大量的 X 光材料全盘否定了舌位高低、前后的传统说法：[ɪ]舌位比[e]低；[u]可能是前元音；而[ɑ ɒ]等元音的发音点在咽腔内，与口腔内的舌位绝对高低并无直接关系。20世纪中叶以来，Ladefoged 及其同事对这一问题进行了大量的生理、声学以及感知方面的研究(Ladefoged, 1967, 1971, 1975, 1976; Ladefoged 等, 1972)。结果表明：传统元音描写模型描写的其实是元音的听觉印象，但在表述的时候却把它们翻译成了生理术语，因为元音高低、前后并没有发音生理上的事实基础，然而却得到元音的声学事实的支持。例如，Ladefoged 等(1972)发现，一些美国英语的发音人[ɪ e ɛ]的舌位几乎是一样的；Ladefoged(1975, 1976)发现 Stephen Jones 所发的正则元音(Cardinal Vowels)的舌位完全不是所定义的那一套，"甚至连前、后元音都没有很好地区分"，"相对高低更是错得离谱"(1976:10-12)。而另一方面，Ladefoged(1967)的心理声学实验发现，受过训练的语音学者，能够很好地分别元音的高低、前后，即使他们听到的只是录音材料。这使他相信元音高低、前后与舌位无关，只是受过训练的语音学家能够"标识他们所听到元音的共振峰结构并模仿出来"(Fromkin,1985:5)。Ladefoged(1975,1976)更明确指出:传统的基本元音图与以听觉基础为刻度的声学元音图有本质关联。

虽然现在语音学界的许多学者一般都同意元音的高低、前后应该从声学或者心理声学的角度来阐释,但对于究竟是通过怎样的生理上的发音机制形成了这种声学或听觉上的语音对立,并不是完全清楚。本文应用电磁发音仪,分析宁波方言元音产生中的舌发音机制,并试图对上述的理论问题做出回答。宁波方言有丰富的单元音,其中在(C)V位置上具有音位对立的就有十个:[i y ɣ e ø ɛ a ɔ u o]。另外,还有出现在音节尾喉塞音前面的两个短元音[a o],以及两个舌尖元音[ɿ ʮ]。限于篇幅,本文只讨论十个一般单元音。

2. 实验方法

七位宁波发音人(四男三女,年龄介乎20至30岁)参与了此项研究。发音材料是十个包含目标元音的单音节词,除了元音[ø]必须与龈音(alveolar)同现外,所有测试词都是零声母、高平调。

材料收集使用的是Carstens公司的电磁发音仪(Electromagnetic Articulograph,简称为EMA)。其中二位男发音人的录音使用AG100系统,其他发音人使用AG200系统。电磁发音仪最大的优点是可以实时监测发音器官的运动,尤其是以前比较难测量的口腔内的发音器官,如舌头;另外,由于其对人体几乎无损害,因此克服了以前基于X光技术仪器的局限,使得大量采集发音材料成为可能。该系统的基本工作原理是应用通电后所产生的交互电磁场追踪在发音人中分矢形面(mid-sagittal)上的发音器官的运动。简单地说,有三个发射环(transmitter coils)等距离地安装在一个固定头盔上,以三个不同的频率产生一个径向均衡的交互电磁场。当发音人戴上头盔,位于发音人中分矢形面上的发音器官(如舌头、下颚、唇等)上的小型传感器(transducer coils)所产生的感应电压(induced voltages)就会以不同的高频率被交互电磁场所采样。根据电磁场力的衰减和它与发射点的距离之立方约成正比这一物理定律,利用采样电压就可以测量出每个采样点与每个发射点之间的距离及其相对于发射轴的斜度。然后,根据一定的计算方式,每一个采样点(也即是发音点或参照点)就可以在一个笛卡尔坐标系上标示出来(Perkell等,1992)。

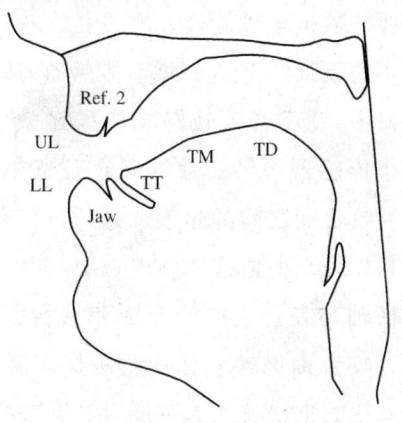

图1 接收传感器粘贴示意图①

---

① 采样前二位男发音人所使用的AG100系统是个只有5个传感器频道的系统,实验中粘贴在下发音器官上(LL、Jaw、TT、TM、TD)。

如图1所示,在实验中,我们将接收传感器沿矢状平面中线粘贴在发音人的上唇(UL)、下唇(LL)、下齿龈脊(Jaw)、舌尖(TT)、舌中(TM)、舌背(TD)。其中,TT粘在离舌尖不到1厘米的位置,TM距TT约3厘米,TD距舌尖约6厘米。另外,还有两个传感器分别粘贴在发音人的鼻梁(图中未显示)和上齿龈脊(Ref. 2),作为数据校正用的参照点。在本项研究中,我们主要关注粘在舌体上的三个接收传感器。

正式录音前,有一定的时间给予发音人练习,以便使其习惯粘着传感器说话。发音人感觉可以自然说话了之后,录音开始。发音人阅读以随机顺序写在纸上的测试词,每个测试词都放在一个引导句中:[ŋo io do? __ paʔ nau tʰiŋ]"我要读__给你听"。声音信号与发音器官运动信号同时录制。每个测试词重复五遍。

当语料录音结束后,我们录制了每个发音人的咬合面(occlusal plane)方位,以便进行必要的数据坐标旋转。方法是:在一信用卡大小的硬纸片上粘上两个传感器,插入发音人口中,让发音人轻轻咬住尾部,然后根据两个传感器提供的数据确定录音坐标与发音人咬合面之间的角度。这样,所有录制的材料就可以根据这一角度调整,使得新坐标的横轴与发音人的咬合面相平行。根据发音人咬合面旋转坐标使得不同发音人之间的发音数据比较成为可能,因为旋转之后发音人之间的发音数据有了相同的参照系。

数据分析主要牵涉到提取目标元音的发音器官的位置信息。在本项研究中,元音的发音目标点(vowel target)的确定采用发音上的标准,同时参照声学上的标准。具体操作上,当主发音点的切线速度在元音中间附近位置达到最小值时,我们就定义这里是元音的发音目标点。在发音研究上,切线速度最小值标准(the tangential velocity minima criterion)是常用的确定发音目标值的方法(参见:Löfqvist 等,1993;Löfqvist,1999)。在本项研究中,这一标准并不严格应用到确定每个发音点上,而是只应用在确定主发音点上,然后根据主发音点决定其他发音点的位置信息,即在同一时间点上确定元音的发音目标值。在操作上,将距离元音的窄缩位置(constriction location)最近的采样点作为该元音的主发音点,具体讲,非低前元音[i y ɥ e ø ɛ]是舌中点,低元音及后元音[a ɔ o u]是舌背点(关于元音发音上的窄缩位置,参见:Wood,1979)。

图2是Emalyse软件的一个分析窗口例子,声波信号窗口显示所录元音的声波信息。放大声波信号窗口显示光标附近元音的声波信息,发音位置横轴窗口显示元音5个采样点在时间轴上的横轴位置信息,发音位置纵轴窗口显示元音5个采样点在时间轴上的纵轴位置信息,数据信息窗口显示在光标点上的各采样点数值,X/Y坐标窗口将发音位置横轴和纵轴上的数据信息标示在一个笛卡尔坐标系上,切线速度窗口显示各采样点在时间轴上的切线速度信息,加速度窗口显示各采样点在时间轴上的加速度信息。所有非数值窗口中的光标都是同标的(synchronized)。图中切线速度窗口和加速度窗口只显示了TM采样点的信息,这是因为对元音[ɛ]而言,TM就是所定义之主发音点。如图所示,在光

标所在位置、元音中部附近,主发音点的切线速度达到最小值(此时加速度穿越零线),根据上文所述原则,本文认为此处就是该元音的发音目标点,因此,所有采样发音点的位置信息都在这一点上确认,其数据就被记录下来作进一步分析之用。

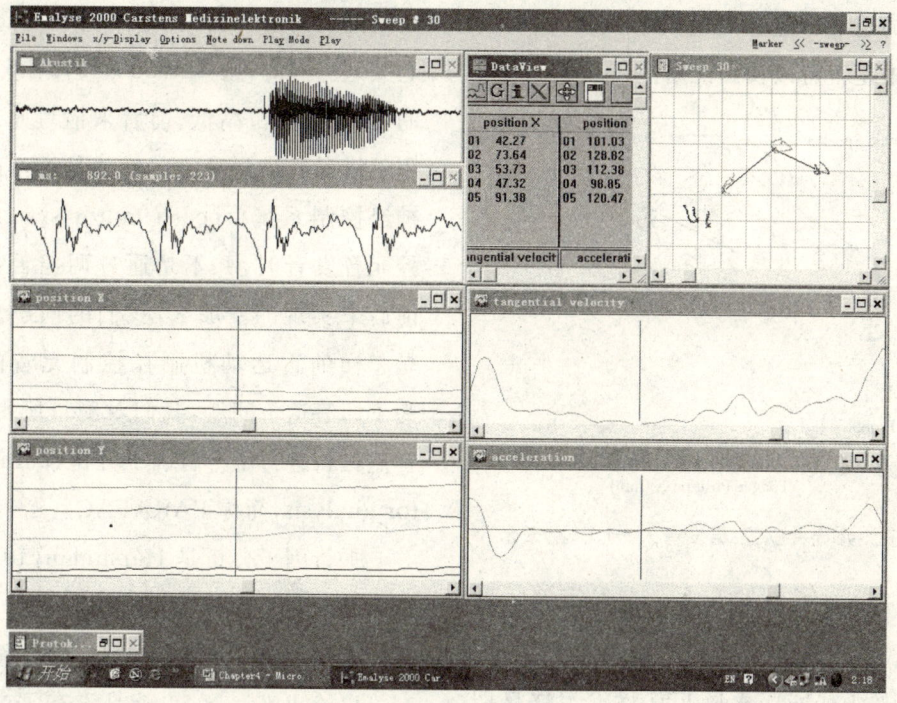

图2 数据分析窗口(元音[ɛ],男发音人一)。左侧子窗口(自上而下):声波信号、光标附近放大声波信号、发音位置横轴、发音位置纵轴;右侧子窗口(自上而下):坐标点数据信息(左上)、数据 X/Y 坐标显示(右上)、切线速度曲线、加速度曲线(后二者只显示了 TM)

3. 研究结果

图3显示了宁波声学元音图(具体参见:胡方,2005)。图中横轴和纵轴的标度是赫兹值,但刻度已经转化为 Bark,而且,纵轴刻度是横轴的两倍,以加强第一共振峰在元音感知上的重要性,这样,元音的分布更符合听觉结果。图中的每个元音都来自50个采样值的均值(10位发音人×每人每个元音重复5遍)。

如引论中所述,根据听觉声学的结果,元音的高低和前后是非常清楚的。从图3我们可以看到,[i y ɣ u]是高元音,[e ø o]是半高元音,[ɛ ɔ]是半低元音,[a]是低元音;[i y ɣ e ø ɛ]是前元音,[u o ɔ]是后元音,[a]是央元音,即低元音不区分前后。

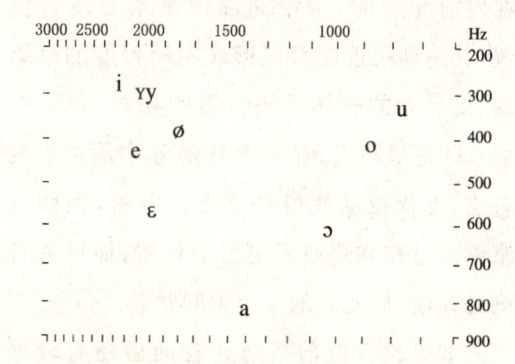

图3 宁波元音在声学语音图上的分布

这里的问题是：元音的高低、前后在发音上是怎样实现的？传统的观点认为元音的高低对应于舌位的高低，元音的前后对应于舌位的前后。这种对应关系，在我们的发音材料中是否可以找到证据？

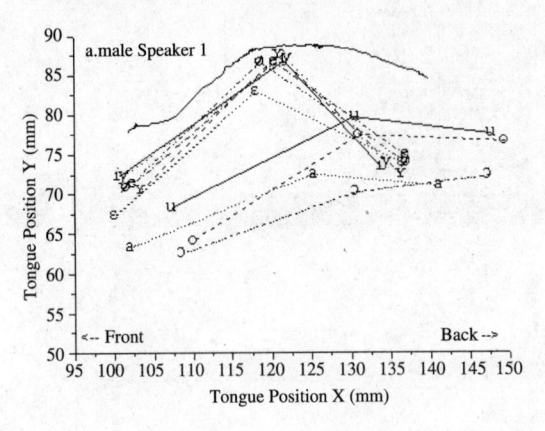

图4 宁波元音舌位图：男发音人一（单位：毫米）

图4显示了男发音人一在发宁波元音时根据三个舌面采样点所确立的舌位图，图中每个国际音标代表该元音每个采样点的平均值。图中元音上方的曲线是所录制的发音人的上腭形状。如图所示，就采样的三点所反映的元音舌位图而言，前、后元音的区别还是很明显的。粗略地讲，前元音的整个的舌头位置相对前置，三个采样点中 TM 是最高点，而且不同程度地靠近硬腭，显示在发前元音时，舌中间部位是主要发音位置，其主动接近硬腭以形成不同程度的窄缩点；后元音的整体舌头位置则相对后缩，一般 TD 是最高点，显示舌背部分才是主要发音点，舌背拉动使得整个舌头向后，因而其窄缩点是在软腭或者更后的位置；而低元音则处在前、后元音的一个中间状态。

如果说舌位前后与元音前后还有较好的对应关系，那么，元音高低与舌位高低就显得杂乱无章了。五个高、半高前元音[i y ɿ e ø]都有类似的舌位，高和半高后元音[u o]的 TD 点也在差不多的高度上。而且，很难在同高度的前、后元音之间以舌位高低建立起关系。因此，正如 Wood(1979：25)所指出的，传统用舌位高低、前后来描写元音，是使用了错误的描写维度。也就是说，言语运动神经控制系统（speech motor system）在调控元音发音时，并不是通过调控舌位高低、前后来实现的。那么，我们的问题就变为：是怎样的舌运动机制在控制元音的发音？为了回答这个问题，我们对测量所得的舌发音点材料进行了平行因子分析（parallel factor analysis，简称 PARAFAC）。

平行因子分析是 Harshman(1970)发展出来的三众数（three-mode）因子分析模型，不同于一般的二众数（two-mode）模型的是它可以给出唯一解，也就是没有了二众数因子分析中的因子轴旋转问题。

Harshman 等(1977)首次将它应用到了元音的发音研究，结果他们从五个美国英语发音人的 X 光片材料中发现了两个舌运动机制：前举（front raising）和后举（back raising）。Hoole(1999)将它应用于分析电磁发音仪所采集的发音材料上，根据七个德语发音人的发音材料，结果也是发现了两个类似的舌运动机制。

在本次研究中，我们发现也是二因子的模型最适合把握元音发音的舌运动特征，解释了约90%的方差（variance）。舌发音点的因子装载作用（factor loading effect）可以直观地用图形表示为相对于所有发音人所有元音的平均舌位的位移，见图5。七个发音人的平均上腭曲线也标示在了图中，以作参照。从图中，我们可以看到，因子一主要模拟了舌体的前后位置移动，以及舌体后部的上下位置移动，因子二则是模拟了舌面相对于硬腭的上下位置移动。这里的因子二与Harshman 等(1977)和 Hoole(1999)因子一完全一致，因子一也与他们的因子二类似。因此，所提取的两个舌运动机制可以分别称之为"回缩及后举"（retraction and back raising）和"前举"（front raising）。

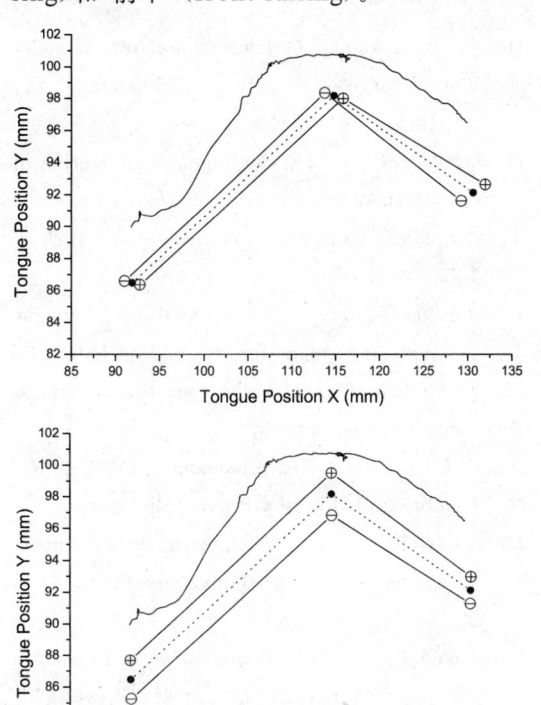

图 5 舌发音点二因子模型的图形示例（上：因子一；下：因子二。虚线所连实点是七位发音人所有元音的舌位均值，实线所连正、负号填塞的小圈分别表示相对于平均舌位的±2个标准差之位移。）

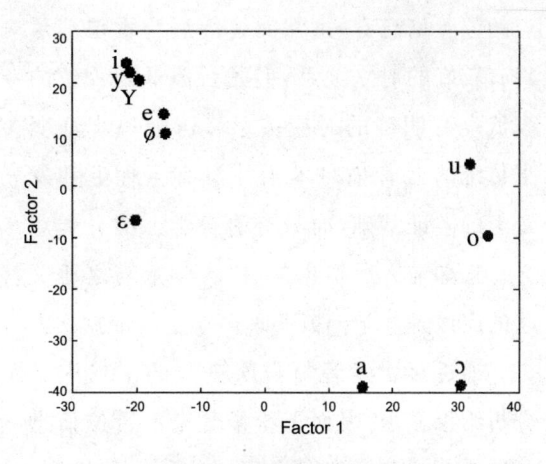

图 6 因子装载—元音

每个宁波元音的发音均可视作是这两个舌运动机制的共同作用的结果。图 6 是元音的因子装载图，数值指明构建每个元音所需之因子权重。图 6 与传统的"元音舌位图"或者声学元音图有一定的类似性，这并不奇怪。不同的是，声学元音图（不管是纯声学的或者是基于听觉的）所根据的是所有发音器官，如舌、下腭高低、唇形等共同作用的结果，而图 6 则完全是基于舌位的一个概括。如图，坐标横轴（因子一）标示了"回缩及后举"的权重，而纵轴则标示了"前举"的权重。正值表明了该元音相对于平均舌位需要正位移，负值表明了需要负位移。例如：从图中我们可以看到，所有前元音都需要较大的因子一负值，这说明发前元音时舌体是趋前的；同理，发后元音时，舌体是后缩的。

4. 结论

本文用电磁发音仪采集了宁波方言发音人的元音发音材料。从所采样的舌发音点的位置信息看,虽然元音前后与舌位前后具有较好的对立关系,但元音高低与舌位的高低没有明确的对应关系。这进一步证明了传统的元音描写术语并没有生理上和发音上的实证基础,而只有语言学上的分类意义。正如前人所指出的,语音学上与之相关联的应该是声学上或心理声学上的证据。

通过对舌发音材料所进行的平行因子分析结果显示,表面上纷繁复杂的舌位信息可以成功地分解出两个底层的舌运动机制:"回缩及后举"和"前举"。宁波方言中所有元音的发音都可以用这两个机制来模拟重构,而传统的元音描写维度如高低、前后,也可以用这两个机制来作重新的阐释。来自宁波方言的结论与前人对英语、德语等西方语言的研究结果是一致的。这种跨语言的一致性表明,分析模型所提取的这两个舌运动机制在人类语言的元音发音上是具有普遍性的[1]。诚然,所提取的舌运动机制是基于统计分析的结果,其本身并不直接具有生理上的可解释性。不过,这两个舌运动机制与基于 EMG 和 MRI 研究的舌控制生理模型(Maeda & Honda,1994;Honda,2000)拥有惊人的一致性。这也就表明,它们所反映的正是舌体受生理机制控制的结果。

参考文献

胡方 2005 《宁波方言元音的声学语音学研究》,《吴语研究》,341 – 348 页,上海教育出版社。

Bell, A. M. 1867 *Visible speech or self-interpreting physiological letters for the writing of all languages in one alphabet*. Simpkin & Marshall, London.

Chomsky, N. and Halle, M. 1968 *The sound pattern of English*. Harper & Row, New York.

Fromkin, V. A. (ed.) 1985 *Phonetics Linguistics: essays in honor of Peter Ladefoged*. Orlando, Florida: Academic Press.

Harshman, R. 1970 Foundations of the PARAFAC procedure: Models and procedures for an 'explanatory' multi-modal factor analysis. *UCLA Working Papers in Phonetics*, 16.

Harshman, R., Ladefoged, P. and Goldstein, L. 1977 Factor analysis of tongue shapes. *Journal of the Acoustical Society of America*, 62: 693 – 707.

Honda, K. 2000 Organization of tongue articulation for vowels. *Journal of Phonetics*, 24: 39 – 52.

Hoole, P. 1999 On the lingual organization of the German vowel system. *Journal of the Acoustical Society of America*, 106: 1020 – 1032.

Jackson, M. T. T. 1988 Analysis of tongue positions: Language-specific and cross-linguistic models. *Journal of the Acoustical Society of America*, 84: 124 – 143.

Jones, D. 1909 *The pronunciation of English*. Cambridge University Press, Cambridge.

Ladefoged, P. 1967 *Three Areas of Experimental Phonetics*. Oxford University Press, London.

Ladefoged, P. 1971 *Preliminaries to Linguistic Phonetics*. University of Chicago Press, Chicago.

Ladefoged, P. 1975 *A Course in Phonetics*. Harcourt Brace Jovanovich, New York.

Ladefoged, P. 1976 The phonetic specification of the languages of the world. *UCLA Working Papers in Phonetics*, 31: 3 – 21.

---

[1] Jackson(1988)在分析冰岛语时认为需要有三个舌运动机制才能模拟冰岛元音的发音;不过,Nix 等(1996)已经推翻了他的分析,证明也是两个类似的底层机制在起作用。

Ladefoged, P., DeClerk, J., Lindau, M. and Papçun, G. 1972 An auditory-motor theory of speech production, *UCLA Working Papersin Phonetics*, 22: 48–75.

Löfqvist, A. 1999 Interarticulator phasing, locus equations, and degree of coarticulation. *Journal of the Acoustical Society of America*, 106: 2022–2030.

Löfqvist, A., Gracco, V. L. and Nye, P. W. 1993 Recording speech movements using-magnetometry: One laboratory's experience. *Forschungsberichte des Instituts für Phonetik und Sprachliche Kommunikation München (FIPKM)*, 31: 143–162.

Maeda, S., and Honda, K. 1994 From EMG to formant patterns of vowels: the implication of vowel systems and spaces. *Phonetica*, 51: 17–29.

Meyer, E.A. 1910. Untersuchungen über Lautbildung *Die neueren Sprachen 18 (Festchrift Wilhelm Vietor)*, 166–248.

Nix, D. A., Papçun, G., Hogden, J. and Zlokarnik, I. 1996 Two cross-linguistic factors underlying tongue shapes for vowels. *Journal of the Acoustical Society of America*, 99: 3707–3718.

Perkell, J., Cohen, M., Svirsky, M., Matthies, M., Garabieta, I. and Jackson, M. 1992 Electro-magnetic midsagittal articulometer (EMMA) systems for transducing speech articulatory movements. *Journal of the Acoustical Society of America*, 92: 3078–3096.

Russell, G. O. 1928 *The vowel*. Ohio State University Press, Columbus.

Wood, S. 1979 A radiographic analysis of constriction locations for vowels. *Journal of Phonetics*, 7: 25–43.

(胡方　中国社会科学院语言研究所　语音研究室　100732)

新闻朗读的呼吸节奏研究*

谭 晶 晶

提要：本文运用肌电脑电仪和呼吸带传感器记录并分析了发音人朗读40篇新闻语料时呼吸节奏的变化，得到了以下几点初步结果：(1)从语篇中大尺度信息单元的角度着眼，可以将语流分为三级不同大小的呼吸单元，一般说来，大呼吸单元对应于自然段，中呼吸单元对应于复句，小呼吸单元对应于分句或句子成分。(2)语流中有呼吸重置的地方必然有停顿，但是有停顿的地方却不一定有呼吸重置。(3)处于语篇不同位置的呼吸单元中呼吸曲线达到该呼吸单元最高值的方式并不一样，这说明语流中的呼吸单元的构造体现了语篇的组织架构。(4)呼吸结构可以反映人们对表达内容的整体认知规划，同时它也反映了人们生理机能的制约。

关键词：新闻朗读　呼吸节奏　呼吸单元　生理　认知

1. 引言

在关于汉语语流韵律特征的研究中，韵律单位的切分和层级构造一直是研究的热点。由于语流的韵律构造是一个复杂的过程，它受到生理、心理、语法等各个方面的制约，因此研究者的角度也各不相同。有的学者从音系学的角度出发，探讨语音和句法的接口问题，如王洪君(2000,2002)、初敏等(2004)等；有的学者先根据人们的感知确定各级韵律单位，再研究各级韵律单位边界的声学表现，如杨玉芳(1997)、王蓓等(2004,2005)、熊子瑜(2003)等。

从生理的角度出发，Liberman(1967)在对英语进行研究时提出了一个"呼吸群(breath-group)"的理论，认为人们是通过呼吸群来产生和感知语调的，呼吸群分为有标记的和无标记的两种。在无标记的呼吸群中(如陈述句)，随着人们说话时肺部气流的呼出，声门下压力会逐渐下降，这就导致了音高的逐渐下降。在有标记的呼吸群中(如疑问句)，声带肌的紧张度提高，这就抵消了声门下压力逐渐下降所造成的音高下降。郑秋豫近年来的研究也提到[①]，人们的口语语流在实现时受到生理机制(呼吸调节)的制约。她提出的汉语口语语流韵律架构从上到下可以分为"语段与韵律句群→呼吸群→韵律短语→韵律词"这四级，其中呼吸也是划分韵律层级的重要线索。

呼吸群的理论可以有效地解释语流在

---

* 本项研究由北京大学985子项目(汉语普通话语音多模态研究)及自然科学基金项目"汉语普通话发声模型研究(项目批准号：10674013)"资助。

① 根据郑秋豫(2005)在北京大学的讲座中对其近年来工作的总结报告。

实现过程中受到的生理因素的制约,也能有效地解释语流中的音高下倾现象。可是目前完全从生理(呼吸)的角度对汉语语流的韵律单元进行划分的研究还没有见到。这可能是由于受到实验设备的限制,呼吸的信号不如声学信号那样易于记录和分析,也可能是由于语音合成最终要靠调节声学参数来实现,而现在也还没有研究结果能揭示呼吸的参数怎样和声学参数联系起来。现在可以利用肌电脑电仪和呼吸带传感器将呼吸信号精确地显示出来,因此我们对新闻朗读中呼吸节奏的变化做了一些分析,试图寻找人们朗读时呼吸节奏的类型,探讨呼吸节奏和韵律结构的关系。

2. 实验说明

2.1 实验语料

随着语音合成技术的进步,人们不再满足于合成简单的短句,而是进一步试图合成较长的语篇,因此对语篇的韵律特征的研究也已经提上了日程。王蓓等(2005)的研究探讨了语篇中大尺度韵律单元的声学线索;郑秋豫(2005)也明确提出口语语流单位为多短语句群,而非单一语句或短语。她还提出,多短语句群受到自上而下的管辖制约,人们在说话时除了受到发声器官和生理机制的制约外,还要受到认知能力的限制,也就是说,人们在说话之前要对所说的内容做

一个规划,划分韵律单元的时候应该也会考虑到内容的完整性和语法的限制。基于上述的认识,本次实验选取了40篇较典型的新闻语料,每篇语料都是对某一事件的完整报道,每篇语料大约250字,一般分为2-4个自然段。利用这样的语料,我们可以探讨语篇的韵律结构,也可以考察人们在表达某一个相对复杂的完整内容时,是如何通过对呼吸节奏的调节来表现出他们对内容的规划的。

2.2 发音人

本次实验的发音人是北京大学电视台的一位新闻播音员,女性,22岁,语音纯正,受过较好的新闻播音训练,有较丰富的新闻播报经验,因此她的发音应该能较好地反映出新闻朗读的特点。

2.3 实验设备

本次实验的录音工作于2006年3月在北京大学中文系的录音室进行。录音使用的主要设备是澳大利亚PowerLab公司生产的肌电脑电仪,录音和分析软件是肌电脑电仪自带的Chart5。该软件一共可以采集16路信号,本次实验采集了3路信号:第一路是通过麦克风采集的声音信号,第二路是通过电子声门仪(EGG)采集的嗓音信号,第三路是通过MLT1132呼吸带传感器采集的呼吸信号,如图1所示:

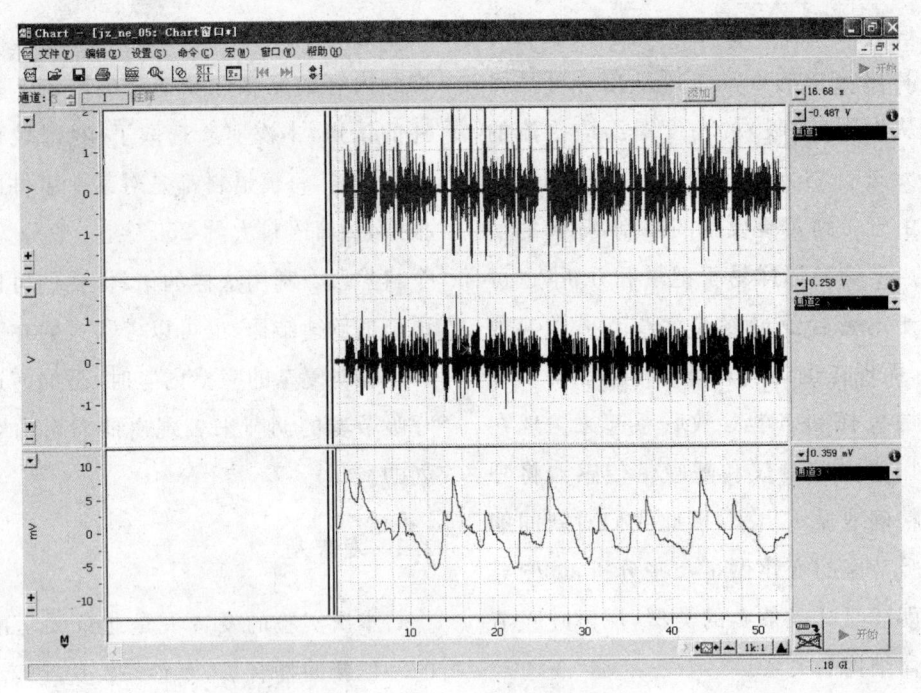

图 1　本次实验采集的三路信号

呼吸带传感器可以测量呼吸导致的胸腹部收缩扩张的变化。本次实验是将呼吸带传感器系在发音人的胸部，由压电设备检测出发音时呼吸带长度的变化，从而获得呼吸节奏的信号。通过肌电脑电仪，把由呼吸导致的电压值变化反映在二维图谱上，横轴是坐标，纵轴是振幅，振幅的变化对应呼吸的变化。呼吸曲线上升表示吸气，下降表示呼气。

根据上述的实验方法，我们得到了 40 篇新闻语料的语音、噪音和呼吸信号。本文的分析主要利用了语音和呼吸两种信号。

3．实验结果

3.1　呼吸单元的层级及其和语义完整性的关系

图 2 是我们从实验中挑出的一段比较典型的呼吸信号图。从图中我们可以看到，呼吸信号按照呼吸重置幅度的大小，可以明显地分出三个层次，我们分别称其为一级重置（最大的重置）、二级重置（中等的重置）和三级重置（小重置），在文本中我们将这三级重置分别标记为/1、/2、/3。根据呼吸曲线变化幅度的大小，我们可以将语流分成三种呼吸单元：大呼吸单元、中呼吸单元和小呼吸单元。由于还没有找到合适的分析软件，我们暂时根据 Chart5 第 3 通道中显示的绿色小方格作为量化呼吸曲线变化的标准。大致说来，一个大呼吸单元中呼吸曲线的最高点和最低点之间大约相差 3 个方格以上的高度，一个中呼吸单元中呼吸曲线的最高点和最低点之间的高度差大约在 2-3 个方格之间，一个小呼吸单元中呼吸曲线的最高点和最低点之间的高度差大约在 2 个方格以下。

图 2 呼吸单元的层级

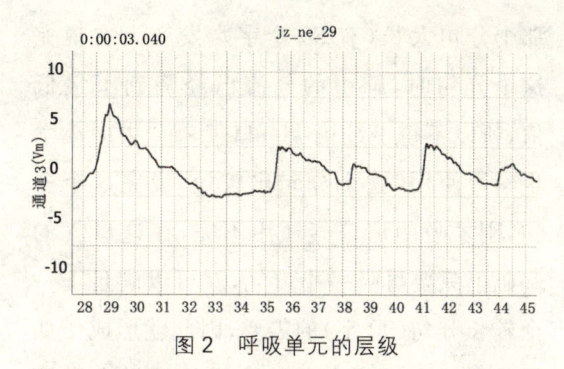

（文本：/1 据联想介绍，此次上市活动以冬奥会举办城市意大利都灵为发布会的主会场，/2 并在纽约、伦敦、巴黎、悉尼、/3 新加坡等 10 个城市先期发布，/2 随后在全球 45 个国家和地区/3 进行推广和销售。）

将文本和图 2 中的呼吸曲线进行对照，我们可以发现三级呼吸单元分别和不同大小的语义单元相对应。大呼吸单元对应整段话，也就是对应着最大的意义单元，表达了一个最完整的意思，在这个大呼吸单元中包含三个中呼吸单元，每个中呼吸单元对应一个分句，即一个中等的语义单元，小呼吸单元则对应分句中的某个句子成分，即最小的语义单元。

根据我们对 40 篇语料的分析，我们发现：

（1）一般说来，一篇语料中有几个自然段，呼吸信号就可以分成几个大呼吸单元，也就是说大呼吸单元大致是和自然段对应的。例如图 3 的语料是一篇有四个自然段的新闻，呼吸信号可以很明显的分成 4 个大呼吸单元；而图 4 的语料是一篇只有两个自然段的新闻，呼吸信号可以分成 2 个大呼吸单元。在每个自然段的开始处，呼吸信号会较快地上升到这个呼吸单元的最高处，至于它是通过一次一级重置达到最高处，还是通过二级或三级重置的叠加达到最高处，可能根据具体情况有所不同，这个我们将在 3.3 中介绍。

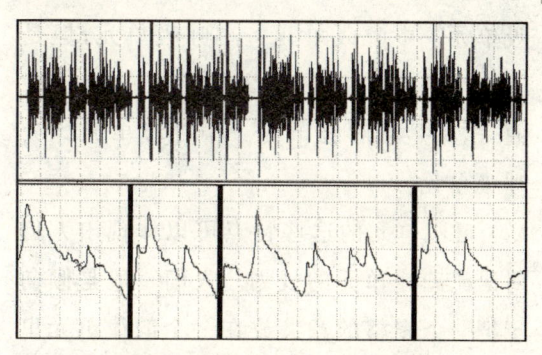

图 3 新闻语料语音、呼吸信号例 1

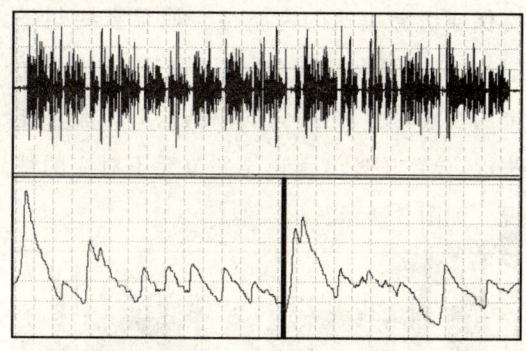

图 4 新闻语料语音、呼吸信号例 2

（2）一个自然段中的每个句子（多为复句），很多可以划成一个中呼吸单元，但是这种对应不如(1)中的对应那么严密。这是因为发音人可能会受到语料文本的影响。一个句子中间如果有一个成分或分句字数比较多，发音人为了一口气将它念完，不管这个成分或分句是否出现在句首，都可能会有一个二级的呼吸重置。这样中呼吸单元的数量就会比句子的数量要多。

（3）小呼吸单元里只有一个 3 级呼吸重置，每个小呼吸单元大概对应一个句子成分或韵律短语。小呼吸单元出现的情况比较自由，但是每个小呼吸单元中的字数比较稳定。

从上面的分析中我们可以看出,就每个呼吸单元表达内容的完整性而言,大呼吸单元＞中呼吸单元＞小呼吸单元;但是就每个呼吸单元中包含的字数的稳定性而言,则是小呼吸单元＞中呼吸单元＞大呼吸单元。

呼吸单元的这些特点可以体现出人们对语流韵律单元的规划。人们一般是倾向于把一个完整的意义放在一个韵律单元里实现的,在说话时人们可以通过调节呼吸节奏保证语义表达的完整性。如果有些句子过长,超出了人们认知规划的范围或生理功能的极限,人们在规划韵律结构时就有可能失误,导致呼吸单元和语义单元不对应的情况。如图 5 所示:

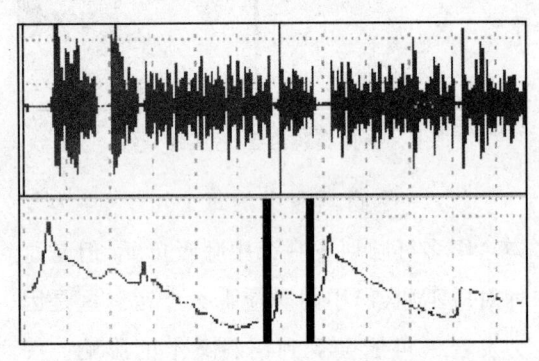

图 5 呼吸单元和语义单元不对应的例子

(文本:/1 新华网哈尔滨 2 月 28 日电:2 月 28 日上午,/3 黑龙江省教育厅向全省中小学免费发放了近 26 万册《安全教育读本》,/3 供中小学生学习使用。/2 黑龙江省教育行政部门希望借此增强中小学生的安全意识和防范意识,/3 唤起全社会对中小学生生命安全的重视。)

这段话从文本上看应该以"供中小学生学习使用"这个分句后的句号为界,分为两个单元。但是呼吸单元的界限却在这个分句之前。这很可能是因为这个分句之前的那个分句太长(有 30 个字),发音人在说完这个分句时,肺中的气流已经降到了最低值,所以不得不赶快吸一口气,而"供中小学生学习使用"这个分句比较短,说完这个分句,刚才吸的那口气还用不完,在这口气的基础上只要再吸一小口气,就可以满足下一个较长分句(30 字)的需要,因此就形成了如图 5 所示的呼吸曲线。这样的结果也印证了郑秋豫提出的"在语流中,有意义的边界效应可能对应或不对应于标点符号和句法边界"的观点。

3.2 呼吸与停顿的关系

一般人们认为,语流中的停顿是出于生理的需要。因为除了少数的语言中有吸气音之外,大多数的语言都是呼气音,也就是说,人们一般都是在呼气的时候才能说话。可是人肺中的气流总是有限的,要表达一个比较复杂的意思的时候,不可能一口气说出长长的一段话,因此一定要在中间停顿几次来换气,所以换气(即呼吸)是停顿的生理基础。也就是说人们在吸气的时候是一定要停顿的,在波形图上也必然表现为无声段。如图 6 所示:

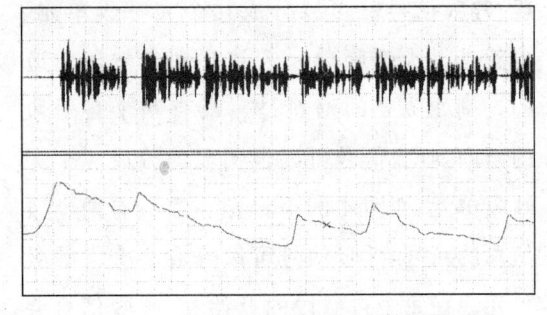

图 6 呼吸重置与停顿对应的例子

图 6 中共有 5 个呼吸重置,每个呼吸重置

对应着一次吸气,而在波形图中和每个呼吸重置相对应的位置上都表现为静音段。

但是,换气并非是产生停顿的唯一原因。有些时候人们出于特殊的表达需要(如强调)或语速比较慢的时候,也可能在肺中气流还够用的时候插入停顿。同时也有研究表明[①],除了静音段会被人们感知为停顿之外,韵律边界前单位的延长也能感知为停顿。这两种停顿的声学表现不同,但我们这里没有对它们加以区分,还是统称为停顿。因此,并非所有的停顿都伴有呼吸重置。如图7所示:

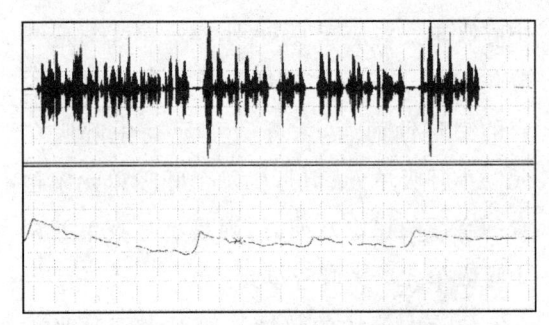

图7 呼吸重置与停顿不一一对应的例子
(文本:……|/2其内容涵盖了新时期中小学安全教育的诸多方面|/3具有较强的科学性、权威性|/3知识性、趣味性|和地域性|/3符合学生的认知规律。)

图7中一共只有4个呼吸重置,但是根据我们的标记,一共有7个停顿(停顿用"|"表示)。在"科学性"、"知识性"、"趣味性"之后都能感知到明显的停顿,但在这些地方呼吸信号却看不到明显的上升。

我们根据听感标注出了40篇语料中所有的停顿,又根据呼吸信号图标出了所有的呼吸重置。发现除了少数情况下停顿总数和呼吸重置总数相等之外,停顿总数一般都大于呼吸重置总数,差距最大的时候二者居然可以相差20。这说明在生理允许的情况下,人们可以较自由地选择在什么地方停顿。

3.3 常见的新闻朗读呼吸节奏的一些特点

新闻的写作有其固定的模式,一般说来新闻的第一段都是用一句话交待出某一新闻事件的概况,后面再展开叙述。那么在播报新闻的时候,人们的呼吸节奏有没有一些比较固定的类型呢?

我们根据呼吸信号,把语料切成一个个大呼吸单元,分析每个大的呼吸单元是怎样构成的。通过比较,我们得到了下面这些发现:

(1)每条新闻第一自然段的呼吸结构类型比较固定,都是先有一个大的呼吸重置,呼吸信号很快达到整个大呼吸单元的最高点;信号下降一段时间后(一般念完一小段话,如"某报社某月某日电"),会有一个小呼吸重置,呼吸信号上升一小段再接着下降,一直降到该呼吸单元的最低点。如果这段话很长,在这时候可能还会有几个小呼吸重置。如图8所示:

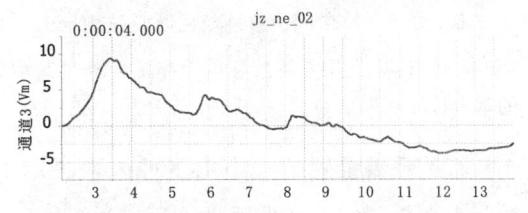

(文本:新华社合肥3月15日电:安徽省政府14日宣布,2006年安徽省党政机关将向全国公开考录1719名公务员。)

---

① 如叶军(2001)的研究。

图8 新闻首段呼吸结构示例

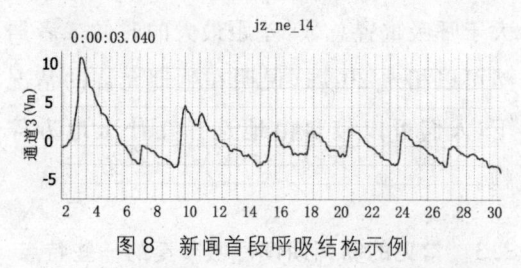

（文本：记者从日前召开的我省老龄事业发展基金会第四届理事会第四次会议获悉：2005年，我省老龄事业发展基金会共募集资金94万余元，助养困难老人765名、助医特困老人400名；扶持5个农村老年协会创办经济实体；向16个州市边远贫困地区农村老协赠订1500份《云南老年报》。）

（2）如果一个大呼吸单元没有处在语篇起始处，而这一单元内的第一个分句又不长的话，那这个大呼吸单元的呼吸曲线最高点就不会马上出现，而是在第一分句的时候先上升一点，说完第一分句以后，呼吸曲线略有下降，但不会降得很低，在此基础上呼吸曲线再次上升，这时才达到最高点。如图9所示：

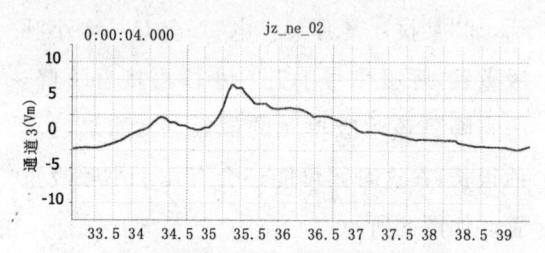

图9 位于语料中间位置的新闻呼吸结构示例

（文本：成浩说，公开考录公务员工作是公务员制度的基本特征和标志。）

（3）呼吸重置的大小由多种因素决定。除了上面提到的一个大呼吸单元在语篇中所处的位置不同会导致呼吸重置大小的不同外，呼吸重置前后分句的字数多少也会影响呼吸重置的大小。一般说来，重置后分句字数的多少比重置前分句的影响要大。重置后分句字数越多，重置的幅度越大；而重置前分句字数如果太多，远远超出发音人的习惯，而发音人还是勉强自己要一口气把这个分句说完，那么在说完这个分句以后发音人肺部的气流已经到了最低点，这个时候她可能就会深吸一口气，这样不管之后那个分句字数多少，都会有一个比较大的呼吸重置。

4. 结论和问题

通过上面对四十篇新闻语料呼吸节奏的分析，我们得到了三级不同大小的呼吸单元。一般说来，大呼吸单元对应于自然段，中呼吸单元对应于复句，小呼吸单元对应于分句或句子成分。就每个呼吸单元表达内容的完整性而言，大呼吸单元＞中呼吸单元＞小呼吸单元；但是就每个呼吸单元中包含的字数的稳定性而言，则是小呼吸单元＞中呼吸单元＞大呼吸单元。

语流中停顿的数量一般要多于呼吸重置的数量。语流中有呼吸重置的地方必然有停顿，但是有停顿的地方却不一定有呼吸重置。

处于语篇不同位置的呼吸单元中，呼吸曲线达到该呼吸单元最高值的方式并不一样。这说明语流中的呼吸单元的构造体现了语篇的组织架构，也说明对语篇中大尺度信息单元的韵律特征的探讨是很有必要的。

人们对呼吸节奏的调节是语流单元规划的反映。它体现了人们对表达内容的整体规划，同时它也反映了人们生理机能的限制。因此，语流中的韵律单元是生理和心理共同作用、互相协调的结果。有些时候人们的认知规划有失误,或者超出了生理能力的制约,就会出现比较特殊的呼吸结构。

目前对于呼吸节奏的研究刚刚起步,还有很多问题没弄清楚,例如:从生理角度划分出的呼吸单元和从声学、音系学角度划分出的韵律单元之间有什么样的联系?每级呼吸单元的边界是否有不同的韵律表现?不同发音人的呼吸节奏有多大的个体差异?呼吸节奏能否体现出个人的风格差异?人们在朗读不同文体时的呼吸节奏是否有区别?胸式呼吸和腹式呼吸在发音过程中是如何相互作用的?如何把呼吸节奏的研究成果应用到语音的韵律合成中去?所有这些问题,都有待于更多研究人员进一步的研究才能解决。

参考文献

初敏 王韫佳 包明真 2004 《普通话节律组织中的局部语法约束和长度约束》,《语言学论丛》第三十辑。

王蓓 杨玉芳 吕士楠 2004 《汉语韵律层级结构边界的声学分析》,《声学学报》第1期。

王蓓 杨玉芳 吕士楠 2005 《语篇中大尺度信息单元边界的声学线索》,《声学学报》第3期。

王洪君 2000 《汉语的韵律词和韵律短语》,《中国语文》第6期。

王洪君 2002 《普通话中节律边界与节律模式、语法、语用的关联》,《语言学论丛》第二十六辑。

熊子瑜 2003 《韵律单元边界特征的声学语音学研究》,《语言文字应用》第2期。

杨玉芳 1997 《句法边界的韵律学表现》,《声学学报》第5期。

叶军 2001 《汉语语句韵律的语法功能》,华东师范大学出版社。

郑秋豫 2005 《语流韵律架构》,北京大学讲座PPT,未刊。

Philip Liberman 1967 *Intonation, Perception, and Language*. The M.I.T. Press.

(谭晶晶 北京大学中文系 100871)

从声道形状推导普通话元音共振峰*

汪高武　孔江平　鲍怀翘

摘要：本文研究从 X 光录像提取声道形状,并推导声道传递特性。首先根据汉语普通话的 X 光录像,设计了一种自动提取清晰边缘结合手工标记模糊边缘的方法,来提取声道边缘。并采用 Mokhtari (1998)的方法,推导出汉语普通话主要元音的共振峰频率和带宽,计算结果与实际语音和前人的结果做了比较,减小了误差。为验证结果的有效性,根据计算出来的共振峰数据进行了语音参数合成,结果表明合成语音符合相应的元音音色。

关键词：X 光录像　声道　普通话元音　共振峰

1. 简介

在语音生理研究领域,如何从声道形状推导出声道的传递特性,是一项重要的研究内容。随着科学技术的进步,可以通过 X 光、超声波、螺旋 CT、核磁共振(MRI)等各种手段获取声道的形状,然后根据声道形状(主要以声道的截面积来表述),推导传递特性。

1.1 X 光录像中声道形状的提取

X 光录像虽然有辐射危害,但相对于其他测量技术来说,可以获得实时动态的以及整个声道侧面的边缘形状,具有独特的优势。但是,如何提取其模糊的声道边缘,是本领域也是图像处理中的经典问题。

有的采用 snake 算法追踪 X 光录像的声道边缘(Tiede and Vatikiotis-Bateson, 1994),但效果一般。有的结合 snake 算法和速度场法提取舌形曲线(Berger and Laprie, 1996),效果有较大提升。有的则加入了直方图归一化技术和区域分割法(Thimm and Luettin, 1999),来提取声道边缘,做了不少改进。虽然如此,在边缘较为模糊的部位,也还是很难准确提取声道的边缘。

Fontecave and Berthommier(2006)则结合 retromarking 算法和手工调整关键帧,进行声道边缘提取。并与 Thimm and Luettin(1999)的方法做了比较,两者之间偏差 6.8 像素,与手工标记误差各为 8 像素和 20 像素(舌头曲线长约 250 像素)。这种方式标记的精度有所提高,但是技术比较复杂,声道的细节处反映得不够,而且对于 X 光录像质量不好的情况,也无能为力。

1.2 声道传递特性的计算

从 X 光录像提取出声道形状后,需要根

---

* 本文得到自然科学基金项目"汉语普通话发声模型研究(项目批准号:10674013)"资助。

据声道的截面积,推算出声道的传递特性,也即声道传递函数的共振峰和带宽等特性。目前的主要方法有:

(1) 求解声波传播方程

管中的声波满足以下传播方程。

$$-\frac{\partial p}{\partial x} = \rho \frac{\partial (u/A)}{\partial t}$$

$$-\frac{\partial u}{\partial x} = \frac{1}{\rho C^2} \frac{\partial (pA)}{\partial t} + \frac{\partial A}{\partial t}$$

虽然该方程组的闭式解只能在最简单的情况下求出,但数值解总是可以得到的。Rabiner and Schafer(1978)计算了几个俄语主要元音的前五个共振峰的频率和带宽,与从实际语音测得的数据吻合得很好,并同时指出:这样做是最精确的方法,但如此细致既不实际也是不必要的。

(2) 单元声管等效电路级联法

随着电子技术的发展,人们开始根据电声类比,把声道等效为一传输线电路网络,把问题转换为计算电路的传递特性。

我们可以把声道看成一小段一小段相连接的管道,每一段都有其声阻、声顺和声质量,可类比为一个等效的T型网络,这样我们就可以用一系列截面积不同的彼此相联的单元声管来近似,并类比于一个级联的T型网络,这样就可以求出其传输函数或阻抗转移函数,从而得知声管的频率传输特性。

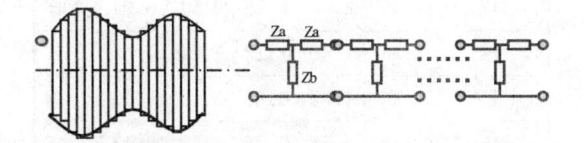

图 1 级联声管等效为级联电路

历来的研究中,常把单元声管假设为柱形(Atal et al.,1978;Mokhtari,1998)、圆锥形(Adachi and Yamade,1999)或者其他形状,来推导出单元声管的声学传递特性。

根据单元声管的阶数不同,有简化的1、2、3、4节模型(Fant,1960;Flanagan,1972),随后就趋向于更复杂的多节模型。Liljencrants and Fant(1975)提出了阻抗相移法计算传递函数。随后 Fant et al.(1976)和 Lonchamp et al.(1983)提出了相关的修正公式。Rabiner and Schafer(1978)介绍了传递矩阵法。这些方法因为没有记入损耗,所以只能计算共振峰的频率值,无法得出相应的带宽。

随着研究的进步,各种损耗因素也被考虑进来,包括声道的黏滞和热导损失、壁阻抗、声门阻抗、辐射阻抗等(Fant,1960;Flanagan,1972;Wakita and Fant,1978)。这些损耗因素的引入,使得求出共振峰带宽成为可能,对传递特性的计算也更加准确。

Mokhtari(1998)利用 Atal et al.(1978)中的方法,建立了一个考虑损耗的级联模型,计算日语元音的声道传递特性,取得了较好的结果。

目前,对于汉语普通话的这类研究比较少。只有鲍怀翘(1983)采用阻抗相移法,祖漪清(1983)采用传递矩阵法,在假设无损耗的前提下,初步计算了汉语普通话几个主要元音的共振峰频率。目前还没有类似于针对日语那样,计入各项损耗,计算出汉语普通话元音的共振峰频率和带宽。

2. 计算过程和方法

2.1 声道形状的提取

本文根据中国社科院语言所拍摄的汉语普通话 X 光录像,在自编的 Matlab 程序平台上,对声道形状进行标记。本文根据汉语普通话 X 光录像的实际情况,设计出了一种机器手工结合的标记方法,并编制了程序,标记的示意图见图 2。首先对 X 光图像进行直方图均衡处理,使声道边缘更加凸显。对于双唇、上腭、下巴等边缘清晰的地方,采取 canny 算子进行自动跟踪边缘;对于舌头、小舌、喉壁等边缘模糊的地方通过标记程序采取手工标记的方法提取边缘。比起前述的方法,工作量较大,但精度也最高(因为我们设定手工判断模糊边缘最准确)。对于数量不多的元音样本,还是适用的。

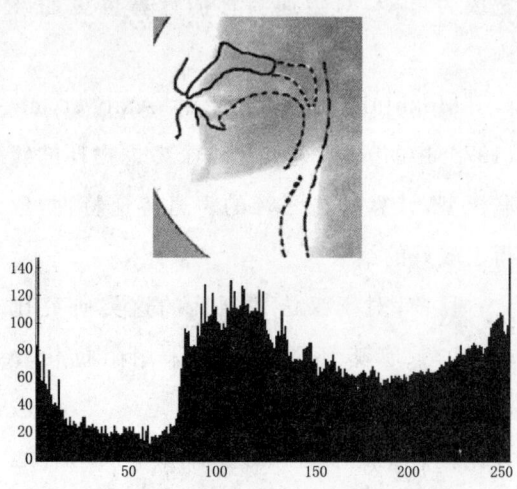

图 2 上为提取的声道边缘曲线(实线为自动提取,虚线为手工标记);下为图像对应的直方图

对声道的标记完成后,从喉头到唇端,把声道分成 18 段,测得各单元段的直径尺寸,也即矢状线段长度。接着如何从声道的侧面尺寸推出声道的截面积呢?祖漪清(1983)采用自己总结的经验公式,从声道矢状线段长度 D 推出截面积 A。鲍怀翘(1983)采用的是 Ladefoged 的经验公式:

$$\begin{cases} A = 2.50 \times D^{1.2}, \text{口腔} \\ A = 3.20 \times D^{1.30}, \text{上咽腔} \\ A = 3.62 \times D^{1.3}, \text{下咽腔} \end{cases}$$

本文采用该经验公式,但需要注意的是,由于亚洲人的体型与欧美人有所不同,这样会带来一些误差。计算的结果见表 1。

表 1 元音声道矢状半径线段长度(单位:cm)和声道截面积(单位:cm²)

段数	矢状线长度 D			声道截面积 A		
	a	i	u	a	i	u
1	1.92	1.05	0.17	4.55	2.2	0.25
2	2.27	0.61	0.26	5.57	0.77	0.41
3	2.62	0.35	1.83	6.61	0.58	4.31
4	3.05	0.26	2.62	7.95	0.41	6.61
5	2.62	0.44	1.92	6.61	0.58	4.55
6	2.27	0.52	1.66	5.57	0.58	3.82
7	1.92	0.78	0.87	4.55	1.15	1.77
8	1.40	1.40	0.52	3.11	1.98	0.95
9	1.05	1.66	0.44	2.2	5.31	0.77
10	0.70	1.74	0.44	1.68	6.01	0.92
11	0.61	1.92	0.52	1.42	6.36	1.17
12	0.87	2.09	0.96	2.22	6.36	2.51
13	0.96	2.01	1.05	2.51	6.01	2.8
14	0.96	1.40	1.13	2.81	4.58	3.5
15	1.05	1.05	0.87	3.5	3.15	2.49
16	1.05	0.78	0.78	3.15	2.17	2.17
17	0.87	0.87	0.78	2.49	2.49	2.17
18	0.96	0.70	0.96	2.81	1.86	2.81

2.2 声道的传递特性

得到声道截面积数据后,就要计算声道传递特性的共振峰频率和带宽。对于汉语普通话,只有鲍怀翘(1983)和祖漪清(1983)初步计算了几个主要元音的共振峰频率,这离我们的要求还有一定的距离。

本文首先采用阻抗转移法,计算了汉语普通话几个主要元音的共振峰频率。因为阻抗相移法无法计算带宽,所以本文采用经验公式来推导。从共振峰频率到带宽,有三套经验公式(Fant 1972;Fant 1975;Fant 1985),本文选取对于前三阶共振峰频率最精确的一组:

$B1 = 15(500/F1)^2 + 20(F1/500)^{\frac{1}{2}} + 5(F1/500)^2$

$B2 = 22 + 16(F1/500)^2 + 12000/(F3-F2)$

$B3 = 25(F1/500)^2 + 4(F2/500)^2 + 10F3/(F4\alpha - F3)$

其中,$F_{4a} = 3700$(女性)或 3400(男性)。

为了与之对照,本文还首次采用了Mokhtari(1998)中的方法,来推导计算汉语普通话元音的声道传递特性,计算出共振峰频率和带宽,元音 u 的例子可见图3、图4。

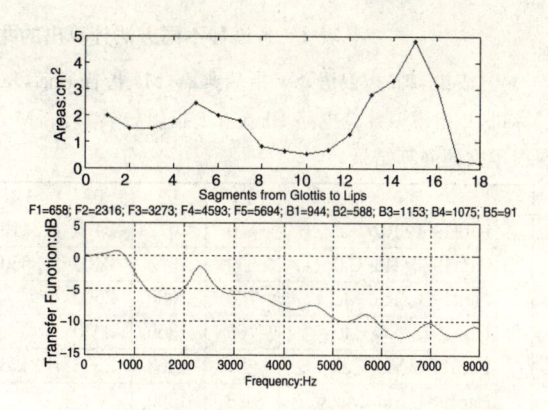

图 3 元音 /u/ 的声道截面积和传递特性曲线

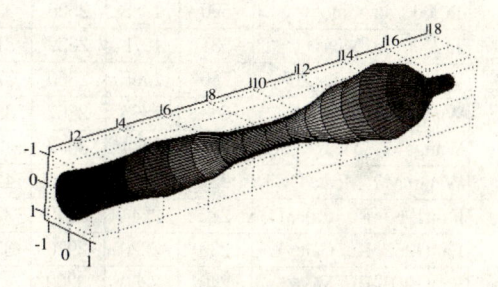

图 4 元音 /u/ 的圆管声道模型

3. 结果分析

3.1 共振峰频率和带宽

本文两种方法计算所得的共振峰频率和带宽,跟 DCT 和 LPC 法从 X 光录像的同步录音中提取的共振峰频率,以及前人研究的几个典型值,都列在表2中。

另外,为比较结果,元音 a、i、u 前 n 阶共振峰与实测值的偏差 E 也列在表2中,其中 n 取2,这是为了结果之间能互相比较,而且前两阶共振峰对于元音的音色来说最为重要。

$$E = \sqrt{\sum_{i=1}^{n}(\frac{F(i) - Fdct(i)}{Fdct(i)})^2}$$

表2 各语种不同方法计算出的共振峰特性和实测值比较(单位:Hz)

(表中,Ru 指俄语,Sw 指瑞典语,Ma 指普通话,Ja 指日语,Calc 指计算值,Meas 指实测值,B 指 BESK 计算机,L 指模拟计算电路 LEA,ZT 指阻抗转移法,Mo 指 Mokhtari 的方法,Ta2006 指 Takemoto2006,Wang 指本文的测算结果)

		F1	F2	F3	F4	F5	B1	B2	B3	B4	B5	误差E
a	Fant1960/Ru/Calc/B	616	1072	2470	3410	3820						
	Fant1960/Ru/Calc/L	630	1072	2400	3550	4000						
	Fant1960/Ru/Meas	700	1080	2600								
	Fant1972/Sw/Meas	760	1360	3000			44	66	120			
	Bao1984/Ma/Calc	621	1263	2596	3428	4204						0.3320
	Bao1984/Ma/Meas	928	1300									
	Badin1984/Ru/Calc	706	1109	2472	3625	4146						
	Ta2006/Ja/Calc	590	1385	2505	3305							
	Ta2006/Ja/Meas	581	1078	2629	3192							
	Wang/Ma/Calc/ZT	780	1465	2860	3749	4992	55	66	107	189	312	0.1464
	Wang/Ma/Calc/Mo	668	1885	2867	3899	4924	180	455	481	707	624	0.4065
	Wang/Ma/Meas/LPC	913	1444	3647	4246		107	56	29	35		
	Wang/Ma/Meas/DCT	927	1315	3705	4286		228	291	210	257		
i	Fant1960/Ru/Calc/B	222	2244	3140	3700	4655						
	Fant1960/Ru/Calc/L	230	2220	2970	3570	4400						
	Fant1960/Ru/Meas	240	2250	3200								
	Fant1972/Sw/Meas	345	2026	3100			55	41	105			
	Bao1984/Ma/Calc	219	2222	3311	3907	4740						0.4215
	Bao1984/Ma/Meas	328	3000									
	Badin1984/Ru/Calc	302	2286	3118	3732	4756						
	Ta2006/Ja/Calc	250	2145	3110	3365							
	Ta2006/Ja/Meas	272	2041	3004	3303							
	Wang/Ma/Calc/ZT	388	1985	2991	3721	5104	59	44	120	261	453	0.3693
	Wang/Ma/Calc/Mo	425	1784	2833	3905	5015	525	319	530	833	945	0.4377
	Wang/Ma/Meas/LPC	398	3143	3811	4404	5513	13	55	62	82	241	
	Wang/Ma/Meas/DCT	324	2822	3813	4415		152	147	600	259		
u	Fant1960/Ru/Calc/B	231	615	2375	3320	4000						
	Fant1960/Ru/Calc/L	240	610	2370	3400	3950						
	Fant1960/Ru/Meas	300	625	2500								
	Fant1972/Sw/Meas	365	690	2700			96	60	70			
	Bao1984/Ma/Calc	304	827	2614	3756	4710						0.4658
	Bao1984/Ma/Meas	428	606									
	Badin 1984/Ru/Calc	316	636	2385	3711	4058						
	Ta2006/Ja/Calc	305	1565	2285	3330							
	Ta2006/Ja/Meas	325	1517	2242	3190							
	Wang/Ma/Calc/ZT	426	827	2470	3650	4671	56	41	49	138	198	0.0602
	Wang/Ma/Calc/Mo	658		2315	3273	4593	944		588	1153	1075	0.5996
	Wang/Ma/Meas/LPC	417	783	3677	4202	5512	24	58	86	12	1458	
	Wang/Ma/Meas/DCT	345	755	3446	4136		141	219	123	127		
aiu合计	Bao1984/Ma/Calc											1.2193
	Wang/Ma/Calc/ZT											0.5759
	Wang/Ma/Calc/Mo											1.4438

从表中可以看出,对于汉语普通话,本文采用阻抗转移法所计算出来的共振峰频率的误差减小了近一半,而且还推算出来了各阶共振峰的带宽。

此外,本文还推出了在考虑损耗的情况下,汉语普通话主要元音的共振峰频率和带宽。比起阻抗转移法,计算出来的共振峰频率误差要大一些,且对于元音 u 来说,因为第一、第二共振峰非常接近,其声道传递特性的包络无法分离两者,此处就体现了 Mokhtari(1998) 的方法的局限性。对于共振峰的带宽来讲,两种方法计算出的带宽与 LPC 和 DCT 法计算出来的带宽偏差都比较大,一方面也是因为后者本身带来的误差就比较大。这需要在语音合成的实际应用中加以比较和调整。

3.2 语音合成实验

因为实际上用来测算元音共振峰实际值的 LPC 和 DCT 法都有自身的偏差,所以为了验证本文理论推导值的有效性,需要用语音合成实验来验证。本文在北京大学语音实验室编写的平台 Phoneticslab 程序上进行了语音合成实验:

(1)用 LF 模型作为声门激励信号,进行串并联共振峰参数合成。合成出来的元音,听感上都符合三个元音各自的音色。

(2)采用真实的语音作为源信号,提取残差后进行合成,都符合三个元音各自的音色,听感上也比较像自然语声。

4. 讨论和小结

本文采用一种直方图预处理、机器提取清晰边界结合手工标记模糊边界的方法,在从汉语普通话发音的 X 光录像提取声道边缘的难题上走出了自己的第一步。

本文推导出普通话三个主要元音 a、i、u 的共振峰频率和带宽,计算结果与实际测量值和前人的结果做了比较,误差大为降低。并进行了语音合成实验,结果表明都符合三个元音各自的音色。

本文是一个初步的尝试,以后需要解决的关键问题有:

(1)从边界模糊的 X 光录像中获取精确的声道形状,并减少手工标记的劳动量。

(2)进行核磁共振的拍摄,获取立体的声道形状,以得出适合于亚洲人体型的声道截面积经验公式。

(3)完善理论推导方法,从声道形状推出更准确的共振峰频率和带宽。

这些都需要在以后的研究工作中加以解决。

参考文献

鲍怀翘 1983 声道面积函数和共振峰频率的初步报告,《语音研究室语音研究报告 1983 - 1984》,中国社会科学院语言研究所。

吴宗济等 1989 《实验语音学纲要》,高等教育出版社。

祖漪清 1983 发音参数合成元音的初步研究,《语音研究室语音研究报告 1983 - 1984》,中国社会科学院语言研究所。

Adachi, S. and M. Yamada (1999). "An acoustical study of sound production in biphonic singing, X[o-umlaut][o-umlaut]mij." *The Journal of the Acoustical Society of America* 105(5): 2920-2932.

Atal, B. S., J. J. Chang, et al. (1978). "Inversion of articulatory-to-acoustic transformation in the vocal tract by a computer-sorting technique." *The Journal of the Acoustical Society of America* 63(5): 1535-1555.

Berger and Laprie (1996). Tracking articulators in Xray images with minimal user interaction: example of the tongue extraction. *Proc. IEEE Int. Conf. Image Processing*. 2: 289-292.

Fant, G. (1960). *Acoustic Theory of Speech Production: With Calculation Based on X-Ray Studies of Russian Articulation*. Mouton, The Hague.

Fant, G. (1972). "Vocal tract wall effects, losses, and resonance bandwidths." *STL-QPSR* 13(2-3): 28-52.

Fant, G. (1975). "Vocal-tract area and length perturbations." *STL-QPSR* 16(4): 1-14.

Fant, G. (1985). "The vocal tract in your pocket calculator." *STL-QPSR*(1): 001-019.

Fant, G. Nord, et al. (1976). "A note on the vocal tract wall impedance." *STL-QPSR* 17(4).

Flanagan, J., L. (1972). *Speech Analysis Synthesis and Perception*. New York, Spinger.

Fontecave, J. and F. Berthommier (2006). Semi-Automatic Extraction of Vocal Tract Movements from Cineradiographic Data. *Proc. Int. Conf. on Spoken Language Processing*. 1: 569-572.

Liljencrants and G. Fant (1975). "Computer program for VT-resonance frequency calculations." *STL-QPSR* 16(4): 015-020.

Lonchamp, F., J. P. Zerling, et al. (1983). *Estimating vocal tract area function: A progress report*. Proc. of 10th Inter Cong. of Phonetic Sciences.

Mokhtari, P. (1998). Computer program for VT-resonance frequency calculations, Ph.D. dissertation, UNSW, Australia.

Rabiner and Schafer (1978). *Digital rocessing of Speech Signal*, Prentice-Hall.

Thimm, G. and J. Luettin (1999). Extraction of Articulators in X-Ray Image Sequences. *Proceedings of the ECSCT*.

Tiede, M. and E. Vatikiotis-Bateson (1994). "Extracting articulator movement parameters from a videodisc-based cineradiographic database."

Wakita and G. Fant (1978). "Toward a better vocal tract model." *STL-QPSR* 19(1): 9-29.

（汪高武　孔江平　北京大学中文系　100871；
　　　鲍怀翘　中国社科院民族所　100081）

普通话辅音发音部位及约束研究
——基于 EPG

郑玉玲　刘佳

摘要：本文用动态腭位(EPG)的方法,观察辅音的动态发音过程,及在各种语境中发音部位的变化。依据辅音舌与上腭的接触部位,归纳出辅音发音表。指出与目前通常对普通话辅音发音姿态表达的一致性和不同点。从辅音发音部位的动态范围,探询不同辅音发音部位受约束程度的差异以及辅音协同发音的现象和成因。指出辅音对后接元音的携带关系是辅音协同发音现象的主要成因。

关键词：辅音　发音部位　约束

1. 导言

普通话辅音的发音部位和发音方法是人们已经熟知的。但是,早期对辅音的认识基本上来自体观察。从发音姿态上说,辅音和元音不同之处在于元音是无阻的,而辅音是有阻碍的音(吴宗济、林茂灿,1989;徐世荣,1999)。辅音的发音动作是在口腔内形成收紧点,造成阻碍或者阻塞,由于开口度小,不易直接观察。而任何语言辅音的数量都大大多于元音,且在辅音中尤以舌辅音(舌腭接触成阻的)居多(普通话17个)。因此,揭示辅音发音姿态变化的细节,一直是人们孜孜以求的。

使用静态的腭位照相记录音段的舌腭接触和利用X光技术拍摄发音过程(如周殿福、吴宗济,1963;吴宗济、林茂灿,1989)的方法,揭示了辅音的静态发音部位和侧视图的动态口腔发音姿态。这些研究成果大大地提高了人们对语音发音动态过程和发音部位的感知与实证。但是,上述技术的局限性是仍然不能看到发音过程中口腔内舌与上腭平面的动态接触过程和精确的接触位置与接触面积,动态腭位 EPG(Electropalatography—EPG)研究正好弥补了这一缺陷。

时至今日,我们已经了解到,影响协同发音有诸多因素。如,发音器官从一个音段运动到下一个音段的惯性影响和省力原则;有韵律重音的影响;有韵律层级的影响(Zheng,Cao&Bao,2006)等。本文通过对辅音在不同语境中的发音过程,了解不同发音部位辅音的发音姿态,探寻辅音的协同发音现象及成因。

2. 实验方法

2.1 辅音收紧点的 EPG 定位

辅音收紧点(constriction place—cp)即是辅音的发音目标位置。EPG研究发现,辅音的发音从开始成阻到除阻结束,所持续的生理时长与元音的时长大致相当。在CVCV结构的双音节词中,从对处于第二音节的辅音 C2 发音过程的考察看到,辅音发音过程的成阻、持阻和除阻三个阶段的分布特点是:成阻在 V1 的后过渡中完成,EPG 表现为舌腭接触从元音姿态过渡到辅音姿态,直至接近辅音目标位置,形成塞音的阻塞收紧点或擦音的阻碍最小缝隙;持阻在语图上显示为塞音的空白段或擦音的稳定送气段,EPG 表现为舌腭接触面积达到最大且基本稳定持续;除阻在塞音破裂后至 V2 的目标稳定段前完成,擦音的除阻以偏离辅音的目标位置开始,到 V2 目标稳定段前结束,EPG 表现为辅音的舌腭接触向 V2 元音目标姿态的过渡。辅音的发音目标点位置处在持阻时段内,辅音有稳定的持阻时长。由于发音方法的不同,塞音和擦音的持阻时长大约在 40ms 至 150ms 不等(Bao,2004)。在几十甚至上百毫秒的持阻时长中,EPG 的舌腭接触面积基本稳定不变,只是在持阻开始后和结束前的 10ms 内,舌腭接触略少于中间时段。原因很简单,例如,除阻前的一刻,EPG 的接触瞬间变薄后要突然释放出缺口,产生破裂或送气。由此可见,辅音发音时的声腔收紧实际上是一个持阻的持续时段。因此,可以将这个时段中舌腭接触面积最大时刻的 EPG 定为辅音收紧点的目标姿态。

2.2 口腔与 EPG 的位置关系

EPG 与口腔上腭的齿和硬腭贴合,因此,在发音时 EPG 显示的电极接触数量和接触位置反映了语音的发音姿态。它们之间的关系见图1、图2。

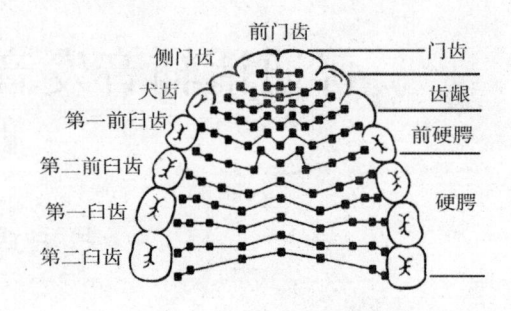

图 1 EPG 电极分布与齿、腭部位对应图

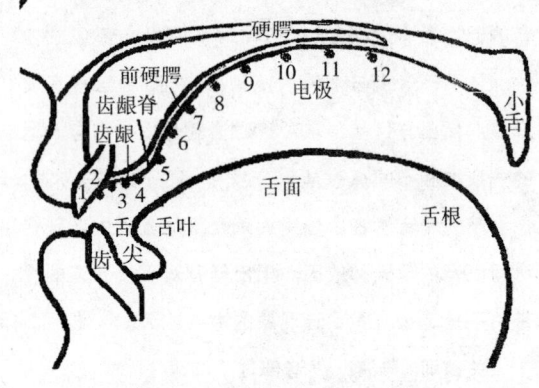

图 2 EPG 电极分布与口腔侧视图

男女 EPG 的各项尺寸经测量基本相同,上齿背距离齿龈脊(一般称为齿龈区)直线距离为 1.3cm,齿龈脊向后的一段倾斜区(称为前硬腭区)长度为 1.2cm,EPG 覆盖上腭的总长度和宽度均为 5cm。

2.3 发音部位的描述参数

根据 EPG 的电极接触分布,研究辅音的发音部位,在国际上已经有 Recasens(1984)、Fontdevila 等(1994)在总结了前人几种方法的基础上,设计了一套较为有效的舌腭接触指数,其中,趋前指数 ca 能够体现舌的趋前程度,趋中指数 cc 体现舌的趋中性。在本项研究中,经过对该方法的考察和实践,对趋中指数做了改进,修正后的 cc 指数,以舌面接触上腭的数量(后 5 行 EPG 电极)作为计算依据,使其体现舌面的高度。

ca 和修正后的 cc 公式如下:

ca = LOG(1 * R12/7 + 10 * R11/9 + 100 * R10/9 + 1000 * R9/9 + 10000 * R8/9 + 122222 * R7/11 + 1466664 * R6/11 + 17599968 * R5/11 + 172799686 * R4/9 + 959998356 * R3/5 + 3455993722 * R2/3 + 13823974888 * R1/3 + 1)/LOG(18431966517 + 1)

cc = LOG(1 * C1/10 + 11 * C2/10 + 97 * C3/8 + 1091 * C4/10 + 6001 * C5/5 + 1)/LOG(7201 + 1)

公式中,"*、/"分别为乘号和除号。"R1 - R12"代表 EPG 行的序号,"C1 - C5"代表 EPG 列的序号。

根据 ca、cc 指数生成的辅音发音部位二维图能够比较直观地展现辅音发音过程中舌位的前后与高低,以及辅音发音部位在口腔中的相对位置关系。

2.4 实验材料

普通话辅音发音部位大致可以分为三类;唇和唇齿音——b、p、m、f;舌前音——d、t、n、l、z、c、s、j、q、x、zh、ch、sh、r、鼻尾 n(N);舌根音——g、k、h、鼻尾 ng。收紧点在舌和上腭之间的辅音有 17 个,分别是 d、t、n、l、z、c、s、j、q、x、zh、ch、sh、r、g、k 和鼻尾 n(N)。没有或不能完整记录到舌腭接触的辅音有唇音、舌根音、鼻尾辅音 ng 和擦音 h。

本文在考察了一男一女在发音中没有明显差异的基础上,以男性作为研究对象。发音人为男性成年人,北京传媒大学播音专业教师。

测量了 $C_1V_1C_2V_2$ 结构的 164 个词的参数。本文数据分别出自 132 个双音节词、3 个叠韵词、11 个句子和 18 个轻声词。V_1 和 V_2 尽量选择在元音图中处于极端位置的 i,a,u 三个元音。主要采集了 C_1、C_2 辅音的 EPG 生理参数和声学参数。

3. 结果

3.1 普通话辅音的发音部位

辅音的发音部位随前后元音的不同而有所改变,因此,描述辅音的发音部位选择了相对一致的语境。一般选取 CVCV 中的 C_2 辅音作为考察对象。前后的语音环境尽量选取一致的 a 元音,对舌尖、舌根辅音可选取 - aCa - 序列作为典型,而舌面辅音则只能选取 - aCi - 序列作为典型。

以辅音收紧点为目标点,17 个辅音的舌腭接触图形如图 3 所示。图 4 是除阻前 10ms 内的舌腭接触图形。比较图 4 与图 3,可见没有发音位置的区别,只有收紧点的面积变得更薄,是即将释放气流前的瞬间姿态。

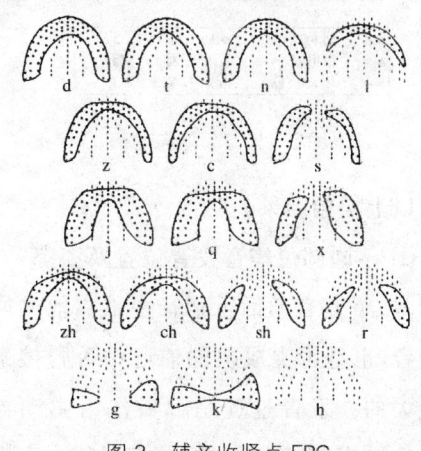

图 3 辅音收紧点 EPG

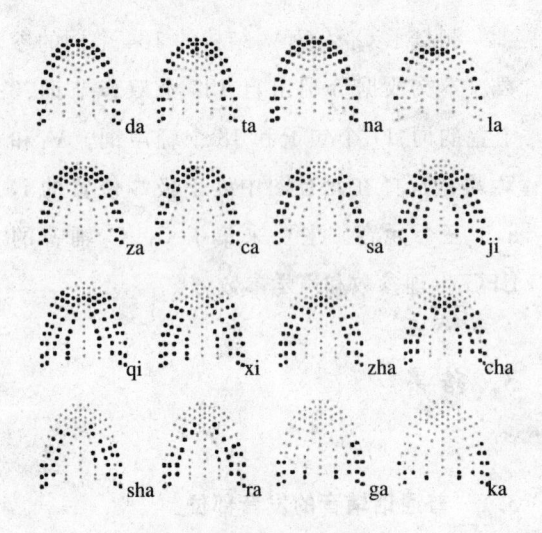

图4 除阻前一刻 EPG

依据 ca、cc 的数据生成辅音发音部位图，见图5。图中 x 轴为 ca 指数，反映舌腭收紧点的前后，数值越大，舌位越靠前；y 轴为 cc 指数，反映舌面的高低，数值越大说明舌面抬得越高。

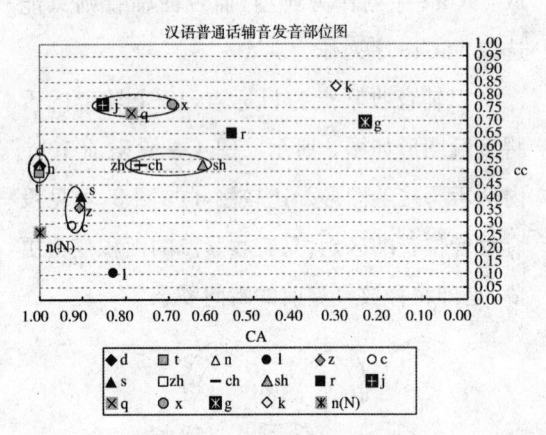

图5 辅音发音部位图

以上实验结果表明：

(1) 不同部位辅音发音位置及姿态

d,t,n 是普通话舌辅音中最靠前的同部位辅音，也是舌尖成阻的辅音中舌腭接触面积最大的。发音过程是舌尖作为主动器官首先接触齿龈，而后加大成阻力度，舌尖与上腭形成从上齿背到齿龈脊 1.3cm 宽度的大面积接触。

z,c,s 舌腭成阻的部位接触面积较小，是舌尖与齿龈后半部的接触。舌尖在齿龈脊前的齿龈接触宽度只有约 0.6cm，是 d 辅音的一半。从图5可见，z 的发音姿态比 d 的位置向后一点，舌面也低一些。

从 cc 指数最大可见，j,q,x 是高舌位辅音，舌面抬得最高，舌面前部与齿龈脊成阻，由于舌面很高，舌面与硬腭两侧的齿龈接触面积最大。

宽松的归类，可以把 l,zh,ch,sh,r 归于同部位辅音，其共同点是均为舌尖与齿龈脊的成阻。但是严格划分，应该是 zh,ch,sh 为同部位辅音。EPG 表明，l 的发音姿态是舌尖与齿龈脊收紧，舌面凹陷，舌边与臼齿齿龈没有完全接触，齿龈脊部位形成很薄的横向弧形接触面积，见图3。zh,ch,sh 则不同，舌尖和舌边同样收紧，收紧的舌边形成舌与上腭臼齿齿龈的完全接触，从除阻前的 EPG 图4更明显地看到这点。r 的发音姿态和 sh 比，舌尖的位置更靠后一点，可能是浊辅音使然。

g,k,h 作为舌根音，舌腭接触面积的大小反映了舌根与软腭接触，接触面积的范围经常能涉及硬腭后部。EPG 看到的是与硬腭接触的部分。

(2) 辅音发音位置前后的排序

根据图3和图4的 EPG 显示，辅音发音位置从前向后依次是：d,t,n—z,c,s—j,q,x—l,zh,ch,sh,r—g,k,h。

这与传统的辅音二维表（徐世荣,1999）的论述有些不一致之处。主要是 d,t,n 和

z,c,s 辅音发音位置的前后顺序不同。徐世荣先生在论述发音姿态指出(徐世荣,1999,39—40):z—舌尖向前平伸,顶住上门齿背后。在论述 d 的发音姿态势时说,d—舌尖顶住上牙床。而在我们考察的男女两个普通话发音人中,都是 d 比 z 在前。普通话的 z 是舌尖与齿龈的小面积接触,因此,比起 d 来,z 的舌尖不是向前,而是微微回缩、上翘。从 d 的 ca 和 cc 指数都大于 z 表明,d 的位置不但更靠前,舌面也略高,舌尖部位与齿龈的接触面积也大一些。

(3) 辅音发音舌面高度的排序

舌前辅音发音姿态的舌面高度,从高到低依次是:j,q,x—d,t,n,zh,ch,sh,r—z,c,s—l。

舌根辅音发音姿态的舌面高度一般比较高,舌根抬高容易导致舌面抬高。g,k,h 是同部位的舌根音,舌面高度介于 j,q,x 和 zh,ch,sh 之间。

为简化图5,绘制了普通话辅音发音舌位示意图,见图6。

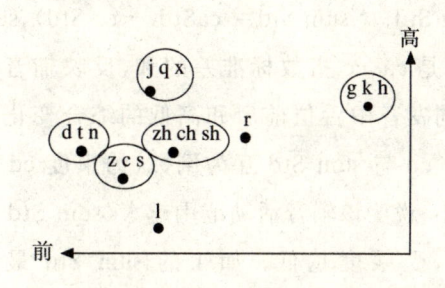

图6 普通话辅音发音舌位示意图

根据上述实验结果,普通话辅音可以归纳为表1。

表1 根据EPG证据修改的普通话辅音表

发音方法		双唇阻	唇齿阻	舌尖齿龈阻	舌尖后齿龈阻	舌面前齿龈脊阻	舌尖齿龈脊阻	舌根软腭阻
塞音	不送气	b		d				g
	送气	p		t				k
塞擦音	不送气				z	j	zh	
	送气				c	q	ch	
擦音	清音		f		s	x	sh	h
	浊音						r	
鼻音(浊音)		m		n				ng
边音(浊音)				l				

与传统的辅音表相比较,主要在舌前辅音发音部位的排序上有所不同。EPG 的实验研究表明,上腭的一个重要部位——齿龈脊是舌前辅音的发音部位分水岭。齿龈脊是硬腭前部突起的部分,齿龈脊前是齿龈,后面是前硬腭,舌在自然状态时,舌前与齿龈脊最容易接触。舌前辅音正是在这个位置附近,调整舌的各种姿态与齿龈脊前后位置产生收紧点,形成了 14 个不同的舌前辅音。

表1是根据EPG反映的舌－腭接触位置对辅音发音部位的归纳,舌前辅音以齿龈脊为界被分为两类:一类是齿龈成阻的辅音,如 d,z 等;一类是齿龈脊阻辅音,如 j,zh。

齿龈阻辅音又由于舌的姿态不同分为两类:与齿龈接触面积大的 d 为高舌面舌尖辅音;面积小且靠后一点的 z 是舌面凹陷的舌尖辅音。齿龈脊阻辅音也由舌的姿态分为两类:舌面抬得最高的 j 为舌面前与齿龈脊接触;次高的 zh 为舌尖与齿龈脊收紧。这说明,j,q,x 与 zh,ch,sh 的主要区别不只是在上腭接触位置的前后上,还有主动器官是舌面前还是舌尖后与齿龈脊接触的区别。

所以,赵元任的辅音表里把它们分别称为舌面前音和舌尖后音是符合发音实际的。此外,对舌前辅音 l 的实验证明,l 被归入与 zh、ch、sh、r 的舌尖齿龈脊阻类,其分类与传统也有所不同。舌根辅音从 EPG 的不完整接触可以证明是软腭阻。

3.2 协同发音

辅音的发音部位受前后音段的影响会导致发音姿态的改变。这种变化大致有两种,一种是收紧点前后位置的改变,从 ca 指数中体现出来。如 l 在 la 和 li 中发音位置就不相同,la 的收紧点比 li 靠后。另一种是舌面高低的变化,从 cc 指数中体现出来。当然,影响协同发音的还有韵律重音或韵律层级的影响,较大的韵律边界,首位置的辅音发音更加到位,也称为语音增强(JianfenCao & Yuling Zheng,2006)。而在轻读时又会发音不到位,到位与不到位主要表现在,由于发音用力程度不同而形成持阻的持续时间变短和舌腭接触面积减少。

本文测量了辅音在不同语境中辅音发音姿态,测量了发音部位的变化指数,统计出反映辅音协同发音变化的表 2,即辅音 ca、cc 均值和标准差。并据此生成了辅音发音部位区域图(图 7),区域图反映出辅音的发音部位受协同发音影响的程度,从整体上展示了各个辅音的相对空间位置。

表 2 辅音 ca、cc 均值和标准差

pho	ca mean	ca Std.	cc mean	cc Std.	1/cd sum Std.
d	1.00	0.00	0.64	0.11	0.11
t	1.00	0.01	0.62	0.14	0.15

(续表)

n	0.96	0.10	0.51	0.16	0.26
l	0.71	0.13	0.42	0.26	0.40
z	0.93	0.03	0.49	0.17	0.19
c	0.86	0.06	0.44	0.11	0.17
s	0.87	0.03	0.42	0.09	0.12
j	0.85	0.01	0.79	0.04	0.05
q	0.80	0.05	0.77	0.02	0.08
x	0.71	0.02	0.78	0.05	0.08
zh	0.75	0.02	0.73	0.13	0.15
ch	0.76	0.05	0.63	0.12	0.16
sh	0.61	0.04	0.69	0.14	0.18
r	0.54	0.01	0.70	0.12	0.13
g	0.37	0.10	0.84	0.09	0.19
k	0.31	0.10	0.75	0.12	0.22
n(N)	0.91	0.12	0.63	0.21	0.33

从表 2 可见,ca 指数均值所反映出的辅音收紧点位置前后和 cc 指数均值反映的舌面高低与前一节的分析结论相同。这说明辅音发音部位的稳定性好,各辅音之间的相对位置关系稳定。ca、cc 指数的标准差表明辅音的发音部位稳定性的差异。

表 2 引入一个新的参数,叫做受限度或约束度 cd(Constraint degree – cd),cd = 1/sum Std.(sum Std = caStd. + cc Std),sum Std 是 ca、cc 指数标准差的和,反映辅音在协同发音中舌位前后和高低的综合变化程度。cd 与 sum Std 互为倒数,约束度 cd 值越小,说明该辅音活动范围越大(sum Std 越高),受限度越低。如/l/的 sum Std 最大(0.4),约束度 cd = 1/sum Std 值最小,是辅音中活动范围最大的辅音,受限程度最低。反之,如 j,q,x 的约束度 cd 值最大,是活动范围最小的辅音,也可以说是最抗拒协同发音的、最稳定的辅音。

依据辅音在不同语境中的发音部位变

化指数数据,生成了普通话辅音发音部位区域图(图7)。

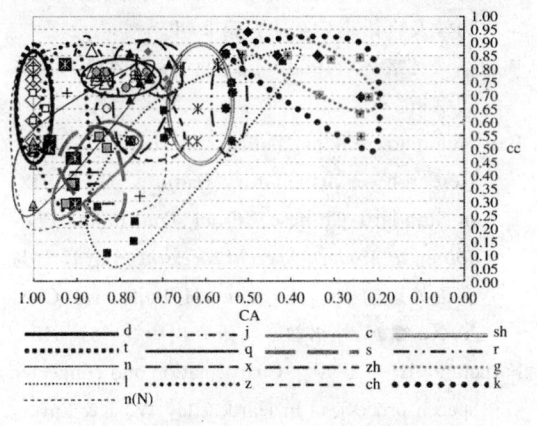

图7 普通话辅音发音部位变化区域

图7反映普通话辅音发音部位动态变化区域,x轴为 ca 指数,值越大反映舌腭收紧点靠前,圆形区域为不同语境的变化范围,y 轴为 cc 指数,反映舌位高低的变化。

上述结果表明:

(1) ca Std.的均值为 0.05,cc Std.的均值为 0.12。说明大部分舌前辅音受后接元音舌面高低的影响远大于舌位前后的影响。i 作为高元音,使辅音舌面抬高,a 使辅音舌面降低,u 使辅音舌面降低的同时圆唇。

(2) 对 cd Std.指数作正态分布检验表明,不同辅音的活动范围差异性小,p = 0.137(p>0.05),只有鼻尾 n(N)和 l 作为奇异值被排除,说明它们的发音部位变化比其他辅音大得多。成因是 l 作为边音是舌腭收紧点面积最小的辅音,对舌面的限制最小,自由度最高,最容易受 V2 元音前后高低的影响。鼻尾/n/的收紧点直接受C2 舌前辅音影响,如果 C2 是舌根音,鼻尾 n(N)的发音姿态也只需作出舌前收紧的态势即可(郑玉玲、刘佳,2005)。因此,鼻尾 n(N)受 C2

辅音及 C2 辅音所携带 V2 元音的共同影响。n(N),l 是约束度最小的辅音。

(3) 舌根辅音和鼻辅音 n 受元音的影响仅次于鼻尾 n(N)和 l,收紧点的位置也有较大的变化,是约束度次小的辅音。归纳辅音在协同发音中的约束度由大到小依次是:j,q,x—d,t,z,c,s,zh,ch,sh,r—g,k,n—n(N),l。

(4) 17 个辅音发音部位收紧点的前后位置和舌位高低的空间分布,与前面一节对辅音的静态分析结果(图5)完全相同,说明辅音发音部位的空间相对关系即使在协同发音环境中也是十分稳定的。

(5) 对每个辅音分别统计的结果表明,对辅音影响最大的是 V2,其次才是 V1 的影响。

4. 结论和讨论

4.1 普通话辅音的发音姿态描述以舌与上腭的收紧点位置和接触面积为依据,归纳为辅音发音部位表,见表1。

4.2 归纳了同部位辅音及各个辅音之间的空间相对位置,见图6。辅音收紧点的位置从前向后依次是:d,t,n—z,c,s—j,q,x—l,zh,ch,sh,r—g,k,h。

舌面由高向低依次是:j,q,x—g,k,h—d,t,n,zh,ch,sh,r—z,c,s—l。

4.3 辅音在协同发音中约束度最高是 j,q,x,最低是 l,n(N)。17 个辅音约束度由大到小依次是:j,q,x—d,t,z,c,s,zh,ch,sh,r—g,k,n—l,n(N)。从辅音发音约束程度看,辅音在协同发音中发音部位变化不大。发音部位变化的主要成因是受 V2 舌位高低的影响,i 使辅音舌面抬高,a,u 使舌面降低。

4.4 辅音发音部位不同引起口腔收紧点的前后腔形状不同,这将影响辅音的频谱特性。又由于 C2 辅音的成阻在 V1 的后过渡中完成,因此,C2 的发音部位与 V1 的后过渡息息相关。也可以说,尤其对于塞音的感知,在很大程度上是依赖 V1 后过渡的(大的韵律边界除外)。

4.5 鉴于 V1 后过渡的重要性,联想到语音合成语料库的切音所形成的断点,会有多大程度上影响自然度呢? 初步分析结果是:影响 V1 后过渡共振峰模式的因素主要有:第一,舌前辅音(14 个)与舌根辅音(4 个)发音部位的不同。第二,约束度小的 n(N)和 l 辅音与其他舌前音不同。第一种因素主要对 V1 后过渡段的 F2 产生影响。初步统计舌前音的 F2 与舌根音有较明显差异。第二个因素是由于 n(N)和 l 的约束度较低,更多地携带了 V2 元音的舌位信息,对 V1 的 F2 的影响会大于其他舌前辅音。

4.6 比较元音和辅音在协同发音中的变化,元音的变化大,可以产生音变。辅音变化不大,不会产生辅音之间的混淆。从这个角度说,辅音更加稳定。

4.7 辅音对后接元音的携带发音过程是辅音协同发音现象的主要成因。

参考文献

罗常培　王均　2002　《普通语音学纲要》,商务印书馆。

吴宗济　林茂灿　1989　《实验语音学概要》,高等教育出版社。

徐世荣　1999　《普通话语音常识》,语文出版社。

郑玉玲　刘佳　2005　《论普通话 N1C2(C♯C)协同发音的声学模式》,《声学技术》(增刊),第 24 卷,61—67。

郑玉玲　2006　《普通话动态腭位与言语矫治》,《听力学及言语疾病杂志》,第 2 期。

周殿福　吴宗济　1963　《普通话发音图谱》,商务印书馆。

Bao Huaiqiao, Zheng Yuling, Li Jian, 2004 Research on articulatory features based EPG in Standard Chinese, *From Traditional Phonology to Modern SpeechProcessing*(《语音学与言语处理前沿》), Gr. Fant, H. Fujisaki, J. Cao, Y. Xu 编著,外语教学与研究出版社, 31—48。

Farnetani, E. 1997 Coarticulation and connected speech processes. In Hardcastle, W. J. & Laver, J. (eds.) *The Handbook of Phonetic Sciences*, 371-404. Oxford: Blackwell Publisher.

Fontdevila, J., M. D. Pallares & D. Recasens 1994 The contact index method of electropalatographic data reduction. *Journal of phonetics*, 22, 141-154.

JianfenCao & Yuling Zheng 2006 Articulatory strengthening and prosodic hierarchy. *Proceedings of Speech Prosody* 2006, Dresden, Germany, May2-5, 2006.

Kühnert, B., Nolan, F. 1997 The origin of coarticulation, *Forschungsberichte des Instituts für Phonetik und Sprachliche Kommunikation der Universität München*(FIPKM), 35, 61-75.

Recasens, D. 1984 V-to-V coarticulation in Catalan VCV sequences. *Journal of the Acoustical Society of America*, 76, 1624-1635.

Yuling Zheng, Jianfen Cao & Huaiqiao Bao 2006 Coarticulation and prosodic hierarchy. *Second International Conference on Tonal Aspects of Languages*, LaRochle, France.

(郑玉玲　中国社会科学院民族学与人类学研究所　100081
刘佳　浙江大学外国语言文化与国际交流学院外国语言学与应用语言学系　310028)

情感语音计算性研究的基本问题*

蔡莲红　崔丹丹

摘要：本文围绕情感语音计算性研究中的情感描述、语料库建设等基本问题展开讨论，并提出解决方法：引入 PAD 三维情感模型的量化情感描述、基于特定情景的复杂情感语料库设计方法。并通过对采集到数据的分析验证了用文本的情感特性指导情感语音生成的可行性。对情感声学特征进行研究，并建立了量化情感的语音情感变换模型。

关键词：情感语音　计算性研究　PAD　复杂情感　情景　语料库　声学特征　变换模型

1. 引言

情感，是语音自然度和表现力的重要组成部分，在交互过程中，承载着丰富的信息。情感计算是人机交互领域的新兴课题，情感语音的计算性研究兼具理论意义和应用价值，成为语音研究的热点。

情感语音的计算性问题涉及情感的描述和量化方法。已有的研究多采用范畴观描述情感，其对象为基本情感。致使情感语音的研究转换为分类问题，仅为几类情感建立映射或分类模型，难以处理具有复杂、混合情感的自然语音。

本文探究这些制约情感语音计算性研究的基本问题，并给出了较好的解决方案：引入 PAD 三维情感模型建立量化情感描述。提出基于特定情景的复杂情感语料库设计方法，并分析验证了用文本的情感特性指导情感语音生成的可行性。进一步研究了情感语音的声学特征和变换建模问题。论文第二节将讨论情感对象及描述方法，第三节介绍复杂情感语料库设计方法，并分析用文本的情感特性指导情感语音生成的可行性，第四节简要介绍对声学特征和变换建模的探索，第五节是小结与展望。

2. 情感的描述和量化

通常人们把情绪体验用形容词来描述，那么如何量化情绪的主观体验呢？本节对比了不同的情感描述方法，选用三维 PAD 情感模型对情感进行量化。同时，本节选取了常见情感状态的情绪体验词集，并建立起它们在 PAD 空间上的分布。

2.1 情感状态空间的确定

目前，描述情感的方法主要分为范畴

---

* 本研究得到国家自然科学基金（60433030，60418012）和 973（2006CB303101）的支持。

观和维度观。一是范畴观的离散表示：将情感分为基本和复合情感两大类。这种分类方法难以表示情感之间的相对关系，以及混合情感。另一种是维度观的连续描述：它将情感体验用多个维度的连续量来表示。重视情感的内在成分，也更利于计算。

PAD 三维情感模型：由 UCLA 大学的 Mehrabian(1995)开发。由三个维度组成：

● Pleasure-Displeasure：愉悦度。表示情绪状态的正、负性。

● Arousal-Nonarousal：激活度。表示情绪生理激活水平和警觉性。

● Dominance-Submissiveness：优势度。表示情绪对他人和环境的控制和影响力。

PAD 模型主要有以下特点：

(1) 在 PAD 情感模型中，每种情感都与 PAD 空间的位置相对应。表1显示了标准化至[-1,1]区间时，Mehrabian 总结的常见情感状态对应的参考 PAD 坐标值。

(2) 高置信度的评价。该模型中，PAD 情感坐标对常见情感做了一套精心设计的量表评定。中科院心理所完成该量表的汉化(Li. Zhou, 2005)。

(3) 三个维度基本独立。这一点对计算性研究是非常有意义的：不同情感维度的语音表现更容易分离，模型也可以得到简化。

PAD 模型问世以来，已经在多项心理学研究中证明有效。在人机交互领域也获得越来越多的应用，德国的 VirtualHuman 项目就是在 PAD 空间上描述情感的。

表1 常见情感状态的参考情感坐标

情感	P	A	D	情感	P	A	D
愤怒的	-0.51	0.59	0.25	迷恋的	0.87	0.54	-0.18
威严的	0.55	0.22	0.61	困惑的	-0.41	0.48	-0.33
得意的	0.50	0.42	0.23	羞怯的	-0.54	-0.04	-0.41
厌倦的	-0.65	-0.62	-0.33	狂暴的	-0.50	0.62	0.38
好奇的	0.22	0.62	-0.01	困倦的	0.20	-0.70	-0.44

综上所述，PAD 解决了区分情感的不同状态和准确描述情感的相对关系的问题，可以有效地支持情感的计算性研究。另外，优势度在以对话系统为代表的语音技术中有着特别的意义，因为优势度与对话行为、意图以及对话双方的关系密切相关，而这些都影响着语音的声学特征。

本文以 PAD 情感模型作为情感描述，展开面向常见表达模式下的复杂情感的语音研究，从而将情感语音研究从传统的分类问题扩展为情感量化的计算性研究。

2.2 情绪体验词的选取

用户用情感符号来表示情感，例如网络聊天的字符表情、颜色，对话系统的对话行为等。其中，最基本的情感符号是以语言文字形式表示情感的形容词，叫做"情绪体验词"。情感符号可以转写为情绪体验词，因此，应建立起情绪体验词在 PAD 空间上的分布，以解决情感符号与情感描述空间的映射。首先是选取情绪体验词。

考虑到情绪表达可能存在若干内在因素，情绪体验词的选取应遵循以下原则：涵盖大部分常见情感状态；尽量保证在 PAD 空间分布均衡；兼顾体验词的成对关系。

选取的情绪体验词集由两部分组成：

(1) 核心体验词：由 DES 量表（Izard et al. 1993）的 30 个情绪体验词组成，它们覆盖了前面提到的基本情感范畴，是情绪的基本成分。(2) 混合体验词：代表常见的混合情感。入选的词首先应满足三个基本的语义要求：无歧义、有区分性，且表示的是情绪状态而不是外貌、行为或是别的。

以 400 个常见情绪词为素材，筛选过程如下：去掉歧义、非描写情绪状态的；统计剩余的词在搜索引擎上的检出数量，作为衡量其常见程度的参考，并按此参数降序排列；参考《同义词词林》归并同义词；自前向后选取情绪体验词，尽量保留极性相反的成对词，并兼顾它们在愉悦、激活、控制维度上的正负性均衡分布。

经过如上的选取过程，最终得到 100 个情绪体验词，包括 30 个核心体验词、70 个混合体验词（含中性）。每一个情绪体验词都与特定的情感状态相对应。

PAD 评定工作正在中科院心理所组织进行中。评出 PAD 值后，还要根据 PAD 的分布归并或增补，从而建立起既有区分度又均衡的情绪体验词的 PAD 空间分布，实现由情感符号到情感描述空间的映射。

3. 面向表达的情感语料库

高质量的语料是有效的研究的前提。本文提出一种有效的情感语料库设计方法，建立了面向常见表达模式下复杂情感的语料库，并分析了 PAD 评定的结果。

3.1 选取典型的情感

语料库设计的目标情感是常见表达模式下的复杂情感。首先选取典型常见情感目标。其在 PAD 情感空间上的分布尽量均衡，区分性强，且不限于基本情感。

基于 PAD 三维情感模型，在每个象限中各选取了 1 到 2 种常见情感，共 10 种。加上中性的，总计 11 种情感（表2）。

这 11 种情感是语料库中语音情感的蓝本，收集的语音的情感状态受它们的指导，但不必严格一致，以体现人类自然语音情感表达复杂多变的特性。而后续的 PAD 标注则保证了语料库中语音情感表达的差异将不会影响其数据的有效性。

3.2 基于情景的录音文本设计

选取了情感目标以后，需要设计目标情感的激发方式，这是实现"最自然的控制"的关键，也最困难的环节。借鉴心理学领域的经验，通过内心模拟情景来激发情感，以达到类似情景"催眠"的效果（孟昭冬，1994）。在特定情景下，情感激发比直接要求更加有效，得到的语音表达也更自然真实。

对于每一种目标情感，都可以确定其 PAD 参考坐标。另一方面，Mehrabian 教授经过对 Mehrabian et al.（1997）文中的大量情景进行考察，得出每种情景的 PAD 坐标。以 PAD 为纽带，可以选出与目标情感坐标接近的情景。原考察在美国进行，因此对部分情景进行了"中国化"的调整，并增补了一些情景。

通常，语段会比孤立句子包含更丰富的

情感特征。因此,本文语料被设计为语段的形式。为每种情感设计了 5 个基于特定情景的情感语段,各嵌入一个无情感偏向的语句。最后形成 55 个语段。

情感语段设计的首要目标是有利于情感激发与保持,兼顾语音学影响和心理学要素。情感语段的长度为 50-100 个音节。

语段的文本内容由内心独白和情感话语两部分构成:在保持整段语句情绪饱满的前提下,语段的文本内容前半部分描述说话人在该情景下的心理体验,后半部分为说话人在该心理体验下说出的话语。

不同情感之间声学特征的对比分析往往需要文本对齐的语料,以排除语义和音素固有声学特征的影响。因此,选取了 5 个无情感偏向的句子,每个句子均嵌入所有情感的语段中,确保收集的情感语料库能够支持文本对齐的高精度计算性研究。

设计得到的文本经反复试读修改,以确保能通顺自然表达。下面给出了一段为"兴高采烈"情感设计的语料。其中下划线部分为无情感偏向的语句。

> 情景:
> [今天,你被升职了。你迫不及待地要告诉你的爱人,你们终于可以拥有一起向往已久的房子了!]
> 录音语段:
> 把准备好的放着新家钥匙的盒子轻轻放在她手上,在看到她打开盒子,眼睛里绽放出喜悦光彩的那一瞬间,我雀跃了,紧紧地握着她的手,就像紧紧握着幸福一样,每一个细胞都仿佛呼吸着一种叫做喜悦的情绪,我不由地说:"啊,我们有自己的家了!将来我们的孩子在那里长大,然后结婚,生子,你和我就天天哄孙子!"

3.3 数据采集与处理

甄选 18-25 岁的在校大学生按情绪提示(情绪体验词和情景)朗读情景文本,在高信噪比的环境中,录制了有关的语音数据和生理数据。累计发音人 16 名。

录音过程中的质量控制。根据另一房间内的三名监听人实时的听辨结果,若三人全部认为该情感表达准确鲜明,则该语段录音通过。不同情感的录制之间,安排了较长的放松时间,供情感恢复。

生理信号与情感变化有着更为直接的联系。因此,还采集了包括心电、呼吸、指脉、皮电在内的共四路生理数据。

采集数据 23 人次,共 1815 个数据段。音节切分、文本校对、基频标注、PAD 评估已经完成。

对比兴高采烈、恐惧和悲伤的生理信号发现,不同情感之间心电和呼吸的差异比较显著、规律性较强。例如:"愤怒"的心电有很多不规则的抖动,呼吸也有很多频度高、幅度小的抖动;相比之下,"悲伤"的心跳则更加缓慢,幅度也更小;"兴高采烈"状态下,呼吸更加柔和连贯。生理数据的显著性,表明用本文所述的方法收集到的语料中的情感是真实自然的。

3.4 语音与词汇情感表现对比分析

本文对情感语音进行了 PAD 评价,并将其与文本词汇的 PAD 评价结果对比,分析情感的语音表达与情感的文本词汇两种形式的区别与联系。

表 2 对比了相同文本的语音与词汇

PAD 的评价结果。相关性分析后看出：

（1）语音评价结果与词汇评价结果的相关系数为0.80，其中P、A和D分别为0.96、0.78和0.78。表明了二者具有一致性。

（2）语音评价结果的绝对值平均比词汇平均高0.19，其中，P、A和D分别高0.04、0.32和0.19。说明语音所表达的情感强度大于对文本词汇的体验。

（3）对于不同的情感，差异(2)并不严格一致。例如，语料库中"厌恶"语音的激活度仅比词汇高0.12，而"焦虑"语音与词汇的激活度之差则高达0.5。

因此，通过文本的 PAD 坐标来指导语音合成或变换是可行的。但需要一定的校正，才符合自然状态下的语音情感表达规律。还可以考虑在文本到语音按 PAD 的映射中引入一定的扰动，以反映自然语音中丰富的变异，提高输出语音的自然度。

表2 语音 PAD 与词汇 PAD 评价

情感	语音评价结果([-1,1])			词汇评价结果([-1,1])		
	P	A	D	P	A	D
愤怒	-0.86	0.66	0.91	-0.49	0.28	0.28
焦虑	-0.46	0.58	-0.13	-0.24	0.08	-0.16
厌恶	-0.44	0.22	0.36	-0.45	0.10	0.17
轻蔑	-0.38	-0.7	0.6	-0.39	0.08	0.26
恐惧	-0.33	0.65	-0.72	-0.23	0.32	-0.16
悲伤	-0.28	-0.36	-0.78	-0.22	0.04	-0.17
放松	-0.01	-0.78	0.33	0.10	-0.31	0.26
中性	0	-0.31	-0.06	0	0	0
惊奇	0.23	0.64	0.01	0.43	0.43	0.05
温顺	0.27	-0.07	-0.14	0.24	-0.20	-0.37
喜悦	0.66	0.74	0.32	0.69	0.30	0.36

4. 声学特征分析与建模

本节从语音情感变换的角度出发，寻找反映情感变化的声学特征，建立情感状态变换时的声学参数的变换模型。

4.1 情感声学特征

声学特征是情感语音计算性研究的基本问题，已有的研究难以满足要求。本文进行生理参数辅助的声学特征分析，提出刻画基频曲线细节变化的韵律模型，并建立了面向情感变换的综合声学模型。

4.1.1 生理参数辅助情感声学特征分析

本文将7个声学特征和9个生理特征参数与相应情感的PAD求相关系数。

如表3所示：多数特征与激活度（A）明显相关，其中频带周期性最高。而只有频谱质心、R波峰值、呼吸的最高点和中位值与愉悦度（P）具有超过0.5的相关系数。可以得出：

（1）特征参数与不同情感维度的相关程度的确存在偏向性。

（2）特征参数与情感维度有关，但可能不是线性关系或存在特征的耦合作用。

（3）呼吸相关特征有比较特殊的区别能力，可以作为传统声学特征的补充。

详细的实验和分析参见（Cui，Cai，2006）。

表3 声学、生理特征与PAD的相关系数

特征	P	A	D
F_0	-0.383	0.808	-0.113
F_0 差分	-0.223	0.833	-0.137
音节时长	0.272	-0.769	-0.055
能量	-0.474	0.821	-0.011
频谱质心	-0.524	0.804	0.0185
频谱变迁	-0.384	0.836	-0.0255
频带周期性	0.233	-0.886	0.195

特征	P	A	D
心电 R 波峰值	0.503	−0.182	0.216
R 波峰值差分	−0.207	0.841	−0.144
心跳间期	0.437	−0.812	0.0863
心跳间期差分	0.399	−0.745	−0.282
呼吸最低值	−0.129	0.311	0.0394
呼吸最高值	−0.572	0.323	−0.155
呼吸均值	−0.452	0.495	−0.0004
呼吸中位值	−0.538	0.521	−0.0106
呼吸差分	0.272	−0.0298	−0.0986

4.1.2 音节基频曲线的吸引模型

在情感语音分析与合成中,基频 F_0 是最被关注的。常用的参数为 F_0 均值、音域、最大值和最小值等统计特征。而情感语音分析和变换所需的信息,在传统统计特征未能表达。为了情感变换的需要,需要一个合适的底层声学模型,以及合适的模型参数。本文借鉴 PENTA 模型"走势"的思想,为情感语音设计了更为细致的音节声学模型。

首先,该模型参考音节基频规格化参数 SPiS(陶建华等,2001),用 6 个常用的声调参数 B(基频最小值)、H(基频最大值)、N1(最小值位置)、N2(最大值位置)、F(基频曲线起始值)和 E(基频曲线终止值)建立起音节基频的框架。进一步在此框架内刻画情感语音的基频曲线形状变化。

观察不同情感状态下基频曲线的细节变化,主要表现在:

(1) 达到基频最大最小值所用的时间(Chuenwattanapranithi 等,2006)。

(2) 基频曲线上各点值的分布更趋向最大值还是最小值,与愉悦度和优势度的综合作用关系密切(Cook 等,2006;Cui 等,2006)。将其表示为在音节基频框架内高音线 H 对基频曲线上各点的吸引作用,该作用随曲线上各点与 H 距离的增加一次衰减;在音节基频框架内低音线 B 对基频曲线上各点的吸引作用,该作用随各点与 B 距离的增加一次衰减。

(3) 基频变化的走势更陡峭还是更柔缓。被表示为在音节基频框架内连结 H 和 B 的直线 L 对该段基频曲线调型段上各点的吸引作用,该作用亦随基频曲线上各点 L 距离的增加一次衰减。

三种吸引作用的强度分别用 I_H、I_B 和 I_L 三个参数来表示。此外还包括音节时长 D、能量 P。共 11 个参数。

I_H、I_B 和 I_L 是不能直接提取的,需要对基频曲线的变化进行拟合求解。论文借鉴已在数字图像处理中成功应用的幂次变换,以幂次曲线为基础来表示该作用。综合 3 种吸引所用,得到吸引函数:

$$x' = c_H x(1-x)^{r_H} + c_B(1-x)x^{r_B} + c_L x(x-1)^{r_L}$$

其中,x 为基频框架内的归一化基频值,t 为该框架内的归一化时间,x' 为(x, t)对应的归一化基频变化值。

采用该模型提取目标情感语句与源中性情感语句的时域参数变化值,并进行修改变换。表 4 给出了一名男性发音人的全部共 124 句文本对齐语句的修改结果的平均误差。除吸引模型外,我们还在同样的语料上进行了基于 PENTA 模型参数和基于基本统计特征(基频最大、最小值、时长、能量)的修改作为对比。

表 4　语音情感修改的平均误差对比

	整体误差（Hz）	首末音节误差（Hz）
吸引模型	3.61	3.27
PENTA 模型*	32.02	26.81
统计特征	9.09	10.15

4.1.3　综合声学模型 Int-AMASC

在前面以音节为单位的参数提取实验中,可以看到,不同的音节并不呈现均一的变化规律。其原因是,除情感的全局变化以外,还受到音节固有属性、韵律结构等因素的影响。因此,本文的情感声学模型采用韵律层级架构的形式;借鉴 Tseng(2006)模型声学特征逐层累加的思想,并运用其结论适当简化,确立如下的模型结构:

考虑到韵律结构自动切分的效率,本文的声学模型,采用由音节层、韵律短语层和话语层构成的三层韵律架构。短语末、句末音节的时延纳入本模型。短语首、句首音节基频的变化纳入本模型。引入频谱特征,但不考虑频谱特征受到的韵律层级的影响。将静音模型简化处理为音节之间静音时长的均值。

模型参数提取方式为自底向上、逐层累积:首先提取全局声学参数,即音节平均变化量;继而对目标语音除去音节平均变化量的残差,提取短语末音节时长变异和短语首音节能量、基频变异。同样,对目标语音除去短语层变化量的残差,提取句末音节时长变异和句首音节能量、基频变异。

根据模型参数进行语音修改时,首先叠加 3 层特征,得到总的变化值,再一次性统一修改。

4.2　语音情感变换建模

在 PAD 空间上的语音的情感变换模型中,变化的情感坐标将成为模型的输入,预测出各种不同情感状态下语音声学特征的变化。语音的情感变换建模扩展到以情感状态为自变量的连续回归问题。

4.2.1　建模算法 Boosting-GMM

声学特征的多个维度存在耦合关系:基频提高往往伴随着能量的增强,而语气的加重又可以通过基频提高与时长加长两种或然的表现方式。1998 年,Kain 提出了他基于联合 GMM 分布的新方法来估计音色变换中线性变换函数的参数,考虑了输入/输出的各维度之间、输入和输出之间的耦合关系。该方法在由中性情感声学特征到固定基本情感声学特征的映射建模中取得了较好的效果。本文首先利用该算法进行从 PAD 坐标到目标声学特征的初步建模实验。

分析模型在训练集上 124 个样本的误差,发现目标值较大的样本,训练值明显偏小,即误差分布有一定的规律。因此引入集成学习的思想,设计了 Boosting-GMM 集成回归算法:对初始误差较大的样本分别训练新的模型,最后集成不同的模型,建立统一的训练系统。本算法可分为样本加权、子模型训练与模型融合 3 部分,其中样本权重设置和模型融合策略是算法的关键所在。图 1 显示了该算法的流程。

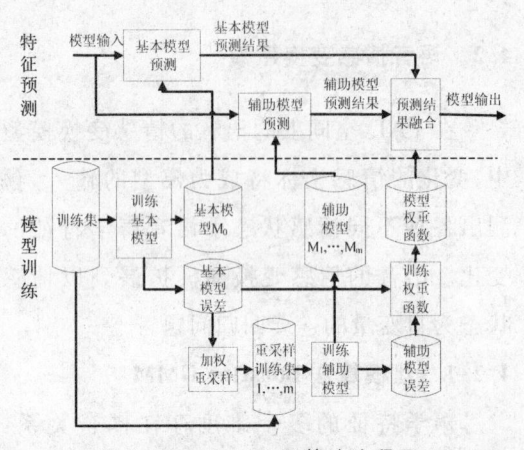

图 1 Boosting-GMM 算法流程图

4.2.2 引入综合声学模型的变换系统

论文将反映韵律结构对声学特征影响的 Int-AMASC 声学模型与 Boosting-GMM 算法相结合,在变换模型中引入了音节随韵律结构的非一致性变化。

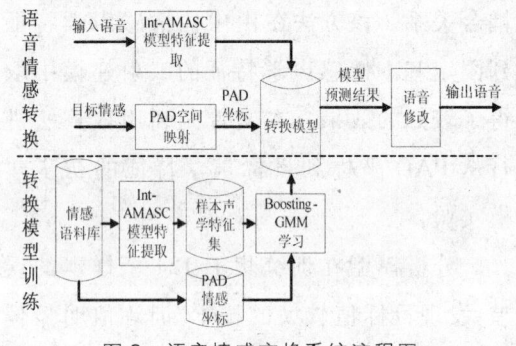

图 2 语音情感变换系统流程图

图 2 给出了语音情感变换系统的完整流程:抽取训练集内数据的 Int-AMASC 声学模型特征,通过 Boosting-GMM 学习算法,训练出对 Int-AMASC 模型特征进行预测的语音情感变换模型;对于某一特定的输入情感目标值,利用该模型预测出目标声学特征,同时抽取输入原始语音的声学特征,用第 3 节介绍过的语音修改算法进行修改,最终输出变换语音。

分别用 Int-AMASC 模型特征 Boosting-GMM 算法训练得到的模型(I),基本全局声学特征集 Boosting-GMM 算法训练得到的模型(II),Int-AMASC 模型声学特征基本联合 GMM 回归算法训练得到的模型(III),进行集外语句变换的感知实验:选取同一发音人的 10 句集外中性语音,按照表 2 中的愤怒、快乐、悲伤、惊奇、厌恶这五种情感 PAD 评价的平均值进行预测并修改。3 个听音人根据其感知到的语音接近目标情感状态的程度按 5 分制整数打分。结果如表 5 所示。

表 5 集外语句修改实验的感知测试结果

模型	听音人 A	听音人 B	听音人 C	平均
I	3.6	3.68	3.72	3.67
II	2.5	2.42	2.54	2.49
III	3.24	3.22	3.32	3.26

可以看出,引入综合声学模型特征,在不需要借助文本信息的前提下,充分利用韵律结构的规律,获得了更自然丰富的情感表达效果。

5. 小结

综上所述,面向自然语音常见表达模式下情感语音的研究是一个比较有挑战性的新课题,尤其是以计算性的三维情感空间为研究对象。

针对情感的描述问题,引入 PAD 三维情感模型,定量描述汉语语音的情感。从而将情感研究由传统的分类问题扩展到三维连续情感空间里的复杂和细微情感。分析了常见表达模式下复杂情感状态在情感空间上的分布,创建了 PAD 三维情感空间与情感描述的映射。

提出一种基于特定情景来构建情感语料库的方法。该方法的特点在于精心设计了情景描述文本,在此基础上设计了表达情感的语段。通过 PAD 模型语音和文本的评定结果的对比分析,验证了由文本 PAD 指导情感语音生成的可行性,可以为情感词汇到语音的转换技术提供指导。

对声学特征以及同步的生理信号进行分析,证明了特征与情感维度之间相关度的偏向性与成阻性、呼吸特征对情感区别的补充作用。提出了面向情感语音变换的综合声学模型(Int-AMASC)。该模型综合了情感语音的时域和频谱特征,对照韵律单元的组织构建了模型的层级结构。提出了基于训练误差的 Boosting - GMM 集成学习算法,将其与 Int-AMASC 模型结合建立的语音情感变换模型,有效地降低了变换语音与目标情感语音的感知差异。

以自然表达模式下的复杂情感和情感空间为情感对象的计算性语音研究,还有很多具有挑战性的问题有探索和解决。例如:如何分离和变换语音频谱中涵盖的语义、个性、情感信息;不同人的语音情感表达方式的共性与差异等。

参考文献

孟昭兰 1994 《普通心理学》,北京大学出版社。
陶建华 蔡莲红 赵世霞等 2001 《汉语文语转换系统中可训练韵律模型的研究》,《声学学报》第 1 期。
Chiu-yu Tseng. Higher level organization and discourse prosody. 2006 Second International Synposium on Tonal Aspects of Languaes, 23 - 34.

Dandan Cui, Lianhong Cai, Yongxin Wang, Xiaozhou Zhang. 2006 Investigation on pleasure related acoustic features of affective speech.(ISCSLP 2006), Singapore, 2: 67 - 78.
Dandan Cui, Lianhong Cai. 2006 Acoustic and physiological feature analysis of affective speech. In:(ICIC 2006), Kunming Yunnan, China: 912 - 917.
Izard, C. E., Libero, D. Z., Putnam, P., & Haynes, O. M.. 1993 Stability of emotion experiences and their relations to traits of personality. *Journal of Personality and Social Psychology*, 64: 847 - 860.
Kain A, Macon M W. 1998 Special Voice conversions of text-to-speech synthesis. in: *Proceedings of ICASSP'98*, 1: 285 - 288.
Mehrabian, A. 1995 Framework for a comprehensive description and measurement of emotional states. *Genetic, Social, and General Psychology Monographs*, 121: 339 - 361.
Mehrabian, A., Wihardja, C., Ljunggren, E. 1997 Emotional correlates of preferences for situation-activity combinations in everyday life. *Genetic, Social, and General Psychology Monographs*, 123: 461 - 477.
Norman D. Cook, Takashi X. Fujisawa. 2006 The Psychophysics of Harmony Perception: Harmony is a Three-Tone Phenomenon. *Empirical Musicology Review*, 1: 106 - 126.
Suthathip Chuenwattanapranithi, Yi Xu, Bundit Thipakorn, et al. 2006 Expressing anger and joy with the size code. In: *Proc. of Speech Prosody*, 487 - 490.
Xiaoming Li, Haotian Zhou. 2005 The reliability and validity of the Chinese version of abbreviated PAD emotion scales. In: *International Conference on Affective Computing and Intelligent Interaction*(ACII), 513 - 518.

(蔡莲红 崔丹丹 清华大学计算机系 100084)

汉语韵律结构
——基于听感的韵律层级与基于 F_0 曲线生成模型的语调构成之比较

顾文涛　藤崎博也

摘要：关于汉语普通话的韵律层级结构,近年已有不少研究,提出了多种类似 ToBI 的汉语韵律标注系统。但是,这些系统中的韵律层级标注都是基于听觉感知的,不能直接反映韵律产生过程的声学物理特征,而且听感的主观性也难以保证标注的一致性和可靠性。本文利用描述 F_0 曲线产生过程的指令响应模型,从韵律产生的角度定量地考察汉语口语的语调构成,借助模型分析由 F_0 曲线推导出短语指令的分布。研究表明,基于模型解析的短语指令和基于听感标注的各级韵律边界之间只存在概率性的较弱的对应关系,而后者的主观随意性在研究中亦有体现。因此,已被广泛采用的基于听感的韵律层级标注并不适合直接用于文语转换系统中韵律生成的研究,而汉语口语韵律层级的定义与标注亦需要从声学信号出发、从韵律产生的角度做更深入的考察。

关键词：韵律层级　听觉感知　声学特征　韵律产生　F_0 曲线　指令响应模型　短语指令

1. 引言

书面语言的单元和结构可以由特定的语法加以定义,但是要定义口语的韵律单元和结构却困难得多,因为传统上对口语韵律单元和结构的描述都是基于听觉感知的,是主观性的。要给出客观性的定量的描述,就必须考察声学上的而不是听感上的特征。基于此,藤崎(Fujisaki,1997)从语音韵律的声学特征出发,根据无声停顿以及 F_0 曲线经模型解析得到的重音成分和短语成分,将日语的韵律单元定义为韵律词、韵律短语、韵律从句、韵律句这四个层级。这样定义的口语韵律单元和结构不同于书面语法的单元和结构,虽然两者有较大的相关性。当然,韵律的单元和结构的定义是与语言密切相关的,以上的定义不能直接用于汉语普通话。

近年来对汉语普通话口语的韵律单元与结构虽有不少研究、提出了多种类似于 ToBI 的韵律标注系统,但是远未达成一致结论(事实上,这些方案中有关术语,如"韵律词"等,仍缺乏科学、严密的定义)。例如,C-ToBI 系统(Li,2000,2002)采用一种 5 层的韵律结构：音节(SYL)、韵律词(PW)、次要韵律短语(MIP)、主要韵律短语(MAP)、语调组(IG),而郑秋豫等人(Tseng et al., 1999, 2005)定义的 5 个韵律层级为：音节(SYL)、韵律词(PW)、韵律短语(PPh)、呼吸群(BG)、韵律句群(PG)。无论采用何种方案，各级韵律边界的定义都是基于听觉感知的，这就导致了以下两个基本的问题：

(1) 基于听觉感知的韵律描述是不可复原的。一方面，韵律边界的这种标注是符号化的定性描述、丢失了定量的信息，因而无法重建原始信号的韵律特征；另一方面，更无法准确还原韵律产生的内在过程。虽然语音的产生与感知有必然的相关性，但远不是一对一的严格对应关系，因为语音的产生(编码)与感知(解码)都是复杂的多层次共同作用的过程，而且听觉感知对韵律细节的把握能力也是有限的。

(2) 基于听觉感知的韵律标注是主观定义的，其结果难免随不同标注人而变化(即使是专业人员)。事实上，这是所有类似 ToBI 的韵律标注系统面临的共同问题(Syrdal & McGorg, 2000)。李爱军等人的研究(Li et al., 2000)发现，对于朗读语料，4 个标注人的韵律边界标注的一致性是 78%；而郑秋豫等人的研究(Tseng & Chou, 1999)发现，不同标注人即使在充分地交换意见以后，韵律边界标注的不一致性仍然会系统地存在。

为了给出韵律单元和结构的客观性描述，就需要从声学特征加以考察。近年已经有不少关于韵律边界的音征的研究，例如，李爱军等人(李，1999; Liu & Li, 2003)认为，停顿、边界前音段延长、F_0 的跳变，是韵律边界的主要音征，它们之间有相关性或者相互补偿。在这三个主要音征中，停顿时长是可直接测量比较的，音段时长经归一化处理后也可用于比较(但音段效应仍是个相当复杂的问题)，而 F_0 却往往没有得到正确的处理。即使对做了不同声调归一化处理后的 F_0 值直接比较也是不恰当的，因为 F_0 曲线还包含语流的整体语调信息，而恰恰是这些至关重要的语调信息反映了语流的韵律结构。

于是，本文由 F_0 入手，从 F_0 产生的角度出发，利用将局部声调和整体语调分开处理的 F_0 曲线生成模型，考察汉语口语的韵律短语构成，揭示其韵律结构。基于同样的语料，我们就可以找到基于听觉感知的韵律边界和基于模型分析的短语指令之间的关系。

2. F_0 曲线生成模型

虽然分析 F_0 的方法有很多，但是能给出 F_0 曲线的完全定量描述的很少。从韵律产生的角度考虑，采用藤崎(Fujisaki, 1997)提出的基于 F_0 曲线生成过程的指令响应模型可能是最合适的。这种分层叠加模型用于汉语，与赵元任先生的"大波浪上叠加小波浪"以及"代数和"的思想十分吻合。该模型在对数域上将 F_0 曲线描述为短语成分、重音(非声调语言)或声调(声调语言)成分以及一个基准值 $\ln F_b$ 之和，其中短语成分由短语指令通过短语控制模块产生、表征 F_0 曲线的大范围变化趋势，而重音/声调成分由重音/声调指令通过重音/声调控制模块产生、表征 F_0 的局部变化。模型的框图如图 1 所示，而详细的数学表达式可参见 Fujisaki (1997)，其中系统常数 α、β 和 γ 在本研究中仍然沿用以往的设置，分别为 3.0 s^{-1}、20.0

s^{-1} 和 0.9。

与日语、英语不同,声调语言因为 F_0 局部变化较快,往往同时需要正、负两种极性的声调指令才可以很好地拟合。以前的研究(Fujisaki et al., 2005)表明,汉语普通话的四个声调对应的固有声调指令模式分别是:阴平 T1(正)、阳平 T2(先负后正)、上声 T3(负)、去声 T4(先正后负)。至于轻声 T0,声调指令没有固有的模式,其极性往往随着前一音节的声调而变化。

如果不考虑辅音声母对 F_0 的微观扰动(这在听感上几乎可以忽略),F_0 曲线可以由模型的一组指令和参数高精度地重建出来,因而模型是一个可复原的数学表达。同时,由于该模型描述的是 F_0 曲线的生成过程,并且有较强的生理学基础,因而在韵律产生与声学特征之间建立起了直接的联系。

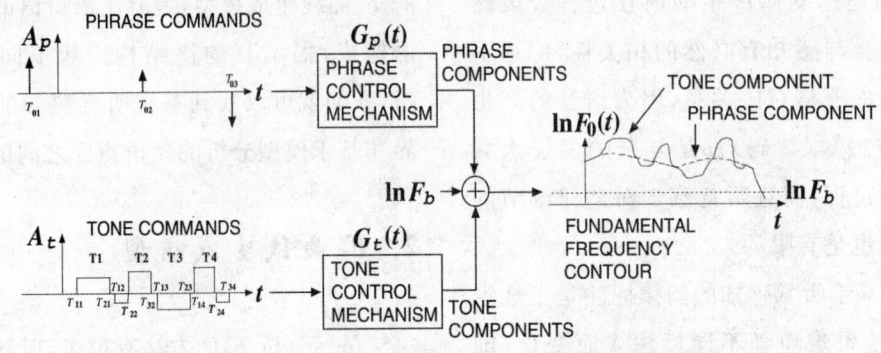

图 1 描述 F_0 曲线生成过程的指令响应模型

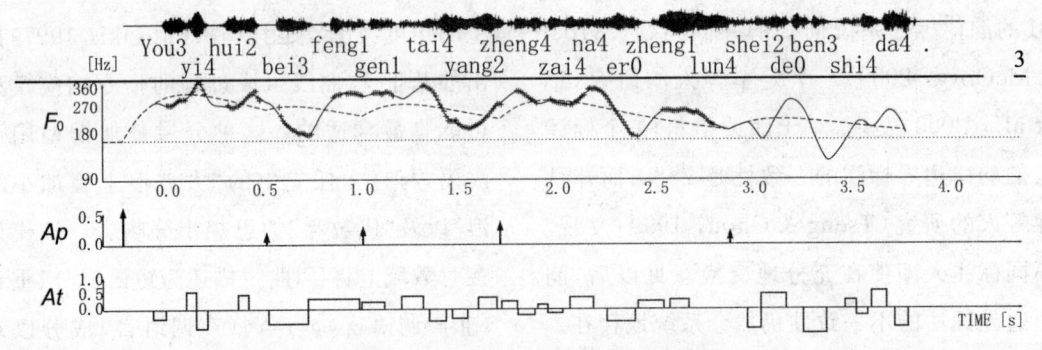

图 2 基于模型的 F_0 曲线分析:"有 You3 一 yi4 回 hui2 北 bei3 风 feng1 跟 gen1 太 tai4 阳 yang2 正 zheng4 在 zai4 那 na4 儿 er0 争 zheng1 论 lun4 谁 shei2 的 de0 本 ben3 事 shi4 大 da4"(女性说话人)

3. 实验数据

我们采用的语音数据是台北中央研究院语言学研究所语音实验室制作并标注的台湾汉语普通话语料库 COSPRO5 的一小部分。3 个段落的文本,分别包含 93、168、369 个音节,由两位专业播音员(一男一女,均为 35 岁以下)各自以正常语速录制(分别为每秒 4.33 和 4.23 个音节),即共有 6 段语料。

语料库中韵律边界的标注是依据郑秋

豫等提出的方案(Tseng & Chou, 1999),定义5级边界,由低到高分别为:B1(SYL边界、无听感上的间断)、B2(PW边界)、B3(PPh边界)、B4(BG边界,伴有呼吸上的换气)、B5(PG边界,感觉到拖尾并听到较长停顿)。B1实际上不算做韵律边界(下文提及边界均不计入B1),而从B3往上层级的韵律边界都伴有停顿。语料库中的韵律边界由3位经过训练的人员独立标注,并频繁加以比较和修正,直至相互间一致性达到85%,以后各自标注的边界才被接受(Tseng et al., 2005)。

4. 基于模型的 F_0 曲线分析

虽然该模型的逆问题(即如何提取指令参数)没有理论上的唯一解,但可以在语言信息的帮助下通过 analysis-by-synthesis 推导出有语言学意义的近似解。这分为两个步骤:一是初始值估计,二是连续逼近达到最优化。

指令的初始估计主要是依据语法结构及各音节调型等信息。对于同一说话人风格稳定的朗读语料,F_b 可以经验性地初始设定在某一常数。各音节内的声调指令一般与所属调型(当然各类变调现象要考虑在内)的固有声调指令模式相一致,只是在连续语流中阳平和去声有可能退化为单个指令。短语指令一般发生在主要的语法边界处(但未必严格遵循语法的层次结构),并可以通过比较音节内实测 F_0 曲线与标准声调模式以及比较相邻音节的 F_0 值,来推导是否需要插入及如何插入短语指令(Gu et al.,

2007)。当然,随意增减一个幅值很小的短语指令往往不会影响拟合效果,所以,我们只在确有必要且有语言学意义的情况下才加入一个短语指令。初始估计完成以后,在模型参数空间内用爬山法逐次逼近直至获得最优解,即在实测和拟合 $\ln F_0$ 曲线之间获得最小均方误差。

需要指出,我们在 F_0 曲线的基于模型的分析过程中,没有参照任何韵律边界的标注。

图2给出了女性说话人的一个例句的 F_0 曲线基于模型的分析结果。其中,冲激信号表示短语指令,而方波信号表示声调指令;实线、虚线、水平点线分别表示拟合 F_0 曲线、短语成分、基准频率 F_b。所有短语指令都位于一定的语法边界、未在语法词内部出现,但并非所有语法词边界都出现短语指令。另外,句首的短语指令明显比句中的短语指令幅值大。该例中,实测和拟合 $\ln F_0$ 的均方根误差为0.012,即 F_0 仅有1.2%的拟合误差。

5. 分析结果

结果表明,在绝大多数情形下,短语指令的位置对应于一定的韵律边界。当前一共282个短语指令中,只有12个例外,不位于任何标注的韵律边界处。其中,有8个短语指令与最近的韵律边界只间隔一个音节,它们所在的句子如下所列,其中斜线表示韵律词边界,而竖线表示短语指令的大致位置。

男性说话人:

- |原先／他是因／嫉妒／而|激动
- |太阳|就／出来|／使劲／一晒

女性说话人：
- |原先／他是|因／嫉妒／而激动
- |而／茶|又为／水中／至清／之味
- |有一回|／北风|跟／太阳|／正在／那儿／争论|／谁的／本事大
- |他们俩／就|商量／好了
- |只好／就|算了
- |所以／北风|／不得／不|承认

以上每个例句中，均有一个短语指令距离最近的韵律词边界只有一个音节——这个音节总是一个单音节语法词，且大多数为虚词，如"而"、"就"、"因"、"跟"。事实上，如何根据听感将这些单音节语法词划归到前后的韵律词，本来就有相当的模糊性，而且所谓"韵律词"的定义本身就不够明确。同时，我们也看到，相当一部分韵律词边界处没有短语指令出现（亦参见图2）。

图3示出了4段语料中各级韵律边界处短语指令的幅度值 A_p（距离最近的韵律边界仅一个音节的短语指令也包括在内）。可见，对于同一段文本，不同说话人的口语韵律结构可以有较大不同，虽然存在一定的相似性。

表1和表2分别给出了两位说话人在全部6段语料中各个层级的韵律边界处的短语指令的统计结果。对于短语指令的幅度，同时给出了均值和标准偏差（没有短语指令处，幅度以零计）。可见，虽然B4和B5总是伴有短语指令的出现，低层的韵律边界却并非如此，特别是韵律词边界B2，两位说话人

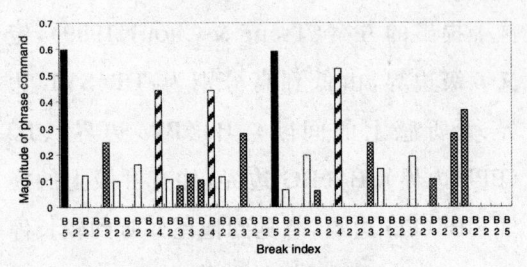

(a) 段落1，男性说话人

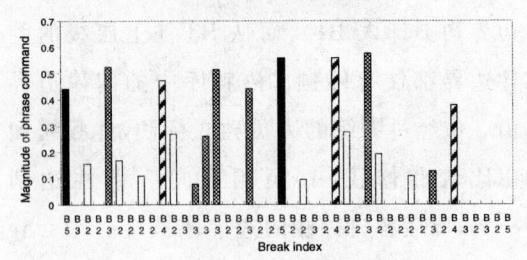

(b) 段落1，女性说话人

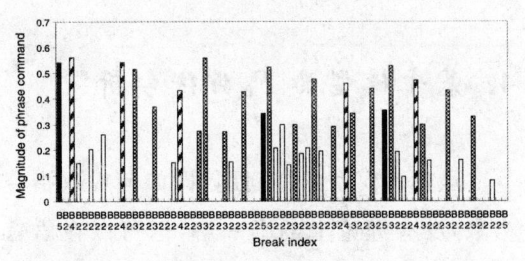

(c) 段落2，男性说话人

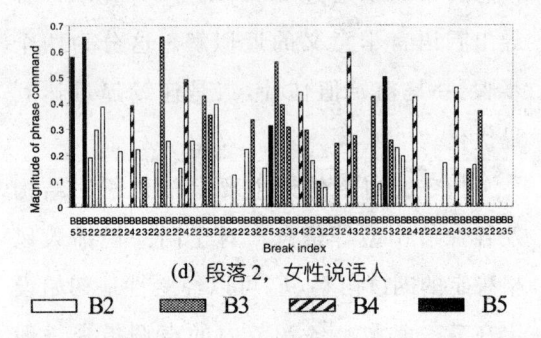

(d) 段落2，女性说话人

图3 韵律边界处短语指令的幅值

分别只有36%和29%的B2伴有短语指令。因此，F_0的跳变不是韵律词边界B2的主要音征。当然，并非只有韵律短语边界B3以上才伴有短语指令，在B2这一层是概率性的。

对于韵律短语边界B3，绝大多数（两位说话人分别是93%和86%）都伴有短语指

令。而且,仔细考察余下的15个不伴有短语指令的B3后,我们认为,根据郑秋豫等人(Tseng & Chou, 1999)的原始定义"自B3以上的边界都伴有停顿",其中至少有10例似

表1 男性说话人韵律边界处短语指令统计

韵律边界层级	韵律边界数目	短语指令数目	幅度均值	幅度标准偏差
B2	170	61	0.06	0.08
B3	69	64	0.31	0.17
B4	15	15	0.46	0.12
B5	8	8	0.52	0.11

表2 女性说话人韵律边界处短语指令统计

韵律边界层级	韵律边界数目	短语指令数目	幅度均值	幅度标准偏差
B2	177	51	0.05	0.09
B3	69	59	0.31	0.19
B4	15	15	0.48	0.08
B5	9	9	0.49	0.10

应标为B2而不是B3。究其原因,可能标注人一方面没有将声学上的无声停顿(pause)与听感上的间断(break)严格区别开来(后者也可以由其他音征引起,如音段时长的伸延、音高或音强的跳变),另一方面常常将具有正常无声时长的塞音的闭塞段也划归为无声停顿,后一问题在(Liu & Li, 2003)的类似研究中也有所察觉。

所以,正如郑秋豫等人(Tseng & Chou, 1999)所述,即使某些标注人之间达成较高比例的一致性,仍然可能存在系统的偏差。同时,B2和B3在标注时可能的混淆也说明,从听感上定义的"韵律词"和"韵律短语"的含义仍然不够明确。如果从 F_0 曲线生成模型的方法出发,我们的观点是,韵律短语以及更上层的边界总是伴有短语指令且指

令幅值往往超过一定阈值,而韵律词边界即使伴有短语指令,其幅值也不超过该阈值,如此定义即可从声学特征上明确区分B2和B3。

此外,总体看来,韵律边界的层级越高,出现的短语指令幅值越大,但是B3、B4、B5之间指令幅值范围有很大程度的交迭(其中B4和B5的指令幅值没有显著差异)。这说明,F_0 跳变的大小不是区分这三级韵律边界的主要音征。当然,B4/B5或许可以根据与呼

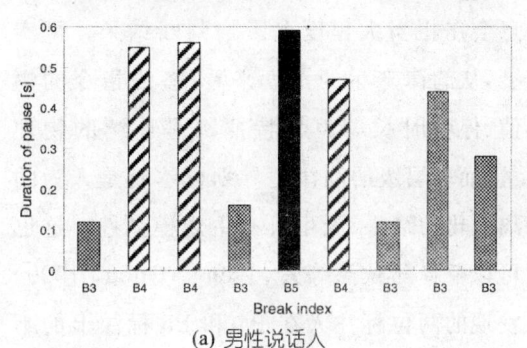

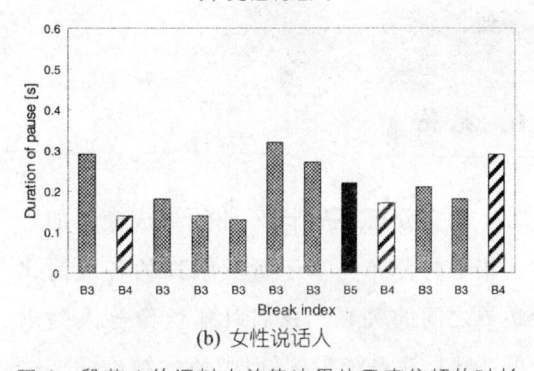

(a) 男性说话人

(b) 女性说话人

图4 段落1的语料中韵律边界处无声停顿的时长

吸有关的生理特征与B3区分开;即使如此,区分B4和B5的主要音征又是什么呢?我们于是进一步考察无声停顿的时长,因为停顿是反映口语韵律结构的一个重要音征,而且在郑秋豫等人(Tseng, et al., 1999, 2005)的定义中提到B5听感上的停顿比B4更长。

图 4 给出了两位说话人各自说段落 1 时 B3、B4、B5 处的无声停顿时长的分布,其中 B3 仅显示了那些伴有停顿的。对于男性说话人,大体上边界层次越高停顿越长,但是对女性说话人却看不出停顿时长的变化随边界的层级不同有任何规律。所以,停顿时长应该也不是区分 B3、B4、B5 的主要音征。

虽然需要做更细致的研究,但是我们认为,标注人对 B4、B5 的区分应该是多种音征综合作用下的模糊判断,同时语法和语义信息会在相当大程度上影响判断结果。事实上,从韵律产生的角度来看,短语指令的幅值、停顿时长等声学特征都是连续的物理量,而多层级的韵律边界划分本就是人为的离散化的结果、天生具有主观模糊性。这也可以解释郑秋豫等人(Tseng, Chou, 1999)发现的两位标注人在 B4 和 B5 标注上的不一致。

6. 结论

本文分析了基于 F_0 曲线生成模型的短语指令的分布与基于听觉感知的各级韵律边界之间的关系。我们以郑秋豫等人提出的韵律标注系统为例,但类似的结论同样适用于其他标注系统,如 C-ToBI 等;同样,我们采用了典型的 F_0 曲线生成模型——指令响应模型,但除去细节差异,类似结论也适用于其他基于声学物理特征的韵律模型或方法。

研究结果表明,短语指令的产生与韵律边界的感知两者之间只是部分相关。一方面,短语指令几乎都位于一定的韵律边界,

说明短语指令的产生引起 F_0 跳变、导致听感上的韵律边界;另一方面,只有高层的韵律边界才总是伴有短语指令,而低层的韵律边界并非总是如此,特别是韵律词边界,说明 F_0 的跳变不是韵律词边界的主要音征。

同样,短语指令的幅值与韵律边界的层级之间只呈现较弱的相关性。虽然总体趋势是越高层的边界出现的短语指令的幅值越大,但是韵律短语以上各层之间指令幅值的范围有很大的交迭,特别是 B4 和 B5 之间。

从原理上讲,对韵律边界的听觉感知是基于多种音征(音高、音长、音强、停顿)综合判断的结果,作为综合结果的边界层级的定性的标注并不能提供对各个音征的独立、准确的描述,而这恰恰是定量地生成韵律所必需的。所以,将基于听觉感知的韵律标注系统直接用于文语转换系统中韵律生成的研究是有明显缺陷的。如果基于 F_0 生成模型的指令参数,结合音长、停顿等特征,从声学物理特性出发定义汉语口语韵律单元和结构,就会减少层级标注的主观性和模糊性,而这样的韵律标注对文语转换系统中的韵律生成将更有帮助,这值得做进一步的研究。

总之,要更准确地定义汉语口语的韵律单元和层次结构,我们就不仅需要从听觉感知的角度考察,更要从声学物理信号入手考察,在相互比较中更深入地了解韵律的声学特征、韵律产生与韵律感知之间的复杂关系。

致谢: 衷心感谢台北中央研究院语言学

研究所语音实验室的郑秋豫博士提供了含有韵律标注的语音数据。

参考文献

李爱军　1999　《普通话对话的韵律短语和语句重音的声学分析》,《第四届全国现代语音学学术会议论文集》,金城出版社.

Fujisaki, H., 1997 Prosody, models, and spontaneous speech. In: Sagisaka, Y., Campbell, N., Higuchi, N. (eds.): *Computing Prosody*. Springer-Verlag, 27–42.

Fujisaki, H., Wang, C., Ohno, S., Gu, W., 2005 Analysis and synthesis of fundamental frequency contours of Standard Chinese using the commandresponse model. *Speech Communication*, 47: 59–70.

Gu, W., Hirose, K., Fujisaki, H., 2007 Analysis of tones in Cantonese speech based on the commandresponse model, *Phonetica*, 64: 29–62.

Li, A., et al., 2000 Speech corpus of Chinese discourse and the phonetic research. *Proc. ICSLP 2000*, Beijing, China, vol.4: 13–18.

Li, A., 2002 Chinese prosody and prosodic labeling of spontaneous speech. *Proc. Speech Prosody 2002*, Aix-en-Provence, France, 39–46.

Liu, Y., Li, A., 2003 Cues of prosodic boundaries in Chinese spontaneous speech. *Proc. 15th ICPhS*, Barcelona, Spain, 1269–1272.

Syrdal, A., McGorg, J., 2000 Inter-transcriber reliability of ToBI prosodic labeling. *Proc. ICSLP 2000*, Beijing, China, vol. 3: 235–238.

Tseng, C., Chou, F., 1999 A prosodic labeling system for Mandarin speech database. *Proc. 14th ICPhS*, San Fransisco, CA, 2379–2382.

Tseng, C., et al., 2005 Fluent speech prosody: framework and modeling. *Speech Communication*, 46: 284–309.

语料库信息: http://www.myet.com/COSPRO

（顾文涛　香港中文大学电子工程学系
　藤崎博也　东京大学）

基于情感矢量的情感语音自动感知模型

陶建华　黄力行　于剑

摘要：情感语音的感知模型是自然人机对话中一个非常重要的研究范畴。尽管情感有着非常多的分类方式，但早期的情感语音研究，还多侧重于离散和孤立情感状态下的语音分析、分类和合成等工作；其中探索情感语音的声学表现和分类方法的工作占据了其中的主要部分。在情感语音的声学特征分析方面，各种研究却得到了不尽相同的结论，这种研究结论的不一致性既体现了情感语音的感知和标注方法上的差异性，也体现了情感语音受语义和说话人个体等信息影响的复杂性。本文力图通过引入情感矢量的概念，模拟人们情感感知的模糊特性，从而更准确地反映语音中所蕴含的真实情感。在此基础上，论文还构建了一个情感语音的自动感知模型，并在模型中融入了语音的上下文信息，获得了较好的情感感知结果。本文的研究方法为情感语音感知模型的建立提供了一种新的思路，其结果在实际应用场合也将有着较好的应用前景。

关键词：情感语音　情感矢量　情感感知

1. 引言

近几年来,情感技术的研究受到了研究人员越来越多的重视。目前,使用较多的情感模型主要有 Plutchik 的"情感轮"模型和 Fox 的三级情感模型(Plutchik)。具体在情感语音处理中,使用较多的则是离散情感模型(Tao et al., 2006)。它将情感分类成欢快、愤怒、惊奇、悲伤等离散的状态(赵力等,2004;Plutchik)。

情感语音分类和感知的研究要解决的基本问题是,找到情感和语音信号特征之间的对应关系。在这类研究中,通常采用的语音声学参数包括基频、能量、时长、频谱系数等。研究人员将它们表示为固定维数的声学特征向量(Kwon et al., 2003; Liscombe et al., 2003),其中各个分量为各声学参数的统计值,包括平均值、方差、最大/最小值、变化范围等,有时也包括反映参数值随时间变化曲线的形状的特征值,如:基频曲线极大/极小点的位置等(Yacoub et al., 2003)。然而,不同研究者在情感语音分析或分类研究中,得到的情感语音声学特征分布的结论,有着很大的不一致性。有的研究者认为情感主要通过基频和时长特征表现(Dellaert et al., 1996),例如,当一个人发怒的时候,讲话的速率会变快,音量会变大,音调会变高等。同时一些声道特征如共振峰、声道截面函数等也能反映情感的变化(Hirose et al., 2000)。在汉语方面,赵力等(2004)认为欢快、愤怒和惊奇具有较大的能量,较高的基频平均值和较宽的基频变化范围,以及较大的基频抖动;愤怒和惊奇的语速较快,悲伤的语速很慢等。而 Li 等(2004)、Jiang 等(2005)和 Tao(2003)等在各自研究中却得到了不尽相同的结论。这种研究结论的不一致性体现了情感语音感知和标注的模糊性。由于传统的情感语音研究多侧重于少数几种离散和孤立的情感状态,而这些离散的情感状态在表达时,存在许多不同的形式;有些似是而非的情感状态,在标注时,给听辨人带来了较大障碍。有人采用在情感标注时增加反映情感强弱程度的变量的方式来表达某种情感的模糊性,但这种强弱程度的标注给听辨人带来新的困惑:没有合适的参照物,强弱程度实际上是非常难把握的。

另外,研究还表明,情感语音的特征,与说话人想要表达的含义密切相关,也受说话人个性的影响,而需要表达的含义又通常隐含在语音的上下文信息中,这是过去在情感语音处理中所忽视的(Tao et al., 2006)。

本文通过引入情感矢量的概念,模拟人们情感感知的模糊特性,以求更为准确地反映语音中所蕴含的真实情感。在此基础上,论文还构建了一个情感语音的自动感知模型,并在模型中融入了语音的上下文信息,获得了较好的情感感知结果。论文的结构如下:第 2 部分介绍了可以模糊表征情感特性的情感矢量模型;第 3 部分对情感语音的声学特征和声学参数进行了分析;在这两部分内容的基础上,第 4 部分利用决策树算法,建立了一种基于情感矢量的情感自动感知模型,并对模型的输出和性能进行了讨论;最后论文进行了总结。

2. 情感矢量模型

在很多情况下,情感语音的感知往往无法采用单一的情感状态进行描述,某种情感的语音听起来可能会与另一种情感接近,如:悲伤的语音和恐惧的语音。同一种情感也存在着不同的程度,有时比较强烈,有时比较弱,或接近中性语音。

在通常情况下,听辨人在短时间内很难对情感语音进行仔细的分析并进行大范围比较,这种困难是由情感感知的模糊性和不确定性引起的。为了解决这个矛盾,在本文工作中,所有听辨人被要求可以自由在"中性、高兴、愤怒、悲伤、恐惧"五种情绪中选择他(她)们认为最接近的两种,并按照接近的程度排序,即:排在第一位的为最接近,排在第二位的为有些相似但不是最接近。如果听辨人觉得可以确信是某种情感,也可以只选择五种情感中的一种。

在本文工作中,作者共收集了 500 句情感语句作为语料,每一句分别由四个发音人用六种不同的情感来表现。因此,整个录音语句为 12000 句。所有的语音均经过音节边界切分、基频标注等处理。语音录制结束后,由五位从事心理学研究的师生(二位老师、三位研究生)对其进行情感听辨的标注。标注按照上面所述的方法进行。获得的标注示例如下:

第 18 句语音:高兴、中性

第 19 句语音:高兴

第 31 句语音:悲伤、恐惧

第36句语音:恐惧

第38句语音:生气、中性

这些标注可以解释为:听辨人认为第18句语音基本可以归为高兴,但又觉得强度不是很强,也比较接近中性;在对第31句语音标注时,该听辨人不能十分肯定这句话属于悲伤或恐惧,但他(她)更倾向于悲伤。在第19句语音标注时,该听辨人认为该语句是较为强烈的高兴语气的语音。

尽管发音人是按照不同的情感来表现语音,但听辨人的感知结果却往往与发音人的想法不尽相同。表1至表5体现了这种差异性。

表1 对说话人认为是"高兴"的情感语音进行听辨

类型		高兴	恐惧	悲伤	愤怒	中性
唯一选择		77.8%	0.4%	0.2%	0.6%	5.6%
双选	第一选择	10.9%	0.6%	0.7%	0.4%	3.0%
	第二选择	3.1%	0.7%	0.4%	0.4%	10.9%

表2 对说话人认为是"恐惧"的情感语音进行听辨

类型		高兴	恐惧	悲伤	愤怒	中性
唯一选择		0.0%	79.7%	0.7%	0.0%	0.7%
双选	第一选择	0.0%	15.6%	2.4%	0.2%	0.7%
	第二选择	0.0%	3.1%	12.8%	0.9%	2.1%

表3 对说话人认为是"悲伤"的情感语音进行听辨

类型		高兴	恐惧	悲伤	愤怒	中性
唯一选择		0.5%	11.3%	47.2%	0.9%	4.0%
双选	第一选择	0.0%	11.1%	17.7%	1.7%	5.6%
	第二选择	0.5%	10.4%	12.5%	4.3%	8.3%

表4 对说话人认为是"愤怒"的情感语音进行听辨

类型		高兴	恐惧	悲伤	愤怒	中性
唯一选择		4.2%	0.2%	0.0%	77.8%	2.4%
双选	第一选择	4.5%	0.0%	0.0%	9.5%	1.4%
	第二选择	4.0%	0.0%	0.2%	4.9%	6.4%

表5 对说话人认为是"中性"的情感语音进行听辨

类型		高兴	恐惧	悲伤	愤怒	中性
唯一选择		0.9%	3.6%	0.0%	0.5%	83.9%
双选	第一选择	0.5%	1.2%	0.0%	0.3%	9.0%
	第二选择	3.6%	2.6%	1.2%	2.6%	1.0%

从上面这些表可以看出,听辨者对同一个句子有着不同的或者犹豫不决的感知结果。这个现象是正常的。其中恐惧和悲伤的语音尤其容易混淆。为了反映这种情感感知的不确定性,论文将语音与各个情感状态的相似度作为基本度量,将每句话的感知结果表示为各个情感状态相似度的向量。文中用情感矢量(n, h, s, a, f)来进行表示,其中n, h, s, a, f分布代表语音与中性、高兴、悲伤、愤怒、恐惧的相似度,它们的总和为1。

本文以语料库中第二句情感语音的标注为例,来说明如何构建这句语音的情感矢量。在标注过程中,五个听辨人对这句话的感知结果如表6所示。

表6 所有听辨人对第二句话的感知结果

选择情况	唯一选择或第一选择	第二选择
听辨人1	愤怒	恐惧
听辨人2	恐惧	愤怒
听辨人3	恐惧	
听辨人4	愤怒	恐惧
听辨人5	愤怒	恐惧

对于只有单选的情况,被选中的情感状态被赋予 1.0 的权值;对于双选的情况,第一选择被赋予的权值是 α,第二选择被赋予权值 $1-\alpha$。则该句的情感矢量各个分量可以通过如下公式获取:

$$n = \frac{1}{N}\sum_{i=1}^{N}\omega_{n,i}, \quad h = \frac{1}{N}\sum_{i=1}^{N}\omega_{h,i}, \quad s = \frac{1}{N}$$

$$\sum_{i=1}^{N} \omega_{s,i},$$
$$a = \frac{1}{N}\sum_{i=1}^{N} \omega_{a,i}, \quad f = \frac{1}{N}\sum_{i=1}^{N} \omega_{f,i}$$

N 是参加感知实验的听辨人的人数,在本文中,N = 5。$\omega_{n,i}$,$\omega_{h,i}$,$\omega_{s,i}$,$\omega_{a,i}$ 和 $\omega_{f,i}$ 表示第 i 个听辨人标记的五种情感状态的权值。

以上表的听辨人1为例,由于他只标注了愤怒和恐惧,所以这个听辨人对这个句子标注的情感权值向量是:(0,0,0,α,1-α)。

综合所有听辨者,对于这个句子,愤怒情感三次被选为"第一选择",一次被选为"第二选择";恐惧情感一次被选为"单选",一次被选为"第一选择",三次被选为"第二选择";其余情感均没有被选择。所以这个句子最后的情感矢量参数为:

$$n = 0, \quad h = 0, \quad s = 0, \quad a = \frac{3\alpha + (1-\alpha)}{N},$$
$$f = \frac{1 + \alpha + 3(1-\alpha)}{N}$$

这种情感矢量的表示方式,使得情感语音的感知,由单一的离散情感状态表示,变成了一个以与各个基本情感相似度作为度量的矢量表示。这种矢量表示,更为贴近人们的感知模型。

3. 情感语音声学参数选择

3.1 声学特征的分类

正如前文所述,人对情感语音的感知是多样的,全面考虑情感语音的声学特征是一个非常困难的工作。考虑到计算机的处理能力,只能通过部分参数从一定程度上对情感语音的声学特性进行概括。为便于在汉语中处理,本文在参考前人工作和作者前期工作的基础上,将情感语音的声学特征直接分为三类:韵律类、音质类和清晰度类。概述如下:

3.1.1 韵律类

韵律类主要用来表征不同情感状态下语气的变化。它包括如下韵律参数描述:

平均基频:整个语句的基频平均值。

基频范围:整个语句的基频范围,基频范围在很大程度上能够反映人的情绪状态(积极情绪或消极情绪)。

重音的突变特性:在情感语句中,重音多体现情感焦点特性,经常由情感关键词承载。在积极的情绪中,它多能体现情感状态的激烈程度。如:发怒时,情感关键词往往出现突然的重音加强特性。

停顿的连贯性:用以表示语句的停顿是否连贯。人在情绪受到压抑或快速膨胀时,有时会出现由于概念表述不清而导致的语气断续特征。

语速:用以表征语气的缓急程度。人在焦急、恐惧时多出现语速加快的现象,有时欢快的语气也能带来类似效果。

重音频度:重音的频度在一定程度上能够体现情感状态的持续性。

音强:音强也是用于情感确定的重要参数。经过实验分析,在情感语音中,音强的变化往往表现出与基频范围的变化的一致性。即基频范围增大时,音强也多表现为增强。但是,相对基频变化来说,大部分音强变化并不明显。

音节基频高线倾斜程度:语句中音节基频高点连线的变化情况(上升、水平和下降)。

音节基频低线倾斜程度:语句中音节基频低点连线的变化情况(上升、水平和下降)。

基频抖动:对于焦虑语音特征则会出现"f_0抖动"现象,这一现象描述了基频从一个区域到另一个区域之间的快速和反复的变化。在此情况下,有时音节会失去其固有调型。

3.1.2 音质类

音质类用来表征在情感状态的语音的音质发生的变化。它通过如下参数描述:

呼吸声:在语音流中,出现呼吸气等声音。当一个人处于紧张或欢快状态时,出现的快速呼吸停顿;或当一个人由于恐惧而牙齿紧压产生的回旋气流噪声。

明亮度:低频能量和高频能量的比值。用以反映语音的清亮特性。

喉化度:发音时,声门出现不连续的脉冲震动特性。经常出现在极度恐惧的情感状态中。

3.1.3 清晰度类

情感信息与人的声道同样具有一定的关联。清晰度可分为正常、焦急、模糊和准确。清晰度描述了元音质量的变化和清辅音是否变化为相应的浊辅音。比如:人在厌恶时,有时说话"嘟嘟囔囔",表达不清。

3.2 声学参数

为配合计算机对语音声学特征的处理,在韵律特征中,本文仅保留了如下的声学特征参数:音节平均时长、基频均值、基频范围、基频最大值、基频最小值、平均音强、音强最大值、音强最小值。同时为了表示重音等特性,本文还分别选取了基频最大值、基频最小值、音强最大值、音强最小值、音长最大值、音长最小值等参数在语句中的具体位置。这些位置的变换,也近似地认为产生了重音的漂移。

在表示音质参数时,根据分析过程的不同,呼吸声的声学度量主要分为两类:即声源模型和声道模型。考虑到语料的规模,为避免受语音内容的影响,本文只选择了声源模型作为相应的音质参数。该模型由语音通过逆滤波器得到的声门信号产生。本文进一步用 Liljencrants-Fant(LF)模型来对声源模型进行描述。该模型有四个参数:Ee(激励的强度),Ra(回程的度量),Rk(声门激励的对称性度量),Rg(声门激励开度的度量)。另一个度量开度的参数 $Oq = (1 + Rk)/2Rg$ 也经常被使用。呼吸声急促的语音有较高的 Ra、Rk 和 Oq 值。

清晰度类由于缺乏有效的声学参数表示,在本文的研究中没有将其考虑在内。

图1至图3分别反映了基频均值、音节音长、声源参数 Ee 等在不同情感语音中的分布情况。其中"one choice"表示情感为单选,"first choice"表示情感为第一选择,"second choice"表示情感为第二选择。考虑到篇幅限制,其余的声学参数分布情况没有在文章中列出。

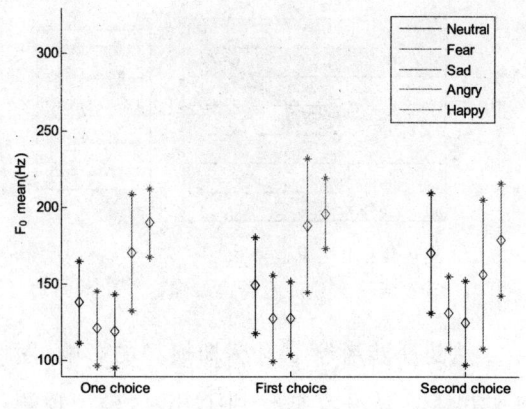

图 1 基频均值在不同情感感知中的分布情况

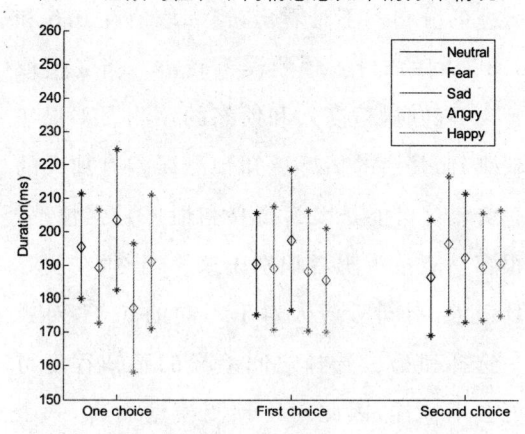

图 2 音节音长在不同情感感知中的分布情况

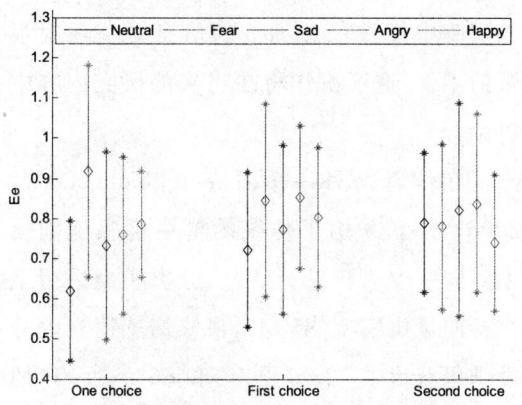

图 3 声源参数 Ee 在不同情感感知中的分布情况

图中亦可以看出情感的置信度不同,其声学参数分布的离散性存在着差异。如:从图 2 中的音节音长的分布可以看出,情感"唯一选择"对应的参数分布的离散性较大,而情感"第二选择"对应的参数分布的离散

性较小,这符合人们的听感的模糊性。

4. 情感语音自动感知模型

4.1 模型建立

情感语音的自动感知,本质上是建立一种从语音声学参数到情感状态的映射过程。如:贝叶斯分类模型(Kyung Hak Hyum, et al., 2005)、距离度量模型、K-NN 模型(Pao et al., 2006)、SVM 模型(Pao et al., 2006)、神经网络模型(Nicholson et al., 1999)、决策树模型(Schuller, et al., 2005)、HMM 模型(Schuller et al., 2003)等。这些方法往往应用在不同的情感语料上,因此其情感识别结果较难比较。Dellaert et al.(1996)对其中的几种方法在同一语料上进行了对比分析,发现方法的不同,在情感判定研究中,并没有本质的区别。而向模型中引入的参数的不同,往往对结果有较大的影响。

鉴于此,本文选择了决策树模型,作为情感感知的数学模型。考虑到情感语音除了受声学特征的影响外,还会受到语音上下文信息的影响。本文还选择了部分上下文信息,和声学信息一起作为情感感知的输入参数。其中考虑的上下文信息包括:当前词和相邻两个词的词性、当前音节和相邻两个音节的声调、当前音节所在韵律词位置、当前音节所在韵律短语位置、当前音节所在语调短语位置。

由于采用了情感矢量的感知机制,本文不采用单一的分类树去预测每一句话的确定的单一的情感状态,而是采用多棵分类树。分类树的数目和基本情感状态的类别数相同。在本文中，作者使用了五棵分类树。每一棵分类树都采用相同的语音数据进行训练，特征向量是每一句话的声学参数和上下文信息，而训练的目标则是每一种情感在这句话的情感感知向量中的权值。

在训练结束之后，把声学参数和上下文信息分别输入到五棵分类回归树（本文选用CART模型）中，每一棵分树都会给出相应情感状态的概率值，这个概率值可以被认为是听辨者将这句话标注为该情感的可能性。因此，对于每一句话，都能得到这样一组情感状态的概率向量。如果一定需要单一的情感状态，可以通过实验设定一个阈值，从这组情感向量中选择最有可能的几个状态作为该句的结果。

4.2 模型输出及分析

为简化数学模型，论文假设 $\alpha = 0.6$，则决策树模型的输出结果如表7所示：

表7 自动感知模型输出

语音	高兴	恐惧	悲伤	生气	中性 al
语句1	0.4879	0.0181	0.0264	0.3437	0.1238
语句2	0.5103	0.0189	0.0276	0.3595	0.0837
……					

为了评价决策树模型的结果，可以将用于测试的数据放入模型进行预测，并将预测结果和实际标注结果进行对比，得到测试结果的平均错误率。当 $\alpha = 0.6$ 时，各个情感状态的错误率分别是：高兴 0.1717，恐惧 0.1440，悲伤 0.1412，愤怒 0.2449，中性 0.1343。

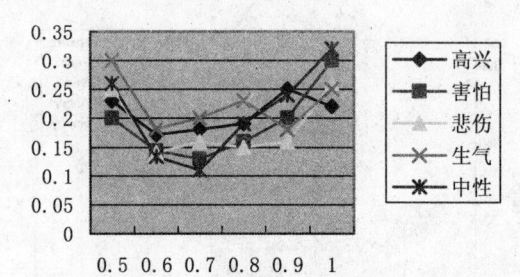

图4 各情感状态预测的错误率随α变化的趋势

为进一步考察α对感知模型的影响，图4列出了α从0.5变化到1.0时，模型预测误差的分布。不难看出，当α取值在0.6和0.8之间的时候，预测误差较小。当α值取到1.0的时候，高兴和愤怒的预测误差仍然较小，而其余的情感感知预测误差有加大的趋势。这可能是因为高兴和愤怒是强情感，很容易能被听辨者识别出来。当然，在实际环境中，不同听辨人对于不同的句子，对第一选择和第二选择之间差异的感知程度可能会不一样，因此对于预测模型而言，一个变化的α值可能更好。但是，让听辨人在感知实验中标注如此细节的信息是一项很艰苦的工作，这项工作将在将来的研究内容中讨论。

在作者的另一个研究中（You et al., 2006），作者采用了传统的单一情感识别模型对同一个语料进行研究，分类模型采用了支持向量机模型（SVM），最终情感语音的分类结果获得了72%（男声）和66%（女声）的正确率。在采用CART（Tao et al., 2005）或LDA（You et al., 2006）算法中，模型的输出结果没有太大的差异。这些工作进一步标明了，在许多非此即彼的情感分类模型中，情感分类的结果往往与人们的感知存在着较大的落差。与此相对应，本文提出的情感矢量模型,则不仅较好地模拟了人们的情感感知机制,也便于采用数学模型来建立高质量的情感自动感知模型。

5. 结论

本篇论文针对传统情感语音研究过于侧重离散情感状态下语音声学特征分布的工作,提出了一种情感矢量感知模型。论文进而总结并分析了适用于情感语音分类和感知研究的主要声学参数,并对其在不同情感感知下的分布进行了一定的研究。在这些基础上,论文提出了一种基于决策树模型的情感矢量感知模型,并在情感语音的感知中进行了实际应用。研究结果表明,论文提出的基于情感矢量的情感语音自动感知模型,切合了情感语音研究的需要,能够较好地模拟人们的情感感知机制,并获得了较好的模型输出结果。

参考文献

赵力 王治平 卢韦等 2004 《全局和时序结构特征并用的语音信号情感特征识别方法》,《自动化学报》第 3 期,423 – 429。

Dan-ning Jiang, Wei Zhang, Li-qin Shen, Lian-hong Cai, 2005 Prosody Analysis and Modeling For Emotional Speech Synthesis, ICASSP'05 Vol. I, pp. 281 – 284, Philadelphia, PA, USA.

Dellaert F, Polzin T, Waibel A. 1996 Recognizing Emotion in Speech. In: *Proc. of 4th International Conference on Spoken Language Processing (ICSLP)*. New York: Institute of Electrical and Electronics Engineers Inc, pp. 1970 – 1973.

Hirose K, Minematsu N, Kawanami H. 2000 Analytical and Perceptual Study on the Role of Acoustic Features in Realizing Emotional Speech. In: *Proc. of 6th International Conference on Spoken Language Processing (ICSLP)*. Beijing, China, pp. 369 – 272.

Jianhua Tao, Yongguo Kang, Aijun Li, 2006 Prosody conversion from neutral speech to emotional speech, *IEEE Transaction on Audio, Speech and Language Processing*, Vol. 14, NO. 4, pp. 1145 – 1154.

J. Nicholson, K. Takabashi, R. Nakatsu, 1999 Emotion Recognition in Speech Using Neutral Network, *Neutral Information Processing*.

Kwon O W, Chan K, Hao J, et al. 2003 Emotion Recognition by Speech Signals. In: *Proc. of 8th European Conference on Speech Communication and Technology*, pp. 125 – 128.

Kyung Hak Hyum, Eun Ho Kim, Yoon Keun Kwak, IEEE Intl. 2005 Improvement of Emotion Recognition by Bayesian Classifier Using Non-zero-pitch Concept, *Workshop on Robots and Human Interactive Communication*, pp. 312~316.

Li A, Wang H. 2004 Friendly Speech Analysis and Perception in Standard Chinese. In: *Proc. of 8th International Conference on Spoken Language Processing (ICSLP)*. Korea: Sunjin Printing Co. pp. 897 – 900.

Liscombe J, Venditti, Hirschberg J. 2003 Classifying Subject Ratings of Emotional Speech Using Acoustic Features, In *Eurospeech*, pp. 725 – 728.

Mingyu You, Chun Chen, Jiajun Bu, Jia Liu, Jianhua Tao, 2006 Emotional Speech Analysis on Nonlinear Manifold, In: *Proc. of ICME 2006*.

Ortony, A. & Turner, T. J. 1990 What's basic about basic emotions? *Psychological Review*, Vol 97, 315 – 331.

Plutchik, R. 1983, A general psychoevolutionary theory of emotion. In R. Plutchik & H. Kellerman (Eds.), *Emotion: Theory, re-*

search, and experience: Vol. 1. Theories of emotion, pp. 3 – 33. New York: Academic.

Schuller B, Rigoll G, Lang M. 2003 Hidden Markov Model-Based Speech Emotion Recognition. In: *Proc. of 28th IEEE International Conference on Acoustics, Speech, and Signal Processing (ICASSP)*. New York: Institute of Electrical and Electronics Engineers Inc, pp. II – 1 – 4.

Tao J H. 2003 Emotion Control of Chinese Speech Synthesis in Natural Environment. In: *Proc. of 8th European Conference on Speech Communication and Technology (Euro Speech)*. Switzerland: Institute Delle Molle d'Intelligence Artificielle Perceptive, pp. 2349 – 2352.

Tao Jianhua, Kang Yongguo, 2005 Feature Importance Analysis for Emotion Speech Classification, In *Affective Computing and Intelligent Interaction*, pp. 449 – 457.

Tsang-Long Pao, Yu-Te Chen, Jun-Heng Yeh, Pei-Jia Li, 2006 Mandarin Emotional Speech Recognition Based on SVM and NN, *ICPR* 2006, 1096～1100.

Yacoub S, Simske S, Lin X, et al. 2003 Recognition of Emotions in Interactive Voice Response System. In *Eurospeech*, pp. 729 – 732.

Schuller, B. Reiter, S. Muller, R. Al-hames, M. Lang, M. Rigou, G. 2005 Speaker Independent Speech Emotion Recognition by Ensemble Classification, *ICME*, pp. 864 – 867.

（陶建华 黄力行 于剑 中国科学院自动化研究所模式识别国家重点实验室 100080）

上海话广用式变调的优选论分析*

王 嘉 龄

摘要：一般认为上海话有两种连读变调：广用式和窄用式。有两个或更多个音节组成的词（更确切地说，是韵律词）其结构紧密，各音节之间没有停顿，产生广用式连读变调。具体的变化是，除首字外，其他字都失去原有的声调特征，第二个声调特征延展给后边的字。我们同意石汝杰的看法，也认为上海话重轻型双音节词的后字是轻声。本文在优选论的框架下，用分析轻声的方法对上海话广用式变调进行分析，得到了令人满意的结果。

关键词：上海话广用式变调　韵律词　轻声　优选论　制约条件　层级排列　比较评估

1. 上海话声调和连读变调

上海话有五个声调，即阴平、阴去、阳去、阴入和阳入。各家根据耳听和实验的调值不尽相同（《江苏省和上海市方言概况》1960；沈同，1981；许宝华等，1983；许宝华、汤珍珠，1988；徐云扬，1988；袁家骅，1983；朱晓农，2005；Norman，1988；Rose，1993；Sherard，1980；Walton，1983；Zee & Maddieson，1980），但各家的共识是上海话5个声调可分为降调和非降调两大类。阴平属降调，另四个调属非降调。这四个调按声母是清音还是浊音分为阴声调和阳声调，又按韵尾有无喉塞音分为舒声调和促声调。发音时阴声调比阳声调高，促声调比舒声调短。如(1)所示：

(1) 上海话四个非降调的分类

	阴声（高）	阳声（低）
舒声（长）	阴去	阳去
促声（短）	阴入	阳入

我们根据以上的分类情况来设定这五个声调的词库表达式。之前词库表达式多用四个特征（H，↑M，M，L）或三个特征（H，M，L）。我们认为，从音系的角度看，用 H 和 L 两个音系特征，就足以将这五个声调加以区别。我们将阴平设定为 HL；然后根据上边提到的关于阴声调高、阳声调低的特点，将阴去的词库表达式设为 HH，阳去设为 LH。朱晓农（2005）说，上海话"T4（即阴入）在音系学上可以看成是T2（即阴去）的短型。同样，T5（即阳入）在音系学中是T3（即阳去）的短型"。据此我们将阴去和阴入同设为 HH，阳去和阳入同设为 LH。但阴去和阳去有两个莫拉（m），各接一个声调特征；而阳去和阳入，由于短，只有一个莫拉，下接两个声调特征。用简略式，将阴入设为 HH，阳入设为 LH（下划线表示短）。(2)是上海

---

* 本研究是国家社科基金项目"汉语方言轻声的优选论分析"(03BYY031)的部分成果。

五个声调的词库表达式：

(2) 阴平　　　阴去　阳去　阴入　阳入
　　简略式：HL　HH　LH　HH　LH

也许有人会问，阴去一般认为是升调，设为 HH 是否合适？我们认为从音系角度讲，阴去第一个莫拉接 H，阳去第一个莫拉接 L，就把两者清楚地区分开了。至于阴去在实际上趋于升调，那是语音实施方面的问题，不属音系范畴。而且就具体调值而言，也有人把阴去听作高平，如许宝华、汤珍珠(1988)有时记作 434，袁家骅(1983)也有时记作 434，Sherard(1980)更说：阴去是中高平，只有认真念时出现一个短的升调尾。

一般认为上海话有两种连读变调：广用式和窄用式。由两个或更多的音节组成的词(更确切地说，是韵律词)，其结构紧密，各音节之间没有停顿，产生广用式连读变调，其变调方式由首字所属调类决定。这种变化叫左控式(left dominant)。具体的变化是除首字外，其他字都失去原有声调特征，首字保留第一个声调特征，第二个声调特征延展给后边的字。如(3)所示：

```
        阴平   阴平
        中 秋  中 秋
        /\ /\ → /\ |  →
(3)     H L H L  H L φ
        中 秋  中 秋
      → /\ |  →  |  |
        H L     H L
```

另一种变调方式窄用式，运用于内容比较松散、字与字之间有小停顿的字组。这些字组大多是动宾式等词组，如锁门、买面、服药、留客。这类连读变调应用范围较窄，所以叫窄用式。窄用式两字组，后字保留本调不变，前字要变调。这种变化也叫右控式(right dominant)。北京话连读变调也是右控式。

2. 广用式连读变调是轻声

石汝杰(1988)认为上海话重轻型语音词所产生的广用式连读变调可视为轻声现象。他的理由是：

① 后字"调值轻而短"，前后字有重轻的节律关系，结合紧密；

② 后字失去本调，整个语音词的调型跟前字单字调有密切关系；

③ 语音词内部有一定语音变化，所谓"清音浊流"(即 murmur)的塞音、塞擦音声母在后字位置一般读成真浊音等。

我们同意石汝杰的看法，也认为上海话重轻型双音节词的后字是轻声。重轻型二字词中，在重音层面，前字有重音，后字是轻音。如(4)所示：

```
     重音层面  *  ·    *  ·
(4)           中 秋   闪 电
         (* 表示强，· 表示弱)
```

如前所述，重音层面是轻音的音节在声调层面是轻声，如(5)所示(R 代表声调根节点 tonal root node，下标 N 表示轻声，m 表示莫拉)：

```
     重音层面  *   ·       *   ·
              中  秋       闪  电
              |   |        |   |
              R   R_N      R   R_N
             /\  /\       /\  /\
(5)  声调层面 m m m m     m m m m
              | |  | |     | |  | |
              H L  H L     H H  L H
     简略式： HL.HL_N      HH.LH_N
     (简略式可用于文字叙述和评估图式中)
```

(5)是"中秋"、"闪电"两个词的底层表

达式,他们的表层表达式如(6)所示:

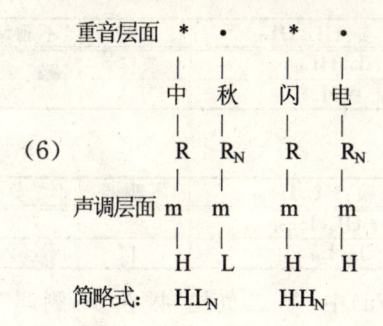

```
重音层面   *   .   *   .
          |   |   |   |
          中  秋  闪  电
          |   |   |   |
(6)       R   R_N  R   R_N
          |   |   |   |
声调层面   m   m   m   m
          |   |   |   |
          H   L   H   H
简略式:    H.L_N       H.H_N
```

综上所述,上海话的词,更确切地说,上海话的韵律词,除第一个音节外,其他音节均为轻声。

3. 优选论分析上海话轻声

下面我们用优选论(Prince and Smolensky 1993/2004)对上海话韵律词中的轻声进行分析。关于优选论对应理论(Prince and Smolensky 1993/2004,McCarthy and Prince 1999)的简介以及将其用于分析天津话声调和轻声的做法,见王嘉龄(2002),这里不再赘述。在分析时,首先按上海话轻声所产生的种种变化过程选择制约条件,然后对这些制约条件的层级加以排列。

3.1 选择制约条件

首先我们选择优选论对应理论中有关声调特征的最基本的三条忠实性制约条件,即不删调、不增调、不变调。

对天津话轻声的分析中有一条标记性制约条件:"轻声"。该制约条件要求轻声音节必须且只能与一个莫拉相连接,每个莫拉必须且只能连接一个声调特征。这条制约条件也完全适用于上海话轻声。

天津话轻声分析中还有一条标记性制约条件:"轻声非高制约条件"(简称*H_N)。这条制约条件禁止轻声具有声调特征 H。这也可用于上海话轻声。因为上海话中有两个轻声的三字词中,第二个轻声取缺省值 L,而不能取 H。例如,输入项 LH. HL_N. HH_N 的输出项应是 L. H_N. L_N,而不是 L. H_N. H_N。

如前所述,上海话重轻型两字词中后字轻声的声调特征都是由前字声调延展而来。根据这一情况,可以制定一条"重轻型音步主项连续对应"制约条件(trochee head contiguity-IO,简称"连续")。这条制约条件要求:作为输入项的重轻型音步的主项,其输出项相应的部分数目相等的声调特征和上述主项保持一致,且可跨越音节。例如,输入项是 LH. LH_N,输出项是 L. H_N 不违反此制约条件,因为输入项重轻音步的主项 LH 的声调特征串列 LH 与输出项数目相等的声调特征串列 L. H_N 连续相同。而输出项如果是 L. L_N 则违反此制约条件,因为 L. L_N 与输入项的相应串列 LH 并不相同。

端木三(Duanmu, 1994)认为北京话轻声有一个莫拉,非轻声(四声)有两个莫拉,而上海话不论是轻声还是非轻声都只有一个莫拉。我们同意这一观点,也认为上海话音节都只有一个莫拉和一个声调特征,因此我们制定一条"*二莫拉"制约条件。

"二莫拉"制约条件(简写为"*二莫拉"):任何音节都不得有两个莫拉和两个声调特征。

以上共选出不删调,不增调,不变调,*二莫拉,轻声,连续,*H$_N$等七个制约条件。

3.2 制约条件的层级排列

现在我们来对上边选出来的制约条件进行层级排列。

首先要选出排在最高位置的不受管辖的制约条件。这些是对上海话轻声进行分析中不能违反的制约条件。上海话声调中第一个不受管辖的制约条件是"不增调"制约条件。在重轻型两字词中,输入项是两个各有两个声调特征的音节,任何增调都会出现有三个声调特征的音节,都是不符合语言实际的。例如,输入项是 LH.HL$_N$,不论给前个音节增调(如变成 LLH,LHL,LHH)还是给后字增调(如 HHL$_N$,LHL$_N$,HLL$_N$),都是不符合语言实际的,因此"不增调"是不能违反的,应放在最高位置。其次,"轻声制约条件"要求每个轻声音节必须而且只能有一个声调特征。这也是不能违反的,因为在任何情况下,上海话轻声都不能没有声调特征,也不能有两个或更多声调特征,因此,"轻声制约条件"也应放在最高的,不受管辖的位置。

再看其他五个制约条件的层级排列。进行排列的方法是 2×2 测验法,即将两项制约条件按两种顺序,对两个相关的候选项进行评估。评估出来的优选项符合语音实际,该顺序即为正确顺序,评估出来的优选项不符合语言实际,则该顺序就是不正确的排序。

先看"*二莫拉"与"不删调"这两条制约条件处于不同先后顺序的评估图式。

(7) a.

输入项:HL.HL$_N$	*二莫拉	不删调
HL.HL$_N$	*!*	
√ ☞ H.L$_N$		**

b.

输入项:HL.HL$_N$	不删调	*二莫拉
* ☞ HL.HL$_N$		**
H.L$_N$	*!	

在(7a)中,"*二莫拉"排在"不删调"之前得出的优选项 H.L$_N$ 符合语言实际(用√加 F 表示),而在(7b)中"不删调"排在"*二莫拉"之前,得出的优选项 HL.HL$_N$ 不符合语言实际的(用星号加 F 表示)。因此,"*二莫拉"应排在"不删调"之前。

再来检测"*二莫拉"与"不变调"的层级排列。

(8) a.

输入项:HL.HH$_N$	*二莫拉	不变调
HL.HL$_N$	*!*	
√ ☞ H.L$_N$		*

b.

输入项:HL.HH$_N$	不变调	*二莫拉
* ☞ HL.HH$_N$		**
H.L$_N$	*!	

在(8a)中,"*二莫拉"排在"不变调"之前,得出的优选项 H.L$_N$ 符合语言实际,而"不变调"排在"*二莫拉"之前,则得出的优选项 HL.HH$_N$ 不符合语言实际。因此,"*二莫拉"应排在"不变调"之前,即层级排列为*二莫拉不变调。

以同样的检测方法,可以测出"连续"应排在"不变调"和"不删调"之前。

这里要说明一点的是,"连续"(重轻型音步主项连读对应)要求主项(head)的声调特征在音步(foot)内连续对应,而"不变调"、"不删调"等的范围则是在音节以内。

(9) a.

输入项:LH.LL_N	连续	不变调
L.L_N	*!	
√ ☞ L.H_N		*

b.

输入项:LH.LL_N	不变调	连续
* ☞ L.L_N		*
L.H_N	*!	

(10) a.

输入项:LH.HL_N	连续	不删调
H.HL_N	*!	
√ ☞ L.H_N		**

b.

输入项:LH.HL_N	不删调	连续
* ☞ H.HL_N		*
L.H_N	*!	

小结一下，"*二莫拉"和"连续"都应排在"不删调"和"不变调"之前。

*二莫拉，连续不删调，不变调。

再看"连续"与 *H_N 的层级排列。

在(11a)中，"连续"排在"*H_N"之前，评估出来的优选项是 L.H_N，符合语言实际；而在(11b)中，"*H_N"排在"连读"之前，评估出来的优选项 L.L_N 不符合语言实际。因此，"连读"应排在"*H_N"之前，即层级排列为 连续 *H_N。

(11) a.

输入项:LH.LH_N	连续	*H_N
√ ☞ L.H_N		*
L.L_N	*!	

b.

输入项:LH.LH_N	*H_N	连续
L.H_N	*!	
* ☞ L.L_N		*

由于篇幅所限，我们在这里省去了用 2×2 检测法对其他的一对对制约条件的层级排列的检测过程。简而言之，通过2×2检测法，我们得到了以下的层级排列：

不增调，轻声，*二莫拉，连续 *H_N 不删调，不变调。

3.3 比较评估图式的检测

我们下边用比较评估图式（Prince, 2000）的方法对这个层级排列验证一下。

在比较评估图式中，纵列是制约条件，横行是语料中存在的形式（即优选项）和其他候选项的比较。每个制约条件下 W（Win）表示优选项胜，L（Lose）表示优选项败。如两个候选项都违反或都不违反某制约条件，则下边既不写 W 也不写 L，而是空着。在正确的层级排列中，每行最前面都应该是 W，而不是 L；如果 L 在最前面，制约条件的顺序就要进行调整。下边我们用 LH.LL_N.HH_N 作为输入项来进行检测：

(12)

输入项: LH.LL_N.HH_N	不增调	轻声	*二莫拉	连续	*H_N	不删调	不变调
LH_N.L_N~L.L_N.L_N				W	L		L
LH_N.L_N~L.H_N.H_N					W		L
LH_N.L_N~L.L_N.H_N				W			L
LH_N.L_N~H.H_N.L_N					W		
LH_N.L_N~LH.LL_N.HH_N	W	W				W	L	L
LH_N.L_N~LLHL_N.HH_N	W	W	W			W	L	L
LH_N.L_N~L.L_N.LL_N						L	L
LH_N.L_N~LH.H_N.L_N				W		L	
LH_N.L_N~L.O_N.L_N			W		W	L	W	L

现对(12)的比较图式做一些解释。第一行 L.H$_N$.L$_N$ ～ L.L$_N$.L$_N$ 中前边一项是符合语言实际的正确的优选项,后边一项是不符合语言实际的候选项。第一行"连续"下的 W,表示优选项胜,因为优选项没有违反该制约条件,而后边的候选项违反该条件,"*H$_N$"下的 L,表示优选项败,因为优选项中第二个轻声是 H,违反了"*H$_N$",而后面的候选项两个轻声都是 L,没有违反。"不变调"下的 L 表示优选项败,因为优选项违反了"不变调"两次,而候选项只违反了一次。以下各行是优选项和各种不同的候选项在各个制约条件胜负的比较。通过比较发现各行中都是 W 在最前面。其中最后一行虽然有一个 L 在 W 之前,但最前边的是 W,所以没有问题。

我们还选了几个有代表性的输入项用比较评估图示进行检测,结果都说明这个层级排列是正确的。

3.4 优选论分析举例

下面用按以上层级排的制约条件对前述上海话两字词"中秋"和"闪电"进行评估。如(13)所示:

(13) a. 上海话"中秋"的优选论分析

输入项: LH.LH$_N$	不增调	轻声	*一莫拉	连读	*H$_N$	不删调	不变调
LH.LH$_N$		*!	**		*		
LH.L$_N$			*!			*	
☞ LH.H$_N$					*	**	
LL.L$_N$				*!		**	

b. 上海话"闪电"的优选论分析

输入项: HH.LH$_N$	不增调	轻声	*一莫拉	连读	*H$_N$	不删调	不变调
HH.LH$_N$		*!	**		*		
HH.L$_N$			*!			*	
HL$_N$				*!		**	
☞ HH$_N$					*	**	

从以上两个图示可以看出,上述层级排列的制约条件可以选出符合上海话语言实际的输出项。

下边再用一个三音节的韵律词 LH.HL$_N$.HH$_N$ 作为输入项,它的表层表达法(输出项)应该是 L.H$_N$.L$_N$(见本文3.1)。下边还用上面经过排列的制约条件对其进行评估,得出的结果是正确的,如(14)所示:

(14) LH.HL$_N$.HH$_N$ 的优选论分析

输入项: LH.HL$_N$.HH$_N$	不增调	轻声	*一莫拉	连读	*H$_N$	不删调	不变调
LH.HL$_N$HH$_N$		*!	**		***		
LH$_N$.H$_N$						**	***
LL$_N$.H$_N$				*!	*		***
☞ L.H$_N$.L$_N$						***	*
LHL$_N$.L$_N$		*!	*		*	***	*

4. 小结

以上在优选论的框架下,我们用处理天津话(和其他一些方言)轻声的做法对上海话"广用式变调"进行了分析,得到了令人满意的结果。这说明上海话"广用式变调"和天津话轻声虽然被看作是两类不同的现象,但都具有一些共同的性质。上海话的"广用式变调"被称为左控式变调,也可以被视为一种轻声现象。吴语中其他方言的左控式变调是否也可以被视为轻声,有待于今后进一步考察和分析。

参考文献

《江苏省和上海市方言概况》,1960,江苏人民出版社。

沈同 1981 《上海话老派新派的区别》,《方言》第4期。

石汝杰 1988 《说轻声》,《语言研究》第1期。

王嘉龄 2002 《优选论和天津话的连读变调及轻声》,《中国语文》第4期。

徐云扬 1988 《自主音段音韵理论与上海声调变读》,《中国语文》第5期。

许宝华等 1983 《新派上海方言的连续变调(3)》,《方言》第3期。

许宝华 汤珍珠 1988 《上海市区方言志》,上海教育出版社。

袁家骅(主编) 1983 《上海方言概要》,文字改革出版社。

朱晓农 2005 《上海声调实验录》,上海教育出版社。

Duanmu, S. 1994 Against contour tones units. *Linguistic Inquiry*, 25.

McCarthy, J. and A. Prince 1999 Faithfulness and identity in Prosodic Morphology. In René Kager, et al. (eds.) *The Prosody-Morphology Interface*, 218 - 309. Cambridge University Press.

Norman, J. 1988 *Chinese*. Cambridge University Press.

Prince, A. 2000 *Comparative tableaux*. Unpublished manuscript. New Brunswick, NJ: Rutgers University.

Prince, A. and P. Smolensky 1993/2004 *Optimality Theory: Constraint Interaction in Generative Grammar*. Malden, MA, and Oxford, UK: Blackwell. (Revision of 1993 technical report, Rutgers University Center of Cognitive Science.)

Rose, P. 1993 A linguistic-phonetics analysis of Shanghai tones. *Australian Journal of Linguistics*, 13.

Sherard, M. 1980 A Synchronic Phonology of Modern Colloquial Shanghai. *Computational Analysis of Asian and African Languages*, No. 15. Tokyo.

Walton, A.R. 1983 Tone, segment and syllable in Chinese: A Polydimensional Approach to Surface Phonetic Structure. *Cornell University East Asian Papers*, No. 32.

Zee, E. & I. Maddieson 1980 Tone and tone sandhi in Shanghai: phonetic evidence and phonological analysis. *Glossa*, 14:1.

(王嘉龄 天津师范大学语言研究所 300387)

Perceptual Cues for Identifying the Vowels in Cantonese*

Wai-Sum Lee

Abstract: This paper is a perceptual investigation of the effects of three acoustic cues: duration, F-pattern and V-C formant transition, on identifying the vowel triplets [ɛː ɛ ɪ] in Cantonese. Results show that (i) duration is an effective cue for identifying the vowel triplets, but the effect varies as a function of F-pattern. (ii) F-pattern is an important cue for identifying each of the three vowels, and it is particularly the dominant cue for identifying the medium long [ɛ]. (iii) V-C formant transition is a cue favoring the identification for the short [ɪ], but disfavoring the identification for the long [ɛː], and it has no obvious effect on the identification for the medium long [ɛ]. And (iv) there is evidence showing the trading relation amongst the three perceptual cues for the identification of the vowel triplets.

Keywords: vowel perception Cantonese vowels duration F-pattern V-C formant transition.

1. Introduction

In Cantonese, the monophthongal vowels may be grouped into three categories in terms of duration: long [iː yː ɛː œː aː ɔː uː], medium long [i y ɛ œ a ɔ u], and short [ɪ θ ɐ ʊ]. The ratio of the durations of the long, medium long, and short vowels is approximately 1:0.5:0.3, and on average a long vowel has a duration of 350 ms. The three categories of vowels occur in different syllable contexts. The long [iː yː ɛː œː aː ɔː uː] occur in the open syllables, whereas both the medium long [i y ɛ œ a ɔ u] and the short [ɪ θ ɐ ʊ] occur in the checked syllables with one of the three unreleased stop endings [-p̚ -t̚ -k̚] in Cantonese. Since the stop endings of the checked syllables are unreleased, the difference in the syllable context between the long [iː yː ɛː œː aː ɔː uː] and the medium long [i y ɛ œ a ɔ u] or the short [ɪ θ ɐ ʊ] may be considered in the occurrence of a V-to-C formant transition (V-C transition, henceforth) toward the end of the vowels.

---

* This study was supported by the Start-up Grant (#7200089) from the City University of Hong Kong.

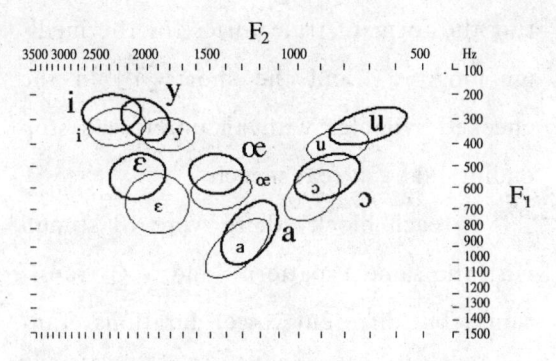

Figure 1 Vowel ellipses for the long (thick line) and medium long (thin line) vowels in Cantonese for 50 male speakers (*from* Zee (2003)).

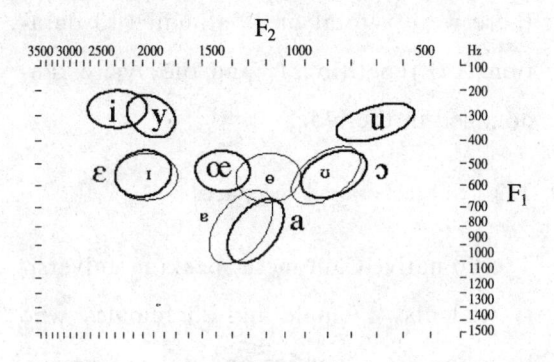

Figure 2 Vowel ellipses for the long (thick line) and short (thin line) vowels in Cantonese for 50 male speakers (*from* Zee (2003)).

As for the formant frequencies, the vowel ellipses in Figure 1 (*from* Zee (2003)) show that relative to the long vowels [iː yː ɛː œː aː ɔː uː], the respective medium long vowels [i y ɛ œ a ɔ u] shift downward in the F_1/F_2 plane. Figure 2 shows the vowel ellipses for the long [iː yː ɛː œː aː ɔː uː] and the short [ɪ θ ɐ ʊ] (*from* Zee (2003)). As can be seen, the ellipses for the long [ɛː] and the short [ɪ] and those for the long [ɔː] and the short [ʊ] overlap extensively. The long [aː] and the short [ɐ] also do but to a lesser degree. Thus, for the vowel triplets in [ɛː ɛ ɪ], [ɔː ɔ ʊ], and [aː a ɐ] in Cantonese, the long [ɛː ɔː aː] and the respective short [ɪ ʊ ɐ] mainly differ in duration and the occurrence of V-C transition. The long [ɛː ɔː aː] and the respective medium long [ɛ ɔ a] differ in duration as well as the occurrence of V-C transition and F-pattern. The medium long [ɛ ɔ a] and the respective short [ɪ ʊ ɐ] both have a V-C transition and they mainly differ in duration and F-pattern.

This study is to investigate the effects of (i) duration, (ii) F-pattern, and (iii) V-C transition as the perceptual cues on the identification for the vowel triplets in [ɛː ɛ ɪ], [ɔː ɔ ʊ], and [aː a ɐ]. But, in this paper only the results of the identification for the vowel triplets in [ɛː ɛ ɪ] are reported. This paper also looks at the interaction or "trading relation" (Repp, 1982, 1983; Gottfried and Beddor, 1988) amongst the three perceptual cues.

2. Method

2.1 Stimuli

The stimuli were synthetic CV monosyllables generated on the *HLsyn* speech synthesizer. The vowel V was a synthetic version of the long [ɛː] or the medium long [ɛ], with the mid-point $F_1 F_2 F_3 F_4$ values shown in Table 1, but not the short [ɪ] due to the similarity in the mid-point F-values between the long [ɛː] and the short [ɪ] (Table 1). The initial consonant C of the test syllables was a synthetic voiceless alveolar fricative [s], and the F_0 for the syllables was 100 Hz, the average value for a tone "22" [˨] in Cantonese for male speakers. The stimuli in this study were intended as the monosyllables [sɛː˨] 射 ("to shoot"), [sɛk˥˨] 石 ("stone"), and [sɪk˥˨] 食 ("to eat") in Cantonese, where the syllables mainly differ in the vowel nucleus and the occurrence of V-C transition toward the end of vowel.

Table 1   Mid-point $F_1 F_2 F_3 F_4$ (in Hz) for [ɛː ɛ ɪ] in Cantonese for 50 male speakers (mean values of 250 tokens).

	F_1	F_2	F_3	F_4
[ɛː]	547	2097	2799	3793
[ɛ]	676	1919	2644	3685
[ɪ]	559	2071	2692	3746

The stimuli used for the perceptual test formed four blocks: Block I, II, III, and IV. In Block I the F-pattern for the vowel of the stimuli was based on the mid-point F-values for the long [ɛː], whereas in Block II the F-pattern was based on the mid-point F-values for the medium long [ɛ]. The vowel of the stimuli in Block III and that in Block IV also had the F-patterns based on the mid-point F-values for [ɛː] and [ɛ], respectively, but the formants ended with a V-C transition simulating the formant trajectories for the medium long [ɛ] and the short [ɪ] in the checked syllables with an unreleased stop ending [-k˥] in real speech.

In each block, there were 13 stimuli with the same F-pattern (and V-C transition), but different vowel durations, ranging from 30 ms to 390 ms in equal steps of 30 ms, forming a continuum. Each stimulus had 3 repetitions. Thus, in each block there were a total of 39 stimuli (13 durations × 3 repetitions), and they were randomized in the block.

2.2 Subjects and Procedures

40 native Cantonese-speaking university students, 17 male and 23 female, who were in early twenties and did not have a history of speech or hearing problem participated in the perceptual test. The subjects took part in the test individually in a sound-proof booth in the Phonetics Laboratory of the Department of Chinese, Translation and Linguistics at the City University of Hong Kong. Their task was to identify the stimuli as the monosyllabic word [sɛː˨] 射 ("to shoot"), [sɛk˥˨] 石 ("stone"), or [sɪk˥˨] 食 ("to eat") in Cantonese.

Using the *E-Prime* software on a computer, the stimuli were presented to the subject binaurally over headphones at a comfortable and clear volume level adjusted by the subject. The four blocks of stimuli were played successively with a 5-minute break between blocks, but there was no fixed time interval between the stimuli within a block. Thus, there was no time limit for the subject to make a response to each stimulus. After hearing and responding to a stimulus, the subject needed to hit a pre-assigned 'play' button of the keypad of the computer to hear the next stimulus.

3. Results and Discussion

Figures 3 – 6 show the results of the responses to the stimuli synthesized in four conditions: (i) with the F-pattern for [ɛː] (Figure 3), (ii) with the F-pattern for [ɛ] (Figure 4), (iii) with the F-pattern for [ɛː] plus the V-C transition (Figure 5), and (iv) with the F-pattern for [ɛ] plus the V-C transition (Figure 6). In each figure, the three curves denote the percentage of identification for the three test syllables [sɛː˧] 射 (dark thick curve), [sɛk˧] 石 (grey thick curve), and [sɪk˥] 食 (thin dark curve), although only the vowels of the syllables are shown in the figure. The results presented as follows are also referring to the vowels of the three test syllables, [ɛː ɛ ɪ], only.

As shown in Figures 3 – 6, duration is an effective cue for identifying the vowels [ɛː ɛ ɪ]. In each condition, the identification for the three vowels varies as function of the vowel duration. In general, a longer vowel duration favors the identification for [ɛː], whereas a shorter vowel duration favors the identification for [ɪ] and a medium long vowel duration favors the identification for [ɛ].

The identification for [ɛː ɛ ɪ] also varies according to the F-pattern and the occurrence of V-C transition in the different conditions, and in each condition the vowel duration effect interacts with the cues of the F-pattern and V-C transition. For instance, when the vowel duration is the longest 390 ms, the long [ɛː] has 100% identification in the condition with the F-pattern for [ɛː] and no V-C transition (Figure 3), but only around 60% identification in the condition with the F-pattern for [ɛ] plus the V-C transition (Figure 6). When the vowel duration is the shortest 30 ms, the short [ɪ] has over 80% identification, except in the condition with the F-pattern for [ɛ] and no V-C transition (Figure 4). As for the medium long [ɛ], the identification is worse with the F-pattern for [ɛː] (Figures 3 and 5) than with the F-pattern for [ɛ] (Figures 4 and 6), regardless of the occurrence of V-C transition and the vowel duration.

(3) F-pattern for [ɛː]

(4) F-pattern for [ɛ]

(5) F-pattern for [ɛː] + V-C transition

(6) F-pattern for [ɛ] + V-C transition

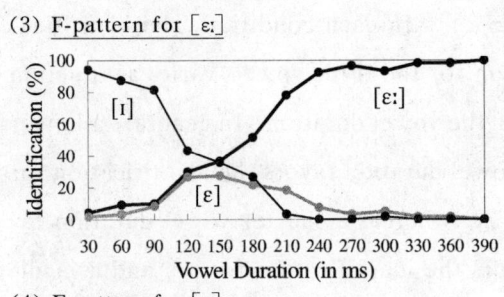

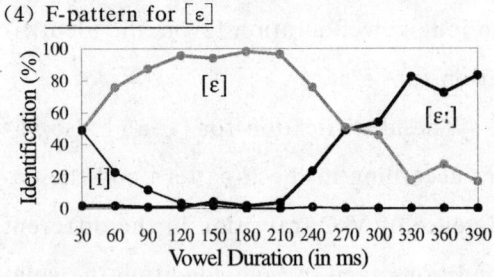

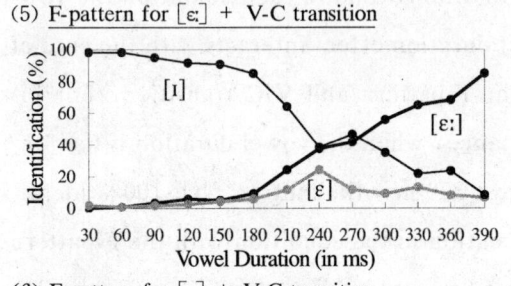

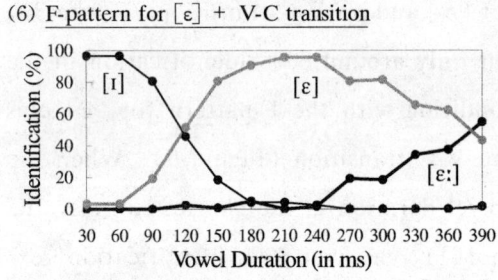

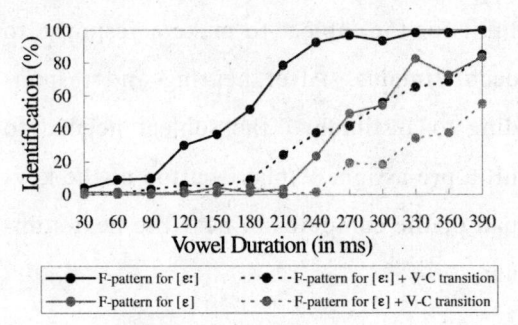

Figures 3 – 6 Results of identification for [ɛː ɛ ɪ] in the four conditions.

Thus, not only the vowel duration, but also the F-pattern and V-C transition have an effect on the identification for the vowel triplets in [ɛː ɛ ɪ]. The details of the effects as well as the interaction amongst the three perceptual cues for identifying [ɛː ɛ ɪ] are presented as follows one by one.

3.1 Identification for [ɛː]

Figure 7 shows the identification results for the long vowel [ɛː] in the four conditions plotted in the same graph.

Figure 7 Results of identification for [ɛː] in the four conditions.

As can be seen, in each of the four conditions, the percentage of identification for [ɛː] is increased with increasing vowel duration. The percentage of identification also varies according to the F-pattern and the occurrence of V-C transition in the four conditions. A comparison of the four curves in Figure 7 shows that the percentage of identification for [ɛː] is the highest in the condition with the F-pattern for [ɛː] and no V-C transition (dark solid curve), followed by in the condition with the F-pattern for [ɛː] plus the V-C transition (dark broken curve) or with the F-pattern for [ɛ] and no V-C transition (grey solid curve), and the lowest in the condition with the F-pattern for [ɛ] plus the V-C transition (grey broken curve). Thus, for identifying [ɛː] it may be considered that a longer vowel duration, the F-pattern for [ɛː], and the absence of V-C transition are "favoring" cues, whereas a shorter vowel duration, the F-pattern for [ɛ], and the presence of V-C transition are "disfavoring" cues.

In each condition, the cue of vowel duration interacts with the cues of F-pattern and V-C transition for identifying [ɛː]. In the condition with the F-pattern for [ɛː] and no V-C transition (dark solid curve) "favoring" to the identification for [ɛː], [ɛː] has 100% identification when the vowel duration is the longest 390 ms and it still has around 80% identification when the vowel duration is reduced to 210 ms. This indicates that for identifying [ɛː] the "favoring" cues, the F-pattern for [ɛː] and the absence of V-C transition, can trade off the reduction in vowel duration.

As for in the condition with the F-pattern for [ɛː] plus the V-C transition (dark broken curve) or with the F-pattern for [ɛ] but no V-C transition (grey solid curve), i. e., with one 'disfavoring' cue (the F-pattern for [ɛ] or the presence of V-C transition), the highest percentage of identification for [ɛː] is just about 80 and it is only when the vowel duration is over 300 ms. This indicates that with a cue "disfavoring" the identification for [ɛː], a longer vowel duration is required to trade off.

As for in the condition with the F-pattern for [ɛ] plus the V-C transition (grey broken curve), i. e., with two "disfavoring" cues, the percentage of identification for [ɛː] is further decreased and the duration cue becomes less effective. In this case, the percentage of identification for [ɛː] is only about 60 when the vowel duration is 390 ms and it is largely below the chance level 50% in any other vowel duration conditions. This indicates that with two 'disfavoring' cues for [ɛː], a large increase in vowel duration is still insufficient to trade off.

3.2 Identification for [ɪ]

Figure 8 shows the identification results for the short vowel [ɪ] in the four conditions. Similar to the case of the identification for the long [ɛː], the identification for the short [ɪ] also varies as a function of vowel duration, F-pattern, and V-C transition.

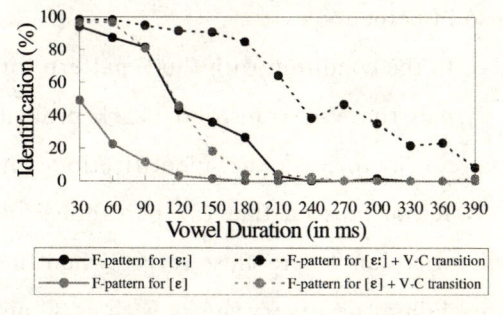

Figure 8 Results of identification for [ɪ] in the four conditions.

As shown in Figure 8, the percentage of identification for [ɪ] is increased with decreasing vowel duration in each of the four conditions, and the percentage is particularly higher in the condition with the F-pattern for [ɛː] plus the V-C transition (dark broken curve), followed by in the condition with the F-pattern for [ɛː] and no V-C transition (dark solid curve) or with the F-pattern for [ɛ] plus the V-C transition (grey broken curve), and lower in the condition with the F-pattern for [ɛ] and no V-C transition (grey broken curve). Thus, for identifying the short [ɪ] a shorter vowel duration, the F-pattern for [ɛː], and the presence of V-C transition are "favoring" cues, whereas a longer vowel duration, the F-pattern for [ɛ], and the absence of V-C transition are "disfavoring" cues. Since the F-pattern for [ɛː] also favors the identification for [ɪ], this indicates that the similarity in the F-pattern between [ɛː] and [ɪ] is not only in production (see Section 1 and Section 2.1), but also in perception.

In the condition with the F-pattern for [ɛː] plus the V-C transition (dark broken curve) "favoring" the identification for [ɪ], it can be seen that the percentage of identification is very close to 100 when the vowel duration is very short, such as 30 ms or 60 ms, and [ɪ] still has over 80% identification when the vowel duration is increased to 180 ms. But, in the condition with the F-pattern for [ɛː] lacking the V-C transition (dark solid curve) or the F-pattern for [ɛ] plus the V-C transition (grey broken curve), i.e., with a "disfavoring" cue (the F-pattern for [ɛ] or the absence of V-C transition) for [ɪ], a higher percentage of identification, such as 80% or more, is only when the vowel duration is in the range from 30 ms to 90 ms, and the identification for [ɪ] will drop below the chance level 50% when the vowel duration is over 90 ms. This indicates that with a "disfavoring" cue the identification for [ɪ] requires a large reduction in vowel duration to trade off.

As for in the condition with two disfavoring cues, i.e., the F-pattern for [ɛ] and the absence of V-C transition (grey solid curve), even a large reduction in vowel duration is still insufficient to trade off. As can be seen, the percentage of identification for [ɪ] is just around 50 even in the shortest vowel duration condition (30 ms) and it largely drops below the chance level 50% in any other duration conditions.

3.3 Identification for [ɛ]

Figure 9 shows the identification results for the medium long vowel [ɛ] in the four F-pattern conditions.

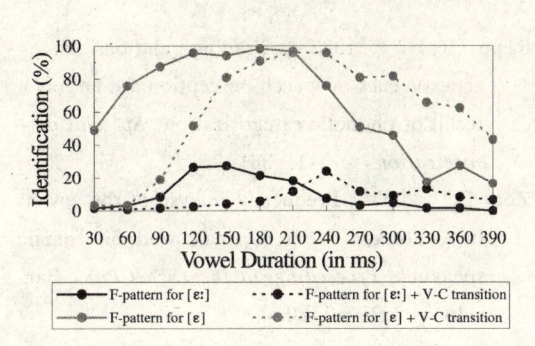

Figure 9 Results of identification for [ɛ] in the four conditions.

For the medium long [ɛ], while the percentage of identification also varies as a function of vowel duration, the vowel duration is not effective in all the four conditions. As shown in Figure 9, in the condition with the F-pattern for [ɛː] and no V-C transition (dark solid curve) or the F-pattern for [ɛː] plus the V-C transition (dark broken curve), the identification for [ɛ] is largely below the chance level 50% in any vowel duration conditions.

As for in the condition with the F-pattern for [ɛ], regardless of the occurrence of V-C transition (grey solid or broken curve), the percentage of identification for [ɛ] is markedly increased. In this case the percentage of identification for [ɛ] varies as a function of vowel duration, and the duration effect interacts with the occurrence of V-C transition. With the F-pattern for [ɛ] and no V-C transition (grey solid curve), a higher percentage of identification for [ɛ], such as 80% or above, is when the vowel duration is in the range from 60 ms to 240 ms. With the F-pattern for [ɛ] plus the V-C transition (grey broken curve), the identification for [ɛ] is about 80% or more when the vowel duration is in the range of 150 ms to 300 ms.

The data therefore indicate that amongst the three perceptual cues, (i) the F-pattern is the dominating cue for identifying [ɛ]; (ii) the vowel duration has an effect on the identification only in the condition with the appropriate F-pattern for [ɛ]; and (iii) in any conditions the V-C transition has no obvious effect on the percentage of identification for [ɛ], while it has an interaction with the vowel duration for identifying [ɛ].

4. Conclusion

The paper has presented the effects and interaction or trading relation amongst the three perceptual cues, i.e., vowel duration, F-pattern, and V-C transition, on the identification for the vowel triplets [ɛː ɛ ɪ] in Cantonese. As expected, vowel duration is an effective cue for identifying the vowel triplets, while the effect varies as a function of F-pattern. The F-pattern is an important cue for identifying each of the three vowels, and it is particularly the dominating cue for identifying the medium long [ɛ]. For the long [ɛː] and the short [ɪ], the V-C transition also plays a role in the identification, but it has no obvious effect on the identification for the medium long [ɛ].

References

Gottfried, T.L. and P.S. Beddor 1988 Perception of temporal and spectral information in French vowels. *Language and Speech*, 31 (1):57-75.

Repp, B.H. 1982 Phonetic trading relations and context effects: new experimental evidence for a speech mode of perception. *Psychological Bulletin*, 92(1):81-110.

Repp, B.H. 1983 Trading relations among acoustic cues in speech perception are largely a result of phonetic categorization. *Speech Communication*, 2:341-361.

Zee, E. 2003 Frequency analysis of the vowels in Cantonese from 50 male and 50 female speakers. *Proceedings of the 15th ICPhS*, Barcelona, 1117-1120.

(Wai-Sum Lee Phonetics Lab, Department of Chinese, Translation and Linguistics, City University of Hong Kong 83 Tat Chee Avenue, Kowloon, Hong Kong)

基频归一和调系归整的方言实验*

刘 俐 李

提要: 声调基频归一应有两步:数据归一和调系归整。本研究表明,数据归一时对数值优于线性值;Lz 法与 T 值法大致相当,如果兼顾调系归整,T 值法有优势。在用五度制勾勒声调系统时,可用"界域"和"斜差"两种归整策略。前者处理音区边界值,后者处理曲拱临界态。经实验,界域定为±0.1(T值),曲拱临界斜差定为|0.5|(T值)。经此处理,江淮方言的调系归整度提高了 11.6%。

关键词: 基频归一 调系归整 界域 斜差 江淮方言声调实验

基频归一是声调语音研究的重要数据处理步骤。目前的关注点是基频数据的集中程度,即消除人际差异、抽取共性的归一程度。如果研究结果进一步用于语言学,还必须归整调系,勾勒声调格局。从语言学意义看,基频归一程序应有两步:一是基频数据归一,二是声调格局归整。

本文以江淮方言 15 个点的 30 个调系为对象,根据已有研究和本项研究目标特选 3 种基频归一法做实验比对,最后圈定 T 值法。然后根据 T 值进行声调格局的五度归整。在实验统计的基础上,设计了"界域"和"斜差"两种调系归整策略。二者分别处理声调音区边界值和曲拱临界形态,以提高声调格局的归整度。

0. 论题的相关说明

本文研究样本取自南京师范大学语音实验室"江淮方言声调库"。相关情况如下:

(1) 本文采用的 15 个方言点各含男女,共 30 个调系。各调系单字调类 5-7 个,共 154 个调类,每调类采集 30-36 个样本。双字调每一调式有 20-24 个样本。

(2) 本文用 T_{1-8} 代调类的平上去入,奇数为阴,偶数为阳,如 T_1 代阴平,T_2 代阳平。

(3) 录音:采样率 22KHz,单声道,16bt。录音样本的背景噪音为 55-15(采样值),30 个调系平均 29(采样值)。

(4) 标注分析软件:Praat4.2.09。

(5) 标注:分 4 层标注。声调层标注出声调承载段"主要元音及其过渡段"(林茂灿,1995)。

特别说明:按此标注声调承载段很麻烦,但为本项目后续研究提供了方便。一是"弯头"、"降尾"被声调承载段排除;二是调域的

---

* 本文是教育部十五·211 重点学科建设项目"语言信息处理与分领域语言研究的现代化"的子课题"江淮方言声调实验研究"的阶段性成果之一。

界定，切出"声调承载段"就等于界定了调域。二者都不必再费神费力。

(6) 单字调基频均值的标准差在30Hz以下，双字调在35Hz以下。

(7) 参与各方言声调标注和数据提取者：宋益丹、徐金益、侯超、石少伟、钱晶、谢小娟、丁琳。提取基频数据的程序由中国社会科学院语言研究所语音室熊子瑜先生编写，特别致谢。

1. 基频归一的算法和策略

基频归一的方法有多种。国内多运用 D 值法、T 值法（石锋、廖荣蓉，1994）、频域五分法（林焘、王理嘉，1992）等。朱晓农（2004）在分析对比了国外的 Z-score、频域分数、频域比例、对数半音差比、对数 Z-score、对数频域比例等6种方法后，用衡量数据离散度的标准指数——鉴定，结论是对数 Z-score 法最好。林茂灿（2004）提出直接用基频值转换五度值，转换公式为：

1) $Z_{i五度} = 5 \times \dfrac{f_0 i - f_0 \min}{f_0 \max - f_0 \min}$

(i 为测量点，min 为全部测量点的最小值，max 为全部测量点的最大值，都直接采用基频值，本文称之为 $Z_{五度}$ 法。)

为方便讨论，将各种基频归一的计算公式汇集于下：

2) $D = 5\log_2 \dfrac{F}{F_0}$（D 值法：F 是测点频率，$F_0$ 是参考频率。）

3) $T = 5 \dfrac{(\lg x - \lg b)}{(\lg a - \lg b)}$（T 值法：x a b 分别为测点值、最大值、最小值。）

4) $Z_i = \dfrac{X_i - m}{s}$（Z-score 法：x_i m s 分别为测点值、样本均值和标准差。）

5) $u_i = \dfrac{X_i - X_L}{X_H - X_L}$（频域分数法：$x_i x_H x_L$ 分别为测点值、最大值、最小值。）

6) $g_i = \dfrac{x_i - (m - cs)}{(m + cs) - (m - cs)}$（频域比例法：$x_i$ m s 为测点值、样本均值和标准差，c 为常数。）

7) $d_i = \dfrac{\lg x_i - \lg x_l}{\lg x_H - \lg x_l}$（对数半音差比法：$x_i x_H x_L$ 分别为测点值、最大值、最小值。）

8) $Z'_i = \dfrac{y_i - m_y}{s_y}$（对数 Z-score 法：$y_i$ 为测点自然对数值，$m_y s_y$ 分别为 n 个 y_i 的均值和标准差。）

9) $g' = \dfrac{y_i - (m_y - cs_y)}{(m_y + cs_y) - (m_y - cs_y)}$

(对数频域比例法：y_i 为测点自然对数值，$m_y s_y$ 为 n 个 y_i 的均值和标准差，c 为常数。)

上述各法归结起来在处理策略上有两点不同。一是数值取值不同，二是计算公式的理据不同。数值取值有两种：(1) 直接取基频 Hz 值（线性值）；(2) 取 Hz 值的对数值。国内的 D 值、T 值、频域五分法以及国外的对数半音差比、对数 Z-score、对数频域比例等均取对数值，而 Z-score、频域分数、频域比例及 $Z_{五度}$ 值法则取线性值。在计算公式的理据上，以频域为据分为频域法和非频域法两类。频域法用比例标记测量点在频域中的相对位置，除了 Z-score 法和 D 值法，其余都可算在此列。频域法对频域的定义又有两种不同，一是取频域的高低两端值，二是用[均值 ± 标准差]确定频域，即[均值 + 标准差]为域高限，[均值 - 标准差]为域低限。非频域法则以均值和标准差为依据，测算各测量点的分布，如 Z-score 法（包括对数 Z-score）。基频取 Hz 值为 Z-score 法；取对数为对数 Z-score 法，简称 Lz 法。

从数据的集中程度看，Lz 法无疑占优

势。因为它是均值中取均值,即将多个同质或不同质的数据在最大程度内模糊取中。

2. 基频归一的方言实验

本项研究最初用对数 Z-score 法归一基频,结果不理想。问题主要有二:第一,各发音人的 Lz 值波动比较大,难以直接进行多方言的比较,需要再次处理。第二,Lz 值不方便声调格局的归整。15 方言点 30 个调系的 Lz 高低值分布范围如下:

```
        高值           低值
男   2.00～1.04    -3.30～-1.45
女   2.17～1.14    -2.88～-1.37
```

我们需要重新选择归一法。对此我们有三点思考:第一,最新研究表明,普通话 4 个声调有不同的稳定点或曰特征点(阴平是起点和终点,阳平是终点,上声是折点,去声是起点)(石锋、王萍,2006)。有稳定点就有不稳定点,稳定点的数据是集中的,而不稳定点的数据则相对离散。这似乎在暗示,声调的共性不是全部基频轨迹的重合,而是特征点即稳定点的一致。第二,声调的本性是对比音高,所谓对比,就是它们在活动区域内的相对位置。设计基频归一方法时,这一基本事实应予扣合。计算公式的设计理据与事实越扣合,计算结果也就应与事实更接近。第三,由于实验样本的异质性,很难指望用一种策略达到抽取同质模型的目标,应有不同层次的策略。数据处理是手段,其目标是提取模型或归纳格局。因此,基频归一应含两步:一是数据处理,在最符合客观实际的基础上将数据集中;二为勾勒声调格局,这是声调实验研究的最终目标。我们认为,与整齐的数字比,声调格局更重要,否则,就有可能被数据淹没而无所适从。适合语言学研究的基频归一法应包含勾勒声调格局或便于声调格局的勾勒。

目前能对旋律声调做比较细致的格局刻画的是五度制。五度制已使用半个多世纪,具有一定普适性,也积累了相当多的文献,尤其汉语方言的声调研究。五度制并非无懈可击,学术界也有过改造五度制的动议,但目前尚无替代品。显而易见,经基频数据处理后的五度制与传统研究使用的五度制有质的不同。本文以转换为五度制后的一致度来评价选择基频归一法。

我们的选择依据比较实验。

实验目标:(1)取值策略:用 Hz 对数值还是线性值;(2)计算理据:选频域法还是非频域法。我们选择了三种基频归一法进行实验:Lz 法、T 值法和 $Z_{五度}$ 法。前二法比较计算理据,后二法比较取值。Lz 法被誉为数据归一程度最好(朱晓农,2004),那么,与之比较的另 5 种可不再考虑。T 值法和 $Z_{五度}$ 法均有声调格局的考虑,所以入选。$Z_{五度}$ 法除了取线性值外,其算法与 T 值法相同,二者可直观比较取值策略。为了醒目,本文称 $Z_{五度}$ 为 Tx(线性)法,称 T 值法为 Td(对数)法。比较前将 Lz 值做了五度转换。评价三法的尺度是同一方言点男女声调格局的相同率。

实验统计结果(未经"界域"和"斜差"处理)见表 1:

表1 三种基频归一法相同率比较

方言	调类数	同方言男女相同数		
		Lz	Td	Tx
南京	5	4	3	1
合肥	5	3	3	1
芜湖	5	2	2	1
安庆	5	1	1	0
扬州	5	5	5	4
淮阴	5	2	4	2
盐城	5	3	1	2
连云港	5	2	2	2
泰州	6	3	2	1
南通	7	5	5	4
如皋	6	4	4	2
东台	6	3	4	3
九江	6	3	3	2
孝感	6	1	1	2
总数	77	38	37	26
%		49.4	48.1	33.8

表中的"同"指同一方言男女相同的调类数,比如南京,Lz法有4个调类相同,Td法有3个调类相同,Tx法有1个调类相同。

表1显示,Tx 的相同率最低,Lz略好于Td,高0.5个百分点。但在转换五度时,Lz要再次计算,Td则不必,即Td比Lz简捷。我们最终选定Td法,即对数T值法。

3. 调系归整的"界域""斜差"策略

基频值转换为五度时,有两个问题困扰调系归整:一是五度边界值的归属,二是曲拱形状的定位。前者关涉声调的音区属性,后者关涉声调的曲拱属性,此二者均为声调基本属性,影响声调整体格局(刘俐李,2005)。例如安庆男声[T1+X]组中的前字T1值:

表2 安庆男声双字调[T1+X]的T1值

	前 字					
	P1	P2	P3	P4	P5	P6
1+1	2.47	2.40	2.37	2.31	2.20	2.08
1+2	2.34	2.38	2.37	2.36	2.32	2.37
1+3	2.25	2.18	2.13	2.06	2.00	1.91
1+5	2.47	2.41	2.41	2.40	2.37	2.33
1+7	2.53	2.59	2.64	2.67	2.69	2.66

表中第一竖列表示双字组合,横行P1-P6是测量点的T值,下文表3同此。按照T值做五度转换,4个T1为[33],而[1+3]中的T1为[32]。这就出现两个问题:第一,同为双字组前字的T1,4个平调1个降调,即同类出异;第二,[32]是降调,[33]是平调,按理,后者的曲线斜率应小于前者,但经计算(公式详下),[32]斜率为0.34,而4个[33]中最大的斜率是0.39。显然,[32]与[33]之异并非客观事实。事实是,[1+3]中的T1与其他T1曲拱相同,只是用五度模型衡量时,其他T1的基频同在3度音区,而[1+3]中的T1落在2度和3度的边界,我们称之为同拱异区现象。

再如泰州男声[X+T3]的后字T3:

表3 泰州男声双字调[X+T3]的T3值

	后 字					
	P1	P2	P3	P4	P5	P6
2+3	1.70	0.92	0.71	0.72	0.91	1.15
5+3	1.79	1.12	0.70	0.67	0.91	1.15
7+3	1.58	0.65	0.23	0.21	0.45	0.72
8+3	1.54	0.76	0.39	0.33	0.58	0.87

前两个T3转换五度为[212],后两个为[211]。按理,[212]降升两段曲线的斜率应大于[211]的降平,但实际相反,[211]斜率的绝对值反而大于[212](负值为降,正值为

升）：

	T23[212]	T53[212]	T73[211]	T83[211]
前段	−0.99	−1.12	−1.37	−1.21
后段	0.44	0.48	0.51	0.54

从曲线图形看，4 个后字 T3 都是低音区的凹拱，将 4 者描写为不同曲拱当然不妥。但从音区看，T73 和 T83 中 T3 的凹点和后段确实都在同一个音区，即异拱同区。如无相应的策略，五度制对同拱异区和异拱同区现象难以准确区分和描写。

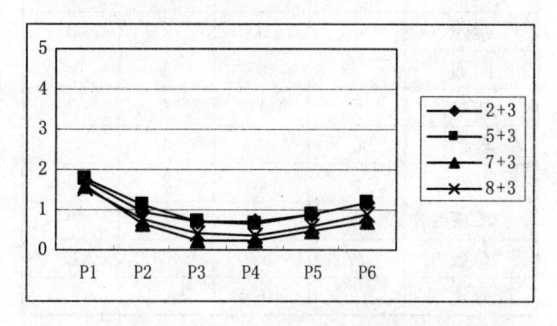

这是所有人造模型的局限，不独五度制。用刻板的模型去度量鲜活的事实，如果不辅以相应的调节策略，模型就会被无灵性的数据所主宰，撕裂或掩盖部分事实。为此，本文特设置"界域"和"斜差"概念处理五度转换中的音区边界和曲拱中的异拱同区、同拱异区等问题。

由于 T 值标示出每一测量点在调域中的音高位置，因此"界域"和"斜差"有可实施的技术支撑。

3.1 五度边界的"界域"策略

"界域"由"界线"得名。"界线"以线为限，边界泾渭分明，是刚性策略；"界域"以域为界，有过渡地带，边界有弹性，是柔性处理。

T 值转五度是区间转换，即：

T 值	0−1	1−2	2−3	3−4	4−5
五度	1	2	3	4	5

与此相应，1−5 度每个边界的分界不是"界线"而是"界域"。我们将"界域"定义为 ±0.1 五度值，即每度边界有 ±0.1 的浮动域。根据界域，T 值转为五度的区间为：

T 值	0−1.1	0.9−2.1	1.9−3.1	2.9−4.1	3.9−5
五度	1	2	3	4	5

如上文安庆男声 T1 调的 1.91，根据界域，可归入 3 度，即为五度的[33]，与其他 4 个 T1 就一致了。

"界域"策略以基频感知为据。当频率 F＜1000 Hz 时，要有 2−3Hz 的变化人耳才能听出（鲍怀翘，2003）。本文统计江淮方言 15 方言点 30 个调系的平均调域宽为 164Hz（包括单、双字调），0.1 五度值＝164Hz/5 * 0.1＝3.28Hz，这在人耳感知音高变化的边界。声调的感知应是音高域的感知，音高域感知的频率数应该大于单纯音高。因此可以说，±0.1 五度值的差异对声调感知没有根本影响。

用"界域"确定 5 度需要参照，一是曲拱"斜差"，二是同调系同调类的曲拱形态。

3.2 曲拱"斜差"策略

"斜差"是以 T 值为基础的声调曲线斜率，由斜率公式推导而来。两点的斜率公式：

$$k = \frac{y_w - y_s}{x_w - x_s} + b \quad (1)$$

式中的 y_s、y_w 为本文指定的声调曲线首尾点 T 值，$(y_w - y_s)$ 即 y 轴音高之差；x_s、x_w 分别为首尾点时点，$(x_w - x_s)$ 即曲线时长。

本文将时长归一，同时不考虑截距，即设 b 为 0，$(x_w - x_s)$ 为 1。那么式(1)为：$k = \frac{y_w - y_s}{1} + 0 = y_w - y_s$

$$k = y_w - y_s \quad (2)$$

式(2)表明声调曲线斜率 k 等于首尾测量点的 T 值差。这是一种简化的粗略计算，故另名斜差。粗略算得的斜差适合格局归整这样的轮廓勾勒。

当声调曲线为凸凹角拱时，以凸点、凹点和拐点为界分割成两条曲线计算。k 为正值时曲线升，k 为负值时曲线降。k 值的大小和正负决定曲拱的形态。"斜差"策略的关键在于 k 值的确定。我们通过统计确定。将未经界域和斜差处理的江淮方言的平拱和只有一度升降的凹拱列为统计对象(凸拱极少，没有统计意义；因版面限制，统计结果略)，得到 3 个斜差均值(绝对值)；即平拱：0.46；凹拱：高点 0.98，低点 0.54。

凹拱的高点斜差没有临界意义，故不考虑。根据平拱以及凹拱低点斜差均值做综合考虑，我们取 k 为 $|0.5|$，作为平拱和凹凸拱的临界值，并规定：

(1) 在同一五度音区内，若声调两端点的斜差均超过 $|0.5|$，定为凹凸拱；

(2) 若声调曲线在相临音区的五度边界，其斜差在 $|0.5|$ 以内，定为平拱。

我们用上述斜差策略归整同区异拱和异区同拱现象。经过归整，同一调系单字调相同率得到明显提高。与 T 值自身比，提高 12.9 个百分点，与 Lz 法比，提高 11.6 个百分点。见表 4。

表 4 调整后的江淮方言调系比较表

(T' 为调整后数据)

方言	调类数	同地男女相同数 Lz	T	T'
南京	5	4	3	3
合肥	5	3	3	4
芜湖	5	2	2	2
安庆	5	1	1	3
扬州	5	5	5	5
淮阴	5	2	4	4
盐城	5	3	1	2
连云港	5	2	3	3
泰州	6	3	2	3
南通	7	5	5	6
如皋	6	1	1	3
东台	6	3	4	3
九江	6	3	3	3
孝感	6	1	1	3
总数	77	38	37	47
百分比%		49.4	48.1	61.0

4. 结论

(1) 声调的语言学研究的基频归一应有两步，一是基频数据归一，二是调系格局归整。

(2) 在本项研究中，就数据集中度而言，对数值的基频归一优于线性值。

(3) 从数据集中和格局归整两方面综合考虑，本项研究选用了 T 值法。

(4) 用五度制勾勒声调格局时，界域和斜差策略能有效提高调系归整度。

参考文献

鲍怀翘　2003　《声学语音学概论讲义》，油印稿。
林茂灿　1995　《北京话声调分布区的知觉研究》，《声学学报》第 6 期。
林茂灿　2004　《言语感知》(语音讲习班讲义)，油印稿。

林焘　王理嘉　1992　《语音学教程》,北京大学出版社。

刘俐李　2005　《汉语声调的曲拱特征和降势音高》,《中国语文》第3期。

刘俐李　2004　《汉语声调论》,南京师范大学出版社。

石锋　廖荣蓉　1994　《语音学丛稿》,北京语言学院出版社。

石锋　王萍　2006　《北京话单字声调的统计分析》,《中国语文》第1期。

吴宗济等、1989　《实验语音学概要》,高等教育出版社。

朱晓农　2004　《基频归一化——如何处理声调的随机差异》,《语言科学》第3期。

朱晓农　2005　《上海方言实验录》,上海教育出版社。

（刘俐李　南京师范大学文学院　210097）

汉语表情话语中的调值改变及其感知

朱春跃

摘要：本研究对表情话语中语调对声调的影响从声学和感知两个方面进行了实验研究。研究发现，即使在字调至关重要的汉语中，音高的调节仍然被有效地应用于句调；除了去声以外的3个声调在表情话语中都发生了程度不等的调值改变；这些调值变化了的语音在脱离语境之后大部分仍然能够根据某种语音信息辨别出原有声调，但也有一部分被感知为其他声调。

总结本研究的实验结果，汉语语调与声调的关系有以下3种类型：a.独立型：语调脱离声调而独立存在的（如在字调完全实现后才出现的下降尾音）。b.共存型：声调藏于语调之中的（声调的音域由于语调的加载而有所扩大或缩小，但字调的调值并不发生质的改变）。c.语调优先型：语调压倒了声调的（声调调值由于加载了语调而发生了质变）。

关键词：字调　语调　调值改变　声调的感知

1. 背景

汉语既有字调，句子的语调如何体现？赵元任先生一贯的观点是"将音节的声调和句子的语调比作小波浪跨在大波浪上面。实际结果是两种波浪的代数和"（赵元任1968），而字调并不因语调而改变。

近年来，一些学者用语音实验的手段做了进一步的研究，并对"代数和"的观点提出了具体的阐释。其中尤以"移调"说（吴宗济,1993）及"音阶的代数和"说（曹剑芬,2002）最具建设性。但是，就"语调不改变字调的调型"这一基本观点而言，二者均承袭了赵元任的观点。

尽管从宏观的角度来看赵元任的观点基本上反映了汉语语调·声调关系的本质，"字调不因语调而改变"的观点跟母语话者的主观意识也是基本吻合的，但据笔者近年来对表情话语进行的初步探讨，我们观察到声调调值发生改变的一些具体语音现象（朱春躍、中川、澤田,2002）。

那么，声调的调值是如何受语调的影响而发生改变的？表情话语中改变了调值的语音在脱离语境后，其本调还能否被正确感知？什么因素会对正确感知产生影响？为了探讨这些问题，我们从声学和感知两个方面进行了实验研究。

2. 表情话语的采样

考虑到汉语声调组合的复杂性及凸显（prominence）的位置对语调的重大影响，本研究仅以单音节形容词答语作为对象进行了考察。

实验材料

各声调单音节形容词：香，牛，好，棒（褒义）；瞎，烦，懒，笨（贬义）。

发音人

RF：35岁女性，北京人，曾任电台播音员。

录音方式

首先由发音人 RF 无表情地说出上面 8 个形容词，然后由笔者（CZ，北京人）与发音人 RF 根据事先拟定的剧本进行对话（用电脑同时录音），要求发音人在答话时首先以"心悦诚服、反驳、不承认、不理解、口是心非、撒娇、生气、赞同、敷衍、不耐烦、讽刺、反语"等语气重复对方说过的那个形容词，之后再配上表达同样感情的短语。例如：

CZ：（责难地）东西放在这么显眼的地方你都看不见，你说你瞎不瞎呀你？

RF：（反驳地）xiā？我瞎？你才瞎呢！

以上对话重复多次，直到对话双方都认为答话贴切地表达了该语气时，将答话句首的形容词（拼音部分）切出并单另存盘。

录音条件

话筒：SHURE SM48；录音软件：DigiOnSound；采样频率：16kHz；量化精度：16bit；存储方式：以 .wav 格式直接存储于电脑 HD；录音环境：约 20m² 民居。

3. 调值的测量与标记

本研究以赵元任的 5 度调值标记法为基础，首先根据"无表情"话语的 4 声做出了调值分度标尺。方法是：将 4 声的基频曲拱以对数形式显示于同一画面，然后将低音线至高音线的距离分成 5 等份，每份的宽度即为 1"度"。表情话语中的音高亦以"无表情"话语中提取的分度标尺来标记（参看图 1）。由于发音人所能发出的最低音是一定的，"表情话语"中音域的扩大主要是高音线的提升，因此本研究以"度"标记的调值为发音人 RF 的实际音域，其高音线最高达到 8。由于 RF 的 1"度"约为 1.4 个"半音程"[St，计算公式为"$St = 12 \times \log_2(F/F_0)$"。式中 F_0 为起始点频率，F 为测量点频率]，因此如实际音高于分度标尺的中线，或在同一"度"中升幅大于 1 St，则在度数的左边标"♯"号。

4. 感情/语气的感知

特定的语调能否表达特定的感情？我们将上述第 2 节中获得的语音刺激打乱顺序，请 22 位说普通话的硕士研究生进行了听辨实验。

本实验以"电脑 + 有源音箱"放音，每个刺激反复播放多次，要求被试把听到的单音节形容词往录音时的剧本中"对号入座"，即判断所听到的刺激适用于所给出的哪一种语境。同一个刺激允许复选多种语气。表 1 为听辨结果之一。

如表 1 所示，在允许复选的前提下，各个语音刺激仍得到了大大高于 chance level 的结果。这表明在以汉语为母语的人群中，对于特定的语调表达特定的感情，是有相当共识的。

5. 调值的改变及其原因

在微观层面上，表情话语中去声以外的3个声调都观察到了调值改变的现象（参看图2-5）。作为参考，我们将各声调"无表情"话语的基频曲拱显示于同一画面，以便同时观察表情话语相对于"无表情"话语在调值、调域及音长等多方面的差异。

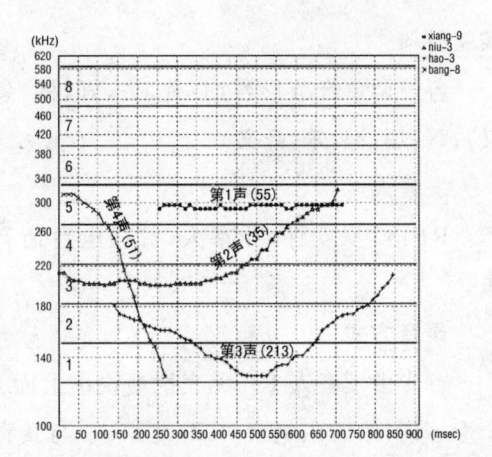

图1 无表情话语的4声基频曲线及调值分度标尺

表1 阴平 xiāng 的声学参数、听觉印象及语气感知结果

a 赞同　b 反驳　c 不理解　d 敷衍　e 不耐烦　f 撒娇　g 生气　h 讽刺　i 反语　j 无表情

刺激	听觉印象	调值	音高变化(Hz)	音长	a	b	c	d	e	f	g	h	i	j
xiāng-1	升,短	#67	355-400	338	13.6	36.4	40.9		4.5		4.5			18.2
xiāng-2	降,硬	44#1	222-235-137	407	31.8			27.3	45.5		9.1	4.5	18.2	
xiāng-3	升(幅大),高	78	444-516	485		50	81.8					4.5		
xiāng-4	低,降	#332	210-190-160	330	9.1			31.8	45.5		31.8	4.5	9.1	
xiāng-5	长,(笑)	#5#52	301-307-156	791				9.1	9.1	54.5		59.1	45.5	
xiāng-6	高,升(幅小)	7#7#7	410-470	408	4.5	54.5	59.1				4.5	4.5	4.5	
xiāng-7	低,(笑)	322	205-183-175	327	50		13.6	4.5		4.5	4.5	9.1	18.2	
xiāng-8	低,降,硬,气	#442	238-216-153	381	13.6	9.1	9.1	22.7	31.8		45.5	4.5	9.1	
xiāng-9	NM	55	296-296	746	9.1			4.5			4.5			86.4
xiāng-10	中,降	44#1	219-222-140	390	27.3			31.8	31.8		4.5	27.3	27.3	

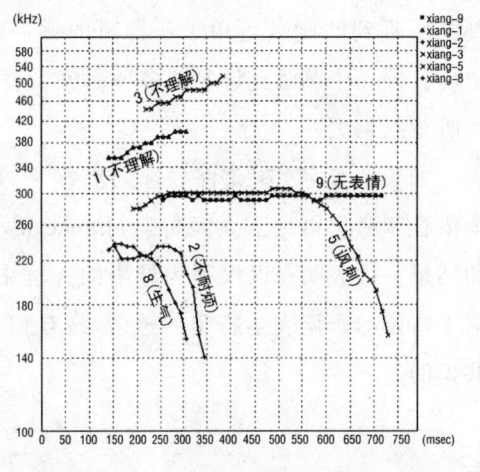

图2 表情话语中阴平的调值

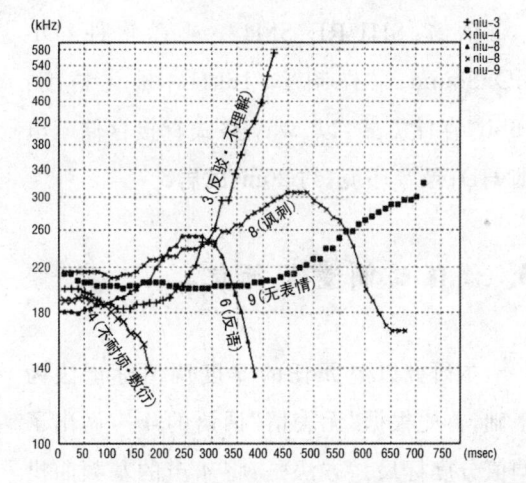

图3 表情话语中阳平的调值

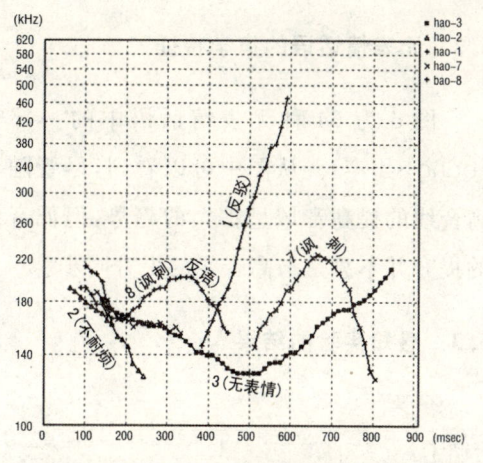

图 4 表情话语中上声的调值

图 5 表情话语中去声的调值

首先,我们在各个声调中都观察到了在本调调型实现之后出现的"下降尾音"。从听辨结果来看,这种语调多用于"敷衍、不耐烦、讽刺、反语"等,即赵元任指出的"假感情"。虽然笔者认为这种"下降尾音"亦属"语调"范畴,因而不完全赞同赵元任后期将其作为"语气助词"的处理方法,但由于它一般是在本调实现之后才出现,中文母语话者并不将其与本调的调型相混淆,因此笔者把它看做是语调附着在声调之后的一种"独立"模式。

其次,以基频下降为特征的去声,除了音域的扩张/压缩及"下降尾音"造成的"双降调"(图 5:11-讽刺)以外,未观察到调值由"降"变"升"的情形。

但是,在图 2 中我们看到,原本以"高平"为特征的阴平调似乎格外易受语调的影响,发生了升(图 2:1、2-不理解)、降(图 2:8-生气)的调值改变;原本拥有基频升高部的阳平、上声,也发生了升调变为降调的质变(图 3:4-不耐烦、敷衍;图 4:2-敷衍)。此外,在阴平调中也观察到了类似去声的调型改变(图 2:8-生气)。

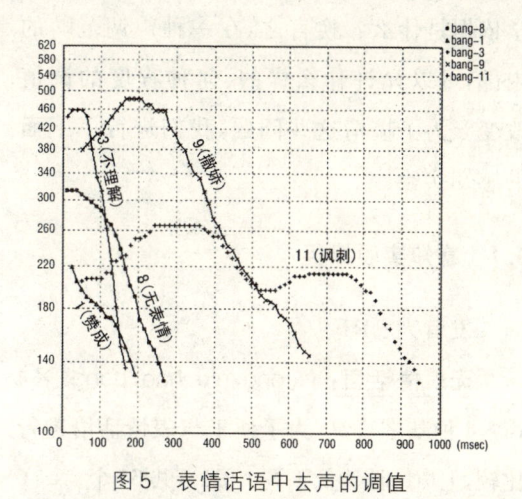

这些调值发生质变的现象,究其原因,可能有以下两种情形:

(1) 字调之后接下降尾音时,由于时值过于短促,字调的调型尚未完全展开就提前进入了下降尾音的"语调"部,因而使语调的调型压倒了字调。

(2) 声带振动的惯性因素使(阳平、上声)音节前半程的音高呈下降走势,而语调却要求在低音域发音,造成音节的后半部不能实现字调所要求的升调,从而使整个音节的基频表现为一个下降的曲拱。

无论是何种原因造成了字调的质变,都与赵元任以来人们对声调和语调关系的认识有所不同,值得进一步研究。

6. 调值改变后的感知

这些调值发生了改变的语音在母语话者听来是否会与其他声调相混淆?或者,即使调值改变了,语调信息与声调信息由于某种原因在感知时得到分离,从而使声调的感知不受语调的干扰?若如此,声调感知的声

231

学依据是什么？换言之，在一种声调范畴的内部，可以允许什么样的、何种程度的调值改变？为了搞清这些问题，我们进行了下面的感知实验。

6.1 感知实验概要

发音人：RF

无表情话语：（xiang, niu, hao, bang）×4声×4种基准音高（为了便于与表情话语进行比较，上声统读为低平调=211），共64个。

基准音高：以电子音向发音人提供4种基准音高：A_3（=220Hz），D_4（=293Hz），E_4（=329Hz），G_4（=392Hz），要求以这4种基准音高作为各组中的高音线（≈阴平，低音线不做特别要求）。4种音高中，发音人感觉A_3偏低，G_4偏高，而D_4和E_4两种基准音高在发音时相对较为舒适。

录音条件：与本文第2节的录音条件相同。

表情话语：从第2节采录的各种表情话语中选出的单音节词例共21个，包括调型不变而只是音域扩大/压缩、调值发生某种改变的、字调完全实现后接下降尾音的（详见表2）。

听辨实验：以每个形容词为一组，在4种基准音高×4声=16个无表情话语中插入调值发生某种改变的表情语音，打乱顺序后制作成语音刺激，由14名说普通话的硕士研究生通过"电脑+有源音箱"进行了声调的强制性听辨。每个音重复听2遍以上，要求被试用数字1、2、3、4或声调符号记下所听到的刺激是哪一种声调。

6.2 无表情话语的声学特征

图6为64种无表情话语中的一部分（bang×4声）。从图中可以看到，尽管随着高音线的提高音域呈扩大的趋势，但低音线的提升并不总是与高音线的提升同步。

6.3 感知实验的结果

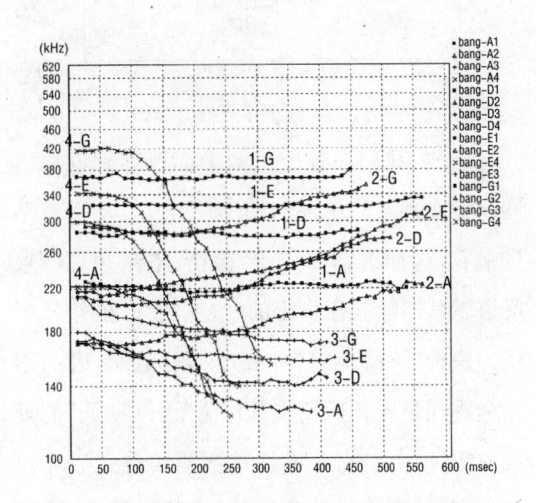

图6 以ADEG为标准音高的各声调基频曲线
（1=阴平，2=阳平，3=上声，4=去声）

表2显示的是21种表情话语的声学参数及声调感知结果。其中，"音高动态"记录的是有明显音高变化时的变化幅度，单位为"半音程（St）"，正值为"升"，负值为"降"；"语音刺激"中的汉语拼音为表情话语发音人心中的声调，"误答调"指被试听辨时误判的调型（1、2、3、4依次为阴、阳、上、去四声）。

6.4 分析和讨论

阴平

从实验结果来看，音高有些许上升的xiāng-1，3，6及降调的xiāng-7在脱离了语境之后，都有被判断为其他声调的可能。

表 2 表情话语的声学参数及感知错误的类型、误答率

改变的类型	语音刺激	音长(ms)	调值	基频(Hz)	音高动态(St)	误答调(误答率)
升	xiāng-1	338	6#7	355-400	2.1	2(14.3)
	xiāng-3	485	78	444-516	2.6	2(7.1)
	xiāng-6	408	7#7#7	410-470	2.4	2(7.1)
下降尾音	xiāng-2	407	44#1	222-235-137	0.99/-9.3	4(64.3)
	xiāng-4	330	#332	210-190-160	-1.7/-3.0	4(64.3)
	xiāng-8	381	#442	238-216-153	-1.7/-6.0	4(57.1)
	xiāng-10	390	44#1	219-222-140	0.2/-8.0	4(42.9)
降	xiāng-7	332	322	205-183-175	-2.0/-0.8	4(14.3)
音域扩大	niú-3	499	#338	200-183-571	-1.5/19.7	-
	niú-10	401	#337	205-188-426	-1.5/14.2	-
音域压缩	niú-2	359	#323	205-170-188	-2.8/1.7	3(21.4)
下降尾音	niú-8	788	#3#52	216-307-166	6.1/-12.2	-
	niú-6	427	24#1	179-253-118	6.0/-13.2	4(7.1),3(7.1)
降	niú-4	237	31	192-120	-8.1	4(100)
音域扩大	hǎo-10	517	31#6	179-134-380	-5.0/18.0	-
下降尾音	hǎo-8	488	32#31	192-164-202-135	-2.7/3.6-7.0	-
	hǎo-4	337	#222#1	181-158-164-145	-2.4/0.6/-2.1	4(14.3),1(14.3)
降	hǎo-6	305	#32	202-153	-4.8	1(21.4),4(14.3)
	hǎo-2	297	31	192-133	-6.4	4(50),1(14.3)
标准调型	bàng-10	218	#51	307-128	-15.1	-
音域扩大	bàng-7	304	#783	470-516-192	1.6/-17.1	-
下降尾音	bàng-12	622	3423#1	205-235-164-195-145	2.4/-6.2/3.0/-5.1	3(7.1)
	bàng-5	486	#34#23#1	202-231-175-200-137	2.3/-4.8/2.3/-6.5	3(21.4)
双降调	bàng-1	224	421	219-172-132	-0.5/-4.6	1(28.6)

但多数被试仍能正确辨别出本调,可能是由于升、降幅度较小(均不到3St),因而在多数母语话者听来调值未发生实质性改变的缘故。

带下降尾音的 xiāng-2,4,8 都有过半数的被试判断为去声,可能与下降的起始时间及前半程的基频曲拱有关。

阳平

一般而言,音域的扩大和压缩不影响声调的判断。但如音域压缩使得调型变为 V 字型曲折调,则有感知为上声的可能(niú-2)。

阳平的调型完整出现以后再接下降尾音的,绝大多数被试仍然能够正确分辨其本调(niú-6);但如调型变得与去声无异,则脱离语境后只能被感知为去声(niú-4)。

上声

在调型保持得较好的情况下,音域的扩大及后接的下降尾音均不影响对声调的判断(hǎo-10,8);但在调型变为全降调时(hǎo-6,2),部分被试感知为去声。调型改变后仍能有一定的感知正确率的(hǎo-4,6),似乎是马鞍形音强模式在起作用(参看图7)。

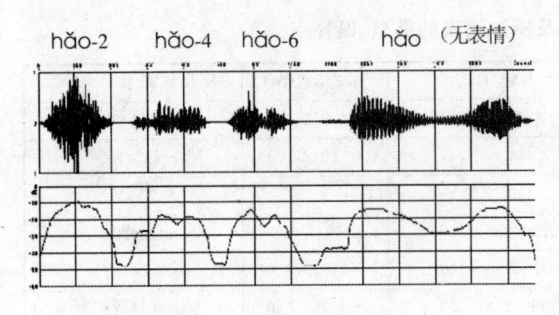

图7 上声的音强模式

去声

由于下降尾音而使调型与上声类似的 bàng-5,在脱离语境后发生了一定程度的误判。音域压缩后变为双降调的 bàng-1,发生了误判为阴平的情形。这可能是调型变得与"阴平+下降尾音"有几分类似的缘故。

7. 小结

通过本研究的实验及对实验结果的探讨,我们得到了以下几点结论:

(1) 即使在字调至关重要的汉语中,音高的调节仍然被有效地应用于句子的语调。

(2) 以"高平"为特征的阴平调较易受语调的影响,发生或升或降的调值改变。甚至拥有上升段的阳平、上声也会发生基频曲拱与去声相近的调型改变。

(3) 因语调而改变了调值的音节,大多仍然或多或少地保留了原有声调的某些声学特征。因此,脱离语境后尽管会使本调的感知正确率显著下降,但很多情况下仍然能够对其本调做出正确的判断。这似乎也是为什么以汉语为母语的众多语音学家认为语调不会改变字调的原因。

(4) 受语调的影响,部分字调的基频曲拱发生了质变,如阴平变为去声等。这种音高的变化,即使是母语话者,在脱离语境之后也有判断失准的可能。

(5) 总结本研究的实验分析,汉语语调与声调的关系可以归纳为以下3种类型:

a. **独立型** 语调脱离声调而独立存在的(如在字调完全实现后才出现的下降尾音)。

b. **共存型** 声调藏于语调之中的(声调的音域由于语调的加载而有所扩大或缩小,但字调的调型并不发生质的改变)。

c. **语调胜出型** 语调压倒了声调的(声调的调值乃至调型发生了完全的改变)。

虽然本研究只是对单音节形容词答语进行的考察,但通过本研究的实验分析,我们仍然可以看到,在表情话语中声调的调值变化是丰富多彩的。这些调值的变化隐含着丰富的情感信息,不同语气的表达在很大程度上是通过基频曲拱的微妙变化来实现的。例如,阴平调的疑问/命令语气可能是以微小的升/降调来互相区别的。这种微小的升降也许在母语话者看来不足以作为调型改变的根据,但由于其在语气感知方面的重要性,值得我们进一步深入地进行考察。

此外,对于母语话者而言,什么样的、多大程度的调值改变不影响人们对调型的范畴知觉?各种声调组合及突显位置的不同对字调的感知会产生什么样的影响?不具有汉语语感的汉语学习者在声调的感知方面又有些什么特点?

这些问题,我们将通过进一步的实验研

究进行更深入的探讨。

参考文献

曹剑芬 2002 《汉语声调与语调的关系》,《中国语文》第 3 期。

吴宗济 1982 Rules of intonation in Standard Chinese, *Papers for the Working Group on Intonation*(《普通话语调规则》),13th Int, Cong. Linguists, Tokyo,载《吴宗济语言学论文集》,商务印书馆。

赵元任 1935 《国语语调》,《广播周报》第 23 期;又《国语周刊》第 214 期。载《赵元任语言学论文集》,商务印书馆,2002。

朱春跃・中川正之・澤田浩子 2002 中国語における発話態度と聲調・イントネーション・声質の関わり——1 音節形容詞を中心に, *Chinese Language & Culture*, No.4,中国言語文化研究會,神戸大學.

Yuen Ren Chao 1968 *A Grammar of Spoken Chinese*, University of California Press.

(朱春跃 〒657-8501 神戸大学国際コミユニケーシヨンセンター)

蒙古语单词自然节奏模式

呼和　陶建华　格根塔娜　张淑芹

摘要：本文通过对 16 位发音合作人（8 男，8 女）291 个含有所有类型的双音节和三音节词的声学分析，归纳总结了蒙古语（标准音）单词在固定语流中的自然节奏模式，探讨了节奏模式与词类型①之间的关系问题。

关键词：蒙古语　单词　节奏　模式

1. 引言

蒙古语里虽然没有具有对比功能的"重音对子"，但有自己独特的抑扬顿挫、轻重变化的自然节奏（Rhythm）模式和因音高、音长和音强等诸多要素引起的"突显"（Prominence）或"高昂"（Culminative）现象。人们通常把后者叫做"词重音"（Word accent or Stress）。蒙古语里有没有重音问题并不重要。因为它既没有词汇（Lexical）意义，也没有形态学（Morpho logical）意义。重要的是音高、音长和音强等诸多要素在蒙古语词里的分布模式和分布规律以及它们对重读音节的影响问题。本文通过排除语义、句法、语用、语境等方面的干扰，探讨音长、音高和音强等诸多要素在现代蒙古语（标准音）单词中的分布模式，为蒙古语教学、科研以及言语声学工程提供科学的节奏模式和声学参数数据。我们相信本项研究对蒙古语族语言乃至整个阿尔泰语系语言的韵律研究具有较高的参考价值。

2. 实验方法

为了探讨固定语流中蒙古语单词自然节奏模式，我们设计了 291 个包含所有类型的双音节和三音节词，并把它们放进统一负载句（固定语流）中，如，（[piː⋯kətʃxəltʃeː]）"我说……"，让 16 位（8 男，8 女。其中 8 位专业播音员和 8 位播音专业的本科四年级学生，他们均在标准音地区长大）发音人发音，用 IBM R51 型笔记本电脑和与之匹配的外置声卡（Creative Sound Blaster），在标

---

① 词类型指不同元音（长短）在词中的不同分布模式。如，S－S 类是指第一、第二音节都含有短元音的双音节词，如，[ɐ/tʰɜr]'荒地'，[xɐ/mɜr]'鼻子'；S－L 类是指第一音节中含有短元音而第二音节中含有长元音或复合元音的双音节词，如，[xɛː/tʃʰɐː]'关系'；L－L 类是指第一、第二音节中都含有长元音或复合元音的双音节词，如，[xɐː/ɣʊːr]'打哪儿'；L－S 类是第一音节中含有长元音或复合元音而第二音节中有短元音的双音节词，如，[tʰɐː/tʃʰɪɣ]'小口袋'。S－S－S 类指第一、第二和第三音节都含有短元音的三音节词，依次类推。这里所指的"短元音"和"长元音"是指音位学上的概念，而不是指绝对的物理长度。

准录音室里录音。利用 Praat 语音分析软件提取了声学参数。如,每个音节和每个元音的时长(单位:MS 毫秒);每个音节上采集三个点(起始点、转折点和结束点)作为音高目标值(单位:Hz);每个音节上采集最强的点作为音强目标值(单位:dB)。

3. 结果

3.1 元音长度分布模式

蒙古语双音节词元音长度分布模式（M）

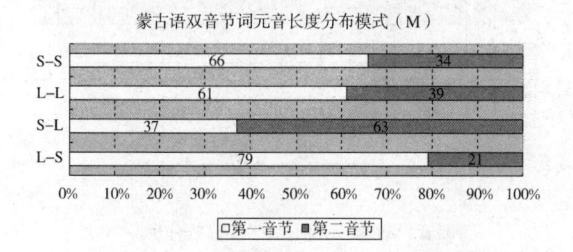

	第一音节	第二音节
S-S	66	34
L-L	61	39
S-L	37	63
L-S	79	21

图 1 双音节词元音长度分布模式(M)

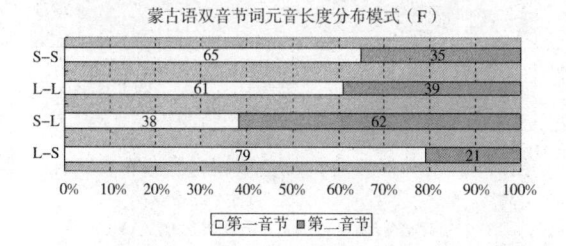

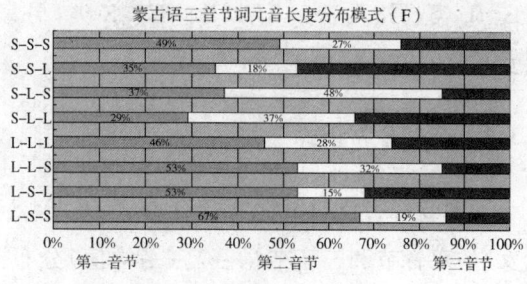

蒙古语双音节词元音长度分布模式（F）

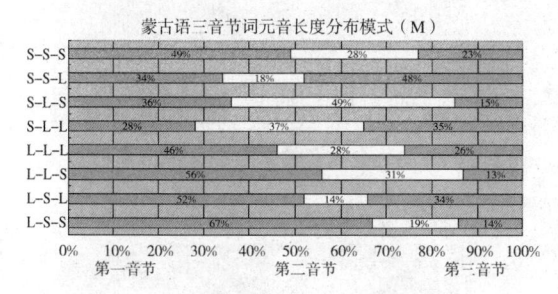

	第一音节	第二音节
S-S	65	35
L-L	61	39
S-L	38	62
L-S	79	21

图 2 双音节词元音长度分布模式(F)

蒙古语三音节词元音长度分布模式（M）

	第一音节	第二音节	第三音节
S-S-S	49%	28%	23%
S-S-L	34%	18%	48%
S-L-S	36%	49%	15%
S-L-L	28%	37%	35%
L-L-L	46%	28%	26%
L-L-S	56%	31%	13%
L-S-L	52%	14%	34%
L-S-S	67%	19%	14%

图 3 三音节词元音长度分布模式(M)

蒙古语三音节词元音长度分布模式（F）

	第一音节	第二音节	第三音节
S-S-S	49%	27%	
S-S-L	35%	18%	
S-L-S	37%		48%
S-L-L	29%	37%	
L-L-L	46%	28%	
L-L-S	53%		32%
L-S-L	53%	15%	
L-S-S	67%	19%	

图 4 三音节词元音长度分布模式(F)

图 1-4 为 16 位发音合作人(8 男,8 女)的双音节和三音节词元音长度(平均值)分布模式示意图。本文采用了百分比(Perceptional ratio in percentages)和数值比(Numerical ratio)表示法。从上述图中我们可以看到:

(1) 在 S-S、S-S-S 或 L-L、L-L-L 类(含有同类元音的)词中,词首音节元音都比非词首音节元音相对长(长度依次分布为:词首＞词中＞词尾)。这里所指的长短是物理长度,而不是音系学上相对长短。如,S-S 和 L-L 类词的元音长度百分比为,S-S:66:34(男),65:35(女);L-L:61:39(男、女),数值比大约为 3:2;S-S-S:49:28:23(男),49:27:24(女);L-L-L:46:28:26(男、女),数值比大约为 5:3:2。

(2) 在 S-L、L-S 或 S-L-S、S-L-S、L-S-S 类(含有不同类元音且含有一个长元音的)词中长元音比短元音长(不管它处于词的哪一个音节位置)。如,2:3(S-L 类,男、女)、4:1(L-S 类,男、女);3:2:5(S-L-S 类,男、女)、3:5:2(S-L-S 类,男、女)和 7:2:1(L-S-S 类,男、女)。

(3) 在 S-L-L、L-L-S、L-S-L 类(含有不同类元音且含有两个长元音的)词中,前一个长元音相对长。如,3:4:3(S-

L-L类,男、女);5:3:2(L-L-S类,男、女);5:2:3(L-S-L类,男、女)。

3.2 音高分布模式

图5-10为16位发音合作人(8男,8女)的双音节和三音节词音高(平均值)分布模式示意图。为了能够清楚看到三音节词音高分布模式,我们把三音节词音高模式分成了两部分,即词首音节含有短元音的三音节词音高分布模式和词首音节含有长元音的三音节词音高分布模式,见图7-10。从下面的图中可以看到:

(1) S-S和S-L类(词首音节含有短元音的)双音节词,具有典型的"L-H模式"(低-高模式),音高分布特点是"前音节平稳,后音节呈抛物线或斜线"。第一、第二音节音高平均值差值和音域(Voice range)都达到了5ST(Semitone)左右(男,女)。而L-L和L-S类(词首音节含有长元音的)词呈"H-H或L模式"(高-高或相等模式)。第一、第二音节音高平均值差值不到1ST。第一音节音高终点和第二音节音高起点的频率值非常接近,总体模式呈"梯形"分布。

(2) S-S-S、S-S-L、S-L-S、S-L-L类(词首音节含有短元音的)三音节词,具有典型的"L-H-H模式",它们之间的音高最高差值相对大,约4ST左右。而L-L-L、L-L-S、L-S-L、L-S-S类三音节词(词首音节包含长元音的词),虽然呈"H-H-L模式",但它们之间的音高最高差值相对小,约1ST左右(男L-L-S类除外)。双音节和三音节词音高模式的相似性和延续性,显示了蒙古语黏着性特点。

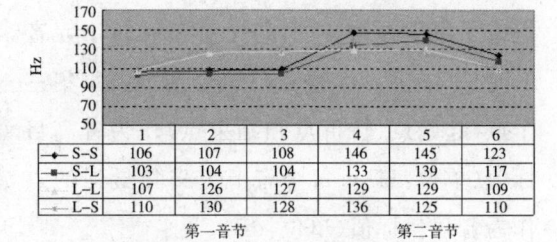

图5 双音节词音高分布模式(M)

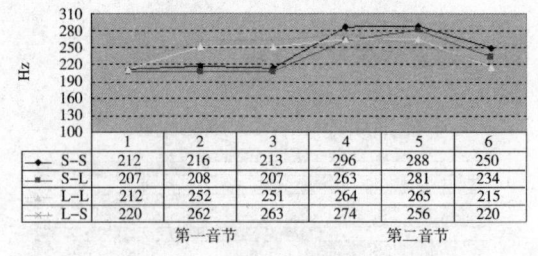

图6 双音节词音高分布模式(F)

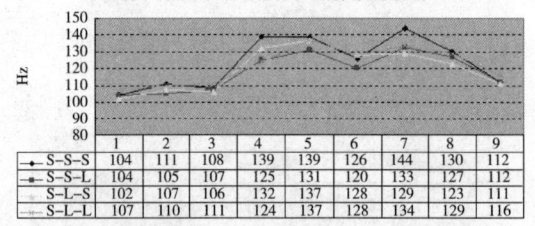

图7 词首有短元音的三音节词音高分布模式(M)

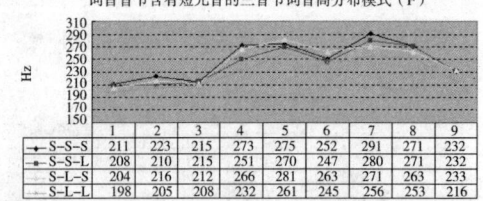

图8 词首有短元音的三音节词音高分布模式(F)

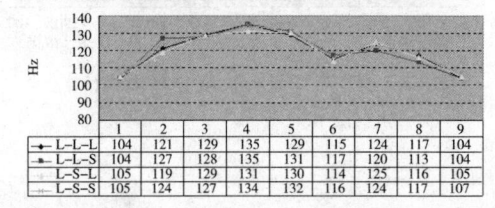

图9 词首有长元音的三音节词音高分布模式(M)

词首音节含有长元音的三音节词音高分布模式（F）

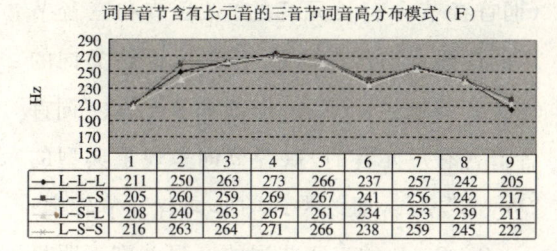

	1	2	3	4	5	6	7	8	9
L-L-L	211	250	263	273	266	237	257	242	205
L-L-S	205	260	259	269	267	241	256	242	217
L-S-L	208	240	263	267	261	234	253	239	211
L-S-S	216	263	264	271	266	238	259	245	222

图10 词首有长元音的三音节词音高分布模式(F)

3.3 音强分布模式

图11-14 为16位发音合作人（8男，8女）的双音节和三音节词音强（平均值）分布模式示意图。从下列图中我们可以看到：

（1）L-L、L-S 和 L-L-L、L-L-S、L-S-L、L-S-S 类（词首音节含有长元音的）双音节和三音节词的最强点均落在词首音节上，即该类词的词首音节最强。

（2）而 S-S 和 S-L 类（词首音节含有短元音的）双音节词呈现了典型的"W-S"模式（弱强模式），即该类词的非词首音节较强。

（3）S-S-S 类三音节词的音强差别不明显（差值不到1dB）。

（4）S-L-S、S-S-L 类（含有一个长元音）三音节词的最强点落在有长元音的音节上，即该类词有长元音的音节最强。

（5）S-L-L 类（非词首含有两个长元音）词的最强点落在前一个长元音音节上。

蒙古语双音节词音强分布模式（M）

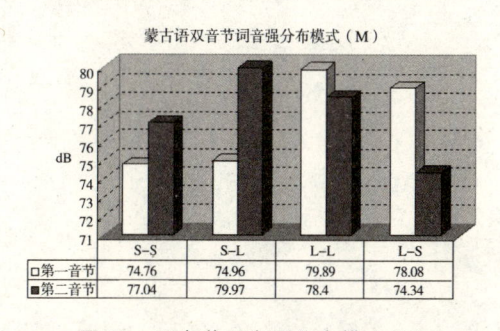

	S-S	S-L	L-L	L-S
第一音节	74.76	74.96	79.89	78.08
第二音节	77.04	79.97	78.4	74.34

图11 双音节词音强分布模式(M)

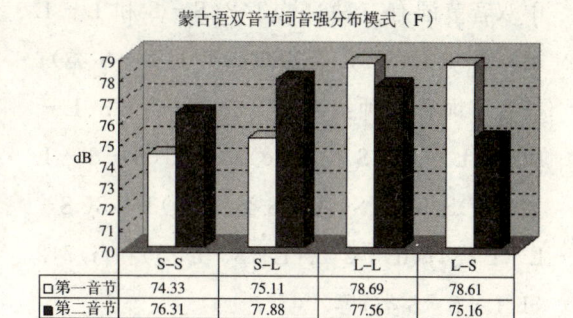

蒙古语双音节词音强分布模式（F）

	S-S	S-L	L-L	L-S
第一音节	74.33	75.11	78.69	78.61
第二音节	76.31	77.88	77.56	75.16

图12 双音节词音强分布模式(F)

蒙古语三音节词音强分布模式（M）

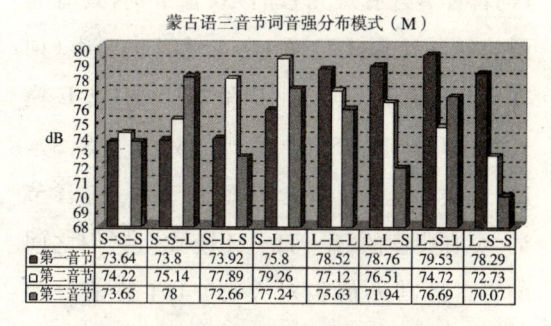

	S-S-S	S-S-L	S-L-S	S-L-L	L-L-L	L-L-S	L-S-L	L-S-S
第一音节	73.64	73.8	73.92	75.8	78.52	78.76	79.53	78.29
第二音节	74.22	75.14	77.89	79.26	77.12	76.51	74.72	72.73
第三音节	73.65	78	72.66	77.24	75.63	71.94	76.69	70.07

图13 蒙古语三音节词音强分布模式(M)

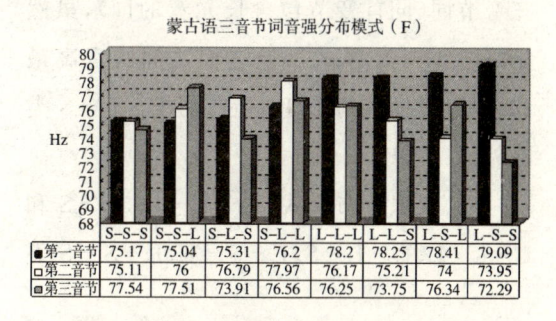

蒙古语三音节词音强分布模式（F）

	S-S-S	S-S-L	S-L-S	S-L-L	L-L-L	L-L-S	L-S-L	L-S-S
第一音节	75.17	75.04	75.31	76.2	78.2	78.25	78.41	79.09
第二音节	75.11	76	76.79	77.97	76.17	75.21	74	73.95
第三音节	77.54	77.51	73.91	76.56	76.25	73.75	76.34	72.29

图14 蒙古语三音节词音强分布模式(F)

4. 结论

本文通过对16位发音合作人（8男，8女）291个含有所有类型的双音节和三音节词的声学分析，归纳总结了蒙古语（标准音）单词在固定语流中的自然节奏模式，探讨了节奏模式与词类型之间的关系的问题。

（1）元音长度分布模式，共有九种。其

中双音节词有三种:(a)3:2(S-S 和 L-L 类);(b)2:3(S-L 类)和(c)4:1(L-S 类);三音节词有六种:(d)5:3:2(S-S-S、L-L-L、L-L-S 类);(e)3:2:5(S-S-L 类);(f)3:5:2(S-L-S 类);(g)3:4:3(S-L-L 类);(h)5:2:3(L-S-L 类)和(i)7:2:1(L-S-S 类)等。

(2)音高分布模式:(a) S-S 和 S-L 类(词首音节含有短元音的)双音节词,具有典型的"L-H 模式",而 L-L 和 L-S 类(词首音节含有长元音的)词呈"H-H 或 L 模式";(b) S-S-S、S-S-L、S-L-S、S-L-L 类(词首音节含有短元音的)三音节词,具有典型的"L-H-H 模式",它们之间的音高最高差值相对大,约 4ST 左右。而 L-L-L、L-L-S、L-S-L、L-S-S 类三音节词(词首音节包含长元音的词),虽然呈"H-H-L 模式",但它们之间的音高最高差值相对小,约 1ST 左右(男 L-L-S 类除外)。

(3)音强分布模式:(a) L-L、L-S 和 L-L-L、L-L-S、L-S-L、L-S-S 类(词首音节含有长元音的)双音节和三音节词的最强点均落在词首音节上,即该类词的词首音节最强;(b) 而 S-S 和 S-L 类(词首音节含有短元音的)双音节词呈现了典型的"W-S"模式,即该类词的非词首音节较强;(c) S-S-S 类三音节词的音强差别不明显(差值不到 1dB);(d) S-L-S、S-S-L 类三音节(含有一个长元音)词的最强点落在有长元音的音节上,即该类词有长元音的音节最强;(e) S-L-L 类(非词首含有两个长元音)词的最强点落在前一个长元音音节上。

参考文献

Harnud, H. 2003 *A Basic Study of Mongolian Prosody*. University of Helsinki, Hakapaino Oy, Helsinki.

(呼和　中国社会科学院民族学与
人类学研究所　100081,
陶建华　中国科学院自动化研究所　100080
格根塔娜　张淑芹　内蒙古大学蒙古学学院　010021)

安顺仡佬语声调的实验研究*

杨 若 晓

摘要：仡佬语属于汉藏语系侗台语族仡央语支。本文利用声学分析的方法研究安顺仡佬语的单音节词声调和双音节词声调。研究结果表明，安顺仡佬语的单音节词声调可以归纳为4个，用五度值可标写为：24,31,43,55。并且，单音节词声调在双音节词中不发生变调，因而安顺仡佬语的双音节词调位模式可归纳为16种。

关键词：安顺仡佬语 单音节词声调 双音节词声调 声学分析 T值法

1. 引言

1.1 仡佬语简介

仡佬族是我国西南地区的古老民族，仡佬语是他们使用的语言。仡佬语属于汉藏语系壮侗语族（或称侗台语族）仡央语支。[①] 根据语音和词汇的差异，以及语法的异同情况，仡佬语可以分为稿方言、阿欧方言、哈给方言和多罗方言。其中稿方言主要分布在贵州省安顺县湾子寨等地区[②]，在四大方言中使用人口最多，本文讨论的材料就是在贵州省安顺市西秀区东关办事处湾子村实地录音获得的。

安顺仡佬语有声母36个，其中单辅音声母26个，复辅音声母10个；韵母31个，其中单元音韵母7个，复合元音韵母15个，带辅音韵尾的韵母9个，能做韵尾的辅音为m、n和ŋ。安顺仡佬语的音节结构主要有V、VV、CV、CVV、CVVV、CVC、CVVC、CCV、CCVV、CCVC、CCCV、CCCVV等形式。[③]安顺仡佬语一共有六个声调，都为舒声调。[④]

1.2 研究简介

关于安顺仡佬语声调的研究主要集中在以下一些论著中。

关于单音节声调，贺嘉善(1983)记录安顺仡佬语共有六个声调，调值分别为13、31、24、33、44、55，其中33调有些降，近似43。

---

* 本文研究得到中国社会科学院重大项目"汉藏语声调的声学研究(侗台语卷)"的资助。

[①] 参见周国炎(2004)，221页。关于仡佬语的系属问题，现在学术界还存在争论，这并非本文论述范围，所以本文不详细讨论该问题，暂采取《仡佬族母语生态研究》一书的说法。

[②] 该说法参见《仡佬语简志》61页，现在地区行政级别已经发生了变化。下文所说的湾子村和湾子寨为同一地区。

[③] C指辅音，V指元音。

[④] 参见贺嘉善(1983)。

周国炎(2004)认为安顺仡佬语一共有5个声调。具体的描写见下表：

表1 《仡佬语母语生态研究》中安顺仡佬语单音节词声调调值和例词

序号	调型	调值	例词
1	低升	13	taŋ¹³ 煮
2	高升	35	tɕin³⁵ 铁
3	高降	42	zuŋ⁴² 塔
4	中降	31	tsa³¹ 坐
5	中平	33	qə³³ 房子

关于双音节词声调，张济民(1993)指出安顺仡佬语变调有后一个音节要求前一个音节变调的情况。具体的变调规则是："一种是高平调接次高平调时，前一个音节变为高降调；一种是中平调后面接高平调时，前一个音节变为中降调。"作者举了以下一些例子：

菜汤（用"盐"和"水"两个词组合起来进行表达）ɯ55（水）+ n̩tɕɯ44（盐）——ɯ53n̩tɕɯ44

一件蓑衣(s̩33)(一)la55(件) + sa44(蓑衣)——(s̩33)la53sa44

甜酒 pa33（酒）+ tin55（甜）——pa43tin55

作者同时指出："上面例子中 ɯ55 和 pa33 是修饰关系中的中心词，因为修饰成分要求它们变调。如果改变它们的位置，使它们作宾语或修饰成分，则它们的原词都无变化。"他给出了以下两例：

舀水 tɛ44(舀) + ɯ55(水)——tɛ44 ɯ55

酒药 sen33(药) + pa33(酒)——sen33 pa33

不过对于这种变调的范围，以及变调是否和单音节在双音节中的位置有关，作者并未指明。

周国炎(2004)的研究中也指出安顺仡佬语存在连词变调现象。他说："连词变调的第二种类型是后一个音节要求前一个音节变调。例如在安顺仡佬语中，当高平调之后出现次高平调时，第一个音节要变为高降调；当中平调后出现高平调时，第一个音节要变成中降调。"但是这里作者并没有说明高平和中平的具体含义是什么。

从上文各家对安顺仡佬语声调的研究来看，在单音节词声调方面存在着明显差异。这种差异是由什么造成的呢？是由于年代不同而语言发生了变化吗？抑或是由于田野调查中的记音人和发音人的主观因素使然？如果从实验的角度来看，哪种听辨记录更加接近声调的物理特征？这些都还需要更多的研究进行确认。而在双音节词声调方面，除了以上著作中的简单叙述外，基于大规模语料的系统调查和实验研究都还很少，因而关于安顺仡佬语的变调规律也有待揭示。

实验语音学可以为声调研究提供更为实证和客观的考察手段，所以本文将通过声学分析的方法对安顺仡佬语单音节词声调和双音节词声调进行研究。

2. 实验材料和发音人

由于目前对仡佬语声调的调类问题还处于研究中，没有统一的说法。所以本文为了方便后文的讨论和说明，根据其声调调值的起点高低暂将声调进行排序标号，即以

《仡佬语简志》为基准,规定13调为1调、24调为2调、31调为3调、33调为4调、44调为5调、55调为6调。①

本次实验也根据以上声调的排序选词,主要依据是《仡佬语简志》。单音节部分的例词按照6个调选词,每调选词三个。双音节部分的例词按照6个调的组合选词,可以得到36种组合,实验中每种组合尽量保证选词3个。

本文所讨论的材料通过录制贵州省安顺市西秀区东关办事处湾子村四位发音人的发音获得,四位发音人包括两男两女。

3. 实验方法

3.1 获取基频(F_0)的方法

本次实验的录音软件为Cooledit2.0。录音时采取双声道录制,左声道录制声音信号,右声道录制声门阻抗信号(EGG信号),采样频率为22050Hz。

声学分析软件为北京大学中文系语言学实验室编写的程序。② 具体方法是,首先将采样频率降至11025Hz,之后标记声调段、通过自相关方法提取声调周期标记和对语音样本进行平均。平均样本由四位发音人的发音构成,主要涉及样本时长的归一化(时长归一化后一共有30个数据点)和不同发音人的基频平均,最后得到声调的基频平均数值、时长数值和拟合数值。

3.2 五度值的换算方法

通过以上方法获得的声调基频参数代表的是声调的声学特征,从理论上它们还不具备语言学研究的意义,因而为了方便和田野调查的五度值记调结果进行比较,本文对所有单音节词声调和双音节词声调组合的基频数值进行了T值换算。T值法③的运算公式如下:

$$T = (\lg x - \lg b)/(\lg a - \lg b) \times 5$$

其中,a为调域上限频率,b为调域下限频率,x为测量点频率。在本文中,单音节部分a、b分别取四人平均后的6个声调基频数据点中的最大值和最小值,双音节部分则分别取平均后所有声调组合中基频数据的最大值和最小值。在需要计算的数据点选取上,本文对T值法进行了一个引申,即对时长归一化后所有30个数据点的基频值进行换算,这是为了能够更加准确地反映出声调的调型特征。

4. 实验结果分析

4.1 单音节词声调

图1是安顺仡佬语六个声调的基频平均曲线。从图上看,1调的基频曲线呈上升趋势,是一个升调。2调的基频曲线也呈上升趋势,在调域中的位置稍低于1调,两条曲线的整体走势十分相似。3调的基频曲线呈下降趋势,曲线前部平缓下降,后部降幅加剧。4、5、6调基频曲线都呈平调特征,只有4调曲线的尾部呈现出一些下降趋势。就三条曲线在调域中的分布来说,6调最高,

---

① 需要注意的是这里的序号标写不是调类。
② 程序由孔江平和吴西愉编写。
③ T值详细算法参见石锋(1986)。

5调次之,4调最低。

在获得声调基频参数的基础上,下面利用T值法对其进行换算,得到用五度值标写的音高值,并将这些结果和以往田野调查的记音结果进行比较。根据T值法换算的结果可以画出如图2所示的安仡单音节词声调的音高曲线。可以看到,1调和2调在调型上十分相似,只是在高度上存在一些差异,但是这些差异都在1度以内。其次,5调和6调的曲线也处于1度中,5调的位置略高于6调。如果按照宽式的声调标写方法,我们可以将1和2调、5和6调分别归为一调。本文就采取这种方法将单音节声调归纳为4个,具体调值如表2所示。

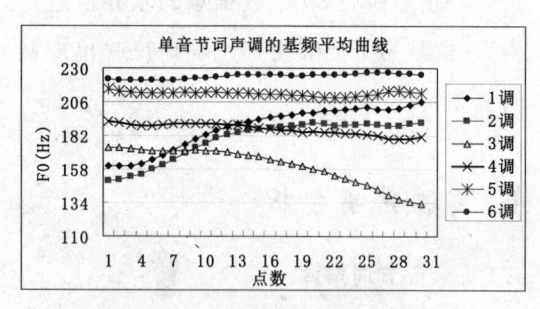

图1 单音节词声调的基频平均曲线

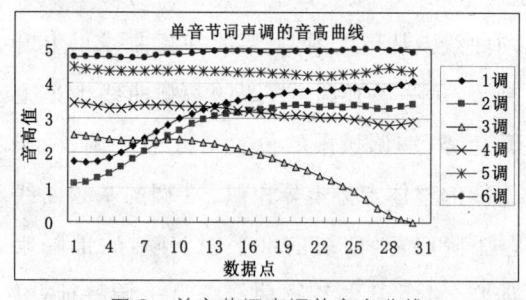

图2 单音节词声调的音高曲线

表2 单音节词声调五度值标写

序号	1	2	3	4
选词分类	1、2调	3调	4调	5、6调
五度值	24	31	43	55

通过这些分析可以看出,本次实验的安顺仡佬语单音节词声调和以前研究中对它的描写并不一致。这种差异反映了什么?从以前的记音来看,不管是贺嘉善(1983)描写的两个升调、一个降调、三个平调的单音节词声调系统,还是周国炎(2004)记录的两个升调、两个降调、一个平调的声调系统,都显示出该语言单音节词声调中有较多在绝对调型上相似的声调,这样声调之间区分的难度会有所增加,声调之间相混的可能性也会加大,这种相似性也可能影响到了调查者对其声调的记录,使得他们的记录存在较大的差异。实验结果为仡佬语单音节词声调提供了客观数据,显示有的声调的确具有相似的声学属性,这意味着声调之间区分的困难和记音的差异是存在基本声学依据的。而且,从未归并前的图2中的音高曲线来看,本次实验的仡佬语单音节词声调系统和贺嘉善的记录相似,即有三个偏平的调、两个上升的调和一个降调。

4.2 双音节词声调

基于以上对安顺仡佬语单音节词声调的分析,下面分别比较每个声调位于前音节和后音节位置的声学表现,对其双音节词声调的调位模式进行初步的探讨。

4.2.1 1、2调的变化情况

从图3、图5来看,1、2调位于前音节时声调基频曲线保持着升调的特征,其中1调的曲线前部上升比较平缓,曲线总体的上升幅度没有2调的曲线高。

图4、图6中,位于后音节位置的1、2调

曲线上升幅度比较平缓。在"1+1"和"6+1"组合中的后音节1调曲线甚至偏平,和其他组合相比上升幅度更不明显。

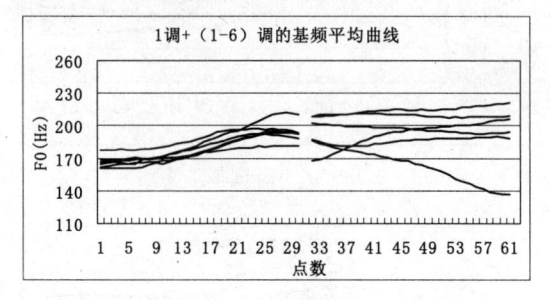

图 3　1调+(1-6)调基频平均曲线

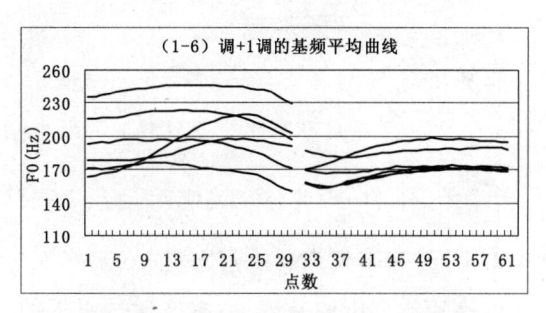

图 4　(1-6)调+1调基频平均曲线

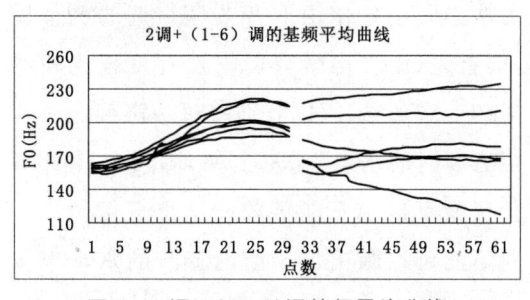

图 5　2调+(1-6)调基频平均曲线

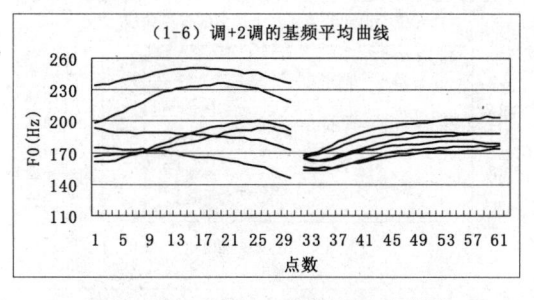

图 6　(1-6)调+2调基频平均曲线

4.2.2　3调在双音节词中的变化情况

图7和图8中,3调在前音节位置时降幅比位于后音节时平缓,同时前音节曲线尾部的下降程度也没有位于后音节时大。

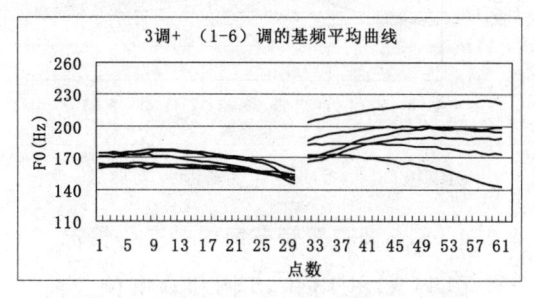

图 7　3调+(1-6)调基频平均曲线

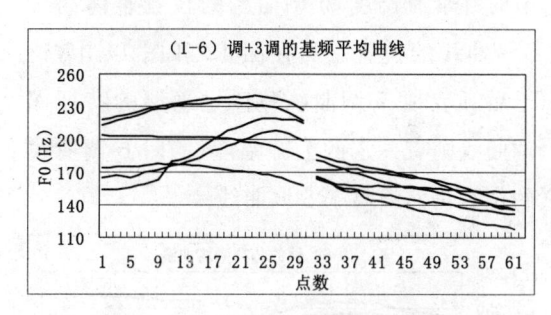

图 8　(1-6)调+3调基频平均曲线

4.2.3　4调在双音节词中的变化情况

图9和图10显示4调位于前后音节时都呈现出下降的特征。不同的是,4调位于前一音节时,曲线前部下降不明显,下降特征主要集中在曲线末尾;位于后音节的4调曲线下降幅度不大,但曲线都处于下降中。

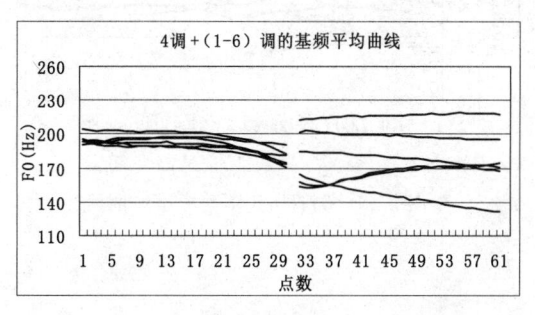

图 9　4调+(1-6)调基频平均曲线

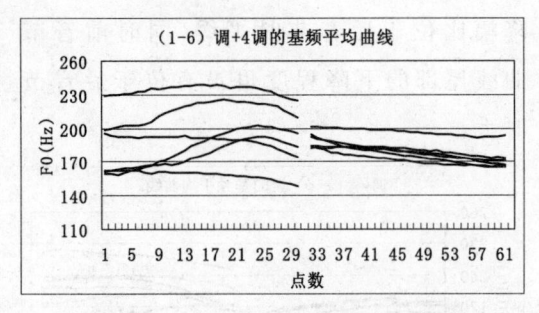

图 10　(1-6)调＋4调基频平均曲线

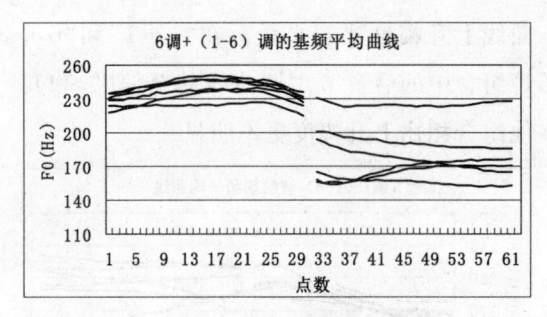

图 13　6调＋(1-6)调基频平均曲线

4.2.4　5、6调在双音节词中的变化情况

图 11 和图 13 中,5 调和 6 调位于前音节时都带有凸度,6 调曲线的位置整体高于 5 调曲线的位置。而在图 12 和图 14 中,位于后音节时,5 调曲线整体呈平调的特征,6 调曲线则有一定的上升幅度,同时 6 调曲线的位置仍然略高于 5 调曲线。

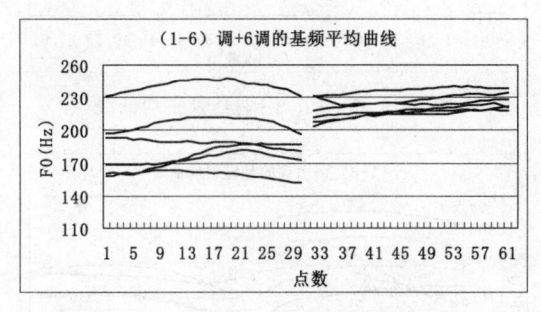

图 14　(1-6)调＋6调基频平均曲线

4.2.5　双音节词声调的调位模式

在声学分析的基础上,本文通过以下的方法来归纳仡佬语双音节词声调的调位模式:首先,由于声学分析中没有发现比较明显的变调现象,所以分别将每一声调位于前后音节时的基频数据进行平均;其次,利用 T 值法换算以上基频值和归纳出五度值。于是下面可以画出位于前后音节的六个声调的音高曲线,见图 15 和图 16。

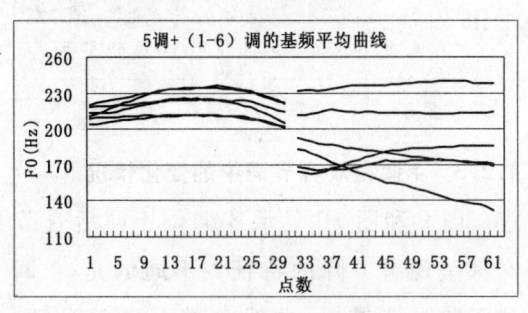

图 11　5调＋(1-6)调基频平均曲线

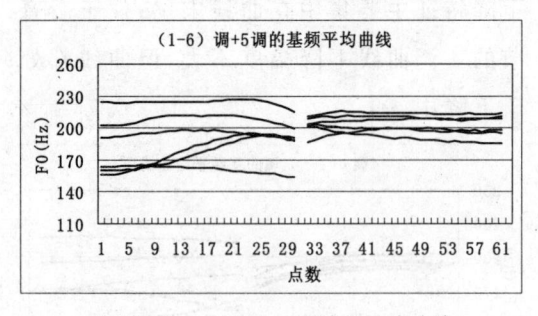

图 12　(1-6)调＋5调基频平均曲线

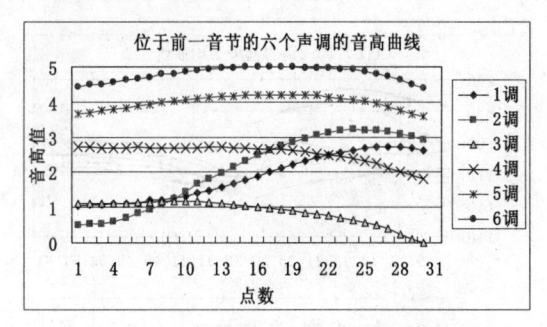

图 15　位于前音节的六个声调音高曲线

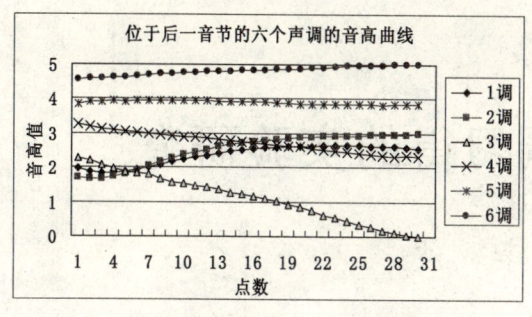

图 16 位于后音节的六个声调音高曲线

通过以上分析并综合考虑安顺仡佬语声调系统的情况,本文认为本次实验的仡佬语声调在双音节词中不发生变调,也就是说本次实验的双音节词声调并未出现以前研究中提到的连词变调现象。基于此可以归纳出仡佬语双音节词声调调位模式 16 种,以下给出它们的调值和每一组合的出现环境,见表 3。

表 3 双音节词声调调位模式和出现条件

序号	调位模式(五度值标写)	出现条件(据选词时所规定的声调分类标写)
1.	24+24	1+1,1+2,2+1,2+2
2.	24+31	1+3,2+3
3.	24+43	1+4,2+4
4.	24+55	1+5,1+6,2+5,2+6
5.	31+24	3+1,3+2
6.	31+31	3+3
7.	31+43	3+4
8.	31+55	3+5,3+6
9.	43+24	4+1,4+2
10.	43+31	4+3
11.	43+43	4+4
12.	43+55	4+5,4+6
13.	55+24	5+1,5+2,6+1,6+2
14.	55+31	5+3,6+3
15.	55+43	5+4,6+4
16.	55+55	5+5,5+6,6+5,6+6

5. 结论

本文通过实验语音学的方法研究安顺仡佬语的单音节词声调和双音节词声调的情况。

经声学分析和归纳整理,本次实验所用安顺仡佬语材料的单音节词声调可以归纳为 4 个,用五度值可标写为:24,包括选词中的 1、2 两调;31,包括选词中的 3 调;43,包括选词中的 4 调;55,包括选词中的 5、6 两调。

按选词时分类的 6 个声调在双音节词中不发生变调,因而基于对单音节词声调的归纳和对整个声调系统的考虑,本文将安顺仡佬语双音节词调位模式归纳为 16 种。

参考文献

贺嘉善 1983 《仡佬语简志》,民族出版社。
李锦芳 周国炎 1999 《仡央语言探索》,中央民族大学出版社。
石锋 1986 《天津方言双字组声调分析》,《语言研究》,第 1 期。
石锋 1987 《天津方言单字音声调分析》,《语言研究论丛》,第 4 辑。
石锋 1990 《论五度值记调法》,《天津师大学报》第 3 期。
吴宗济 林茂灿(主编) 1989 《实验语音学概要》,高等教育出版社。
张济民 1993 《仡佬语研究》,贵州民族出版社。
周国炎 2004 《仡佬族母语生态研究》,民族出版社。

(杨若晓 北京大学中文系 100871)

越南学生汉语单字调习得的实验研究*

关英伟　李　波

摘要：本文借助实验手段和声学实验数据,对中级水平的越南学生习得汉语单字调的调型、调值、调层等方面进行考察和分析。实验和分析结果表明,越南留学生对目的语单字调平、升、曲、降四种调型基本具备,但音高曲线在调域空间中的分布不够合理。母语的负迁移是形成偏误的重要原因之一。学习者以简化目的语声调调型和用母语的相似调型模式替代目的语作为学习策略。

关键词：单字调　调型　调值　调域　调层

越语跟汉语一样是声调语言,但是越南学生习得汉语语音的情况并不理想,在声调方面尤为突出。已有的研究[1]已注意到这个问题。越南学生声调习得有什么特点?母语声调对目的语的学习有多大的干扰?他们是采取什么习得策略来习得汉语单字调的?基于这些问题的实验研究目前还很少看到。本文通过声学分析的方法,对越南学生习得汉语单字调的研究提供更为实证和客观的考察手段。

1. 测试材料和实验对象

1.1 测试材料

测试材料为普通话单音节常用字(词),主要依据三个标准:一是实验字声母和韵母的界限比较明显,在语图上可以比较容易地将韵母切分出来;二是实验字的韵母尽量是单韵母,并照顾元音前后高低的平衡,这样不会因为音质的改变而影响听辨;三是实验字的音节在四个声调上都必须有音有字。基于以上三个标准,本实验只选择了舌尖塞音声母,[t、t'],[i、u、a/au]三个韵母。组配了24个普通话的单字音节,包括普通话的阴平、阳平、上声和去声四个声调。

1.2 实验对象

实验对象共有4名越南学生(两男两女),全部是越南顺化外国语大学中文系二年级的学生,学生来源主要为越南中部,生活地域相对统一,没有母语方言的差异;他们于2005年9月到广西师范大学文学院学习,汉语水平比较整齐。这四名发音人的编号依次为:M1、M2、W1、W2。

---

* 本研究得到广西教育科学"十五"规划课题"母语为越语的汉语学习者语音习得模式研究"(编号:2005C053)的资助。写作过程中得到了孔江平先生、朱晓农先生的指导,谨此致谢。

[1] 参见吴门吉、胡明光(2004),关英伟(2000)。

2. 基频提取和实验数据的处理

2.1 基频(F_0)的提取方法

本次实验录音采用 Creative Wave Studio 录音软件。录音频率：44100 赫兹，双通道，采样精度为 16 位。实验分析软件为 Praat 语音分析软件。录音在广西师范大学外国语学院录音室内进行。

所有测试字都是以单字形式来读的，按照第一声到第四声的顺序，每人每个字念三遍。4 个人总共可以得到 288 个读例：24（音节）×3（遍）×4（人），每个声调就是 72 个读例。

具体方法是：首先在 Praat 软件中导入分析样本的波形图、窄带语图或宽带语图以及 Pitch 窗口和 PitchTier 窗口的音高曲线。综合以上条件，并配合听感，对声调段进行确定和标记。之后在 TextGrid 窗口上对标记好的声调段用"pitch listing"命令提取原始基频数据，再用 java 程序①提取时长归一化后的 12 个数据点的基频值数据。然后计算每个发音人在 12 个采样点上的四个声调的基频数据的平均值和标准差。最后采用 T 值公式进行换算（石锋，1994），得到相对化和归一化的数据和五度值。T 值公式如下：

$$T =（lgx － lgb）/（lga － lgb）× 5$$

其中 x 为测量点频率，a 为调域上限频率，b 为调域下限频率，所得到的 T 值就是 x 点的五度值参考数值。

2.2 声调段的确定原则

我们确定声调段是参照朱晓农（2005）的标准和原则。声调作用由韵母表现，声调起点以 F2 的第一个声门直条清晰可见处开始计算，有时则以第二个声门脉冲为参照。声调终点的确定原则是：降调基频终点定在宽带语图上的基频直条有规律成比例的间隔结束处；升调基频的终点定在窄带语图上的基频峰点处，以结尾处最高的峰点值为终点取值；平调基频的终点基本参照去声的标准和 Intensity 曲线。

3. 实验结果分析

3.1 调型分析

图 1 至图 4 是越南学生习得汉语四个声调的基频平均曲线。由图可知，越南留学生的基频最高点都在去声最高处，最低点都在上声凹点处。

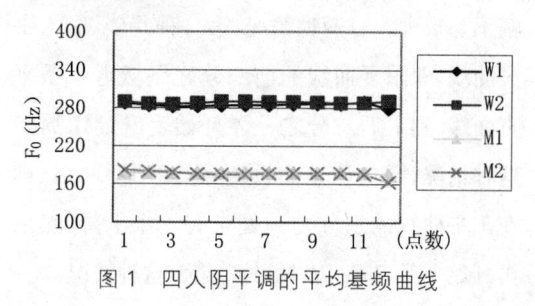

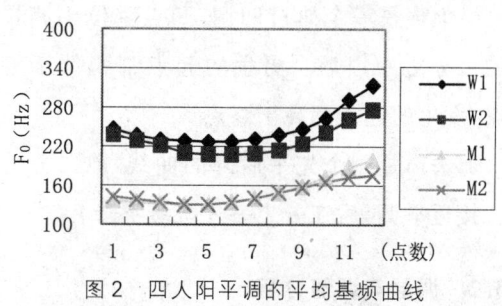

图 1 四人阴平调的平均基频曲线

图 2 四人阳平调的平均基频曲线

---

① 该程序由丁琳女士提供，谨表谢意。

图 3　四人上声调的平均基频

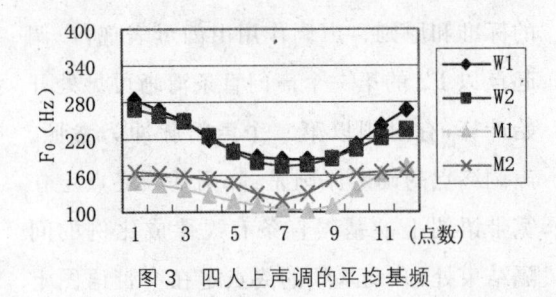

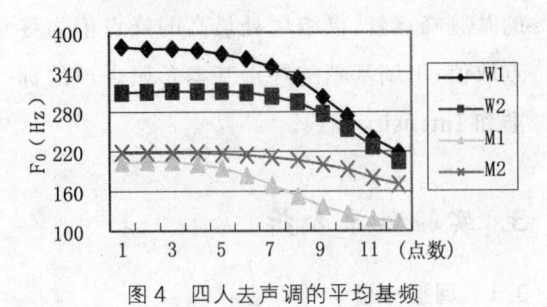

图 4　四人去声调的平均基频

从声调曲线的走向趋势即调型看，四人的阴平都接近水平，略有降尾，呈现为"平"的特征，属于平调。

阳平总体上是一条缓缓上升的曲线，但升幅不是很大。分两种情况：第一种是斜调，为平升曲线，即阳平曲线的前二分之一接近一条平直曲线，到了后二分之一才开始上升，M1 属于这种情况；第二种是曲折调，为浅凹型曲线，即在阳平曲线的三分之一处先有一个下降，然后再开始上升，W1、W2 和 M2 属于这种情况。

上声是一个曲折凹调，凹点都位于调长的二分之一以后。男生的起点都稍低于终点，女生的起点都高于终点。

去声是一个先平后降的曲线，前二分之一接近平调，后二分之一才缓缓下降。

3.2　调层与调值分析

调层是声调在调域中依照相对高度所划分的级别、层级（石锋），也称为音区（刘俐李，2004）。五度标记法就是对调域的一种分区。非线性音系学划分为高 H、中 M、低 L 三个音区，如果与五度制对应，那么 1、2 度在低音区，4、5 度在高音区，3 度在中音区，是低音区和高音区的交界点。由于声调的基频参数表示的是绝对音高，因此基频参数不能比较不同调域中调层的相对高低关系，从理论上讲它们还不具备语言学的研究意义。我们利用 T 值法对基频参数进行归一，得到用五度值标写的音高值，图 5 至图 8 是根据 T 值法换算的结果画出的越南学生习得普通话单音节词声调的音高曲线。

我们可以发现，下面经过 T 值转换后的音高曲线图与基频平均曲线图比较，男女性别的绝对基频差异消失了，这就使得不同性别的发音人之间得以在同一调域和调层中进行客观比较。

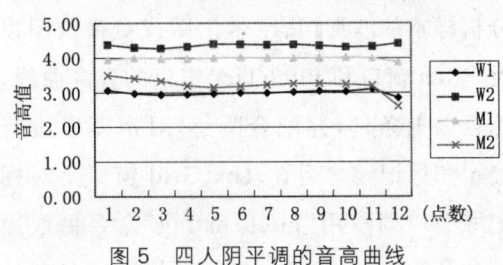

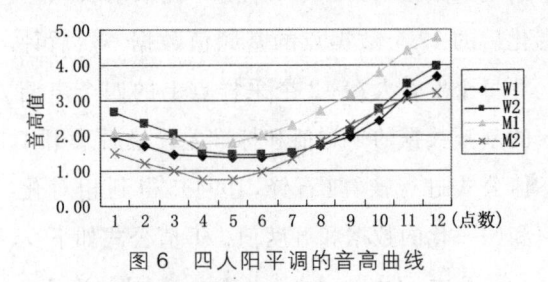

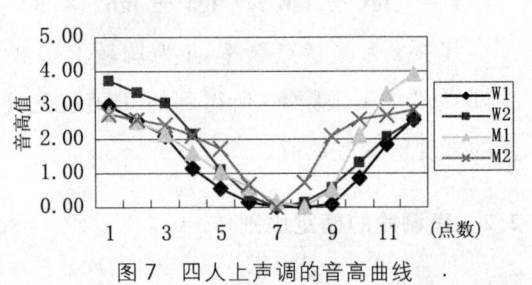

图 5　四人阴平调的音高曲线

图 6　四人阳平调的音高曲线

图 7　四人上声调的音高曲线

图 8 四人去声调的音高曲线

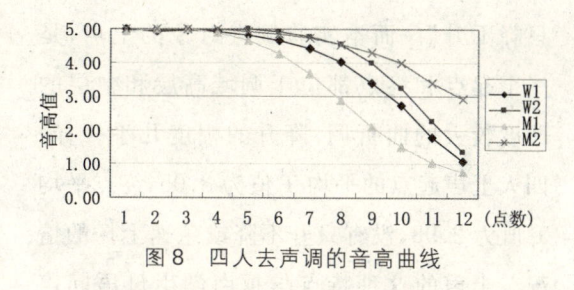

相同的调型可以有调层的区别,考察留学生普通话单字调四声曲线的变化发生在哪一调层中,可以反映出各声调之间的关系,也可以反映出留学生在汉语单字调调值习得方面的一些特点。

四人阴平调的音高曲线都位于音区的中高层,其中 W2 位于音区最高层的 5 度内,调值定为 55。M1 和 W1 的音高曲线分别位于 4、5 度和 3、4 度的交界处,综合考虑两人的四声分布情况,调值分别定为 44 和 33。M2 的音高曲线起伏过大,头部在 4 度区域内,尾部却落在了音区中层 3 度区间,首尾 T 值差达到了 0.9 度,调值定为 43。

四人阳平调的音高曲线前半部除 W2 位于 3 度区间外,都在调域低层 1 度和 2 度区间,后半部位于中高层的 4 度和 5 度区间,凹点除 M2 落在 1 度区间外,其余都位于 2 度区间。综合来看,四人的起点和凹点虽然都跨了两度区间,但 W1 和 M1 起凹点的 T 值差没有超过半度,调值可分别定为 224 和 225;W2 和 M2 起凹点的 T 值差都超过了半度以上,是个典型的凹调,调值分别定为 324 和 214。

上声调是凹点位于调域底部的曲折凹调。起点和终点都分布在调域中层和高层的 3 度和 4 度区间;四人调值分别定为:W1—313,W2—413,M1—314,M2—313。

去声由平调和降调两个部分组成。起点都集中在调域高层的 5 度区间内,但终点的落点较为分散。平调段 W1 和 M2 最长,占调长的二分之一,W2 和 M1 占调长的三分之一。从下降趋势看,只有 M1 下降速度最快,下降幅度也最大,从调层分布和听感上都最接近目的语,调值为 51。其余三人,尤其是 M2 因为平调段过长,下降速度过缓,接近一个平调,调值分别为 54 和 52。

四人单字调四声调值归纳如下:

	阴平	阳平	上声	去声
W1	33	224	313	52
W2	55	324	413	52
M1	44	225	314	51
M2	43	214	313	54

3.3 小结

从上面的分析可以看出,留学生汉语单字调调型的特点是:(1)阴平的音高运动基本呈水平状,是一个平拱,符合汉语普通话阴平的调型特征,但调层分布偏低。(2)阳平和上声都是一个先降后升的凹拱样态。所不同的是,阳平的凹点位于调长的二分之一以前,凹点较浅,是前折式凹拱;上声的凹点位于调长的二分之一以后,凹点较深,是一个后折式凹拱。此外,留学生阳平的起点都明显低于上声的起点,而阳平的终点都要低于上声的终点,这是与汉语明显不同的。(3)去声的音高运动是先平后降的曲线,在平降曲线的接合部呈一个夹角,呈角拱样态。起点虽然很高,但降幅过缓,无法降到调层底部。

4. 讨论

4.1 对比

从上面的声学实验分析结果看,目的语四声所具有的平、升、曲、降四种调型在越南学生的汉语中介语声调中基本都具备,只有"升"型不够饱满,是个降升调。但是调型曲线在调域空间中的分布不够合理。

就北京话单字调而言,阴平和阳平都有高音特征,上声前段有低音特征,尾段有高音特征,去声前段是高音特征,尾段是低音特征。而越南留学生的四声特征是,阴平的调层分布偏低;阳平起点过低,终点上升不够,不具备高音特征;上声起点过高,终点偏低,也不具备前低后高的特征;去声前段虽是高音特征,但下降的时间过晚,降幅不够,致使尾段表现为中音或高音特征。无论从实验结果还是从听感上,去声、阳平和上声的偏误较大。与已有的研究结果进行比较发现,我们对阳平、上声和去声的声学分析结果与传统的听感结果不太一致。

吴门吉、胡明光(2004)认为"阳平调的起调偏高,上升急促,上升不平滑"。而我们的实验结果发现,阳平调的起点不是偏高而是过低,四人阳平起点的平均 T 值为 2.05,且调长的前二分之一大都呈"凹"状,呈缓升趋势。从升幅看,都没有升到 5 度区间,属于低升调。我们认为,越南学生阳平调的偏误在于起点过低,上升过缓,导致在有限的时间内无法上升到 5 度区间。

吴文认为,上声"前面念得长,只是尾音急速上扬而成(2212 调),降升不均匀。或者只降不升"。而本实验调查对象的上声,是一个起点和终点都位于调域高层和中层的凹度较大的曲折调,降升的幅度几乎一样。四人上声起点的平均 T 值为 3.05,终点平均 T 值为 2.98,没有只升不降或急速上扬的情况。上声的这种特点与越南学生母语问声的调值模式几乎一样,显然是母语负迁移的结果。

4.2 偏误原因

进一步分析越南留学生单字调习得偏误的原因,我们发现,母语对越南留学生习得汉语单字调的影响是形成偏误的一个重要原因之一。越语有六个声调:分别为平声、玄声、问声、跌声、锐声、重声。越语声调调类调值情况见下表:[①]

调类	平声	玄声	问声	跌声	锐声	重声
调值	44	32	323	325	445	331

越语的声调调型与汉语一样,也有平调、升调、降调和曲折调。但音区分布与汉语有较大的差异:越语的平声与汉语一样,具有高音特征,但调值为 44。越语的锐声是一个高升调,升幅窄,只有 1 度之差,不像汉语的阳平升幅宽而高。越语的问声和跌声是个曲折调,起点和终点都位于调域中高层,比汉语的上声起点要高 1 度。越语的玄声和重声是个降调,但起点较低,都位于调域中层和低层,前段是中音特征,这与汉语去声前段是高音特征有所不同。

越南学生在学习汉语声调时,往往比欧

---

① 引自吴门吉、胡明光(2004)。

美学生更容易先入为主。一方面,把目的语中与母语相近的声调分别对号入座,形成一种发音定势。从本实验的结果看,调查对象在习得汉语阴平、上声时,在调型分布上都明显受到母语的影响,调值也与母语的平声和问声、跌声相接近。另一方面,对于母语中没有相近调值的阳平和去声,调查对象采取的学习策略是,简化目的语的调型为母语相似调型,尽量向目的语靠拢。越语中没有汉语阳平的中升调型,学习者比较熟悉的是曲折调,因此在习得阳平调时,将目的语的阳平简化为与上声相近的曲折调,同时又要顾及目的语阳平上升的特点,从而导致阳平的发音是一个凹点前而浅,类似上声,又有别于上声的曲折调。

对于目的语的高降调去声,越南学生最困难的是降不下来,往往与阴平调相混。因为他们无法用母语的降调模式来习得汉语的去声,误把汉语去声的高起点认知为"重音",用加大力度的方式来读汉语的去声。因为过分关注高起点,因而造成去声段的前二分之一过长,导致下降时间过于仓促而无法在去声结束时到达调域低层。

本实验调查对象基频的最高点都位于去声起点处,比阴平的调值还高。这与吴文中对越南学生汉语去声调值的描写结果为44和442有一定差异。我们认为,越南学生去声偏误不是起点问题,而是下降过缓造成的终点过高。从听感上我们常常认为越南学生的去声发音近似一个高平调,也说明了这一点。

在本实验中我们发现,越南留学生在汉语单字调习得方面存在着与传统研究方法分析过程中没有关注到的一些差别,并对此进行了讨论。调查的对象仅仅为汉语中级水平的越南留学生,因此,得到的结果并不能代表不同水平的母语为越语的汉语习得者。下一步我们将继续分别考察初级水平和高级水平的越南留学生汉语单字调的习得情况,力求对不同汉语水平的越南留学生习得汉语单字调的全貌有一个较为全面的认识。

参考文献

关英伟 2000 《越南留学生汉语学习中的语音难点和偏误分析》,《语言文化教育研究论坛》第2期。

郭锦桴 1993 《汉语声调语调阐要与探索》,北京语言学院出版社。

刘俐李 2004 《汉语声调论》,南京师范大学出版社。

石锋 1994 《语音丛稿》,北京语言学院出版社。

吴门吉 胡明光 2004 《越南学生汉语声调偏误溯因》,《世界汉语教学》第2期。

朱晓农 2005 《上海声调实验录》,上海教育出版社。

(关英伟 广西师范大学文学院
李波 广西师范大学外国语学院 541004)

利用鼻韵母共振峰特征进行声纹鉴定的研究

王 英 利

摘要：本文通过对10名发音人所发的汉语普通话鼻韵母音节进行审听和宽带语图观察分析,发现不同人发相同的鼻韵母,在鼻韵尾共振峰分布状态、鼻韵尾共振峰的相对强度、主元音共振峰走向、后音渡形态、主元音共振峰相对强度、元音鼻化、主元音与鼻韵尾连接形态、主元音与鼻韵尾时长比例等方面存在明显的差异性;而同一人所发的相同鼻韵母,在以上各个方面存在较强的自身同一性。从而确立了声纹鉴定中上述几个方面的共振峰特征。

关键词：鼻韵母　共振峰　特征　声纹鉴定

1. 引言

汉语普通话中共有37个韵母,其中鼻韵母16个,占43%。在汉语普通话的常用音节当中,鼻韵母音节大体上也应该占这个比例。除了数量上的因素以外,鼻韵母的共振峰的表现与其他韵母相比还有许多独特之处。首先,由于鼻韵母发音时口腔和鼻腔共用,在发音过程中要经历由主元音到鼻韵尾的过渡,即发音气流流过口腔后再转入鼻腔,而鼻腔是刚性的,其形状基本是固定不变的,不受发音"规范化"的影响,这就决定了鼻韵尾本身的共振峰形态与其他韵母相比具有更强的自身同一性和不同人的差异性。由发音气流从口腔后转入鼻腔这个瞬间过程所决定的主元音与鼻韵尾之间的过渡形态更是如此。其次,对于非零声母鼻韵母音节,由于前有声母,后有鼻韵尾,作为前、后"屏障",因此其主元音部分的共振峰形态基本不受语境的影响,在使用上较为便利。第三,鼻韵母共振峰的很多方面的声学特性表现在低频处,这一点对于录音效果不佳、频响范围偏低条件下的声纹鉴定十分有利。因此,研究鼻韵母的共振峰特性,对于声纹鉴定来说,意义十分重大。

2. 实验设备和取样

2.1 设备

KAY-5500型语图仪和VS-99型语音工作站,TASCAM DA-P1型数字录音机,SENNHEISER ME-66型话筒。

2.2 取样

选择10名年龄20～22岁、身体条件相近、普通话较标准的男性发音人,以正常讲话方式在普通房间里朗读包含汉语普通话全部鼻韵母的实验语句,时间1天至3年不等,分别使用上述语图仪和语音工作站观察全部宽带语图。采样率 8000Hz,带宽 300Hz。

3. 实验结果

3.1 不同人的差异性

按照汉语普通话鼻韵母的发音规则,发音时发音器官由元音的发音状态向鼻音的发音状态逐渐变动,鼻音成分逐渐增加,最后以发鼻音收尾。但不同人或由于对这个规则的具体掌握不尽相同,或由于发音器官(特别是鼻腔)的形状略有差异,或二者兼而有之,导致不同人发相同的鼻韵母,其共振峰形态存在不同程度的差异。具体表现在以下几个方面:

3.1.1 鼻韵尾共振峰分布状态

鼻韵尾共振峰的分布状态决定于发音人的鼻腔的生理构造。不同人的鼻腔的生理构造尽管宏观上是相同的(鼻腔有残疾者除外),但实际上存在着微观差异,比如体积大小、对称与否以及局部形状是否相同等。这就决定了不同人发相同的鼻韵母,其鼻韵尾共振峰的分布状态不可能完全相同。图1中(A)、(B)分别是两人所发的舌尖鼻韵母音节"jīn"的宽带语图。可以看出:前者分别在大约 300Hz、1000Hz、2300Hz 处分布有三条共振峰,而后者则在大约 300Hz、1000Hz、2700Hz 处对应分布有三条共振峰,两者的第三条共振峰相差大约 400Hz。

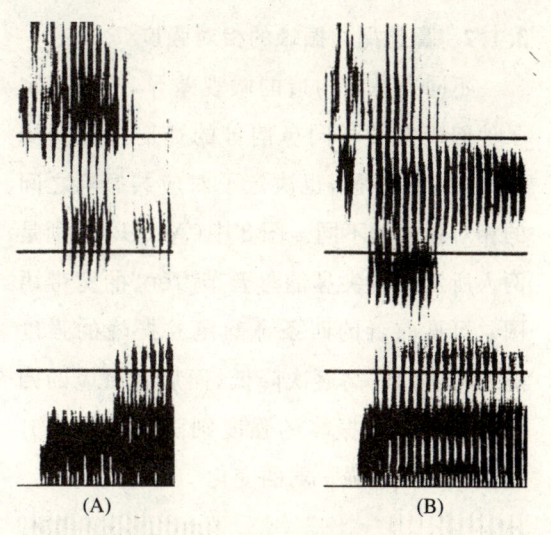

图1 两人所发音节"jīn"的宽带语图对比

对于舌根鼻韵母也是如此。图2中(A)、(B)分别是两人所发的舌根鼻韵母音节"xíng"的宽带语图。可以看出:前者分别在大约 300Hz、1400Hz、2400Hz 和 3300Hz 处分布有四条共振峰,而后者则在大约 400Hz、1200Hz、2300Hz 和 2700Hz 处对应分布有四条共振峰,各对应共振峰由低到高分别相差大约 100Hz、200Hz、100 Hz 和 600Hz。

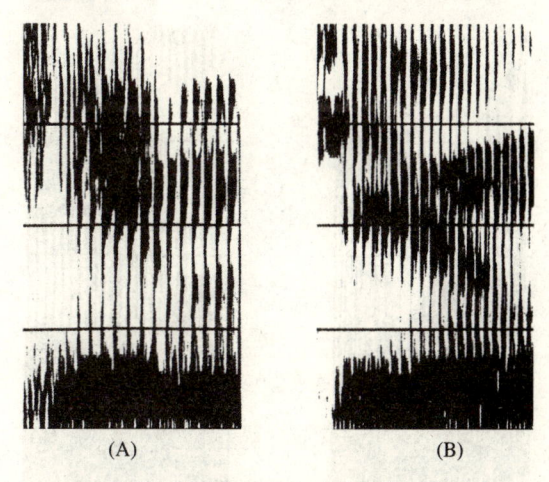

图2 两人所发音节"xíng"的宽带语图对比

3.1.2 鼻韵尾共振峰的相对强度

不同人鼻腔构造的微观差异,不仅决定了他们所发的相同鼻韵母的鼻韵尾共振峰分布状态的不同,也决定了对应共振峰之间的相对强度的不同。图3中(A)、(B)分别是两人所发的舌尖鼻韵母音节"rén"的宽带语图。可见前者的四条鼻韵尾共振峰的强度随着峰次的升高逐次降低,而后者对应的四条鼻韵母尾共振峰的强度则随着峰次的升高呈强—弱—强—弱的变化。

舌根鼻韵母也是如此。图4中(A)、(B)分别是两人所发的舌根鼻韵母音节"dēng"的宽带语图。可见前者4条鼻韵尾共振峰强度随着峰次的升高呈强—弱—弱—强的变化,而后者对应的四条鼻韵尾共振峰强度则呈强—弱—强—弱的变化。

3.1.3 主元音共振峰走向

鼻韵母的发音,发音动作由主元音向鼻韵尾滑动。在滑移段中,主元音共振峰与鼻韵尾共振峰存在着某种对应关系。研究中发现,由于发音方法的不同,这种对应关系是因人而异的。两人所发的同一鼻韵母,如果这种对应关系不同,则会造成对应共振峰走向的明显不同。图5中(A)、(B)分别是两人所发的舌根鼻韵母音节"xìng"的宽带语图。很明显,二者主元音的F_2的走向完全相反。原因就是前者的F_2独自对应一条较低的鼻韵尾共振峰,而后者的F_2则是与F_3共同对应一条较高的鼻韵尾共振峰。

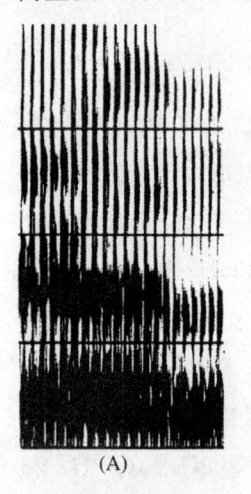

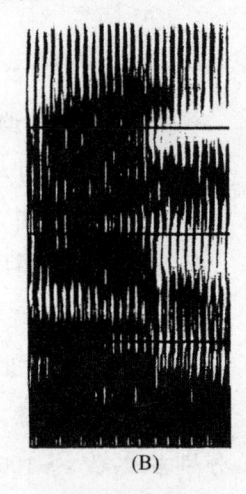

图3 两人所发音节"rén"的宽带语图对比

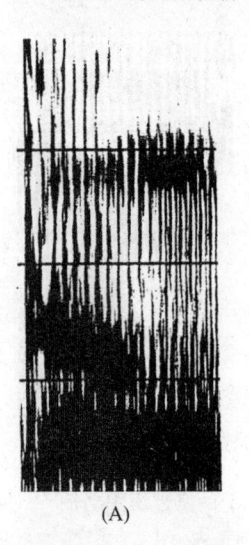

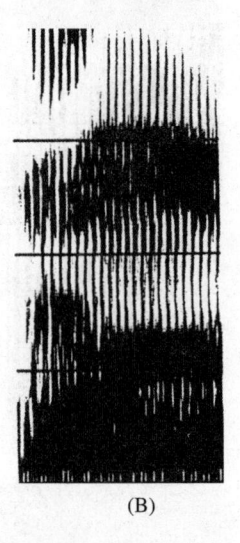

图4 两人所发音节"dēng"的宽带语图对比

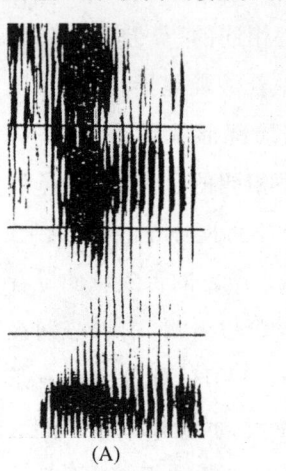

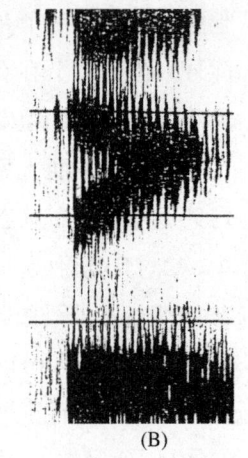

图5 两人所发音节"xìng"的宽带语图对比

即使是两人发同一鼻韵母时主元音共振峰与鼻韵尾共振峰的对应关系完全相同,有时也会因为两人主元音共振峰与鼻韵尾共振峰分布状态不同而导致主元音的走向不同。

3.1.4 后音渡形态

不同人发相同的鼻韵母,在主元音向鼻韵尾的过渡过程中,由于不同人口腔与鼻腔生理构造以及二者之间相互配合关系等方面的差异,主元音向鼻韵尾的过渡段(后音渡)的形态存在不同程度的差异,主要表现在主元音共振峰末端的频率位置、主元音与鼻韵尾过渡音征形态、过渡段峰间能量分布状态等三个方面。图6中(A)、(B)分别是两人所发的舌尖鼻韵母音节"bān"的宽带语图。可以看出:前者的后音渡形态较为简单,而后者的则要复杂得多。

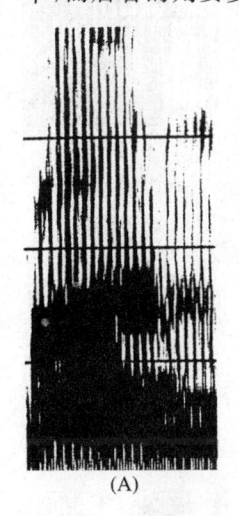

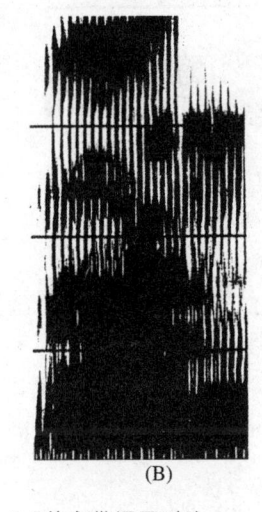

图6 两人所发音节"bān"的宽带语图对比

对于舌根鼻韵母也是如此。图7中(A)、(B)分别是两人所发的舌根鼻韵母音节"jiǎng"的宽带语图。观察两者主元音的F_2的末端位置,可见前者大约在1400Hz处,而后者则在大约1100Hz处;两者的过渡音征也相反。

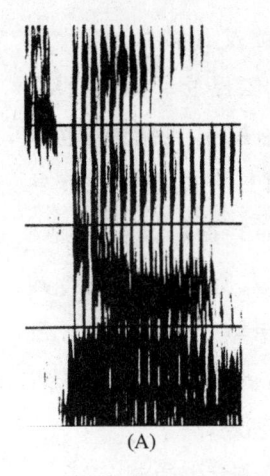

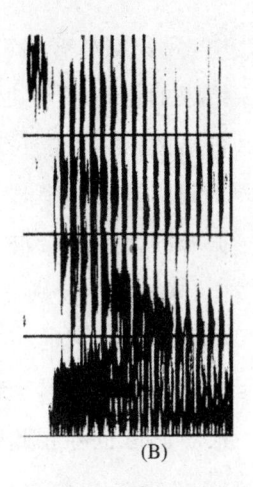

图7 两人所发音节"jiǎng"的宽带语图对比

3.1.5 主元音共振峰相对强度

在鼻韵母中,主元音不可避免地要受到鼻韵尾一定程度的逆同化作用,有时会导致主元音的发音动作与其单独发音时有一定程度的区别。而这种逆同化作用还因人而异,在语图上的反映之一就是不同人发相同的鼻韵母,有时主元音的各对应共振峰之间的强度出现较为明显的差异。从图6中可看出:两者主元音的F_1和F_2强度分别大体相当,而两者主元音的F_3和F_4的强度则分别相差明显。

对于舌根鼻韵母也是如此。见图4中两人所发的音节"dēng"的宽带语图。可以看出:在两者主元音的F_1强度大体相等的情况下,前者的F_1和F_2的强度基本相同,而后者的则差异明显。

3.1.6 元音鼻化

在研究中发现,有的发音人在发鼻韵母时,没有由元音到鼻音的转化过程,而是在发音的同时将软腭垂下来,打开鼻腔通路,使声音既从口腔出去,也从鼻腔出去,形成两个共鸣腔。在整个发音过程中,元音与鼻音共存,待发音结束时,元音结束的同时鼻音也随之停止。反映到宽带语图上,则看不到鼻韵尾共振峰,也看不到明显的过渡段,而只有类似于元音共振峰的元音鼻音混合的共振峰结构。图8中(A)、(B)分别是两人所发的舌尖鼻韵母音节"qiān"的宽带语图。可见:前者没有鼻韵尾共振峰,而后者则明显存在。舌根鼻韵母也存在此类情况。

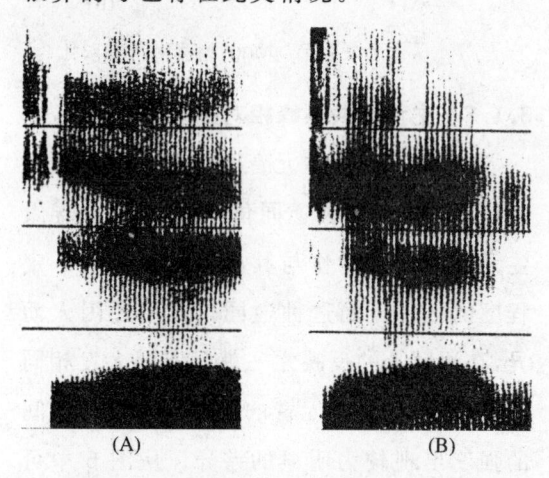

图8 两人所发音节"qiān"的宽带语图对比

3.1.7 主元音与鼻韵尾连接形态

发鼻音时由主元音过渡到鼻韵尾要经历一个气流由口腔到鼻腔的变化过程,即气流先通过口腔(发主元音时),然后口腔通道关闭,气流转向进入鼻腔。有的人关闭口腔通道的动作很迅速,而气流由原来发元音时的口腔流出改为鼻腔流出并形成鼻音需要一定的"弛豫时间"。在这段时间内,元音已发音完毕,鼻音还未形成,反映在语图上就是主元音与鼻韵尾之间出现间断;而有的人则不同,他们的这种关闭口腔通道的动作较缓慢,在鼻音的形成过程中,元音一直在持续,直到鼻音最后形成,关闭动作才告结束。

在整个鼻韵母的发音过程中,声音一直没有中断,反映在语图上就是主元音共振峰与鼻韵尾横杠紧密相连。图9中(A)、(B)分别是两人所发的舌尖鼻韵母音节"jìn"的宽带语图。可见:前者的主元音与鼻韵尾之间存在一段较为明显的空白段,而后者主元音与鼻韵尾则连接紧密。

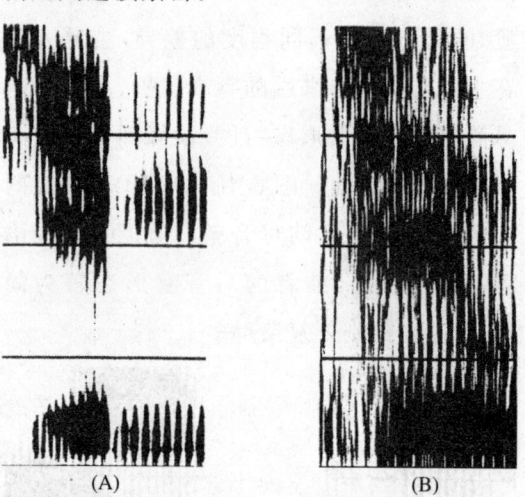

图9 两人所发音节"jìn"的宽带语图对比

对于舌根鼻韵母也是如此。图10中(A)、(B)分别是另外两人所发的舌根鼻韵母音节"zhēng"的宽带语图。可见:前者主元音与鼻韵尾连接紧密,而后者主元音与鼻韵尾之间则存在一段明显的空白段。

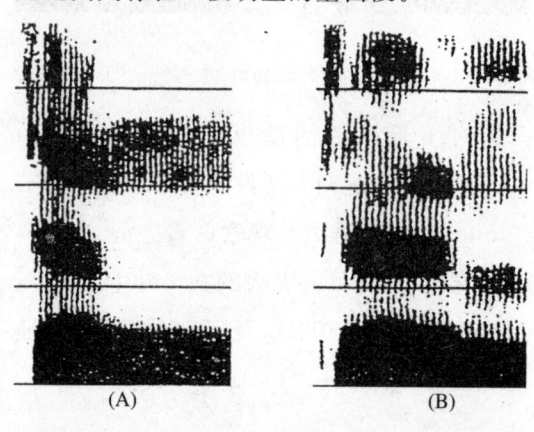

图10 两人所发音节"zhēng"的宽带语图对比

3.1.8 主元音与鼻韵尾时长比例

由于发音方法与习惯上的不同,不同人在主元音与鼻韵尾的时长的掌握上不尽相同,反映在语图上就是主元音共振峰的长度与鼻韵尾共振峰的长度比例的不同:有的主元音长鼻韵尾短,有的相反,而有的则二者长短比例大体相当。图11中(A)、(B)分别是两人所发的舌尖鼻韵母音节"shēn"的宽带语图。可见:在两者韵母的总时长基本相等的情况下,前者的主元音与鼻韵尾时长比例大约为1:2,而后者则大约为1:1。

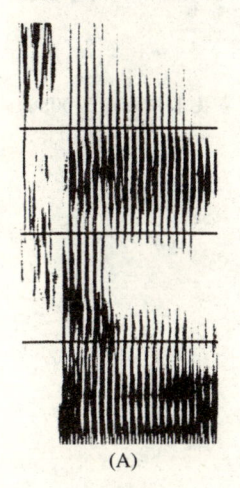

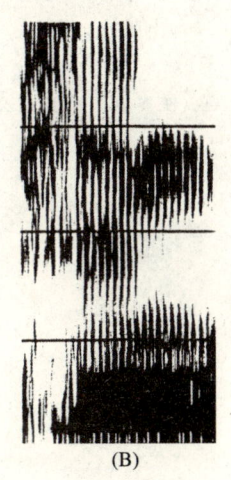

图 11 两人所发音节"shēn"的宽带语图对比

对于舌根鼻韵母也是如此。从图10中可以看出:在两者韵母的总时长基本相等的情况下,前者的主元音与鼻韵尾时长比例大约为1:2,而后者则大约为2:1。

3.2 自身同一性

对每个发音人来说,在一定的时间间隔内所发的相同鼻韵母,不论在上述的哪一方面,都表现出较强的自身同一性。由于篇幅所限,不一一赘述。

4. 讨论

鼻韵尾共振峰的强度较主元音的要低,并且不同峰次之间相差更大,那些强度较低的共振峰有时显不出来,过分强调显示鼻韵尾共振峰有时又会造成主元音部分过载。因此,必要时需要将鼻韵尾部分单独作图。

对于主元音与鼻韵尾时长比例大约为1:1的情况,有时是主元音略长于鼻韵尾,有时是鼻韵尾略长于主元音,不是十分地稳定。

鼻韵母共振峰相对强度和主元音共振峰相对强度很容易受录音器材的频响特性影响而产生误差,特别是强度相差不大的情况更是如此。

5. 结论

以上的研究结果表明,鼻韵母共振峰的表现形态具有较强的不同人的差异性和自身同一性,均可作为声纹鉴定中一个方面的特征来使用。但如何使用以及价值高低,则需具体分析。

后音渡形态特征所反映的语音声学信息最多,不同人的差异性和自身同一性也很强,故此项特征的认定意义和否定意义都很大。

主元音共振峰走向特征基本不受语境影响,故其自身同一性很强,因此其否定意义极大;但所反映的语音声学信息不如复合韵母的多,故其认定意义较后音渡形态特征稍逊。

鼻韵尾共振峰分布状态特征的自身同一性很强,但不同人的差异性有时表现不明显,难以准确度量,故此项特征是否定意义大,认定意义小。

主元音共振峰相对强度特征和鼻韵尾共振峰的相对强度特征在录音条件相同的情况下才可作为特征使用。同样由于不同人的差异性有时表现不明显,难以准确度量,也是否定意义大,认定意义小。

元音与鼻韵尾连接形态特征目前只能区分"有间隙"和"无间隙"两种情况,而对于不同人的同为"有"或"无"尚无法进一步区分。因此,此项特征也是否定意义大,认定意义小。

元音鼻化特征、主元音与鼻韵尾时长比例特征的表现形式均比较简单,分别仅限于有无鼻韵尾和主元音与鼻韵尾的相对长短,故此两项特征也是否定意义大,认定意义小。

参考文献

林焘　王理嘉　1992　《语音学教程》,北京大学出版社。
王英利　2001　《利用鼻韵母发音方法特征进行声纹鉴定的研究》,《中国刑警学院学报》第4期。
吴宗济、林茂灿等　1989　《实验语音学》,高等教育出版社。

(王英利　广东省公安厅刑事技术中心　510050)

听障儿童普通话声调获得研究

李洪彦　黎明　孔江平

摘要：本文通过听辨实验和统计分析的方法，对68名植入人工耳蜗儿童和46名佩戴助听器儿童的声调获得进行了研究。得出以下几个方面的结论:植入人工耳蜗和佩戴助听器儿童在声调获得方面表现出显著性差异。无论是单字调还是双音节声调,助听器组都显著优于人工耳蜗组。单字调获得顺序由易到难为阴平、去声、上声、阳平。双音节声调获得,"阴平+阴平"最容易,"阳平+阳平"最难。偏误类型方面,单字调两组主要偏误都为平调;双音节声调人工耳蜗组基本偏误为平调加平调,而助听器组则各个调类都有。单字调成绩和双音节声调成绩显著相关。声调获得相关因素分析显示,人工耳蜗组的声调获得与声调识别相关,助听器组的声调获得与韵母识别、声母识别、声调识别、听觉康复级别、语言康复级别都显著相关。

关键词：声调获得　听辨实验　统计分析

1. 引言

1.1 概论

汉语是一种声调语言,《现代汉语词典》中共有1336个音节,如果不考虑声调,则只有409个,可见,声调在普通话音位系统中承担着相当重要的区别意义的功能。声调另一个重要功能是抗干扰,在噪声、失真等条件下,声调的清晰度远远高于声母、韵母的清晰度,因此在提高语言可懂度方面声调有重要作用。语音康复是听障儿童语言康复的基础,声调获得则是语音康复的关键。

目前,补偿聋儿听力的两种主要方式人工耳蜗植入和佩戴助听器在语音感知方面各有优劣。人工耳蜗在中高频信息方面有优势,但对低频信息感知不敏感,主要原因在于:耳蜗不同部分感受的频率是不同的,蜗底感受的频率较高,而蜗顶则感受较低的频率,经由手术植入耳蜗的电极,很难达到负责感知低频信息的蜗顶。同时,这也受制于残余听神经元的数量多少。听神经元的功能存在数量越多,人工耳蜗的效果越好。听神经元在各种内耳病变之后的残存率变异极大,多至正常的70%左右,少至正常的10%。因此,这一不确定因素导致部分人工耳蜗效果比较差。另外,人工耳蜗的编码机制也不利于基频的感知,郑振宇等(2004)认为对于包含基频频率变化模式信息的300Hz以下频带,一般仅能压缩为一个通道进行处理,不能体现基频的变化模式。因此,本文在研究植入人工耳蜗儿童声调获得相关因素时,提取了电极长度、电极直曲、编码方案三个参量进行分析。

助听器的优势在于可提供听障者丰富的中低频信息。大部分听障孩子在低频处尚有一些残余的听力,藉由配戴助听器后仍可接收大量低频信息。因此理论上助听器儿童比人工耳蜗儿童在声调感知方面更有优势。

1.2 相关研究

由于人工耳蜗植入大规模开展只是近20年的事情,所以植入后语音获得相关研究也是起步不久。由于样本量、方法等的差异,各家的观点不尽相同。

人工耳蜗和助听器的比较研究方面:魏朝刚等(2000)认为,在整体言语识别方面,听力损失都为极度聋的情况下,耳蜗植入儿童明显优于助听器儿童。而单独声调识别方面,Lee Kathy Y. S.等(2002)认为,无论是裸耳还是补偿后,人工耳蜗植入和助听器儿童都没有表现出统计意义的差异。

人工耳蜗植入儿童的声调获得方面:Barry J. G.等(2002)认为耳蜗植入儿童能够得到足够多的音高信息来区别几乎全部的声调对照组,即使是比较低的基频变化也能反映出来。而Xu L.等(2004)则认为耳蜗儿童发出的调型大部分趋平,其他调型不规则。原因是耳蜗电极刺激所承载的音高信息量太少。Peng S. C.等(2004)的结论是声调获得正确率为53%,识别正确率为73%。

不同调类的获得情况:魏朝刚等(1999)认为聋童声调的平均正确识别率由高到低分别为阴平75.3%、去声75.2%、上声61.3%、阳平50.3%。总体误判为阴平最多,阳平和上声间容易混淆。Barry J. G.等(2000)对耳蜗儿童获得广东话声调顺序的研究结论是先高平后高升再低降。

声调获得相关因素方面:Peng S. C.等(2004)认为好的获得率相关于好的识别率,获得率和识别率与植入时的年龄和植入时间的长短有关。Lee Kathy Y. S.等(2000)认为听障儿童声调获得相关因素有:年龄,语训时间,佩戴助听器时间和植入耳蜗时间。Lee Kathy Y. S.等(2003)认为与广东话声调感知相关的因素有:对被试词语的熟悉程度,被试词语的使用频率,年龄,词汇量,母语背景。

1.3 本文研究意义

从1.2的分析可以看出,以前的研究在人工耳蜗和助听器获得声调的比较方面没有统一的结论。在人工耳蜗植入儿童声调获得效果方面也存在分歧。不同调类的获得情况,普通话普遍认为是阴平、去声、上声、阳平的顺序,调型上即为高平、高降、降升和高升;而广东话则是高平、高升再低降的顺序。在声调获得相关因素方面,各家观点不同。本文将对以上各家观点进行验证。

另外,所有的研究都停留在单字调层面,对双音节声调没有涉及。本文将对听障儿童的双音节声调获得进行研究。

2. 实验说明

2.1 被试选择

人工耳蜗植入儿童68人,助听器儿童

46人。年龄从2岁到8岁,平均年龄为4.7岁。所有听障儿童都是语前聋,方言背景虽然比较复杂,但他们绝大部分时间都在康复中心生活,可以认为都是普通话背景。

2.2 实验材料

单字调为4个。双音节声调组合,四声加上轻声,其声调组合有4×5=20个。故单字调、双音节声调一共有24个;每个选两个词,则一共有48个词。所选词都是聋儿生活中使用频率比较高的物质名词,配以图画卡片,每个词读两遍。

2.3 实验方法

录音采用指向性麦克风在安静封闭室内完成,录音软件为Adobe Audition1.5。录音方式为作者指着卡片领读,被试看着卡片跟读。切音后由三名受过听音记音训练的中文系学生对被试语音的声调进行听辨,不管声韵,只记声调。然后对记录结果进行整合。统计每一个人、每一个调类的正确、偏误率和偏误类型。收集被试各种个人信息。用excel、SPSS13.0进行统计分析。

3. 实验结果分析

3.1 单字调

把单字调正确样本数除以单字调总样本数16再乘100得到每个人单字调的百分制得分。由于助听器组和人工耳蜗组人数不同,不便于比较,我们把成绩排序后,

对人数进行归一化处理,使之位于0-1之间,然后放在同一个二维坐标轴上进行比较;再根据这些数据拟合出一条二项式曲线,如图1:

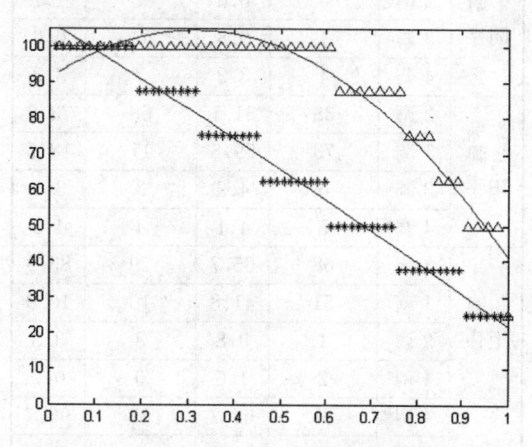

图1 人工耳蜗组和助听器组单字调成绩对比

"*"代表人工耳蜗组,"△"代表助听器组。由上图可以看出,助听器组单字调获得明显优于人工耳蜗组。助听器组得满分的占2/3,曲线然后开始陡降,而人工耳蜗儿童的成绩曲线基本保持同一斜率,成绩在60分以上和以下的各占一半。为进一步说明这个问题,对人工耳蜗组和助听器组的单字调得分进行均值标准差统计分析(表1):

表1 人工耳蜗组和助听器组单字调成绩统计

	均值	样本量	标准差
人工耳蜗	63.11	68	24.00
助听器	88.04	46	18.79

由表1可以看出,两组成绩差异显著,助听器组的均值高出人工耳蜗组25分之多,且人工耳蜗组标准差也明显高于助听器组。再对4个调类的正确率和偏误率进行统计:

表2 单字调4个调类出现率

目标调类	实发调类	人工耳蜗组数量	出现率(%)	助听器组数量	出现率(%)
1调阴平	1调	117	95.9	88	95.7
	2调	0	0.0	1	1.1
	3调	1	0.8	0	0.0
	4调	4	3.3	3	3.3
2调阳平	2调	38	31.1	68	73.9
	1调	73	59.8	17	18.5
	3调	6	4.9	3	3.3
	4调	5	4.1	4	4.3
3调上声	3调	68	55.7	79	85.9
	1调	51	41.8	10	10.9
	2调	1	0.8	3	3.3
	4调	2	1.6	0	0.0
4调去声	4调	85	69.7	89	96.7
	1调	36	29.5	3	3.3
	2调	0	0.0	0	0.0
	3调	1	0.8	0	0.0

目标调类与实发调类一致的即为正确,这样,根据调类正确率得到人工耳蜗组获得4个声调的顺序由易到难为:阴平、去声、上声、阳平。助听器组获得4个声调的顺序由易到难为:去声、阴平、上声、阳平;但是阴平和去声只有一例之差,有可能是偶然因素,可以不予考虑。通过比较数据可以看出,二者对阴平的获得基本相同,不同的是助听器组获得去声、阳平、上声都优于人工耳蜗组。

偏误类型方面,每个调类的主要偏误类型二者基本无差。阴平偏误为去声最多,阳平、上声、去声都是偏误为阴平最多,但是偏误程度人工耳蜗组高于助听器组。总体上,人工耳蜗组读阴平的比率远远高于助听器组,读阳平的比率远远低于助听器组;人工耳蜗组在所有例词中实发阴平的占56.8%,实发阳平的占8.0%,而助听器组实发阴平的是32.1%,实发阳平的是20.0%。

3.2 双音节声调

按照和单字调相同的方法,得到人工耳蜗组和助听器组双音节声调成绩,如图2:

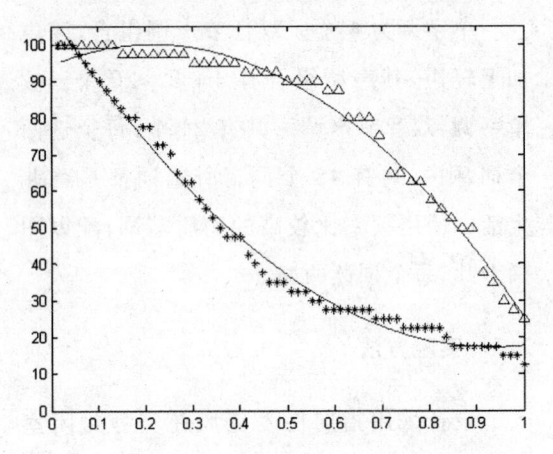

图2 人工耳蜗组和助听器组双音节声调成绩对比

和单字调一样,助听器组的双音节声调成绩明显优于人工耳蜗组。但是和单字调不同的是,助听器组中成绩在85分以上的占了2/3,然后开始陡降;而2/3的人工耳蜗组成绩在50分以下,人工耳蜗儿童对双字调的获得总体水平更差了。对人工耳蜗组和助听器组的双音节声调得分进行统计分析(表3):

表3 人工耳蜗组和助听器组双音节声调成绩统计

	均值	样本量	标准差
人工耳蜗	46.11	68	26.32
助听器	80.84	46	21.40

可见,两组成绩差异更大了,助听器组的均值高出人工耳蜗组30多分,且人工耳蜗组标准差也明显高于助听器组。对20

个双音节声调组合的正确率分别进行统计:

表4 人工耳蜗和助听器双音节声调统计①

声调组合	正确率(蜗)	正确率(助)	误型及比例(蜗)	误型及比例(助)	实发(蜗)	实发(助)
1+1	81	97	1+4:8/4+1:8	1+4:2	34	8
1+2	33	82	1+1:53	1+1:10	4	6
1+3	39	79	1+1:48	1+1:10	4	5
1+4	57	91	1+1:31	4+1:2	8	6
1+5	43	86	1+1:43	1+1:9	4	5
2+1	39	83	1+1:46	1+1:4	6	6
2+2	16	58	1+1:39	1+2:21	1	3
2+3	35	72	1+1:28	1+3:9	2	3
2+4	42	84	2+1:17	4+1:3	3	6
2+5	23	68	2+1:21	2+4:25	2	4
3+1	54	91	1+1:31	2+1:3	5	6
3+2	37	68	1+1:25	3+1:11	2	4
3+3	23	67	1+1:30	1+3:8	1	4
3+4	35	75	1+1:31	3+1:13	2	4
3+5	31	77	1+1:32	3+1:9	2	4
4+1	66	93	1+1:27	3+1:11	11	8
4+2	30	75	1+1:35	4+1:13	2	4
4+3	46	80	4+1:28	4+1:9	3	5
4+4	51	80	1+1:16	4+1:10	3	5
4+5	44	92	1+1:21	4+1:5	3	5

由上表可以看出,在每一个声调组合上,助听器组的正确率都显著高于人工耳蜗组。人工耳蜗组获得20个双音节声调组合的顺序由易到难分别为:阴平+阴平、去声+阴平、阴平+去声、上声+阴平、去声、去声+上声、去声+轻声、阳平+轻声、阳平+去声、阴平+上声、阳平+阴平、上声+阳平、阳平+上声、上声+去声、阴平+阳平、阳平+轻声、去声+阳平、阳平+阳平。而助听器组获得的顺序由易到难分别为:阴平+阴平、去声+阴平、去声+轻声、阴平+去声、

上声+阴平、阴平+轻声、阳平+去声、阳平+阴平、阴平+阳平、去声+去声、去声+上声、阴平+上声、上声+轻声、上声+去声、去声+阳平、阳平+上声、上声+阳平、上声+上声、阳平+轻声、阳平+阳平。二者基本一致,只是有几个组合排序上略有差别。总体看来,"阴平+阴平"最容易,"阳平+阳平"最难,涉及阴平和去声的容易些,涉及上声和阳平的难些。

主要偏误类型方面,人工耳蜗组除了少数几组,基本都偏误为"阴平+阴平";而助听器组则各个调类都有,一般后字偏误多为阴平,前字多为正确调值。

实发声调组合是指实际发的每组声调组合在所有样本中所占的比例。人工耳蜗组发"阴平+阴平"的最多,在所有样本中占34%,远远高于平均机会水平;发"去声+阴平"的占11%;发"阳平+阳平"和"阳平+轻声"的最少,只有1%。助听器组则各个调类差别不大,都在平均机会水平上下,只有"阴平+阴平"和"去声+阴平"达到了8%。

3.3 单字调与双音节声调的关系

分别对人工耳蜗组和助听器组的单字调成绩与双音节声调成绩进行相关性分析:

---

① "正确率(蜗)"代表人工耳蜗组的正确率(单位是%,后同),"正确率(助)"代表助听器组的正确率,"误型及比例(蜗)"代表人工耳蜗组的主要偏误类型和所占比例,"误型及比例(助)"代表助听器组的主要偏误类型和所占比例,"实发(蜗)"代表人工耳蜗组在所有样本中实发这个声调组合的比例,"实发(助)"代表助听器组在所有样本中实发这个声调组合的比例。

表 5 单字调和双音节声调相关性分析

	人工耳蜗组	助听器组
Pearson Correlation	0.848 **	0.766 **
Sig. (2-tailed)	0.000	0.000
N	68	46

结果：相关系数分别为 0.848 和 0.766，而不相关的概率几乎为 0，因此单字调成绩与双音节声调成绩显著相关。两组都是如此，说明，如果单字调获得情况比较好，双音节声调获得情况也会好。

3.4 声调获得相关因素分析

综合考虑各种因素，把有可能和声调成绩相关的各种因素与成绩进行相关分析，得到表 6：

表 6 与声调成绩相关因素统计分析

	人工耳蜗组			助听器组		
	r.	Sig.	N.	r.	Sig.	N.
年龄	−0.11	0.416	68	0.40 **	0.005	46
确诊时间	−0.13	0.368	52	−.0.01	0.952	35
耳蜗开机时间	0.30	0.106	37	—	—	—
耳蜗康复时间	0.20	0.123	62	—	—	—
全部康复时间	0.14	0.305	62	0.07	0.642	42
裸耳听力	−0.07	0.654	50	−0.27	0.092	39
补偿后听力	0.37	0.174	15	−0.18	0.311	33
韵母识别	0.27	0.418	11	0.74 **	0	22
声母识别	0.34	0.3	11	0.83 **	0	23
声调识别	0.60	0.283	5	0.65 **	0.001	21
听觉康复级别	0	1	11	0.86 **	0	23
语言康复级别	0.47	0.108	13	0.78 **	0	22
电极植入长度	−0.24	0.426	13	—	—	—
电极曲直	−0.07	0.819	13	—	—	—
言语编码方案	0.44	0.130	13	—	—	—

由上表可见，人工耳蜗组声调获得成绩与声调识别的相关系数是 0.60，但是 S = 0.283，置信度没有达到显著水平。理论上，声调识别和声调获得成绩应该是显著相关

的，这里的置信度比较低，可能是由于样本量太少的缘故。和电极植入长度、电极直曲、言语编码方案的相关度也没有达到有相关意义的标准，证明是不相关的。但是这里需要说明的是，由于收集资料上的困难，只得到了其中 13 个孩子的人工耳蜗型号，样本量上不够多。因此如果有条件的话可以用更大的样本量来进行分析，也许会得出不一样的结论。助听器组的声调成绩与韵母识别、声母识别、声调识别、听觉康复级别、语言康复级别都显著相关。识别得越好，整体康复效果越好，声调获得也就越好。

4. 小结与讨论

4.1 小结

综上所述，植入人工耳蜗儿童和佩戴助听器儿童在声调获得方面表现出显著性差异。无论是单字调还是双音节声调，助听器组都显著优于人工耳蜗组。在获得声调的顺序方面，二者基本无差：单字调由易到难为阴平、去声、上声、阳平（助听器组阴平和去声无差）；双音节声调获得，"阴平+阴平"最容易，"阳平+阳平"最难；涉及阴平和去声的容易些，涉及上声和阳平的难些。偏误类型方面，单字调除了阴平的偏误调类主要为去声外，其他调类都主要偏误为阴平，只是人工耳蜗组偏误为阴平的比率远远高于助听器组。双音节声调人工耳蜗组除了少数几组，基本都偏误为"阴平+阴平"；而助听器组则各个调类都有，一般后字偏误多为阴平，前字多为正确调值。单字调成绩和双音节声调成绩显著相关，单字调成绩越好，

双音节声调成绩则越好。和声调获得相关的因素分析，人工耳蜗组的声调成绩与声母识别显著相关。助听器组的声调成绩与韵母识别、声母识别、声调识别、听觉康复级别、语言康复级别都显著相关。

4.2 讨论

阴平和去声获得的情况要普遍好于阳平和上声。一是高平调和高降调本身就是比较容易发的调，在所有声调语言中高平调和高降调都是最普遍的，属于无标记的调类，这是人类语言长期自然选择的结果；另一个是教学方法上的导向，无论是家长还是语训老师教听障儿童发音时总是要求孩子声音要大一些，并且要及时能够反馈，这容易造成孩子的声带紧张，一直在准备发音，所以一开始音高就使起点很高，因此发高平和高降比较容易，而起点比较低的阳平和上声就比较困难，声带的紧张降不下来。

人工耳蜗组声调获得虽然总体上不如助听器组，但也有少部分儿童的成绩特别优秀。在人工耳蜗获得声调机制基本相同的情况下，他们获得优秀的原因是我们要努力探究的，以便将来对人工耳蜗获得声调情况进行改进。郑振宇等（2004）即认为人工耳蜗使用者获得声调识别的机制，可能与泛音的变化有关。从理论上讲，声调信息也可以广泛地分布于音节各共振峰中。泛音在响应基频的变化时，有可能引起装置刺激通道的改变。为植入者提供语音的频率变化信息，从而体现声调的变化模式。所以，有必要进一步深入探讨声调识别与泛音变化模式的关系。

参考文献

魏朝刚 曹克利等 1999 《多通道人工耳蜗使用者电刺激速率辨别与声调识别的关系》，《中华耳鼻咽喉科杂志》第2期。

—— 2000 《儿童人工耳蜗植入者的言语识别》，《临床耳鼻咽喉科杂志》第1期。

郑振宇 曹克利等 2004 《语后聋 Nucleus 人工耳蜗使用者的声调识别》，《中国听力语言康复科学杂志》第1期。

Barry J. G., et al. 2000 Differentiation in tone production in Cantonese-speaking hearing-impaired children. *The 6th International Conference on Spoken Language Processing*, Beijing.

—— 2002 Tone discrimination in Cantonese-speaking children using a cochlear implant. *Clinical Linguistics and Phonetics*, 16 (2).

Lee, Kathy Y. S., et al. 2000 Cantonese tone perception ability of cochlear implant children in comparison with normal-hearing children. *International Journal of Pediatric Otolaryngology*, 63(2).

—— 2002 Benefit of using hearing devices in tone perception of hearing-impaired children. *The 8th International Congress of Paediatric Otorhinolaryngology*, Oxford, U.K.

—— 2003 Factors contributing to tone perception performance: implications for designing paediatric assessment instruments. *The 4rd Congress of Asia Pacific Symposium on Cochlear Implant and Related Sciences*, 台北。

Peng S. C., et al. 2004 Perception and production of Mandarin tones in prelingually deaf children with cochlear implants. *Ear Hear*, 25(3).

Xu L., et al. 2004 Tone production in Mandarin-speaking children with cochlear implants. *Acta Otolaryngol*, 124 (4).

（李洪彦　孔江平　北京大学中文系
黎明　中国聋儿康复研究中心）

民歌男高音共鸣的实验研究*

钱 一 凡

摘要：共鸣是歌唱的重要因素,而以往对歌唱共鸣的研究往往基于声乐的感觉和经验。本文利用麦克风、声门阻抗(EGG)采集器和自制的振动传感器同时采集民歌男高音 a、i、u 三个元音由低音域到高音域的语音信号、嗓音信号、头腔共鸣信号和胸腔共鸣信号,然后提取出基频、各通道振幅等参数,并对它们进行比较分析,观察民歌男高音歌手各音域共鸣特征。分析结果表明:1)头腔共鸣和胸腔共鸣的确存在;2)随着音高的提高,各元音语音强度明显提高,嗓音基本保持不变,头腔共鸣和胸腔共鸣强度在最高音处有较显著提高,说明二者在最高音处对音量有显著贡献;3)a、i、u 三个元音的嗓音强度在整个音高域上没有明显的高下关系,而三个元音的语音、头腔共鸣和胸腔共鸣的强度在不同音域各有不同的表现;4)不考虑元音的差别,头腔共鸣和胸腔共鸣在不同音域的强度关系不同,大致是:低音域和高音域头腔共鸣强于胸腔共鸣,中音域头腔共鸣弱于胸腔共鸣。这个结论与传统声乐理论的结果既相一致又有出入。

关键词：声乐　民歌　共鸣　声学分析

1. 引言

无论是说话还是唱歌,共鸣都是发声中最重要的因素之一。对说话而言,口腔共鸣和鼻腔共鸣决定了元音的音色,没有口腔共鸣和鼻腔共鸣,我们就不能发出能够区别意义的各种元音和辅音;对唱歌而言,共鸣似乎更为重要,在 P.M.马腊费奥迪《卡鲁索的发声方法》一书中提到:"共鸣对嗓子音量的贡献,比呼吸所提供的重要得多,也比声带的大小——发声力量——重要得多",因为人的声带能产生的声音是极为微小单薄而没有色彩的,歌唱者只有很好地运用腔体调节共鸣,才能发出音量宏大、音色丰润饱满的歌声。音乐教育界对于歌唱共鸣也一向非常重视,无论是西洋美声唱法还是中国民族民间唱法,都有一整套的歌唱共鸣理论。历来对歌唱共鸣的研究,主要有两种,一种是声乐教育方面的普通研究,这种研究基于声乐训练的经验和感觉,探寻共鸣的方法,主要目的在于进行声乐教育;而共鸣机制的实验研究主要在言语嗓音医学方面,这种研究主要运用实验的方法,从生理学和病理学的角度,通过对共鸣的声学检测达到早期无创发现病变而及早治疗的目的。本文主要在民歌男高音的范围内,通过声学分析的方

---

* 本项研究由北京大学 985 子项目"汉语普通话多模态研究"及自然科学基金项目"汉语普通话发声模型研究(项目批准号:10674013)"资助。

法研究共鸣的机制,试图用实验结果检验先前基于感觉的声乐理论,并科学地指导声乐训练。

2. 各家说法

徐起飞(2004)认为:"共鸣是发声中最重要的因素,它赋予嗓音的音量和音质,并加强其响亮度,直接影响着歌唱的效果。为发出一个洪亮而亲切的嗓音,依靠共鸣比依靠力量更重要。"冯彬、孔令鹏(2005)认为:"根据一般的发声原理,任何一种乐器如果能够发出美妙的声音,它必须具备三个必要条件:(1)动力部分;(2)振动体部分;(3)共鸣腔体部分。这三个部分缺一不可,互相配合,相互作用,否则不会发出悦耳、动听的声音。声乐艺术也不例外,它是把气息作为动力,声带作为振动体,胸腔、口咽腔、头腔的联合体作为共鸣腔体。通过以上三个部分的正确地、合理地配合使用,才能使生活中的语言得到合理充分地扩大,从而艺术地再现经过自我创作的人声——一种最科学的、最自然的、最美妙的声音。"冉平(2005)认为:"声带是发声体,……它所能发出的声音是微弱的、细小而又无色彩的音,必须通过共鸣器官对它加工、润色、美化。"肖眉雅(2006)认为:"歌唱家能与乐队抗衡的声音,是经过长期的训练得到的,是充分地运用了人体各部分共鸣腔体的结果。"

如上,基于声乐的研究都不否认歌唱共鸣的存在,但对歌唱共鸣腔体的解释和理解,却有很多说法。这些说法既包括对歌唱共鸣腔体划分的不一致,也包括对各共鸣腔共鸣作用的不同理解。吴海燕(2005)认为歌唱共鸣腔可分为胸腔共鸣、口腔共鸣和头腔共鸣,其中头腔共鸣也可称为鼻腔共鸣。闫璟玉(2002)和肖眉雅(2006)也把歌唱共鸣腔分为胸腔共鸣、口咽腔共鸣和头腔共鸣三个部分。徐起飞(2004)认为歌唱共鸣腔有四个:(1)从声带声门至后腭弓(悬雍垂)是咽腔;(2)咽喉腔以下是胸腔;(3)咽喉腔以上是口腔;(4)鼻道及它周围的鼻窦灯(对窦窝在共鸣腔体中)通称鼻腔。冉平(2005)也把歌唱共鸣腔分成四个:胸腔共鸣、口咽腔共鸣、鼻咽腔共鸣和头腔共鸣。冯彬、孔令鹏(2005)把歌唱共鸣腔体分为固定共鸣腔体和可变共鸣腔体两种,其中固定共鸣腔体分为头腔共鸣、鼻腔共鸣和胸腔共鸣,而可变共鸣腔体又分为口腔共鸣和咽腔共鸣。对于各共鸣腔体的共鸣作用,吴海燕(2005)的看法很有代表性,她认为,胸腔共鸣常常在比较低的声部运用得比较多,也常常在各个声部的低区运用较多;口咽腔共鸣对声音的丰满、优美的音色的产生有决定性的作用,是胸腔和头腔共鸣的基础;头腔共鸣或鼻腔共鸣是歌唱发音中最重要的共鸣腔体,它使声音明亮、丰满,富有金属性铿锵的色彩。肖眉雅(2006)认为,低声区我们胸腔共鸣的成分多些;中声区口咽腔共鸣较明显;而高声区头腔共鸣的成分明显增多。徐起飞(2004)还认为,各个腔体不可能划出十分明显固定的界限,虽然从理论上可以分为四个共鸣腔体,但当发声共鸣时,共鸣是联合出现的。从歌唱效果和实际来看,歌唱共鸣并不只是四个腔体共鸣的结果,而是整个身体的共鸣,是"身体的腔体"共鸣的结果——

"不排除头、骨、腹部、关节甚至肌肉的联合共鸣。"

运用实验方法研究歌唱共鸣,主要有黄永旺等(2006)使用自行设计研制的"多通道语言分析系统",采用多路体表传感器间接测量共鸣腔附近的体表振动信号来了解各个腔体于振动时的共振特性及它们之间的关系特征;通过测量歌唱者不同声部头、口、喉、胸四部位的频谱能量分布特征来了解歌唱者各部位的共振频率特性、基频、共振峰特性。得出的结论是:歌唱发声时的共振系统并非一个统一的共振频率,而是根据发声腔体的形状、共鸣位置及组织结构的不同而各异;各声部的特征主要与声带的自然结构、共振系统的差异及喉内各肌组的调节作用有关。

3. 实验设备与方法

3.1 实验设备

硬件:麦克风一支,声门阻抗信号(EGG)采集器一台,自制振动传感器两个,调音台一台,Powerlab 肌电脑电仪一台,录音用笔记本电脑一台,定音用笔记本电脑一台。

软件:录音用肌电脑电仪配套软件 AD-Instruments 公司 Powerlab Chart5 for Windows,定音高用 Cakewalk Pro Audio 9.03,后期参数提取使用基于 Matlab 的北大语音乐律信号处理平台。

发音人:刘洛克,男,24 岁,北京大学合唱团男高音,学习民歌唱法 10 年;郭长雷,男,27 岁,原北京大学合唱团男高音,学习民歌唱法 6 年。

信号样本在北大中文系录音室采集,本底噪声小于等于 18dB。

3.2 实验方法

前期使用录音软件分四通道采集声音信号,其中,第一通道采集经由麦克风得到的语音信号,第二通道采集经由喉头仪得到的嗓音信号,第三通道和第四通道分别采集两个振动传感器得到的信号。信号采集参数为 16bit、20kHz。

实验前将麦克风固定在距发音人口部约 15cm 处;喉头仪固定在喉头;一号振动传感器固定在头顶偏前方约 30 度处,采集头腔共鸣信号;二号振动传感器固定在胸部约肋骨第五节正中,采集胸腔共鸣信号。

实验时发音人根据定音高软件给出的标准音高,从小字组 g 到小字二组 g2,共 25 个半音,使用民族唱法,每个音按元音[a][i][u]各唱两遍,每遍约持续 2 秒,即每位发音人每个元音共记录时长约 2 秒的 50 个四通道信号。

实验后将记录的信号每个选取稳定段 30~40 个周期,保存为 PCM 码的 WAV 格式,使用北大语音乐律信号处理平台,提取基频、各通道振幅、各通道共振峰及带宽等参数,最后经分析比较得出实验结果。

4. 各通道信号分析

首先,经检测可得,经由振动传感器的确可以得到三、四通道的信号。如下图:

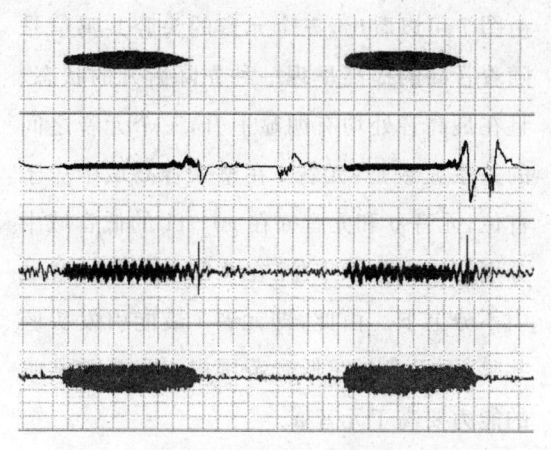

图 1　四通道信号举例

由图 1 可得，胸腔共鸣和头腔共鸣的确存在。

其次，我们考察三、四通道振幅随频率变化而发生的变化。首先考察元音 a 各通道振幅绝对值的大小。我们用 sp 表示语音信号，egg 表示嗓音信号，ch3 和 ch4 分别表示头腔共鸣信号和胸腔共鸣信号，如下图：

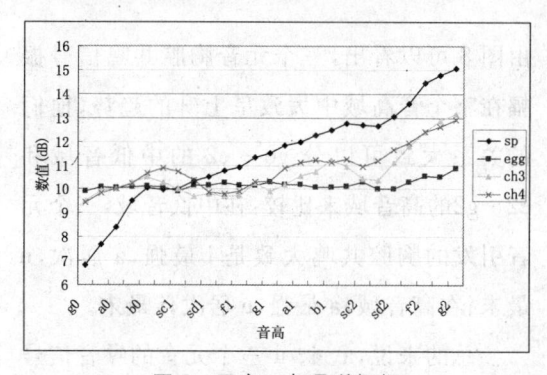

图 2　元音 a 各通道振幅

由图 2 可以看出，在元音 a 中，语音信号和两个共鸣信号有明显的上升趋势，且共鸣信号在最高音出上升最为明显，而嗓音信号基本保持不变，只在最高音处有一点提高。

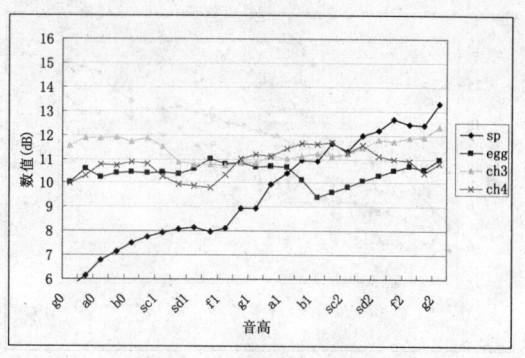

图 3　元音 i 各通道振幅

由图 3 可以看出，在元音 i 中，语音信号有明显的上升，嗓音信号有一个降升的过程，两个共鸣信号在最高音处有较明显上升。

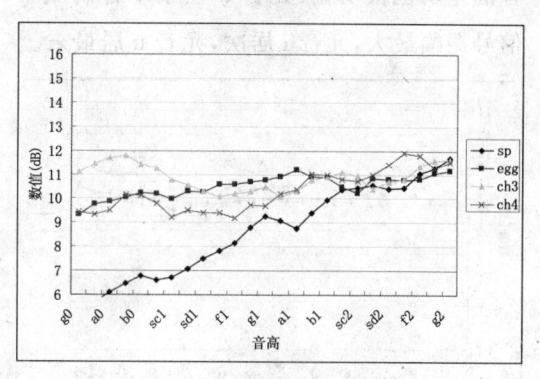

图 4　元音 u 各通道振幅

由图 4 可以看出，在元音 u 中，语音信号有明显的上升，嗓音信号、两个共鸣信号略有上升。

总体来说，随着音高的提高，语音信号的振幅有明显上升，嗓音信号基本保持不变，头腔共鸣和胸腔共鸣信号略有上升，但在最高音处上升幅度较大。

5. 各元音信号分析

接下来我们将分别讨论语音信号、嗓音信号、头腔共鸣信号和胸腔共鸣信号随音高提高而发生的变化，并观察它们在不同元音中的差别。

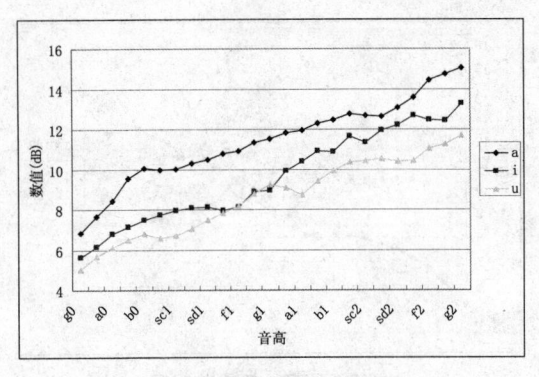

图 5　各元音语音信号振幅

由图 5 可以看出,三个元音的语音信号大小随着音高的提高均有明显的上升,且三个元音的差别也很明显:元音 a 在整个音高域中信号振幅最大,元音 i 居次,元音 u 居最末。

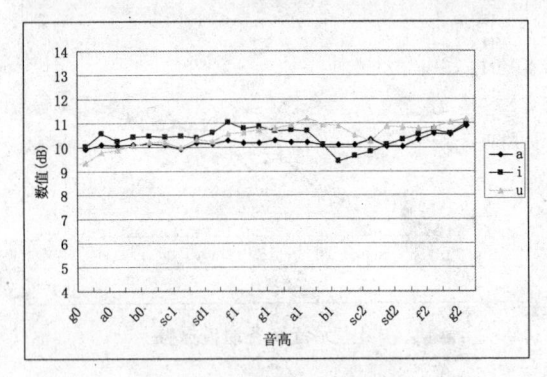

图 6　各元音噪音信号振幅

由图 6 可以看出,三个元音的噪音信号大小随着音高的提高基本保持不变,且三个元音的噪音信号也大致不分高下,呈现出一种交错的状态。

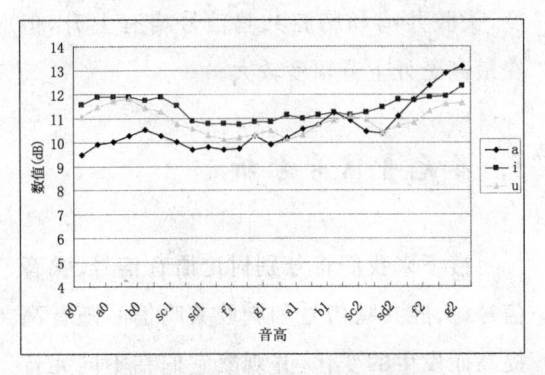

图 7　各元音头腔共鸣信号振幅

由图 7 可以看出,三个元音的头腔共鸣信号随着音高的提高呈现一种先降后升的状态,且在最高音处均有明显上升,三个元音之间的关系大致是:元音 i 在整个音高域中居于首位,元音 u 和元音 a 在 g0-f1 的低音域中分别居于次位和末位,在♯f1-g2 的高音域中不分上下。由此,即元音 i 最能引发头腔共鸣,而元音 u 在低音范围内引发头腔共鸣的能力要高于元音 a。

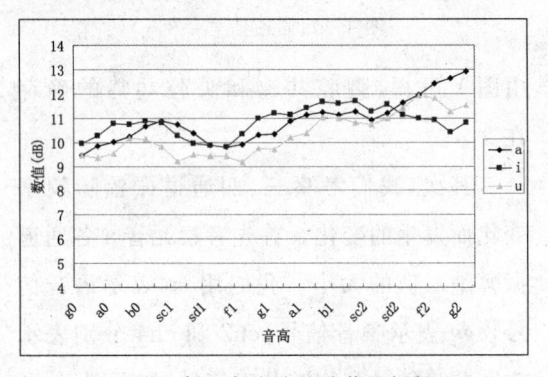

图 8　各元音胸腔共鸣信号振幅

由图 8 可以看出,三个元音胸腔共鸣信号振幅在整个音高域中大致呈上升的趋势,他们的关系大致可以分 g0-e2 的中低音域和 e2-g2 的高音域来比较:在中低音域,三个元音引发的胸腔共鸣大致是 i 最强,a 居次,u 最末;在高音域,a 最强,u 居次,i 最末。

总的来说,a、i、u 三个元音的噪音信号振幅在整个音高域上基本保持不变,也没有明显的高下关系。

元音 a 语音信号在三个元音中最强;头腔共鸣信号整体小于元音 i,在 g0-f1 的低音域中小于元音 u,在♯f1-g2 的高音域中大于元音 u;胸腔共鸣信号在 g0-e2 的中低音域中小于元音 i,大于元音 u,在 e2-g2 的高音域中大于元音 u 和元音 i。

元音 i 的语音信号在三个元音中整体居次;头腔共鸣信号在整个音域中大于元音 a 和元音 u;胸腔共鸣信号在 g0-♯d2 的中低音域中大于元音 a 和元音 u,在 e2-g2 的高音域中小于元音 a 和元音 u。

元音 u 的语音信号在三个元音中整体居于最末;头腔共鸣信号在整个音域中小于元音 i,在 g0-f1 的低音域中大于元音 a,在 ♯f1-g2 的高音域中小于元音 a;胸腔共鸣在 g0-♯d2 的中低音域中小于元音 a 和元音 u,在 e2-g2 的高音域中小于元音 a 而大于元音 i。

6. 两种共鸣的对比分析

下面我们将分别考察头腔共鸣信号和胸腔共鸣信号在全音域的变化,试图推断不同音高引发两种共鸣的能力。为了避免不同元音对共鸣影响的不同对实验结果的影响,我们采用共鸣信号振幅的平均值来观察。

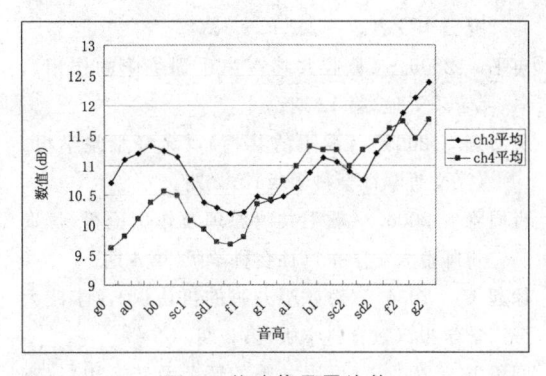

图 9 共鸣信号平均值

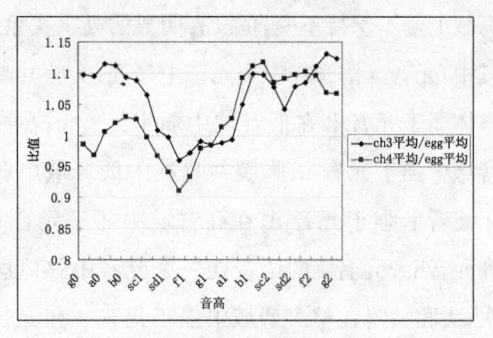

图 10 共鸣信号与嗓音信号的比值

由图 9 可得,头腔共鸣和胸腔共鸣信号的大小在全音域中并非一致,而是分为低、中、高三段,呈现出不同的态势。在 g0-f1 低音域中,头腔共鸣信号大于胸腔共鸣信号;在 ♯f1-e2 的中音域中,胸腔共鸣信号大于头腔共鸣信号;在 f2-g2 的高音域中,头腔共鸣信号又反过来高于胸腔共鸣信号。为了更明显地观察两种共鸣的效果,我们用共鸣信号和原始嗓音信号的平均值之比再来观察,如图 10 所示。在图 10 中我们得到了相同的结果。这一部分我们在后面将会深入讨论。

7. 结论与讨论

由前述实验结果,我们大致可以得出以下结论:

1)胸腔共鸣和头腔共鸣的确存在,这一结果与之前非基于实验的研究结果是一致的。

2)从语音、嗓音、头腔共鸣和胸腔共鸣在全音域的变化来讲,随着音高的提高,语音明显加强,嗓音基本保持不变,头腔共鸣和胸腔共鸣在最高音处加强较明显,说明二者在高音区对音量的贡献最为显著。

3)从各元音在全音域的变化特点来讲,总的来说,a、i、u 三个元音的嗓音强度在整个音高域上基本保持不变,也没有明显的高下关系。其中:元音 a 语音在三个元音中最强;头腔共鸣整体弱于元音 i,在低音域中弱于元音 u,在高音域中强于元音 u;胸腔共鸣在中低音域中弱于元音 i,强于元音 u,在高音域中弱于元音 u 和元音 i。元音 i 的语音在三个元音中整体居次;头腔共鸣在整个音域中强于元音 a 和元音 u;胸腔共鸣在中低音域中强于元音 a 和元音 u,在高音域中弱于元音 a 和元音 u。元音 u 的语音在三个元音中整体居于最末;头腔共鸣强度在整个音域中强于元音 i,在低音域中强于元音 a,在高音域中弱于元音 a;胸腔共鸣在中低音域中强于元音 a 和元音 u,在高音域中弱于元音 a 而强于元音 i。

4)从头腔共鸣和胸腔共鸣在全音域的变化来讲,两者的强度在全音域中并非一致,而是分为低、中、高三段,呈现出不同的态势。在低音域中,头腔共鸣强度强于胸腔共鸣;在中音域中,胸腔共鸣强于头腔共鸣;在高音域中,头腔共鸣又反过来强于胸腔共鸣。这一结果与传统声乐理论既相一致又不一致。所谓一致,实验结果表明,头腔共鸣和胸腔共鸣在全音域中同时存在,这与传统理论中"混合共鸣"的理论是相一致的。其次,肖眉雅(2006)认为,歌唱时从低声区到中声区、再从中声区到高声区,共鸣的运用方式和成分会有所不同,而实验的结果也表明,头腔共鸣和胸腔共鸣在低中高三个音域有交替,并且中音域与高音域的区分点 e2/f2 也正好是传统理论中男高音"换声点"的位置。所谓不一致,传统理论中认为"低音区以胸腔共鸣为主,高音区以头腔共鸣为主",而实验的结果却表明,民歌男高音的共鸣模式是:低音域和高音域以头腔共鸣为主,中音域以胸腔共鸣为主。

8. 总结

本文以民歌男高音唱法作为一个切入点,主要研究其头腔共鸣和胸腔共鸣的特点。对声乐的共鸣进行实验研究是十分有意义的,如徐起飞(2004)提出的"身体共鸣"的理论,是否也可以通过实验的方法,检测身体各部位的共鸣特点,也是一个很有意思的课题。声乐的实验研究在国内还刚刚起步,在硬件和软件的改进、实验方法的设计上都大有可为,需要更多的研究人员共同努力。

参考文献

冯彬　孔令鹏　2005　《浅谈共鸣腔体在歌唱中的作用》,《岱宗学刊》第 4 期。

黄永旺等　2006　《不同声部发声共鸣特点分析》,《嗓音言语医学》第 1 期。

孔江平　2006　《标准元音和头部共鸣关系的研究》,未发表。

冉平　2005　《鼻腔共鸣在声乐训练中的作用》,《音乐天地》第 12 期。

吴海燕　2005　《歌唱的共鸣》,《赤峰学院学报》(汉文哲学社会科学版)第 2 期。

肖眉雅　2006　《歌唱共鸣原理及作用论析》,《贵州师范大学学报》(社会科学版)第 4 期。

徐起飞　2004　《对歌唱共鸣的再认识》,《宁波大学学报》(教育科学版)第 2 期。

闫璟玉　2002　《歌唱共鸣的调节及其运用》,《齐鲁艺苑》《山东艺术学院学报》第 4 期。

P.M. 马腊费奥迪　1925　《长鲁索的发声方法》,郎毓秀译,人民音乐出版社,1984 年。

(钱一凡　北京大学中文系　100871)

Abstract

1. Macro phonetics

William S-Y. Wang

Phonetic research has originated from the deity worship. Then it has bloomed in the fields of poetic metrics and language pedagogy. With the emergence of the linguistics for the Indo-European languages in the 19th century, phonetics has become an important branch of the historical linguistics. The 20th century has witnessed the direct observation of phonatory and hearing mechanisms with the advancement of acoustic and physiological measurement technology, thus making it possible to draw upon the principles of phonetic evolution. The introduction of the MRI technology in the 21st century has ushered the phonetic research into the neural era.

[Key words]: macro-phonetics, physio-phonetics, neuro-phonetics

2. Speech production and its modeling

Jianwu Dang

In this paper we dealt with three basic problems with speech production and its modeling. The normal description as the vowel triangle is useful to demonstrate the fundamental relation between the articulation and acoustics, but it is not available in continuous speech. For this reason, we introduced a similarity measure to figure out an intrinsic structure for the vowels from whole vocal tract shapes. It is found that the intrinsic structure of vowels consists of low-high of the tongue, lip rounding, and constriction location. To describe the dynamic characteristics, we constructed a physiological articulatory model and used it to synthesis speech sounds. In order to improve the naturalness of the synthetic sound, a model based learning process was proposed to refine a coarticulation model and to learn the typical phonetic target from observation data. The listening test showed that use of the learned phonetic target and the optimized coarticulation model improves the performance of the human mechanism based speech synthesizer.

[Key words]: speech production, speech synthesis, articulatory model, coarticulation

3. Towards computing phonetics

Yoshinori SAGISAKA

Three research efforts are introduced aiming at computational modeling of human's capabilities in spoken language processing. They are (1) temporal characteristics analyses on speech generation and perception, (2) statistical language modeling to enable speech recognition of unregistered expressions and (3) prosody modeling for communicative speech generation. Through the introduction of these studies, the importance of scientifically motivated quantitative modeling in traditional linguistics and phonetics is shown. The need of a transdisciplinary academic field computing phonetics to support traditional phonetics is discussed to study human language and speech capabilities from transdisciplinary global viewpoints.

[Key words]: segmental duration, grammar, para-linguistic information, timing, rhythm, language modeling, communicative prosody, speech synthesis, temporal organization, timing perception, speech recognition, conversational speech

4. Recent phonetics research in Taiwan

Chiu-yu Tseng

This paper summarizes the current status of phonetics and related research in Taiwan. Collective researches cover the following areas: 1. basic research in phonetics, 2. phonology oriented issues, 3. speech perception, 4. speech databases and 5. speech technology development. Discussions emphasize on developing corpus research and quantitative methodology, thus extending phonetics from sound description, sound systems to prosody, speech science and speech communication. Utilizing research on corpus investigation of fluent speech prosody and quantitative evidences, the paper also provides how framework and modeling could be formed, and how linguistics explanation of speech production, perception and planning could be derived, thus showing how phonetics could be expanded.

[Key words]: production, perception, focus, boundary, speech segment, tones, tone sandhi, supra-segmental, fluent speech prosody, repair, corpus phonetics, quantification, prosody organization, speech technology development

5. Phonetic research for speech technology — An introduction to the recent developments of phonetic researches at the Phonetics Laboratory of the Institute of Linguistics of CASS

Aijun Li

This paper is an introduction to the recent developments of phonetic researches at the Pho-

netics Lab of the Institute of Linguistics, Chinese Academy of Social Sciences. Supported by the CASS key project "Speech and natural language processing" and several other funded projects, our recent works mainly focused on the following 6 topics: (1) intonation and prosodic features of natural speech, (2) emotional speech, (3) regional accented speech, (4) segmental variation, (5) the relationship between segmentals and supra-segmentals, (6) articulatory mechanisms in speech production.
[Key words]: integrated phonetics, segment, prosody, physiology

6. Research on multi-speech models and variety of phonetic study
Jiangping Kong

Phonetics is an old and also a modern subject because of very old method, such as recording speech sound by hearing and imitation, and modern method, such as speech and neural signal processing, are all used at present. The phonetic research has also been related with many different fields. Prof. Liu Fu established the first phonetics lab, the phonetic and music lab, in Peking University in 1925, which symbolized that phonetics had become scientific in China. After more than 80 years, the lab has been coming into a more extensive research area. This paper introduces the study in the phonetic and music lab from the viewpoint of 'multi-model phonetic study' and 'variety study of phonetics' and discusses the research category and direction of phonetics in China.
[Key words]: multi-models of speech, variety of phonetic Study, phonetic science

7. Zhao' viewpoint of Chinese intonation and interrogative and declarative intonation
Maocan Lin

Zhao's viewpoint of Chinese intonation is that the syllable "'坏' is stuck to the falling tone even though it ends a suspense-clause clause and the syllable '好' is stuck to the rising tone even though it ends a conclusion". Our results are: (1) information of distinction between interrogative mood and declarative mood is conveyed by boundary tone (BT). (2) BT falls on a stressed syllable. (3) The F_0 contour register and/or its F_0 contour slope of interrogative BT is higher and/or bigger than those of the declarative BT.
[Key words]: Zhao Yuanren, interrogative intonation, declarative intonation, boundary tone, F_0 contour, slope, register

8. Terminological problems in Chinese phonetics

Xiaonong Zhu

This paper discusses some general issues of terminology in phonetics, and determines three major principles in the naming of Chinese phonetic terms: consistency, sufficiency, and necessity. Traditional technical terms in articulatory places, articulatory methods, non-pulmonic consonants and phonation types are evaluated, and new terms are suggested.

[Key words]: naming, technical terms, articulatory places, active/passive articulators

9. Typology of the vowels in Chinese

Eric Zee

This paper presents the typological facts about the vowels, vowel systems, and nasal vowels of the Chinese dialects. The size of the vowel systems of the 86 sample dialects ranges from 3 to 11. The 7-vowel system is most frequent. The next most frequent systems are the 8-, 6-, 9-, and 5-vowel systems. 3-, 4-, 10-, and 11-vowel systems are uncommon. The most frequent vowel phonemes are /i u a y/, to be followed by /o e ɔ ɛ ɿ ɤ ɚ œ ɑ ø æ ə ɯ ɒ ʮ θ ɨ ʏ/ in descending order of frequency. As for the nasal vowels, /ã/ is most frequent, followed by /ɔ̃ ẽ ɑ̃ æ̃ õ ɛ̃ ĩ ũ ə̃ œ̃ ɤ̃ ỹ ø̃ ɒ̃/ in descending order of frequency. The high frequency of /y/ and low frequency /ĩ ũ/ are characteristic of the vowel inventories in Chinese.

[Key words]: vowel typology; typology of vowel system; nasal vowels; Chinese dialects

10. A commentary on acoustic features of consonant

Huaiqiao Bao

This paper introduces the definitions and functions of some acoustic features of consonant, including Silence Gap, VOT, Concentrated Frequency Area (CFA), stop formant, Transition, Locus and Locus Equation, Center of Gravity and Dispersion. The paper also proposes the principle of economy and its application in selecting necessary acoustic cues to describe the manners and places of consonant in the process of developing the Acoustic Parameter Database for Minority Languages in China.

[Key words]: consonant, acoustic feature, database

11. Articulatory strengthening and reduction ——Linguistic motivation and phonetic mechanism

Cao Jianfen

Articulatory strengthening and reduction is a common phenomenon occurred in natural speech. Concerned studies indicate that such phenomena always occur in certain prosodic positions or status, and have become another important marker of prosodic structure. Prosodic-motivated articulatory strengthening and reduction not only embody the structural information of natural speech, but also reveal the pre-planning mechanism in speech production. Consequently, it is undoubted that to enhance the study in this area must benefit to both of theoretical exploring in phonetics and applications in language teaching and speech engineering. Based on a brief introduction on the general principle of articulatory strengthening and reduction, and a survey of related studies in the world, the attention of this paper is mainly paid to the discussion on the linguistic motivation and phonetic mechanism of articulatory strengthening and reduction according to the data obtained from spectrographic analysis and dynamic EPG (Electropalatographic) investigations to two Chinese speech corpus.

[Key words]: articulatory strengthening, articulatory reduction, linguistic motivation, phonetic mechanism, paradigmatic relation, syntagmatic relation

12. Study on acoustical-articulatory relationship between vowel formant transition and EPG data of Mandarin

Hasimuqige, Yuling Zheng

The paper intends to interpret the acoustical-articulatory relationship of speech by investigating the correlation between EPG data and formant transition at vowel-consonant boundary. The study shows that the acoustical data and articulatory movements are highly correlated. T1 of all the vowels are negatively related to the corresponding EPG data; T2 of the vowels /a, u/ are positively related to the corresponding EPG data; T2 of the vowel /i/ are negatively related to the corresponding EPG data; while the relationship between T3 and the EPG data are not consistent, with the relationship being negative when C2 is /zh, ch, sh, r/ or /l/, but positive when C2 is other consonants. The place of articulation of C2 has a major effect on the contextual vowels. The transition of V1 is affected by the place of articulation of C2 and the dorsal characteristics of V2; while the transition of V2 is affected by the place and manner of articulation of C2.

[Key words]: Putong Hua, acoustic data, EPG data, correlation

13. The statistic analysis on the first class vowels of Beijing Mandarin

Ping Wang, Feng Shi

By an acoustic experiment and statistical analysis on 52 native speakers in Beijing, we studied some special statistic characteristics of the seven first class vowels /a、i、u、y、ə、ɿ、ʅ/ in Beijing Mandarin. The main distribution analysis showed that the dynamic range of each vowel and their relative positions in the vowel pattern; the divergent distribution analysis revealed that the centralized and decentralized portions of data in the main distribution of each vowel, and the former including the characteristic dots were the carrier of vowel quality. The locations of centralized portions of /a/、/i/、/u/ corresponded to the directions of their diachronic changes respectively, so they could provided cues and signs of sound changes in the future.

[Key words]: Beijing Mandarin ; vowel pattern; statistic analysis; divergent distribution

14. Duration study of disyllabic prosodic word in Putonghua

Dan Deng, Feng Shi, Shinan Lv

The paper studied the duration of disyllabic prosodic word in utterances, and mainly focused on the effect of tone feature and break level that prosodic word located on duration of disyllabic word in mandarin. The results showed that not only tone feature but also break level which prosodic word located affected the syllabic duration. With the increase of the break level, the duration of syllable before the boundary lengthening increased, but the lengthening degree related to tone feature, rising tone lengthened easily, whereas following tone lengthened limited.

[Key words]: prosodic word, duration, break

15. The effect of focal accent upon sentential pitch in standard Chinese

Yuan Jia, Ziyu Xiong, Aijun Li

The present study examines the effect exerted by focal accents on sentential pitch through the acoustic and perceptual experiments. The fundamental unit we apply to describe these effects is the underlying tonal target, H or L, and in this manner to observe the pitch performance. Major findings of this research are: 1) In under-focus position, the F_0 of H tones is significantly raised and L tones show no obvious differences; 2) In pre-focus position, whether H tones or L tones, focus exerts slender effects on F_0; 3) Significant effects imposed by the focal accents are found on the H tones of Tone1 and Tone2 of the post-focus syllables; 4) The range of the effect exerted by the focal accents can extend to the end of the sentence; 5) The underlying cause for restricting the distribution of focal accents lies in the amount of the H tones of the focused constituents.

[Key words]: focal accent; tonal target; manner of effect; range of effect

16. T3 sandhi at the boundaries of different prosodic hierarchies
Jianjing Kuang, Hongjun Wang

This study conducts acoustic analysis on T3 sandhi of two characters across different boundaries of prosodic hierarchies. The experimental data partly support Chen (2000)'s view about sandhi domain that "T3 sandhi takes place obligatorily within MRU", and "sandhi rule can not apply cross intonation phrase boundary". Nonetheless, the results do not support his claim that "there are no intermediate sandhi hierarchies between MRU and intonation phrase". On the contrary, it is found that, although T3 sandhi could occur across all kinds of hierarchical boundaries between MRU and intonation phrase, T3 sandhi rules within a foot (prosodic word), or between foots without pause, or between pauses without intonation (phonology phrase) are very different in terms of acoustic properties. It is demonstrated that tone sandhi and prosodic hierarchies are equivalently evaluated in Chinese phonology. Prosodic hierarchies are determined by pause and lengthening, not by tone sandhi.

[Key words]: tone sandhi; prosodic hierarchies; boundary; Mandarin Chinese

17. Stress pattern of emotional speech
Aijun Li

Emotional stress refers to the most prominent stress perceived in emotional utterance rather than literal "semantic focus" which is used to express speaker's attitudes or emotions. The previous analysis and perceptual experiment on friendly speech prove that stress pattern assignment is very important for the synthesized speech to express friendly speech. In this study, we'd like to analyze the stress patterns in the emotional utterances and to find out how ambiguous the stress patterns are among the speakers. The result shows that stress patterns in emotional utterances have some relations with the stress position in "neutral" utterances. But the relations are emotionally dependent. Perceived stress in "happy" state tries to keep the stress pattern as "neutral" states, although the stress distributes more widely. For other emotional states, the stress patterns are dominated by final-stressed patterns, i.e., stress transformation exists for emotional speech. In the summary section, a brief discuss is made on how paralinguistic expression or emotional speech affect the prosodic features such as tone and stress and intonation patterns.

[Key words]: emotional speech; emotional stress, paralinguistic, perception

18. Aspects of lexical stress in Mandarin

Yunjia Wang, Min Chu

In this paper we discuss three problems concerning lexical stress in Mandarin. The first one is if there exist different lexical stress patterns in Mandarin. The shift of word stress in continuous speech indicates that disyllabic words have two stress patterns, i. e. left-stressed and right-stressed pattern. The second problem is if lexical stress has any acoustic correlates in Mandarin that is a tonal language. We found that, as in many stress languages, F_0 is of more importance to word stress perception than duration in Mandarin. The last problem is if sentence-stress assignment has any relationship to lexical stress. We consider that semantic stresses tend to be assigned to left syllables within disyllabic words, although the assignment is constrained by lexical stress pattern to some extent.

[Key words]: lexical stress, perception, sentence stress, pitch, duration

19. On the lingual mechanisms in vowel production in Ningbo Chinese

Fang Hu

Lingual articulation is of particular importance to understand both physiological and acoustic aspects of speech production. This paper presents a PARAFAC model of lingual articulation in vowel production in Ningbo Chinese. Results show that a two-factor model best captures the tongue movement of vowel production, and the model explains about 90% of variance. The results from Ningbo Chinese are consistent with those from English and other European languages. The fact that the extracted lingual movement mechanisms are comparable to the functional representation of tongue muscle forces from the EMG and MRI studies suggests that the PARAFAC model of lingual articulation has physiological implications and reflexes speech motor organization for vowel production.

[Key words]: vowel production, vowel features, lingual mechanisms, Electromagnetic Articulograph (EMA), PARAFAC modeling

20. A preliminary study on breathing rhythm in newspaper-reciting

Jingjing Tan, Jiangping Kong

This paper is a preliminary study on breathing rhythm in newspaper reciting. We came up-

on some conclusions by analyzing the EMG signals: (1) from the aspect of large prosodic units, the fluent speech can be divided into three hierarchies of breath-units. Generally speaking, the large, the middle, and the small breath group respectively correspond to paragraph, compound sentence and clause or constituent. (2) A breath-reset always corresponds to a break while a break does not always correspond to a breath-reset. (3) the way the curves of the breathing signal reach the maximum is different and it may reflect the structure of the discourse. (4) The structure of breath-groups may both reflect the speaker's cognitive plan of the contents and the restriction of physiological mechanism.
[Key words]: newspaper-reciting, breathing rhythm, breath-units, physiology, cognize

21. Formant estimation from vocal tract with reference to Mandarin vowels
Gaowu Wang, Huaiqiao Bao, Jiangping Kong

This paper is concerned with the estimation of formants from Mandarin vocal tract shape. The vocal tract shapes of Mandarin vowels, a, i, and u, are measured from X-ray video by a method which is combined with automatically edge detecting and manually marking. Based on the area function of the vocal tract, the formants and their bandwidths are estimated and then compared with those extracted by LPC and DCT methods from speech sound. The errors are decreased compared with previous research on Mandarin. Finally several vowel samples have been synthesized to evaluate the results, and the vowel sample sounds are consistent with their own vowel quality.
[Key words]: X-ray video, vocal tract, Mandarin vowels, formant

22. Aticulation place and constraint of consonant in standard Chinese base EPG
Yuling Zheng, Jia Liu

The present research, applying Electropalatography (EPG), analyzes the dynamic articulatory movements of consonants in standard Chinese and examines variations in articulation places due to different contexts. According to lingual-palatal contact places, a table of consonants is concluded and compared with the established one drawn with traditional research methods. We also aim to investigate distinctions of the constraint degree (CD) imposed on articulation places of consonants, depending on their dynamic articulatory movements. As we concluded, anticipatory movements of following vowels during the consonant constitutes one of the main reasons for coarticulations in consonants.
[Key words]: consonants, articulation places, constraint

23. Basic issues in affective computing of speech

Lianhong Cai, Dandan Cui

In this paper, the basic issues in the affective computing of speech are investigated, including the description for emotional states, building of affective speech corpus, and so on. Our solutions are therefore proposed: a quantized description of emotional states in speech based on PAD 3-D emotional model, a design method for speech corpus with complex emotions taking advantage of specific emotional scenes. Stat. result of the collected data confirms that it is promising to synthesize affective speech according to the affective attribute of the corresponding text content. Besides, the affect related acoustic features are also analyzed and a conversion model is finally built up for the conversion of affective speech with quantized emotions.

[Key words]: affective speech, computing, PAD, complex emotion, emotional scene, speech corpus, acoustic feature, conversion model

24. Prosodic structures of spoken Mandarin - A comparison of perception-based prosodic hierarchy and model-based prosodic phrasing

Wentao Gu and Hiroya Fujisaki

In existing annotation systems, the labeling of prosodic boundaries always relies on auditory perception, which cannot ensure a high degree of consistency and reliability due to its subjective nature. Using an acoustic model for the process of F_0 contour generation, we investigate the phrasing of spoken Mandarin from the production point of view. The relationships between the perceived prosodic boundaries at different layers and the phrase commands derived from a model-based analysis of F_0 contours are then revealed - there is correspondence between them but the correspondence is only probabilistic. Thus, the perception-based annotation of prosodic structures cannot provide accurate descriptions to prosodic features and hence cannot be used directly in prosody generation for the purpose of speech synthesis. For a better definition of the units and hierarchical structures of the prosody of spoken Mandarin, we need to study not only from the perception perspective (subjectively) but also from the production perspective (objectively).

[Key words]: prosodic hierarchy, perceived prosodic boundary, F_0 contour, command-response model, phrasing, perception, production

Abstract

25. Emotion vector based automatic perception model of emotional speech

Jianhua Tao Lixing Huang Jianyu

More and more efforts have been made for the research of emotional speech recently. Although we may, sometimes be able to make a definite perceptual decision on discrete emotion state, emotion is actually a kind of cline in a continuous large space. While using discrete emotions, we get lots of ambiguity among acoustic feature distribution, and sometimes, it's even hard to distinguish emotion states from speech. To resolve this ambiguity of emotion perception, the paper introduces an emotion vector model to describe fuzzy results of emotion perception, and makes an array of perception and acoustic analysis experiments based that. Finally, the paper creates a statistic model based automatic emotion perception model which integrates both emotion vector model and context information of speech. The experiment result shows this method can simulate the human perception much better than the traditional methods. It gives us a new cue on how to generate fuzzy results of the emotion perception.

[Key words]: emotional speech, emotion vector, emotion perception

26. An OT analysis of Shanghai broad-type tone sandhi

Jialin Wang

Traditionally Shanghai dialect is said to have two types of tone sandhi: a broad type and a narrow type. The broad type occurs in closely structured prosodic words. In this type of tone sandhi, the first syllable keeps its leftmost tone feature while all other syllables lose their original tone features, and takes on the rightmost tone feature of the first syllable. We hold that the second syllable in trochaic disyllabic words in Shanghai bears the neutral tone. In this paper we analyze this neutral tone in the same way as neutral tones in other dialects within the optimality theory framework and has achieved satisfactory results.

[Key words]: Shanghai broad-type tone sandhi, prosodic word, neutral tone, optimality theory, constraint, hierarchical ranking, comparative tableau

27. Perceptual cues for identifying the vowels in Cantonese*

Wai-Sum Lee

* This paper is a perceptual investigation of the effects of three acoustic cues: duration, F-pattern and V-C formant transition, on identifying the vowel triplets [E: E I] in Cantonese. Results show that (i) duration is an effective cue for identifying the vowel triplets,

but the effect varies as a function of F-pattern. (ii) F-pattern is an important cue for identifying each of the three vowels, and it is particularly the dominant cue for identifying the medium long [E]. (iii) V-C formant transition is a cue favoring the identification for the short [I], but disfavoring the identification for the long [E:], and it has no obvious effect on the identification for the medium long [E]. And (iv) there is evidence showing the trading relation amongst the three perceptual cues for the identification of the vowel triplets.

[Key words]: vowel perception; Cantonese vowels; duration; F-pattern; V-C formant transition

28. The experiments on normalization of data and tonal system in dialects
Lili Liu

There are two steps in F_0 normalization of tones: data normalization and tonal system normalization. The experimental result shows that logarithmic dimension is superior to linear dimension; logarithmic Z transform and logarithmic T transform are similar on the whole. Given consideration to tonal system normalization, logarithmic T transform is better. Range of scales and slope are exploited: the former is used to deal with boundary value of five-points scale; slope, the latter is used to deal with contour boundary value. By this means, the normalization indices of tonal system increase 11.6%.

[Key words]: experiments on tones in Jianghuai dialects; F_0 normalization; tonal system normalization; range of scale; slope

29. Transformation of tone in Mandarin emotional utterances and their perception
Chunyue ZHU

Experimental investigations were conducted from acoustic and perceptual points of view, to find out whether and how intonation affects tone in emotional utterances. The results showed that, even in Chinese language, in which word-tone plays an important role, pitch adjustment is still applied to intonation effectively; also, in emotional utterances, varying degrees of changes occur in pitch values of three tones (tone-1, tone-2, and tone-3) but not in tone-4. The experimental results also showed that, out of the context, the original tones in most of the pitch value-changed sounds could be discriminated by using certain acoustic information, whereas some sounds were recognized to have different tones. Based on the experimental results, this research demonstrates that the relationship between Chinese intonation and tone contains three types: a) Independent type: intonation exists independently from tone (e.g., the falling endings only appeared after the tone has been finished completely); b) Co-existing type: tone is embedded in intonation (although the pitch range of tone was enlarged or reduced when associating with intonation, the pitch pattern of tone showed no essential change); c) Intonation conquering type: intonation conquers tone (both pitch value and pitch pattern had essential changes when loaded with intonation).

[Key words]: word-tone, intonation, changes of tone value, perception of tone

30. The word rhythmin Mongolian

Huhe Harnud, Jianhua Tao, Gegentana, Shuqin Zhang

The present study is the first systematic empirical work on Mongolian word rhythm, the purpose of which being to establish a basis for the study of the Mongolian prosody. The experimental analysis was based on an acoustical database which contained prosodic measurements from 291 words(including 131 disyllabic and 160 trisyllabic words), recorded by 8 male and 8 female speakers. The major part of the investigation concentrated on an acoustical analysis of word-rhythm.

[Key words]: Mongolian; words; rhythm

31. A phonetic study on tones in Gelao language

Ruoxiao Yang, Jiangping Kong

This paper concerns the single syllable tone and disyllable sandhi in Anshun Gelao language in the way of experimental phonetic analysis. The acoustic results show that there are four different single syllable tones in this language, which can be described as T1: 24, T2: 31, T3: 43 and T4: 55. Moreover, there is no disyllable sandhi in this experiment. As a result, the number of disyllable tone models can be summed up to 16.

[Key words]: Anshun Gelao language; single syllable tone; disyllable sandhi; acoustical analysis; T Method

32. A phonetic study on the acquisition of Chinese mono-syllable tone for Vietnamese students

Yingwei Guan, Bo Li

This paper concerns the intermediate Vietnamese learners' acquisition of Chinese tones through acoustical analysis of the tone pattern, value and levels of the Chinese four tones.

The result shows that the four tones they produced distribute unreasonably in the tone space though evidence indicates that they have mastered the Chinese tone patterns. This is attributable to the negative transfer from their native language. They tend to use the strategies of simplifying the tone patterns of the target language and using the tone patterns of their native language that are similar to those in the target language.

[Key words]: monosyllabic tone tone-pattern tone-value tone-space tone-level

33. Voice identification research based on characteristics of nasal final formant
Yingli Wang

Based on perceptual judgment and broadband sonagraph analysis on Chinese Mandarin nasal final syllables of 10 Mandarin-speaking male subjects, aged between 20 and 22 with similar physical conditions, significant interpersonal discrepancy is identified in terms of conditions of nasal-ending formant distribution, relative intensity of nasal-ending formant, trend of main vowel, post-transition configuration, relative intensity of main vowel formant, vowel nasalization, configuration of connection between main vowel and nasal-ending, ratio of length of main vowel and nasal-ending etc, which are caused by variations of phonating patter or phonating organ structure (i.e. nasal cavity) or both. However, intrapersonal productions of the nasal finals with an interval between them exhibit similarity in the above parameters. Therefore it is argued that the formant characteristics is capable of serving in the voice identification.

[Key Words]: nasal final formant characters voice identification

34. The acquisition of the Mandarin tones by hearing impaired children
Hongyan Li, Ming Li, Jiangping Kong

The acquisition of the Mandarin tones by 68 children with cochlear implant (CI) and 46 with hearing aid (HA) is compared. The performance of HA group is significantly better than CI group in both monosyllabic and disyllabic tones. For the CI group the difficulty level ascends from first tone (T1), fourth tone (T4), third tone (T3), to second tone (T2). For disyllabic tones the T1 + T1 combination is relative easy whilst the T2 + T2 difficult; meanwhile, disyllabic tones with T1 or T4 is easy where that with T2 or T3 difficult. Regarding the error classification both groups tend to produce level tone for monosyllabic tones. For disyllabic tones, the CI group tend to produce level tone sequence whereas the HA manifest different tones. The score for the monosyllabic tones is positive-

ly correlated with that of the disyllabic tones. The factorial analysis result shows that the score for CI group is correlated with the tone recognition whereas that for HA group is correlated with tone recognition, initial syllable recognition, ending syllable recognition, hearing rehabilitation level, language rehabilitation level.
[Key words]: tone acquisition, perceptual experiment, statistic analysis

35. An acoustic analysis on the resonance of Chinese folk tenors
Yifan Qian, Jiangping Kong

Resonance is an important factor of singing. Previous researches on singing resonance tended to be based on the experiences of vocality. Vibration signal collectors were used in our experiment to collect the head and thoracic resonances signals of the a, i and u three vowels which were produced by 2 Chinese folk tenors ranging from low to high, compare and analyze the parameters to observe the resonance characters at different ranges. The result shows: 1) head and thoracic resonances exist; 2) with the rising of the pitch, speech intensities of all vowels rise notably, the EGG signals keep unchanged, both the resonances rise notably at a high range, which indicates that the resonance contributes notably at the high range; 3) EGG signals of the three vowels keep almost the same during the whole range. Speech, head and thoracic resonance intensities express differently at different ranges; 4) ignore the differences of the vowels, the relationship between the two resonance intensities express differently at different ranges. The result doesn't accord with the formal vocal theory exactly.
[Key words]: vocality, folk tenor, resonance, acoustic analysis

编后记

从刘复先生在北大建立"语音乐律实验室"或从刘复先生发表《四声实验录》算起，中国的现代语音学研究已有大约80年的历史，在这期间一直都没有一本中国的现代语音学研究的专门期刊。随着相关科学技术的发展，中国的现代语音学无论从基础理论和研究方法，还是从研究领域和研究队伍，都已经得到了很大的发展，从以往语言学的一个分支发展为一门相对独立的学科，《中国语音学报》的出版将成为中国现代语音学研究的又一个历史性标志。

多年以前，中国语言学会语音学专业委员会、中国中文信息学会语音信息专业委员会和中国声学学会语言、听觉和音乐专业委员会联合会议上大家就专门讨论过出版一本语音学专业期刊的事宜。由于国家期刊政策方面的限制，这一愿望一直没能实现。2006年北大中文系和北大汉语语言学研究中心组织召开"第七届中国语音学学术会议暨语音学前沿问题国际论坛（7th PCC）"期间，北大王洪君教授向商务印书馆的周洪波先生提出商务是否能出版《中国语音学报》，并将其纳入商务印书馆的中国语言学期刊方阵。这一建议得到了周洪波先生的支持。其后，中国社会科学院语言所的李爱军研究员和我代表三个分会专程去商务印书馆和周先生面谈了一次，敲定了出版《中国语音学报》的事宜。

《中国语音学报》第1辑主要依托"第七届中国语音学学术会议暨语音学前沿问题国际论坛"的论坛讲演和论文。经过本次会议程序委员的评审，最终收入了论坛讲演和论文35篇，约30万字。其中论坛讲演6篇，语音学基础理论3篇，语音声学分析4篇，语音韵律研究5篇，生理语音学4篇，语音工程3篇，语音方言研究2篇，民族语言语音研究2篇，心理语音学1篇，音系学1篇，语音教学1篇，司法语音学1篇，声乐语音学1篇，病理语音学1篇，基本涵盖了中国现代语音学研究的各个相关领域，也反映了中国目前语音学的研究水平和研究队伍。由于篇幅所限，又要照顾到研究的不同领域，所以许多好的论文无法选入，在此深表歉意。

由于各种各样的原因，我们在编辑工作中难免出现疏漏，敬请各位学者同仁提出宝贵意见，使其不断改进，让《中国语音学报》越办越好，推动中国现代语音学研究的发展。另外，在本期的编辑过程中，北大中文系的谭晶晶同学做了大量的工作，特此表示感谢。

孔江平

2007年9月10日于燕园五院